삼성어린이집

영아 프로그램

2세

삼성복지재단 지음

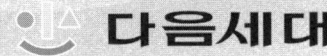 다음세대

머리말

삼성복지재단이 설립되고 보육사업이 시작된 지도 벌써 십수년이 되었다.

영유아의 밝고 건강한 성장을 도모하고 우수 여성 인력의 안정된 사회 참여를 지원함으로써 가정복지 증진은 물론 함께 사는 건강한 사회를 만들어 보고자 삼성의 보육사업이 시작되었다. 이러한 이념에 기초하여 설립된 삼성 어린이집은 전국 각 지역에서 모범 시설로서의 역할을 담당하고자 최선을 다해 노력하고 있다.

삼성의 보육 프로그램은 중산층 영유아와 직장여성의 자녀를 위한 아동 중심 프로그램과 저소득층의 영유아를 위한 포괄적 보육서비스 두 종류로 개발되었다.

본 프로그램은 중산층 영유아를 위한 아동 중심 프로그램으로, 지난 1997년 삼성 어린이집 영유아 프로그램으로 처음 개발되어 삼성 어린이집뿐만 아니라 일반 어린이집에서도 활용해 왔다. 그러나 사회적·교육적 환경의 급속한 변화로 인해 본 프로그램도 개정되어야 할 필요성을 느끼게 되었다. 또한 5세 프로그램의 경우 유치원 프로그램과의 중복 개발을 피하기 위해 초기 개발에서 제외되었으나, 종일제 프로그램에서 적용하기에 한계를 느끼게 되면서 삼성 어린이집 5세 반에서 실시하였던 프로그램에 기초하여 개발하게 되었다.

이번 작업에는 대부분의 삼성 어린이집의 원장과 교사들이 집필진으로 함께 참여하여 삼성 어린이집의 장점과 특징을 모두 적용시키고자 노력하였고 이 과정을 통해 함께 연구하고 성장할 수 있었던 것에 큰 의의를 두고 싶다.

각 권의 완성도를 높이기 위해 바쁜 일정 중에도 꼼꼼히 지도해 주시고 집필해주신 성신여자대학교 유아교육과 장영희 교수, 경원대학교 아동학과 정미라 교수, 연세대학교 아동학과 김명순 교수께 진심으로 감사를 드린다. 집필 팀장으로 각 권의 원고 집필부터 마지막 교정까지 애써주신 정진화, 이한영, 손순복, 조혜진 원장과 임춘금 전 삼성 어린이집 원장께도 마음으로부터 감사드린다.

또한 집필진으로 수고하신 삼성 어린이집 김애자, 박성경, 이춘수, 강인자, 이혜옥, 박귀엽, 한인순, 송혜린, 박화문, 윤정현, 박정원, 최은주, 김양애, 신혜영 원장, 조미선, 이옥주, 김현희, 이길동 전 삼성 어린이집 원장, 이윤선 선임교사, 덕성여자대학교 부속 유치원의 이금구 교사, 연세대학교 어린이생활지도 연구원의 우현경, 신은주 교사, 마나모로의 서문옥 교사에게 깊은 감사를 드린다.

끝으로 삼성 어린이집 영유아 프로그램이 국내 보육현장의 질적 수준을 앞당기는 데 기여하게 되길 바라며 앞으로도 삼성복지재단은 우리나라의 보육학계와 현장의 발전을 위해 최선의 노력을 다 할 것을 약속드린다.

2003년 4월
삼성복지재단 어린이개발센터

CONTENTS

1장

교수-학습방법

하루일과에서의 교사 역할

영아를 위한 하루일과는 연간 계획에서의 월별 주제와 주간 소주제를 기초로 해서 유아의 흥미와 일과 중 일어나는 상황을 중심으로 진행한다. 영아가 하루 동안 어떻게 보낼 것인가를 말해 주는 일과계획은 정해진 시간을 보다 적절하게 활용할 수 있는 기본틀을 제시해준다. 하루일과가 잘 계획되어 있을 경우 영아는 심리적인 안정감을 갖게 되며 보다 다양하고 질 높은 경험을 하게 된다.

하루일과를 통해 따뜻한 보호와 교육적인 경험이 동시에 이루어지도록 하며 풍부한 환경을 구성해주어 교사, 또래 영아, 놀잇감과의 다양한 상호작용이 일어나도록 계획해야 한다. 영아반의 일과를 계획할 때는 조용한 놀이와 활발한 놀이, 실내놀이와 실외 놀이, 개별 활동과 소집단 활동, 영아가 주도하는 활동과 교사가 주도하는 활동 등이 균형 있게 포함되도록 계획하는 것이 중요하다. 2세반의 경우 개별적인 활동이 중심이 되지만 자유선택활동이나 전이시간에 교사가 주도하는 활동을 대소집단 형태로 짧게 계획할 수 있다. 장소를 이동하기 위해서 다음 활동으로 전환하기 위해 정리하는 시간 등을 이용하여 영아들의 주의를 집중시킬 수 있는 활동을 계획한다.

영아반의 일과는 매일 반복되는 일이나 순서를 포함시켜서 어느 정도 예측할 수 있는 시간표에 따라 운영해야 하지만 영아의 발달 정도, 건강상태, 놀이실의 상황, 영아의 흥미나 관심 등을 관찰하여 융통성 있게 운영하는 것이 중요하다. 다음은 2세반을 위한 일반적인 하루일과표의 예이다.

2세반의 하루일과표

시간	주요일과	주요활동내용
7:30~ 9:00	등원 및 실내활동 (통합보육)	밝은 미소로 영아를 맞이하고 보호자에게 영아의 상태를 듣는다. 영아의 건강 상태를 살피고 관찰한다. 부모가 기록한 일일보고서를 확인한다. 영아와 놀잇감을 가지고 자유롭게 놀이한다.
9:00~ 9:20	화장실 다녀오기 손씻기	화장실에 다녀오도록 한다. 손을 스스로 씻을 수 있도록 한다.
9:20~10:30	오전간식 및 실내자유놀이	포크나 수저를 사용하여 스스로 먹을 수 있도록 한다. 먹고 난 후 정리정돈을 하도록 한다. 교사가 준비한 놀이활동을 하거나 자유롭게 탐색 활동을 하게 한다. 교사와 상호작용, 또래와의 접촉, 혼자놀이 등의 활동을 한다.
10:30~10:50	정리정돈 및 전이활동	교사가 정리하면서 영아도 제자리에 놓아보게 유도한다. 간단한 전이활동을 한다. 다음 놀이 활동의 장소를 알려주고 이동한다.
10:50~11:30	실외자유놀이	교사가 준비한 실외놀이 활동이나 대근육 활동, 물·모래놀이 등을 자유롭게 한다.
11:30~12:30	점심준비 및 점심 이닦기 및 대소변 가리기	식사 전 손을 씻고, 수저를 사용하여 스스로 먹을 수 있도록 한다. 점심 식사 후 이닦기를 도와준다. 낮잠 자기 전에 기저귀를 갈거나 화장실에 다녀오도록 한다.
12:30~15:00	낮잠준비 및 낮잠	낮잠 준비를 하고 조용한 음악이나 자장가를 들려준다.
15:00~16:30	낮잠깨기 및 정리정돈 화장실 가기 손씻기 및 오후간식	낮잠에서 깨어나면 잠자리를 정리한다. 화장실에 다녀오도록 한다. 손을 스스로 씻을 수 있도록 한다. 포크나 수저를 이용하여 스스로 먹을 수 있도록 한다.
16:30~18:00	실내외 자유놀이	낮잠 후 오후 자유놀이는 과도한 자극을 줄이고 오전에 계획된 활동을 반복하거나 교실 외 다른 공간(실외놀이터, 유희실, 옥상 등)으로 이동하여 놀이함으로써 변화를 준다.
18:00~19:30	조용한 놀이 귀가준비 및 귀가 (통합교육)	귀가준비(소지품 챙기기, 씻기, 옷 입기 등)하고 일일보고서를 작성한 후 영아와 개별적으로 놀이한다. 부모와 영아의 상태에 대해 이야기하고 귀가 인사를 나눈다.

· 어린이집 일과에 따라 시간대의 편성은 변화될 수 있음
· 학기 초에는 개인 영아의 신체리듬에 따라 융통성 있는 일과 운영이 필요함

1) 등원 및 맞이하기

등원시간은 교사가 영아를 개별적으로 만나는 첫 시간이다. 어린이집에서의 건강하고 안전한 하루를 위하여 등원시간을 기분 좋게 맞이하는 것은 영아와 부모나 교사 모두에게 중요하다. 등원시 정서적 안정이 되지 않아 영아가 불안한 마음으로 하루를 시작하면 일과 중에도 울거나 위축되어 친구와 분쟁을 일으키는 경우가 많다. 따라서 교사는 등원시 영아가 부모와 헤어질 때 안정감을 느끼도록 부드럽게 안아주는 등 개별적인 접촉과 관심을 보여주고, 부모와 영아에 대한 정보를 교환하여 교사가 그 영아에게 특별히 주의할 사항이 있는지 확인하는 시간으로 활용한다. 다음은 영아가 안정적으로 하루를 시작하도록 교사가 도와줄 수 있는 방법이다.

▷ 교사는 부모와 간단한 면담을 통해 간밤에 영아의 상태에 대한 정보를 얻고, 현재의 건강 상태도 점검해본다. 일일보고서 등 정보교환 용지를 이용하여 수면시간, 식사의 양, 기분이나 건강상태 등을 파악하여 적절한 보살핌을 제공한다.
▷ 몸이 불편하여 약을 먹여야 하는 경우에는 부모가 투약의뢰서를 작성하도록 한다.
▷ 영아가 심하게 우는 경우에는 안정이 되도록 적절한 시간동안 기다린 후 교사가 영아를 안아주며 엄마가 떠날 수 있는 분위기를 만들어준다.
▷ 교사는 영아를 안아주거나 쓰다듬어주면서 친근감을 표시해주거나 영아가 선호하는 놀잇감을 소개하여 영아가 놀이에 접근할 수 있도록 도와준다.
▷ 영아의 사진이 붙어 있는 신발장과 사물함 등을 함께 찾아보거나 게시된 가족 사진 등을 보여주며 부모와 떨어져 있는 심리적인 불안을 감소시켜 준다.
▷ 교사는 보호자에게 영아를 반드시 교사에게 직접 데려다주도록 하여 안전사고를 예방한다.

2) 실내자유놀이

영아에게 실내자유놀이는 하루일과 중 가장 많은 부분을 차지하는 시간이며 발달적으로도 중요한 의미를 가진다. 교사는 놀이시간에 잘 준비된 환경을 제공하여 영아들이 자유롭게 놀면서 교육적 경험을 가질 수 있도록 해야 한다. 즉 교사는 영아가 자신의 흥미, 욕구 및 발달수준에 따라 자유롭게 놀면서 교구, 교사 및 또래와 상호작용할 수 있는 기회를 갖게 하는 것이 중요하다.

실내자유놀이 시간의 운영을 위해 교사가 고려해야 할 일반적 사항과 흥미영역별 교사의 역할을 살펴보면 다음과 같다.

▷ 교사는 먼저 계획한 활동에 필요한 자료 및 준비물을 점검한다. 영아의 발달수준과 흥미에 기초하여 실내환경은 흥미영역으로 구성해주며, 필요한 놀잇감과 자료는 각 영역에 배치하고 충분한 공간이 확보되었는지 점검한다.

▶ 2세아는 무엇이든 혼자 하기를 좋아하므로 영아가 선택한 활동을 스스로 할 수 있도록 영아 주도의 개별적 활동을 중심으로 진행하며 이와 함께 교사가 주도하는 활동(노래 부르기, 손유희, 동화듣기, 음률활동 등)도 대소집단 형태로 짧게 계획한다.

▶ 영아의 발달특성상 흥미를 쉽게 잃고 관심의 지속시간이 짧다는 것을 고려하여 교사가 적절히 개입하여 언어적 자극을 주면서 활동을 확장시켜 주고, 또래에 관심을 갖고 적절하게 상호작용할 수 있도록 유도한다.

▶ 영아는 새로운 사물이나 상황을 정하면 먼저 탐색행동이 나타나고, 탐색을 통해 익숙해진 후에 놀이를 하게 된다. 영아에게 새로운 사물이나 놀잇감, 교실환경등을 제공할 때는 영아가 먼저 자신의 감각능력 및 운동능력에 기초하여 사물을 탐색해 볼 수 있도록 충분한 시간을 제공하는 것이 중요하다.

① 책보기영역

영아기 동안 언어발달은 비약적인 발달을 하게 되는데 특별히 24~36개월은 언어의 폭발적인 팽창기라고 표현될 정도로 언어발달이 급속히 진행된다. 2세에 이른 영아는 어휘의 수가 급격히 증가하여 250~300개의 단어를 이해할 수 있으며 약 50개의 단어를 정확히 사용할 수 있다. 언어행동의 빈도가 많아지면서 영아는 두세 단어를 연결하여 기본적인 문장의 형식으로 말을 하기 시작한다. 그러나 완전한 문장으로 말하는 영아가 있는 반면에 아직도 한 단어에 의존하여 말하는 영아도 있어 이 시기에는 언어발달에 있어서 개인차가 크게 나타난다.

따라서 교사는 이러한 영아의 발달특성과 개인차를 고려하여 책보기영역을 구성해주며 적절한 그림책과 굵은 연필이나 크레용 등 끄적거리기 자료, 손인형이나 막대인형과 같은 이야기 나누기 자료 등을 제공하고 언어적으로 상호작용해주는 것이 필요하다.

▶ 그림책은 언어능력이 빠르게 발달하는 영아에게 적절한 언어모형을 제시해준다. 2세아는 그림책을 보거나 듣는 것을 즐기며, 스스로 그림책을 선택하고 좋아하는 그림책을 읽어달라고 요구하기도 한다. 따라서 그림책에 있는 그림들을 이용하여 새로운 단어를 배우게 하거나 이야기를 들려주고, 질문하고, 영아가 하는 말을 확장해주는 것이 좋은 방법이다.

▶ 책이나 그림자료 외에 가장 중요한 자료는 영아와 이야기를 나누는 성인이므로 교사는 매일마다 대화를 통해 일상생활에서 영아가 보고, 듣고, 행동하고, 느끼고, 생각하는 것에 대해 이야기하도록 도와준다.

▶ 2세에는 크레용, 사인펜, 연필 등의 필기도구를 이용하여 마음대로 끄적거리는 행동을 보이며, 자기가 그려놓은 그림이나 선 등을 가리키며 좋아하는 모습을 볼 수 있다. 따라서 여러 가지 필기도구를 이용하여 끄적거려보는 활동을 자연스럽게 가질 수 있도록 격려해 준다. 이러한 초기형태의 쓰기 행동은 점차 어떠한 모양이나 질서감을 갖게 되면서 실제적인 관례적 쓰기 활동으로 진행된다.

② 그리기 · 만들기영역

그리기는 말하기와 마찬가지로 영아의 정신세계를 표상해주는 행동이다. 2세 때에는 이러한 표상이 막 시작되는 시기로, 끄적거리기부터 시작해서 구체적인 모양이나 형태 등을 그리기 시작하는 것은 3세 이후가 되어야 가능하다. 즉 초기에는 친숙한 물체를 그리기보다는 긁적거리고 나서 개, 고양이, 사람 등을 그렸다고 하는데 이는 실제로 무엇을 그렸느냐가 중요한 것이 아니라 영아가 어떠한 물체를 그렸다고 생각하는 것이 중요한 것이다. 영아가 무엇을 그렸다고 생각하는 것은 보이는 것을 그대로 그린 것이 아니라 본 것에 대한 머릿속의 심상을 그렸다고 보기 때문이다.

따라서 2세 경에는 크레파스와 같은 간단한 미술재료에 대한 관심이 커지면서 미술자료들을 영아 나름대로의 방식으로 사용해 보는 시기이므로, 영아가 다양한 미술재료를 경험하면서 자료를 충분히 탐색해 볼 수 있도록 기회를 주는 것이 중요하다.

▶ 영아가 만지고 경험한 물건들의 모양, 색, 감촉 등에 대해서 이야기 나누고, 영아가 미술자료를 사용할 때 무엇을 하고 있는지 영아의 행동과 영아가 표현한 작품에 대해서 자연스럽게 상호작용해준다.
▶ 미술활동 시에는 낮고 단단한 탁자나 낮은 이젤을 사용하고, 활동이 끝난 뒤에는 영아에게 간단한 정리정돈을 돕게 한다.
▶ 영아가 작품을 완성하고 난 후에는 작품에 이름을 써주고 영아의 눈높이에 맞춰 전시해주어 영아가 성취감을 느낄 수 있도록 해준다.

③ 소꿉영역

만 2세가 되면서 가장 특징적으로 나타나는 현상은 실제와는 다른 어떤 것으로 표상하는 가상적 행동의 출현이다. 이러한 가상적 행동은 초기에는 실제사물과 유사한 모형이 있을 때 놀이형태로 나타나다가 점차적으로 실제사물과 덜 유사한 사물에도 상징적 의미를 부여하게 된다. 즉 실제사물을 대하지 않고서도 머릿속으로 사물의 모습을 떠올릴 수 있는 능력을 갖게 되는 것으로, 이러한 표상적능력과 함께 언어능력이 발달하면서 영아의 상상놀이가 발달하게 된다.

따라서 2~3세는 상상놀이가 발달하는 초기단계이므로 교사는 영아의 놀이를 확장해줄 수 있는 적절한 자료와 환경을 제공하고, 언어적인 상호작용을 통해서 놀이를 지원해주는 것이 필요하다.

▶ 2세아를 위한 소꿉놀이는 인형과 침대, 봉제동물인형, 장난감 전화, 그릇류, 모자, 안전거울, 입고 벗기 쉬운 의상, 그밖의 일상생활에서 볼 수 있는 낯익은 물건을 사용하는 가장 놀이를 포함한다.
▶ 교사는 영아의 상징놀이 수준을 파악하여 개별적으로 상호작용을 해준다. 즉 영아들이 상

징놀이에 참여하는 빈도, 경험, 놀이 수준에서 개인차를 보이므로 개별적으로 적합한 놀이가 이루어지도록 하여야 한다.

▶ 영아는 혼자 상징놀이를 할 때보다 성인과 함께 놀이를 할 때 놀이 시간이 더 길어지고 놀이행동도 다양해진다. 따라서 교사는 영아가 표현하는 언어적·비언어적 단서들을 주의 깊게 관찰하여 영아의 발달수준에 맞게 적절히 놀이에 개입한다.

▶ 영아가 소꿉놀이를 하는 동안 교사는 영아가 무엇을 하고 있는지 살펴보고 자료의 이름 등을 이야기해주면서 영아의 행동과 언어적 표현, 또래와 함께 나누는 이야기 등을 격려해준다.

④ 쌓기놀이영역

2세 경에는 간단한 쌓기놀이를 할 수 있으며 블록을 이용해서 짐을 싣고내리는놀이 등의 상상놀이를 많이 한다. 2세아가 만든 구조물은 매우 단순하며 5~7개 정도의 블록을 이용해서 탑을 쌓거나 길게 배열할 수 있다. 이 시기의 영아를 위해 교사는 여러 가지 블록을 이용해서 영아가 다양한 형태를 표현해볼 수 있도록 격려하고, 친구와 함께 구성해보는 즐거움을 경험해보도록 유도해준다.

▶ 영아들과 블록놀이를 하면서 블록의 모양·느낌·소리 등은 어떤지, 영아가 블록으로 무엇을 만들고 있는지에 대해 이야기를 나누면서 영아의 흥미를 유지시켜준다.

▶ 사용되는 블록은 끝처리가 안전하고 날카로운 부분이 생기지 않았는지 사전에 점검한다.

▶ 영아의 발달 수준과 흥미를 고려하여 블록의 수와 모양, 종류 등을 조절해서 내주고 그 수를 점차 늘려준다.

▶ 블록을 모양과 크기, 종류에 따라 분명하게 구분하여 정돈하고, 교구장에 밑그림을 붙여주어 영아가 정리정돈할 때 도울 수 있도록 한다.

⑤ 탐색·조작영역

영아는 오감을 통해서 주변 세계를 경험하고 학습한다. 또한 영아는 성장해 가면서 감각을 통해 얻어진 정보들을 이해하는 방법을 배우게 되며, 이러한 사고를 언어화하는 법도 배우게 된다. 그 중에서도 수와 모양, 크기, 색 등에 대한 개념이나 사고는 유아기를 통해 점진적으로 형성되지만 이러한 개념들의 기초가 되는 실제 경험들은 그 이전부터 시작되어야 한다.

따라서 2세 경에는 구체적인 실물과의 상호작용을 통해 수와 모양, 크기, 색 등 개념의 기초가 되는 많은 실제적인 경험이 필요하다. 영아는 직접경험뿐 아니라 성인의 설명이나 언어를 통해서 배우게 되므로 교사는 영아에게 다양한 감각적 경험을 줄 수 있는 자료과 기회를 제공해주는 것과 동시에 그 경험을 말로 표현해보게 하고 언어적으로 설명해주는 것이 중요하다.

▶ 2세아는 오감을 통해서 주변의 세상이나 사물을 학습하게 되므로 감각적 경험을 할 수 있

는 충분한 기회를 제공하고, 영아와 함께 보고 듣고 느낀 것들에 대해 이야기 나누면서 그 경험을 말로 표현해보게 한다.

▶ 2세아는 아직도 입으로 맛보고 탐색하는 것을 좋아하므로 안전과 위생에 주의한다.

▶ 2세아는 일상적인 대화나 놀이에서 크기·모양·색에 관한 단어를 자주 사용하고, 연령에 적합한 여러 가지 모양·크기·색에 관한 활동을 제시한다(모양·크기·색 맞추기 게임, 간단한 퍼즐, 모양 맞추기 상자 등).

▶ 수에 대한 개념은 유아기 동안 서서히 습득되므로 2세아를 위한 수활동은 일상생활 중에 자연스럽게 '수세기'와 관련된 경험하기, 수에 관한 노래를 듣고 불러보기, 일상생활 대화에서 양과 크기에 대한 단어 듣기 등을 포함한다.

▶ 눈과 손의 협응이 증가함에 따라 2세아는 끼웠다 뺐다 하기, 조각 맞추기, 끈꿰기 등의 놀이를 즐기므로 작은 조각들이 깨져서 다치거나 없어지지 않도록 사전에 점검하고 놀이 도중에도 입이나 코나 귀 등에 들어가는 일이 없도록 항상 관찰한다.

⑥ 음률영역

음률활동은 영아들이 즐기는 활동으로, 2세아는 노래를 따라 부르는 것도 좋아하고 친숙한 노래를 듣는 것도 좋아한다. 따라서 교사는 매일의 일과 속에서 개별적으로 또는 대소집단 형태로 영아와 함께 노래를 부르거나 리듬감과 운율을 즐길 수 있도록 하며 다양한 소리를 탐색해 보고 음악에 맞춰 신체 표현을 할 수 있는 기회도 제공해준다.

▶ 음률시간을 매일의 일과계획에 포함시키고 그 외에도 수시로 음률활동을 계획한다.

▶ 새로운 노래의 경우 반복해서 들려주고 가능하면 부모에게도 알려주어 가정에서도 부를 수 있도록 도와준다.

▶ 영아들이 악기를 탐색하며 내는 소음들을 여유 있게 즐길 수 있어야 하며, 너무 큰 소리가 나는 경우에는 실내보다 실외에서 활동할 수 있도록 한다.

▶ 2세아를 위한 음률활동에는 노래, 손유희, 리듬에 맞춰 움직이기, 소리를 탐색하고 악기로 소리 만들기, 다른 사람의 음악 듣기 등을 포함한다.

⑦ 대근육활동영역

2세가 되면 신체적인 성장과 함께 대·소근육이 발달하고 신경계통이 점차적으로 성숙함으로써 운동기술이 괄목하게 발달하게 된다. 그러므로 걷기, 달리기, 던지기, 높이뛰기, 오르기, 기기, 균형잡기 등과 같은 다양한 활동을 할 수 있지만 운동기술이 덜 발달되어 아직은 미숙하고 불안정한 것이 특징이다. 그래서 이 시기의 영아는 어떠한 기술을 보다 능숙하게 습득하기 위하여 특정 행동을 반복하는 경향을 보인다.

따라서 교사는 안정된 환경에서 영아가 대근육 기술을 연습할 수 있도록 다양한 활동과 놀잇감과 개방된 공간을 준비해 주어야 한다. 그러나 아직 균형감이 부족하고 불안정하므로 항상 곁에서 주의깊게 관찰하여 안전사고에 대비한다.

▷ 2세아를 위한 대근육활동으로 오르기, 균형잡기, 걷기, 달리기, 공차기 등을 계획하고 이를 위한 기구와 놀잇감 등을 준비해준다.
▷ 모든 기구들은 사전에 위험한 부분이 없는지 점검하고, 가능하면 영아가 스스로 여러 가지 신체기술을 배우고 그들 나름대로의 방법으로 즐길 수 있도록 한다.
▷ 영아가 대근육활동을 할 때는 교사의 주의깊은 감독이 필요하며 다른 실내 활동에 방해가 되지 않도록 안전하고 개방된 공간에 영역을 배치한다.
▷ 영아가 대근육 활동을 하고 있을 때 무엇을 하고 있는지에 대하여 교사가 이야기해 주고 새로운 활동을 시도하려고 할 때 격려해준다.

3) 정리정돈 및 전이활동

자유놀이시간이 끝나고 아무 준비없이 놀던 것을 정돈하라고 하면 영아는 어리둥절해한다. 지금까지 했던 활동을 정리하고 새로운 활동으로 전이되는 시간은 두려워하며 변화에 익숙하지 못한 2세아에게 심리적인 부담이 될 수 있다. 따라서 다음에 어떤 일이 일어나는지, 어느 장소로 이동하는지를 미리 이야기해 주어 영아들이 다음 일과를 준비할 수 있도록 한다.

또한 2세가 되면 자유선택활동이나 전이활동 시간에 교사가 주도하는 활동을 대소집단 형태로 짧게 계획할 수 있다. 전이활동시간에 장소를 이동하기 위해서, 다음 활동으로 전환하기 위해 정리를 하고 나서 교사는 영아들과 함께 할 수 있는 노래, 손유희, 동시듣기, 동작활동 등을 계획한다.

▷ 영아가 스스로 놀잇감을 제자리에 정리할 수 있도록 영아의 손이 닿을 수 있는 선반에 놀잇감의 그림이나 사진을 붙여놓는다.
▷ 정리하는 시간임을 영아가 알 수 있도록 그 시간에는 일정한 노래나 표시를 해주어 놀던 것을 다같이 정리해야 한다는 것을 알려준다.
▷ 놀잇감 정리시 영아들은 지속적으로 치우기 어려우므로 교사가 한 가지 물건을 치우도록 집어 준 후 영아가 그 자리에 갖다둘 때까지 지도하는 것이 중요하다.
▷ 너무 많은 물건을 치우도록 강요하면 영아가 중도에 포기하게 되므로 교사가 놀이 중간 중간에 놀잇감을 정리해주고 영아가 몇 가지만 잘 치울 수 있도록 지도한다.

4) 실외자유놀이

실외놀이에서 영아들은 신선한 공기를 마시며 마음껏 달리고 외치며 자연물을 탐색한다. 실외의 개방된 공간과 자유로움은 영아의 긴장감을 완화시키며 즐거움을 제공한다. 특히 하루 종일 어린이집에서 지내는 영아의 경우 오랜 시간 실내에서 생활하게 되므로 실외놀이를 통하여 변화와 생활의 활기를 가질 수 있도록 실외놀이의 기회를 많이 제공하는 것이 좋다.

실외놀이도 실내놀이와 함께 균형 있게 할 수 있어야 하며 자연물에 대한 탐색, 대근육활동, 물·모래 놀이, 그림그리기, 책보기 등의 활동을 다양하게 제공해준다.

▶ 교사는 실외놀이 전에 실외놀이터에 위험요소가 없는지 점검하여 안전하게 놀 수 있도록 배려한다. 영아들이 지나다니는 길이나 모래놀이터에 위험한 물체가 놓여 있지 않은지, 파손된 놀이기구가 있는지, 출입문이 잠겨 있는지 등을 점검하여 안전사고를 사전에 예방한다.

▶ 오르기 기구나 미끄럼틀, 그네 등 사고의 위험이 따르는 곳에는 다른 교사와 분담하여 상주하고 영아가 안전하게 놀이할 수 있도록 배려해준다.

▶ 실외놀이를 하기 위해서 이루어지는 화장실 다녀오기, 옷 입기, 신발 신기를 통하여 일상생활 습관을 자연스럽게 기를 수 있도록 한다.

▶ 실외놀이는 계절에 따라 적절한 시간대에 실시할 수 있도록 계절에 따른 온도, 햇볕, 바람 등을 고려하여 시간대를 조절한다.

▶ 기어오르기, 달리기, 여러 공간 통과하기, 도구 조작하기 등 다양한 신체활동을 제공하여 영아의 신체발달을 돕는다.

▶ 손가락 풀그림 활동, 모래, 물감을 이용한 활동 등을 제공하여 편안하게 놀이에 열중할 수 있도록 해준다.

5) 배변 및 손 씻기

배변은 하루일과 중 수시로 일어나며 배변훈련 여부에 따라 개별적인 배려와 특별한 주의가 필요하다. 억지로 시키거나 실수에 대해 엄하게 대하면 영아는 불필요한 강박관념을 갖게 되고 화장실에서 용변을 보는 것을 더욱 거부하게 된다. 지나치게 엄격한 배변훈련은 오히려 자율적으로 할 수 있는 시기를 늦추기도 한다. 따라서 정리정돈, 식사, 낮잠 후에는 친구들과 함께 화장실에 가는 시간을 갖게 하여 영아의 주의를 환기시켜 주고 자연스럽게 대소변 가리기를 도와줄 수 있다.

▶ 용변 보기, 손 씻기 순서의 그림을 화장실 벽에 붙여놓는 것이 좋다.

▷ 화장실에 영유아가 많이 몰리게 되는 시간에는 영아들이 부딪히거나 다칠 위험이 있으므로 화장실에 들어간 영아의 수를 고려하여 인원을 조정해주어야 한다.

▷ 2세아는 대소변 가리기가 완전히 이루어지지 않아 놀이에 열중하게 되면 실수하는 경우가 종종 있으므로 교사가 화장실 가는 시간임을 알려주는 것이 좋다.

▷ 화장실에서 스스로 옷을 내리고 올리는 것을 격려해주고 도움이 필요한 경우에는 개별적으로 적절히 도와준다.

▷ 변기의 물 내리기를 무서워하거나 화장실 문을 여닫지 못하는 경우에는 교사가 적절히 도와준다.

▷ 손을 씻을 때는 비누와 물을 이용하도록 하며 물을 뿌리는 등의 물장난을 하지 않도록 주의를 준다.

▷ 교사가 손을 씻겨주어도 좋지만 영아가 스스로 옷을 적시지 않고 손을 씻을 수 있도록 옷소매를 높이 올려주고, 옆에서 보면서 도움이 필요할 때 적절히 도와주는 것이 좋다.

▷ 영아가 실수로 옷에 배변을 한 경우에는 준비해 둔 여벌의 옷으로 갈아입히고 분비물이 묻은 옷은 비닐백에 넣어 두었다가 귀가시 부모에게 전달한다.

▷ 화장실 바닥에는 물기가 없도록 하고 영아가 미끄러지지 않도록 미끄럼 방지를 위한 설비를 갖추어놓는다.

6) 간식 및 점심

어린이집에 다니는 영아들은 하루 중 대부분의 시간을 어린이집에서 생활하게 되므로 건강이나 영양이 우선적으로 고려되어야 한다. 활동량이 많은 영아들에게 적절한 영양을 보충해주기 위해서는 하루에 필요한 영아의 열량을 고려하여 식단을 계획하고 균형된 간식과 식사를 제공한다.

간식과 식사시간을 통하여 스스로 음식을 먹고 치우는 것이 즐거운 경험이 되도록 편안한 분위기를 만들어주며 영아의 일상생활 습관이 자연스럽게 이루어지도록 한다.

▷ 부모와 사전협의를 통해 식습관에 대한 구체적인 정보를 갖고 영아의 발달상태나 요구에 따라 융통성 있게 식사지도를 한다.

▷ 오전간식의 경우 등원시 부모가 기록한 일일보고서나 대화 내용을 참고하여 조절해서 제공한다.

▷ 간식과 식사시간을 통해서 영아가 손씻기, 스스로 먹기, 정리하기, 이닦기 등의 일상생활 습관을 학습할 수 있도록 지도한다.

▷ 음식은 먹기 쉬운 형태와 크기로 준비하여 나누어주고, 교사가 함께 앉아 먹으면서 모델이 되어 준다. 즉 밥과 반찬을 골고루 먹기, 그릇과 수저를 바르게 사용하기, 꼭꼭 씹어 먹기,

먹으면서 돌아다니지 않기, 바른 자세로 먹기, 다른 사람과 나누어 먹기, 먹는 양 조절하기, 감사한 마음으로 먹기 등의 올바른 식습관에 대해 지도한다.

▶ 영아가 먹으면서 흘리는 것을 허용해주어 점차 도구의 사용을 숙달할 수 있도록 해준다.

▶ 양치지도를 하고 식후 투약의뢰가 있는 영아에게는 투약한다. 투약한 후에는 투약보고서에 시간 및 용량을 기록하여 보관해둔 후 귀가시 부모에게 전달한다.

▶ 간식 및 점심식사 후에는 먹은 양, 시간, 특이사항 등을 기록하여 귀가 시 부모가 참고할 수 있도록 일일보고서에 적거나 직접 정보를 제공한다.

7) 낮잠 자기

대부분 영아들은 매일 일정한 휴식이 필요하고 하루종일 생활하는 어린이집에서는 휴식을 위해 낮잠이 꼭 필요하다. 낮잠자기는 휴식을 위한 일상적인 활동으로 신체적인 피로를 회복하고 정서적으로 안정감을 주는 활동이다. 때때로 재미있게 놀던 놀이를 그치고 조용히 쉬거나 자야 한다는 사실을 받아들이기 힘든 영아가 있는데, 이때 교사는 낮잠을 무조건 강요하기보다는 자연스럽게 낮잠시간임을 알려주고 다른 영아들이 모두 휴식을 취해야 한다는 것을 이야기해 준다.

또한 부모와의 정보 교환을 통해 영아의 잠자는 습관, 수면시간, 잠버릇, 깨어난 후의 정서 상태 등을 파악하여 낮잠시간을 배려하여 집에서와 같은 편안한 느낌으로 잠들 수 있도록 잠자리에 신경을 써준다. 집에서 가져온 개별적인 이불과 베개, 잠들 때 안고 자는 인형 등이 도움이 된다. 다음은 영아의 편안한 낮잠을 위해 교사가 도움을 줄 수 있는 내용이다.

▶ 정해진 하루일과에 따라 매일 같은 시간에 낮잠을 계획한다.

▶ 낮잠용 침구는 매일 같은 위치에 준비하여 영아가 자신의 잠자리를 알게 해준다. 침구 사이에 어느 정도 간격을 두고 나란히 눕혀 다른 영아를 방해하지 않도록 하고 환기를 시켜준다.

▶ 긴장완화를 위해 낮잠 전에 조용한 활동을 계획하고 조용한 음악을 틀어준다.

▶ 낮잠을 자기 전에 대·소변 가리기와 양치질을 한다. 교사는 영아에게 컵과 칫솔을 나누어주고 스스로 이를 닦도록 격려하며, 대부분은 칫솔질이 미숙하므로 개별적으로 도와준다.

▶ 낮잠을 조금 자거나 자지 않는 영아에게는 휴식을 위하여 조용한 공간을 배려하고 그림책이나 조용히 즐길 수 있는 부드러운 장난감을 준비해준다.

▶ 잠이 들 때와 깰 때 잠투정을 하는 영아들이 많으므로 교사와 개별적으로 상호작용하는 시간이 필요하다. 특히 잠을 깨고 난 직후에는 영아들이 예민하므로 옆에서 안아주거나 이야기를 나누면서 영아의 기분이 편안해질 때까지 기다려주는 것이 좋다.

▶ 영아의 수면 중에 갑작스러운 사고나 개별적인 보살핌이 필요한 일이 생길 수 있으므로

교사는 영아들이 자는 장소를 떠나지 않는다.

▶ 낮잠 후 화장실에 다녀오게 하고 다른 영아들이 모두 깰 때까지 조용한 놀이를 계획한다.

▶ 교사는 영아가 모두 깰 때쯤 커튼을 걷어 밝게 한 후에 창문을 열어 환기를 시켜주고, 이불을 정돈하여 이불장에 넣는다.

8) 오후 실내 · 외 자유놀이

낮잠 이후 오후 자유놀이시간에는 과도한 자극은 줄이고 편안하게 오전에 했던 활동 중 흥미 있는 것을 지속하거나 확장하도록 운영하며 교실 외에 다른 공간으로 장소를 이동하여 놀이함으로써 변화를 줄 수 있다.

▶ 오전 자유놀이의 연장으로 확장시켜 진행한다. 오전에 바깥에서 동물에 대해 관찰했다면 오후에는 동물의 움직임이나 울음소리 등에 관한 노래나 다양한 작업활동으로 영아들의 관심을 확장시켜 준다.

▶ 오후에는 영아에게 지나친 자극이 되지 않는 자료를 제시하여 안락한 공간에서 편안히 쉬면서 놀이를 진행하는 것이 좋다. 조용히 앉아서 책을 보거나 퍼즐 맞추기, 그리기, 만들기와 같은 작업활동을 하는 것이 좋다.

▶ 오후에도 실외놀이를 하는 것이 좋으나 날씨가 춥고 비가 올 경우에는 옥상이나 지하 유희실과 같은 다른 공간을 이용해 영아들의 기분을 전환시켜 줄 수 있다.

9) 귀가

하루일과를 마무리하는 귀가시간은 교사와 부모간에 영아에 대한 정보와 의견을 나누게 되는 귀중한 시간이다. 교사는 등원시와 비교해서 특별한 변화가 있었는지 영아를 살핀 후 연락사항이 있으면 준비한다. 부모가 데리러 올 때 영아가 하루를 지낸 일 중에서 특별한 일이 있었으면 일일보고서에 적어두거나 부모에게 알려준다. 특히 2세아들은 다른 영아의 보호자들이 오는 것을 보면 심리적으로 불안해지기 쉽기 때문에 정서적으로 충분히 지지해준다. 다음은 귀가시간에 교사가 주의해야 하는 사항이다.

▶ 일일보고서를 통하여 하루일과 중 특별한 일이나 음식 섭취량, 수면시간, 투약 여부, 건강 상태, 기분상태에 대하여 부모에게 알려준다.

▶ 영아가 부모와 기분 좋은 상태로 귀가하도록 명랑하고 온화한 태도로 귀가지도를 한다.

▶ 부모에게만 알려주어야 할 사항은 영아가 듣지 않도록 배려하여 전달하고 영아의 소지품을 챙긴 후 인사하고 귀가지도한다.

▶ 영아는 반드시 부모에게 직접 인계하고 그 외의 보호자가 올 때는 미리 전화 확인을 하도록 한다.

2 영역별 환경구성

1) 환경구성원리

2세아는 보호를 필요로 하면서도 스스로 독립적으로 행동하고 싶어한다. 즉 매우 활동적이며 오르고, 뛰고, 기고, 이리저리 움직이려는 욕구가 강하지만 균형감각이 아직 미숙하기 때문에 불안정할 때가 많다.

어린이집의 환경은 어떻게 구성되었느냐에 따라 영아의 행동에 많은 영향을 주게 되므로 조직적이고 합리적으로 구성되어야 한다. 뿐만 아니라 집과 같은 분위기를 조성하여 영아에게 편안한 곳이 되고 바람직한 학습이 일어날 수 있도록 한다. 놀잇감과 자료를 다양하게 구비하고 이를 자율적으로 사용할 수 있도록 한다.

2세아를 위한 실내환경은 흥미영역으로 구성해준다. 그리기·만들기, 책보기, 소꿉, 쌓기, 탐색·조작, 음률 및 대근육 활동영역등이 그 예이다. 이들은 대근육 활동을 많이 하고 이리저리 옮겨 다니는 일이 많으므로 대근육 활동을 할 수 있는 충분한 공간을 확보하고 이에 맞추어 기구와 자료를 배열해야 한다. 흥미영역에 구비해주는 놀잇감과 자료는 영아가 놀잇감을 갖기 위해 너무 오래 기다리지 않도록 수량을 충분히 준비하도록 한다. 이 시기 영아의 독립성을 길러주기 위해서는 사용하고 싶을 때 쉽게 꺼내고, 치우는 시간에 제자리에 넣을 수 있도록 자료들을 잘 비치해 놓아야 한다. 놀이실을 전체적으로 편안하게 운영하기 위해서는 교사가 놀이실 구석구석에서 일어나는 일을 볼 수 있도록 환경을 구성하는 것도 중요하다.

실외놀이 공간은 3~4세 유아들을 위한 공간과는 분리되어야 한다. 그러나 실외공간이 좁아서 이러한 구성이 불가능한 경우에는 이용시간에 차이를 두는 것이 바람직하다. 2세아의 경우에는 신체조절이 미숙하므로 큰 유아들의 시설을 그대로 이용한다면 안전사고가 발생할 가능성이 있다. 2세아를 위해 환경구성을 할 때 고려해야 할 구체적 사항은 다음과 같다.

▶ 흥미영역별로 환경을 구성한다. 다양하고 흥미있는 환경에서 자신이 하고 싶은 것을 결정하고 함께 놀이함으로써 독립성을 키울 수 있다.
▶ 주활동이 이루어지는 영역과 간식영역, 화장실, 손 닦는 곳이 분리되도록 한다.
▶ 놀이실 안에 개인 사물함이나 개인의 물건을 넣어 둘 수 있는 공간을 마련한다. 하루 중 대부분의 시간을 다른 영아와 함께 보내게 되므로 때때로 개인적인 공간이 배려되어야 한다. 영아가 집에서 좋아하는 물건을 가져올 경우에는 보관할 공간을 주어 집처럼 편안함을

느낄 수 있도록 해준다.

▸ 놀이영역은 적어도 세 가지 형태로 제공한다. 자유롭게 움직일 수 있는 개방된 공간, 소집 단으로 퍼즐·소꿉·블록 놀이 등을 할 수 있는 부분적으로 닫혀진 공간, 혼자서 관찰하거나 쉴 수 있는 아늑한 공간이 포함되도록 한다.

▸ 영아의 발달수준에 차이가 있으므로 연령에 알맞은 놀잇감과 다양한 자료를 준비한다. 대근육 활동을 선호하므로 신체활동 자료와 여러 가지 수준의 놀잇감을 제공할 수 있다.

▸ 물감그림, 감각놀이, 물·모래 놀이는 매일 할 수 있도록 한다. 붓으로 그리는 것은 운동발달, 창의성, 자신감을 길러주게 된다. 놀이실 바닥이 물청소를 할 수 있는 경우라면 이러한 놀이를 좀더 많이 제공하면 좋다.

▸ 친숙한 물건이나 동물, 가족이나 영아의 사진 등을 영아의 눈높이에 맞춰 게시한다. 어른의 눈높이에 붙여진 사진들은 영아가 볼 수 없으므로 영아의 눈높이를 고려하는 것이 중요하다. 친숙한 물건, 동물, 사람의 사진을 게시해놓는 것은 영아로 하여금 안정감을 느끼게 한다.

▸ 실외놀이영역은 낮은 그네, 오르기 놀이기구 등 영아에게 적당한 크기의 시설물을 중심으로 안전을 고려하여 구성한다. 대부분의 실외놀이 시설물은 취학 전 또는 학령기 아동을 위한 것이므로 영아에게 맞는 시설을 구비하여 적절한 도전감과 자신감을 갖고 안전하게 놀이할 수 있도록 구성한다.

2) 흥미영역별 환경구성

잘 조직된 실내·외 환경에서는 학습과 놀이활동이 통합적으로 이루어지게 된다. 놀이를 활성화하고 실내·외 환경을 효율적으로 사용하기 위해서는 영아가 자신의 흥미에 따라 자유롭게 놀이나 활동을 하도록 몇 개의 흥미영역을 포함하는 환경구성을 해주는 것이 바람직하다. 흥미영역에서는 영아의 흥미를 자극하는 개별 또는 소집단 놀이나 활동을 할 수 있게 된다.

2세아를 위해 구성할 수 있는 흥미영역의 종류로는 그리기·만들기, 소꿉, 책보기, 쌓기놀이, 음률, 대근육, 탐색·조작영역 등이 있다. 실외영역도 대근육 활동을 위한 영역, 물·모래영역, 탐구영역, 작업영역 등의 흥미영역으로 구성할 수 있다. 다음은 영역별 환경구성을 위한 지침과 각 흥미영역에 제공될 수 있는 자료들을 정리한 것이다.

① 책보기영역

책보기영역은 영아가 조용하고 밝고 안정된 분위기에서 집중할 수 있도록 구성해준다. 편안한 의자나 낮은 탁자, 카펫 등으로 아늑하게 구성하고 쿠션에 편안하게 기대어 쉴 수 있도록 해준다.

책꽂이에는 그림이 선명하고 영아가 흥미있어 하고 실제 경험과 관련된 그림책을 갖추어 주고, 필요할 때마다 책을 첨가하거나 바꾸어 준다. 동화책은 책표지의 전면이 보이도록 해주어 스스로 책을 선택할 수 있게 한다.

자료

- 책표지가 보이도록 책을 꽂을 수 있는 책꽂이
- 흔들의자, 푹신한 의자, 쿠션, 매트리스
- 카펫이 깔린 바닥
- 만들거나 구입한 단순한 내용의 책들
  - 까꿍놀이책
  - 선명하게 그려진 그림카드(가족, 친숙한 물건, 동물 그림 등)
  - 느낌과 태도에 관한 책
  - 가족과 친구에 관한 책
  - 매일매일의 생활경험에 관한 책
  - 자연에 관한 책(동물, 채소, 과일, 꽃, 곤충 등)
  - 융판과 융판자료
  - 기본생활습관에 관한 책(줄 서기, 손 씻기)
  - 촉감책
- 헝겊인형
- 작은 손인형, 막대인형
- 비닐 책꽂이

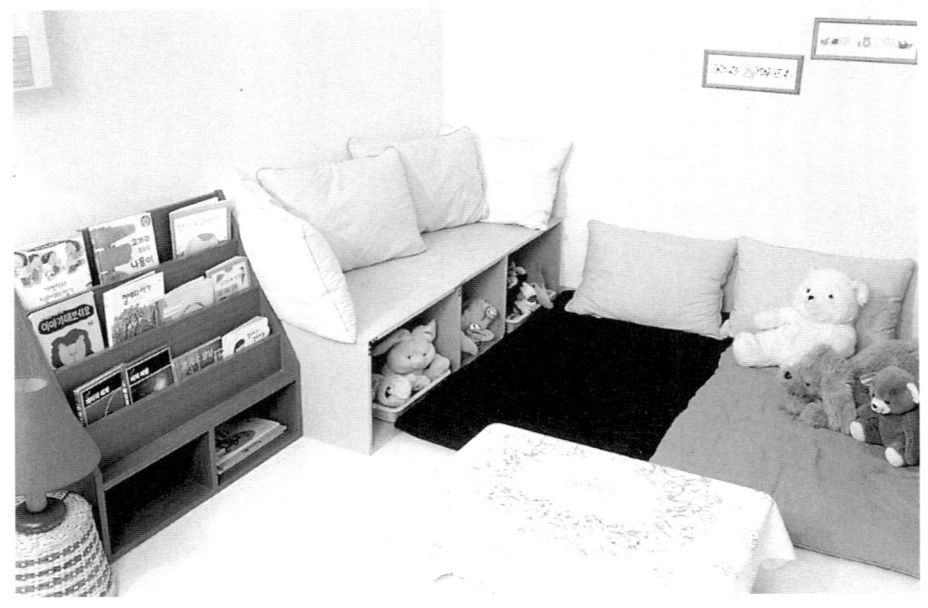

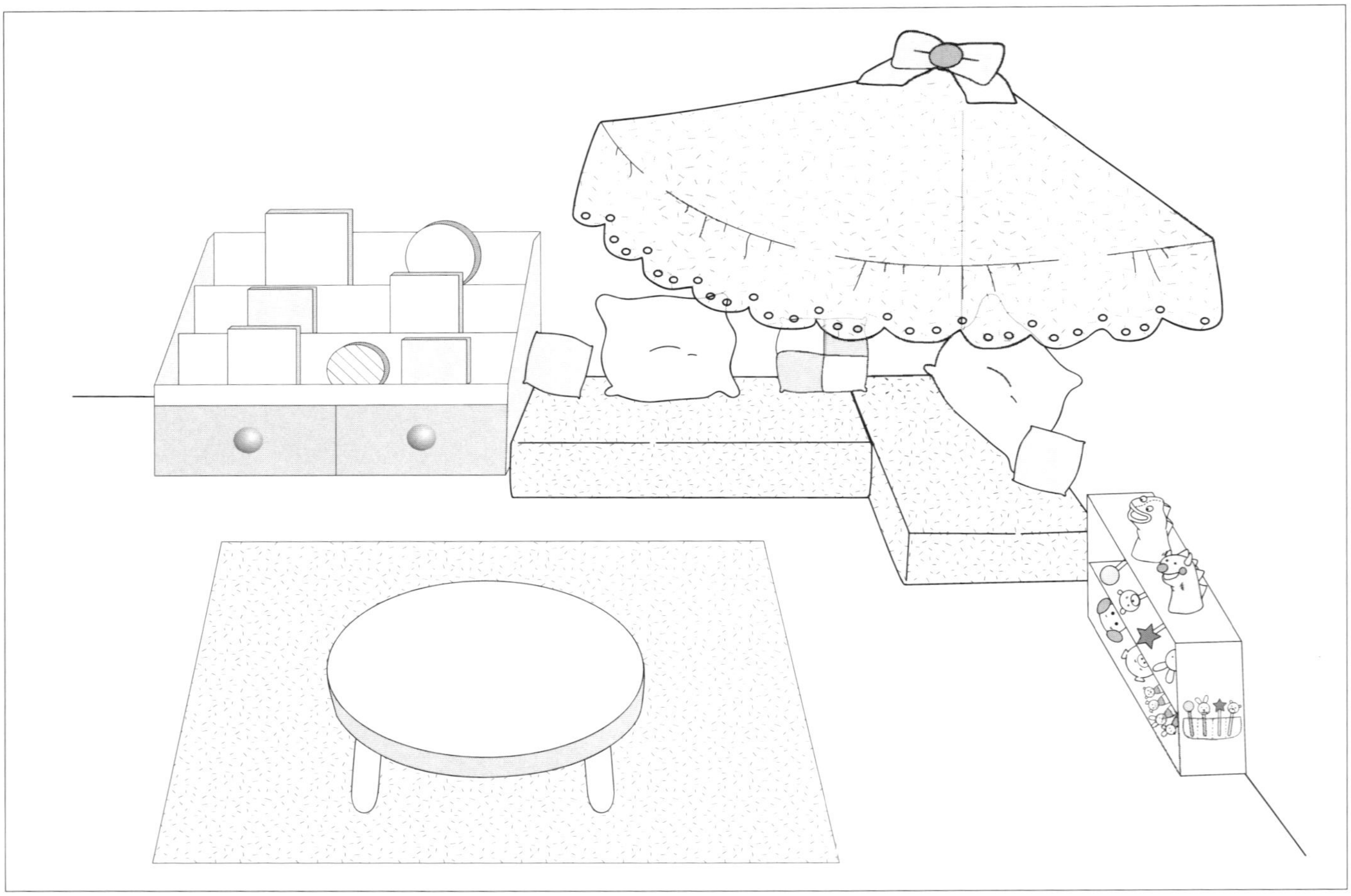

〈책보기영역의 환경구성〉

② 그리기·만들기영역

　그리기·만들기영역은 놀이실의 특히 조용하고 밝은 곳, 물과 가까운 곳에 위치하는 것이 좋다. 다양한 작업활동을 위해 영아에게 적절한 낮은 책상과 자료를 넣을 수 있는 장, 작품의 보관과 전시를 위한 설비 등을 준비해준다. 또한 이 영역에서는 다양한 작업활동이 실시되고 물도 필요하므로 책상과 바닥의 재질을 쉽게 닦고 치울 수 있는 것으로 선택한다.

　영아가 활동에 따라 스스로 선택할 수 있도록 다양한 작업 자료들을 준비하여 준다. 그리기 활동의 기본자료 외에도 꾸미기 자료로 플라스틱 통, 우유팩 같은 폐품이나 조각난 종이류도 만들기영역에서 다양하게 활용될 수 있다. 모든 자료는 독성이 없는 것으로 준비한다.

자료

- 낮은 책상
- 바닥에 깔기 위한 비닐장판이나 헌 테이블
- 작업 앞치마, 비닐 앞치마
- 화판
- 그림물감, 굵은 붓
- 여러 종류의 종이
  (도화지, 색도화지, 색종이, 셀로판지, 포장지, 벽지 등)
- 크레파스, 색연필
- 점토(밀가루 반죽)와 도구
- 손가락 풀그림 재료와 종이, 넓은 쟁반
- 각종 폐품(빈 상자, 빈 플라스틱 통, 우유팩, 신문 혹은 광고종이)
- 풀, 가위
- 시트지, 스티커
- 투명 테이프, 커터기
- 잡지책

〈그리기 · 만들기영역의 환경구성〉

③ 소꿉영역

소꿉은 영아가 빈번하게 놀이에 참여하고, 흥미를 보이는 영역이므로 충분한 공간을 확보하도록 한다. 이 영역에서는 움직임이 많고 활동이 다양하므로 동적인 놀이영역에 위치하는 것이 좋으며 쌓기영역과 인접하여 배치하는 것이 좋다.

소꿉영역에는 영아가 자신의 경험을 재현하고, 집처럼 상상하고 놀이할 수 있도록 놀이집이나 싱크대, 식탁과 의자, 놀잇감, 소도구 등을 다양하게 갖춰준다. 2세아는 밀폐된 공간을 좋아하므로 상자, 커튼 등을 활용하여 조용하고 아늑한 공간을 만들어주는 것도 효과적이다. 또한 전신거울을 준비해주면 거울을 보면서 자기에 대한 상을 발달시켜가고, 머리를 빗거나 화장을 하는 등 미장원놀이나 엄마놀이 같은 다양한 상상놀이에도 이용하게 된다. 소꿉영역의 자료들은 스스로 꺼내어 쓰고 정리할 수 있도록 보이는 곳에 정리해 놓는다.

자료

- 모형 싱크대
- 놀이용 울타리
- 깨지지 않는 소꿉놀이용 그릇들
- 플라스틱 숟가락, 포크, 조리도구
- 봉제인형
- 인형류 (깨지지 않는 재질로 부드럽고 세탁 가능한 소재의 다양한 종류의 사람·동물인형 등)
- 남녀 의상(계절별)
- 모자, 넥타이, 스카프, 구두 등 액세서리류
- 지갑과 메는 가방
- 빈 화장품 병, 빗, 헌 드라이어
- 인형 이불, 베개
- 카펫 또는 러그
- 의상을 걸 수 있는 행거, 옷걸이
- 청소 도구
- 앞치마
- 안전거울
- 전화
- 주제에 따른 소품 상자(미장원놀이, 병원놀이, 가게놀이 등)
- 유모차, 포대기

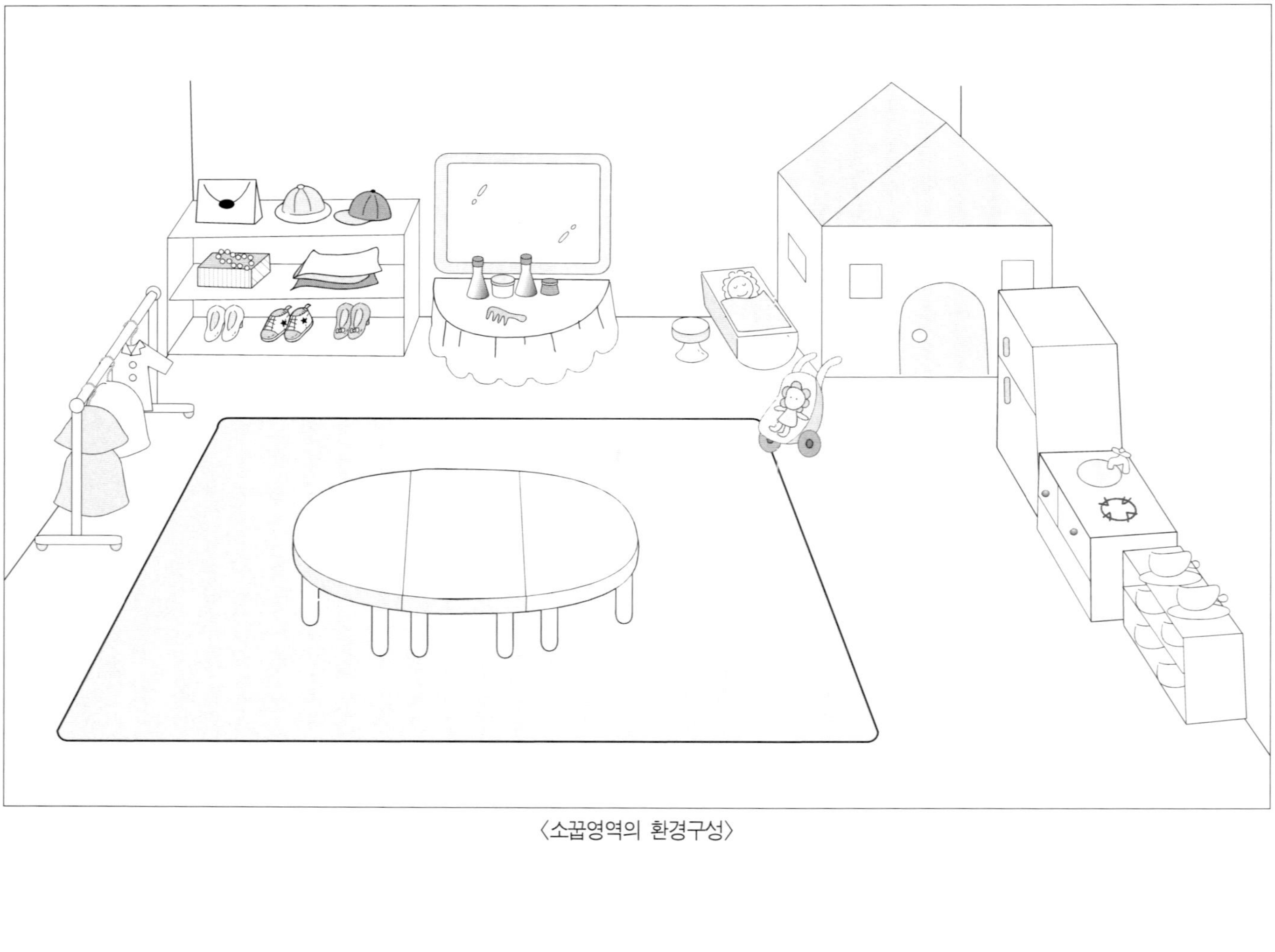

〈소꿉영역의 환경구성〉

④ 쌓기놀이영역

쌓기놀이영역은 놀이실의 모든 곳에서 볼 수 있는 개방적이고 동적인 공간에 구성한다. 쌓기놀이는 활동량이 크고 많으므로 특히 안전에 유의해야 한다. 이 영역에는 위험이나 다툼, 소음 등의 문제상황을 방지하기 위해 넓은 공간을 확보하고 바닥에는 부분 카펫을 깔아주는 것이 좋다.

2세아를 위한 블록놀이는 나무 블록, 플라스틱 블록, 우레탄 블록, 종이벽돌 블록, 우유곽 블록 등 쌓을 수 있는 모든 자료들을 포함한다. 블록은 크기가 작지 않는 것으로 준비해야 하며, 여러 명이 동시에 놀이하기에 부족하지 않아야 한다. 적절한 소도구로 자동차나 인형을 첨가해주는 것도 쌓기놀이에 매우 중요하다. 그러나 이런 소도구들은 한꺼번에 제공하는 것보다 유아의 흥미에 맞게 조금씩 첨가해주는 것이 좋다.

자료

- 카펫이나 영역 구분을 위한 색테이프
- 스펀지 블록, 우레탄 블록
- 종이벽돌 블록
- 속이 빈 블록
- 레고 블록
- 와플 블록
- 자동차류(나무 제작, 플라스틱 제작)
- 작은 동물모양 놀잇감(농장 동물 혹은 동물원의 동물들)
- 사람인형, 가족인형, 직업을 나타내는 인형(요리사, 우체부, 경찰 등)
- 재능 블록
- 커다란 볼트와 너트
- 단순한 나무 블록으로 기차 및 자동차류를 만들 수 있는 놀잇감

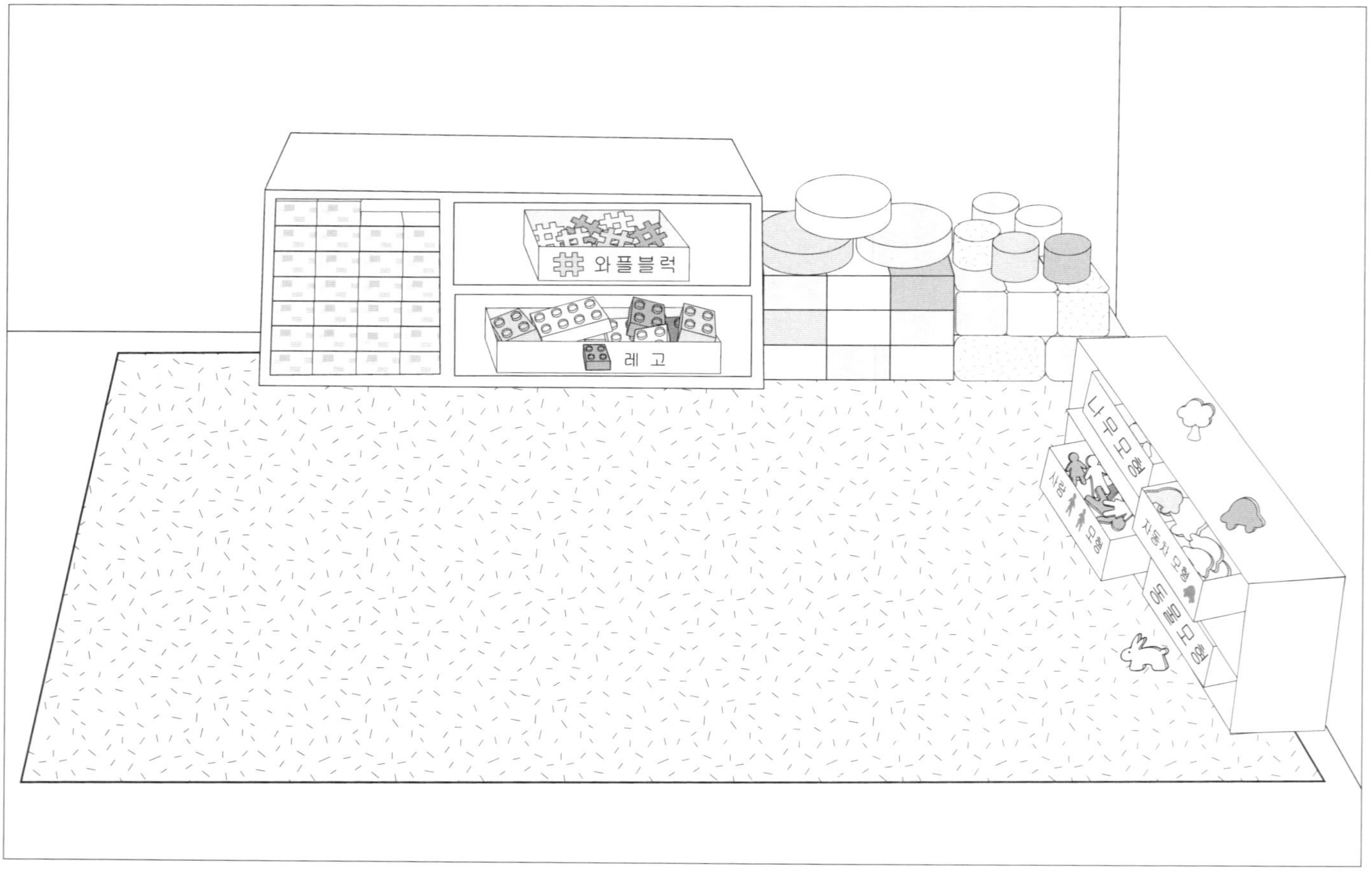

〈쌓기영역의 환경구성〉

⑤ 탐색 · 조작영역

이 영역은 정적이고 개인적인 활동이 많이 이루어지므로 조용하게 집중할 수 있는 공간을 확보한다. 집중해서 담고 쏟는 일이 많으므로 바닥에는 카펫을 깔거나 앉아서 놀 수 있게 낮은 책상을 배치하는 것이 좋다.

조작놀잇감은 2세 영아가 손으로 만지고 놀 수 있는 적당한 크기여야 한다. 조작놀잇감은 조각의 수와 모양이 너무 복잡하지 않은 것으로 준비한다. 또한 조작놀이는 영아들이 주로 손으로 조작해보는 자료들이므로 위생에 특별히 주의를 기울인다.

탐색활동을 위한 자료는 집에서 기를 수 있는 동식물, 주변에서 볼 수 있는 다양한 사물, 사진이나 모빌, 그림 등 관찰할 수 있도록 준비해주고, 색 · 모양 · 질감 · 소리 등을 탐색할 수 있게 한다.

자료

- 매트, 낮은 책상
- 집에서 기를 수 있는 동식물(금붕어, 새, 꽃, 거북이 등)
- 감각놀이대, 감각놀이대에 넣을 재료(콩, 마카로니 등)
- 두드리기/ 나무망치놀이
- 냄새맡기 병
- 촉감 놀잇감
- 구멍에 넣을 수 있는 플라스틱 통과 큰 단추
- 모양 분류 상자, 모양 바느질 놀잇감
- 조각이 큰 그림 맞추기
- 움직일 때 소리나는 놀잇감
- 큰 레고 블록
- 포개어 넣을 수 있는 상자나 컵, 크기가 다른 플라스틱 그릇이나 컵
- 롤러코스터
- 모양 구멍에 맞춰 넣는 놀잇감
- 빨래집게를 이용한 놀잇감
- 기본 도형으로 모양꾸미기 놀잇감(자석류)
- 손잡이 퍼즐, 크기 비교 퍼즐(1조각)
- 끼워서 연결하는 놀잇감
- 구멍이 크게 뚫린 못박는 판
- 색깔 있는 다양한 나무못(페그와 페그보드)
- 구멍이 큰 구슬과 구슬꿰기 끈, 뚜껑 있는 두꺼운 마분지 상자
- 안전거울, 콩주머니, 끌고 당기는 장난감

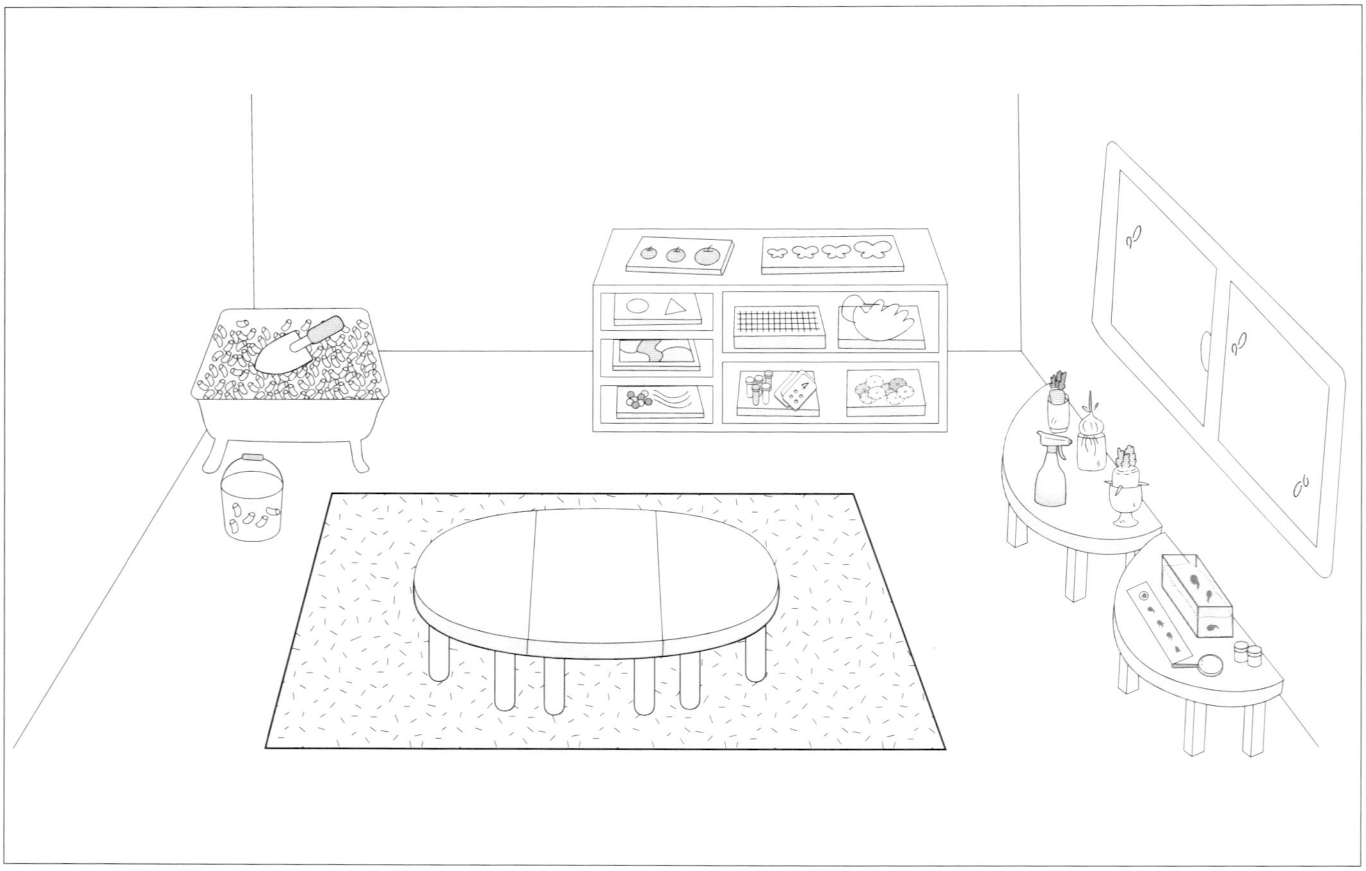

〈탐색 · 조작영역의 환경구성〉

⑥ 음률영역

음률영역은 영아가 편안하게 마음대로 움직일 수 있는 공간과 악기를 탐색할 수 있는 공간이 필요하다. 이 영역은 활동적이고 소음이 많은 영역이므로 다른 영역에 방해가 되지 않도록 조용한 공간과는 떨어져서 위치하는 것이 좋다.

이 영역에는 여러 가지 소리를 낼 수 있는 다양한 악기들을 준비해주고, 신체표현을 위한 녹음기, 녹음 테이프, 스카프, 리본 테이프 등을 제공해준다. 이 영역에서는 듣고, 보고, 탐색하는 가운데 즐거움을 찾을 수 있도록 해주는 것이 중요하다.

자료

- 오디오
- 녹음기
- 녹음 테이프
- 리듬악기(종, 방울, 마라카스, 북, 트라이앵글, 리듬막대, 탬버린 등)
- 실로폰
- 여러 가지 악기의 사진이나 그림
- 스카프나 리본 테이프

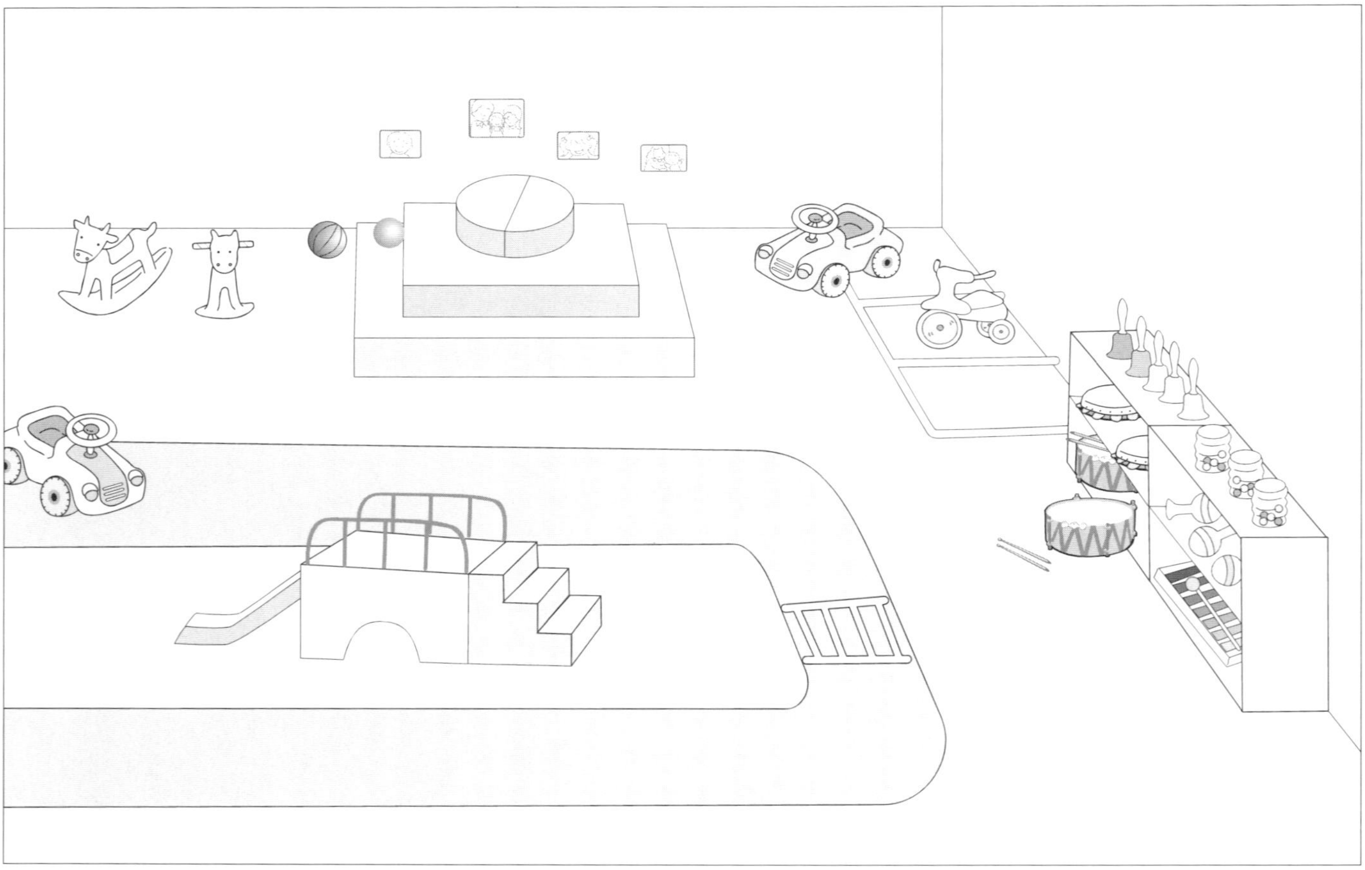

〈음률영역의 환경구성〉

⑦ 대근육활동영역

이 시기 영아는 자신의 신체를 숙달시키기 위해서 오르내리기, 공차기, 균형잡기 등 움직임이 많은 신체활동을 즐기므로 놀이실에서는 이들의 욕구와 발달에 맞는 개방된 공간과 대근육 활동을 위한 실내용 놀이시설을 마련해 주는 것이 좋다.

실내놀이 활동에 방해가 안 되고 부딪히는 일이 없도록 끌차나 붕붕차가 다닐 수 있는 길은 별도로 바닥에 붙여 주고 오름틀의 경우 바닥에 매트를 깔아서 사고를 방지하는 등 안전에 유의해야 한다.

자료

- 공기가 들어 있는 1m 가량 크기의 오뚝이
- 다양한 크기의 공
- 팔이나 발로 움직이는 타는 기구(페달 없는 것)
- 끌차, 붕붕차, 밀고 끌 수 있는 인형 유모차
- 낮은 계단
- 흔들말
- 오름틀과 미끄럼틀
- 커다란 종이상자
- 터널
- 매트, 고무매트 또는 카펫
- 자동찻길(경계선을 표시하는 색테이프)

〈대근육활동영역의 환경구성〉

⑧ *실외영역*

실외놀이장의 위치는 가능하면 남쪽에 배치하여 볕이 드는 공간과 그늘진 공간을 확보할 수 있도록 하며, 건물 주변에 실외 공간이 없는 경우에는 건물의 옥상에 안전한 실외놀이 공간을 마련하도록 한다.

실외놀이 환경은 실내놀이의 연장으로 생각하여 대근육활동을 위한 영역, 물·모래영역, 탐구영역, 작업영역 및 조용한 영역 등의 흥미영역으로 구성하여 준다. 신체활동을 할 수 있는 공간에는 밑바닥에 모래나 쿠션이 있는 재료를 깔아서 영아가 넘어지거나 떨어졌을 경우 큰 상처를 입지 않도록 한다. 물·모래영역에는 감각적인 경험을 제공할 수 있도록 다양한 도구를 준비해 준다. 탐구영역의 경우 동물 사육장이나 꽃밭 등을 만들어 유아들이 자연스럽게 동·식물을 사랑하고 아낄 수 있는 마음을 갖고 관찰할 수 있게 한다. 또한 그리기, 동화 듣기, 밀가루반죽놀이 등의 정적인 활동도 실외놀이에서 경험할 수 있도록 배려하고, 영아들이 언제든지 휴식할 수 있는 공간을 마련한다.

자료

대근육영역
- 낮은 미끄럼틀
- 안전망이 되어 있는 그네
- 이동식 놀이시설(받침대, 널판지)
- 안전사다리
- 자전거
- 끌차
- 낮은 뛰기대
- 트램플린
- 흔들 배
- 작은 터널
- 여러가지 공

자료

물·모래영역

· 플라스틱 삽, 갈고리
· 크기가 다른 여러 개의 통
· 깔때기
· 소꿉놀이용 그릇
· 큰 자동차
· 다양한 종류의 붓, 스펀지
· 구멍이 큰 파이프
· 주전자
· 체
· 스프레이
· 고무로 된 인형
· 물놀이대, 욕조나 대야
· 물레방아

자료

탐구영역
- 나무, 꽃
- 화분, 물뿌리개
- 동물사육장, 동물(병아리, 토끼, 오리 등)
- 실외에서 모은 것을 담을 바구니

자료

작업영역 및 조용한 영역

· 화판(이젤)

· 종이

· 크레파스, 그림물감, 굵은 붓

· 비닐 옷

· 낮은 책상, 비닐

· 작품 건조대

· 투명 이젤(핑거 페인팅용), 면도크림, 물감

· 간이 천막 또는 정자

· 의자

· 벤치

· 돗자리

2_장

교육과정 운영의 실제

교육과정 계획과 운영의 실제

　삼성어린이집 영아프로그램은 1세, 2세로 구성되며, 2세 영아를 위한 연간보육 주제는 영아의 발달특성 및 흥미, 교육적 가치, 계절의 변화 등을 고려하여 선정하였다. 제시된 주제의 선정 이유, 실행시기의 융통성 등에 대해서 전개방법에 기술하였으며 이를 통해 영아의 발달 수준 및 어린이집과 지역적 특성을 감안하여 다양하게 적용할 수 있도록 하였다.

　2세 영아를 위한 교육활동의 실제는 11개의 연간 주제와 그에 따른 4~6개의 소주제로 구성되어 있으며 각 소주제를 기준으로 주간보육계획을 제시하였다. 주간보육계획안은 등원 및 맞이하기, 실내 자유놀이, 전이활동, 실내외 자유놀이, 점심 및 낮잠, 기본생활습관지도로 구성되어 있으며, 실내 자유놀이는 5개의 흥미영역으로 구분되어 있다. 흥미영역별로 3~4개의 다양한 활동을 제시하였는데, 이는 교사가 영아의 발달특성과 흥미, 주제 전개상황을 고려하여 활동의 종류 및 수를 적절히 선택해서 계획할 수 있도록 하기 위한 것이다. 주간보육계획안 뒤에는 주안에 제시된 동화의 출처와 해당 주제와 연관된 기타 도서들의 목록을 제시하였고 그 외에 보충 설명이 필요한 활동은 교육활동 참고란을 이용하여 간략하게 설명하였다.

　또한 교사의 활용도를 높이기 위해서 자세한 설명이 필요한 활동은 주제별 주간보육계획안 뒤에 제시했고, 주간보육계획안에는 ◎로 표시했다. 참고사항에는 활동을 심화, 확장할 수 있는 아이디어를 기술함으로써 영아의 발달 및 개인차를 고려하고 영역간에 활동을 연계하거나 사전경험 및 사후활동을 이끌어 갈 수 있도록 하였다. 마지막으로 부록에는 어린이집 상황에 맞게 등원 및 맞이하기, 낮잠 및 점심시간등에 활용할 수 있는 연간 음악 감상곡 리스트를 수록하였다.

2세 연간보육계획안

월 / 주 제	소 주 제		행 사
3월1주 ~ 3월5주 어린이집 적응하기	어린이집에 왔어요 내 물건을 찾을 수 있어요	엄마와 헤어질 수 있어요 어린이집에는 재미있는 곳이 많아요 놀잇감이 재미있어요	부모 개별 면담
4월1주 ~ 4월4주 나	내 몸을 살펴보아요 내 몸을 움직여 보아요	느껴 보아요 내가 좋아하는 물건이 있어요	건강 검진
5월1주 ~ 5월4주 가족	엄마·아빠가 좋아요 엄마·아빠를 흉내내요 I	엄마·아빠를 흉내내요 II 할아버지·할머니가 계세요	어린이날 행사
6월1주 ~ 7월1주 동물	여러 가지 동물이 있어요 엄마·아기동물이 있어요	동물처럼 소리를 내 보아요 동물처럼 움직여 보아요 동물을 사랑해요	부모 간담회
7월2주 ~ 8월4주 더워요	더워요 씻기 놀이를 해요 여름벌레는 무엇이 있을까	물놀이가 재미있어요 I 물놀이가 재미있어요 II 여행 가는 놀이를 해요 I 여행 가는 놀이를 해요 II	
8월5주 ~ 9월4주 탈 것	길조심을 해요 자동차 놀이를 해요 I 자동차 놀이를 해요 II	여러 가지 탈 것 놀이를 해요 I 여러 가지 탈 것 놀이를 해요 II	가을 소풍
10월1주 ~ 10월5주 음식	즐거운 추석이에요 내가 좋아하는 음식이 있어요	여러 가지 과일과 열매가 있어요 I 여러 가지 과일과 열매가 있어요 II 골고루 먹어요	가족 잔치
11월1주 ~ 11월4주 친구	내 친구가 좋아요 친구와 나는 다른 점이 있어요	친구와 함께 해 봐요 친구와 사이좋게 지내요	
12월1주 ~ 12월4주 추워요	옷차림이 달라요 추워요	산타 할아버지가 오신대요 추울 때 하는 놀이가 있어요	산타행사
1월1주 ~ 1월5주 우리 동네	새해가 되었어요 우리를 도와주는 사람이 있어요 우리 동네에는 무엇이 있을까	흉내내기는 재미있어요 병원에 가 보았어요	신체검사 부모면담
2월1주 ~ 2월4주 형·언니가 되어요	많이 자랐어요 혼자서도 잘해요	도와줄 수 있어요 형·언니가 되었어요	신입 및 재원아 부모 O/T

| 주제 | # 어린이집 적응하기 |

실시기간 : 3월 1주 ~ 5주

▶▶ 전개방법

3월에는 대다수의 영아들이 새로운 교사와 새 친구들을 맞게 되어 여러 가지 변화에 적응해야 하는 시기이다. 「어린이집 적응하기」는 낯선 사람과 낯선 곳에 대해서 민감한 2세 영아들의 교육 프로그램 중에 엄마와 헤어지는 상황, 놀이실과 교사에 대한 활동을 첨가하여 서서히 점진적으로 교사와 친숙해지도록 하기 위해 선정되었다.

영아의 흥미를 놀이실로 돌리기 위해 학기초에는 영아들이 좋아하는 미끄럼틀, 붕붕차, 오토바이 등 대근육 놀잇감을 놀이실 내에 많이 제공하는 등 환경구성에도 힘써야 한다. 자기 사진이 붙어 있는 스케치북이나 이불, 베개, 옷 등 자신의 물건을 갖다 놓음으로써 가정에서의 경험과 기관에서의 경험을 연결시킬 수 있고 마음의 안정을 찾을 수도 있다. 교육 프로그램을 통해 심리적으로 안정감을 얻은 영아는 이제 주변을 탐색하기 시작한다. 각자의 놀이실에서 노는 것에 익숙해지면 점차 유희실, 옥상, 지하 유희실, 양호실 등의 장소에서 노는 시간을 갖고 어린이집 전체에 익숙해지도록 한다.

영아가 어린이집의 하루일과에 적응하는 것 또한 중요하므로 하루일과에 대한 책을 보거나 일과 사진을 항상 접할 수 있도록 하여 자신들이 생활을 예측할 수 있도록 도와준다. 그리고 대소변에 관한 활동들을 통하여 배변학습을 자연스럽게 받아들이며 자신의 배변의사를 어른들에게 밝힐 수 있도록 하며, 건강한 식습관과 수면습관을 갖출 수 있도록 음식관련 활동, 소꿉놀이, 동화, 인형 재우기 등의 활동을 통하여 영아 스스로가 즐거운 생활습관을 몸에 익힐 수 있도록 한다.

자녀를 처음 보육시설에 보내는 부모는 유아와 마찬가지로 불안함을 느낄 수 있으므로 영아들이 느끼는 강렬한 격리불안 감정은 자연스러운 증상이며 적응기간을 가짐으로써 편안하게 느낄 수 있게 됨을 충분한 설명을 통해 알려주는 것이 필요하다.

▶▶ 환경구성

	그리기 · 만들기영역	소꿉영역	책보기영역	탐색 · 조작영역	쌓기 · 대근육 · 음률영역
실 내	· 도화지 · 골판지 · 모양종이 · 도장 · 크레파스 · 스탬프 · 색연필 · 잡지 그림 · 개인 스케치북 · 여러 모양의 　색종이 · 이젤 · 풀 · 색종이 · 가위	· 밀가루 반죽 · 인형, 인형옷, 　기저귀, 　인형 침대 · 구두 · 변기 · 핸드백 · 전화기 · 음식 모형 · 거울 · 과일 모형 · 다 쓴 화장품통 · 그릇 · 다 쓴 샴푸통 · 헤어드라이기	· 그림책 「이젠 혼자 해요」 「안녕하세요」 「스팟이 유치원에 　갔어요」 「잘 먹겠습니다」 「손을 씻어요」 「엄마뽀뽀」 「아빠뽀뽀」 「모두모두 인사해요」 「신나는 놀이터」 「나가 놀아도 돼요」 「재미있게 놀아요」 「떼굴떼굴 장난감」 · 만든책 「우리 선생님」 「하루일과 책」 「큰 것, 작은 것」 · 손인형 · 까꿍인형 · 까꿍그림판 　(교실에 있는 물건)	· 안전거울 · 헝겊공 · 손수레 · 리본 테이프 　막대 · 리듬악기 · 레고 블록 · 까꿍놀이 장난감 · 꽂기 놀잇감 · 멜로디 퍼즐 · 망치놀이 · 롤러코스터 · 크기가 다른 컵 · 구슬끼우기 · 그림자 맞추기 · 구멍에 단추 　집어넣기 · 한 조각 퍼즐 　(동물 · 과일꼭지 　퍼즐) · 태엽감아 　움직이는 장난감	· 미끄럼틀 · 붕붕차 · 스펀지 · 꽃수술 · 낮은 미끄럼 · 스펀지 블록 · 시소 · 끈 달린 차 · 공 · 터널 스펀지 · 종이벽돌 블록 · 자동차 · 우레탄 블록
실 외					

주간보육계획안

소주제 : 어린이집에 왔어요   실시 기간 : 3월 1주
다루어질 내용 : 새로운 친구와 선생님과 친숙해지고 어린이집 생활에 적응하도록 한다.

구분		주 간 활 동
등원 및 맞이하기		◎ 교사와 인사 나누고 교실 둘러보기
실내자유놀이	그리기 · 만들기 영역	◎ 도화지에 마음대로 긁적거리기 · 모양종이에 그리기 · 모양종이에 테이프 붙여 보기
	소꿉영역	◎ 밀가루 반죽놀이(주무르기, 두드리기) · 엄마 흉내내기(구두, 핸드백) · 음식모형 탐색하기
	책보기영역	· 책보기영역 살펴보기 · 그림책「이젠 혼자해요」「안녕하세요」「스팟이 유치원에 갔어요」 · 손인형으로 인사하기
	탐색 · 조작 영역	· 까꿍놀이 장난감 · 소리나는 모양도형 넣기(멜로디 퍼즐) [1] · 태엽 감아 움직이는 장난감
	쌓기 · 대근육 · 음률영역	◎ 마주 앉아 헝겊공 굴리기 · 리본 테이프 흔들며 노래 부르기 · 노래:「당신은 누구십니까?」(교사이름) [2]
전이활동		·「당신은 누구십니까?」노래로(반 이름, 선생님 이름, 새 친구들) 소개하기 · 노래「○○는 어디있나?」
실외자유놀이		· 바깥놀이에는 어떤 장난감, 놀이기구, 동물이 있는지 교사와 함께 둘러보기 · 붕붕차 타기 [3] · 낮은 미끄럼 타고 내려오기
점심 및 낮잠		· 밥 먹기 전 손 깨끗이 씻기
기본생활습관		· 엄마는 교실 밖에서 기다리고 영아 혼자서 자기 반에서 놀아보기

교육활동참고

1) 소리나는 모양 도형 넣기
   · 구멍과 똑같은 모양 도형을 넣으면 소리가 나며
   입체 퍼즐 맞추기의 기초가 되는 놀잇감이다

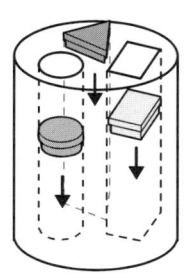

2) 「당신은 누구십니까?」노래로 소개하기
   · 노래를 통해서 교사의 이름을 소개한다.
   · 교사가 노래를 부르면서 "나는 ○○○"라고 이름을 말해볼 수 있는 영아가 있을 때는 그
   구절을 혼자 해보도록 격려한다.
   · 유아가 노래를 따라 하지 않더라도 교사는 모든 영아의 이름을 골고루 불러준다.

3) 붕붕차 타기
   · 다른 놀이에 방해가 되지 않게 일정한 구역내에서 할 수 있도록 한다.
   · 규칙을 설명해주고 색테이프를 이용하여 자동차 길을 표시해주도록 한다.

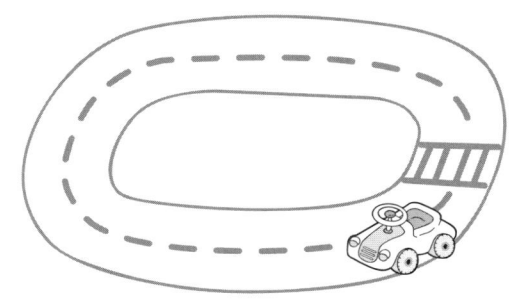

주간보육계획안

소주제 : 내 물건을 찾을 수 있어요 실시 기간 : 3월 2주

다루어질 내용 : 내 물건·옷장이 있는 곳을 알고 어린이집 생활에 안정감을 갖는다.

구분		주 간 활 동
등원 및 맞이하기		· 자기장 알기(사진 보고 확인) · 집에서 갖고 온 물건, 잠바 벗어서 장에 넣기
실내자유놀이	그리기·만들기 영역	· 모양 색종이 풀로 붙이기 ◎ 골판지 판화
	소꿉영역	· 밀가루 반죽놀이(주무르기, 평평하게 펴기) · 인형으로 소변, 대변시키는 흉내(기저귀, 변기사용)
	책보기영역	◎ 까꿍그림판 · 자기 사진 보고 이름 말하기 · 그림책「잘먹겠습니다」「손을 씻어요」 · 사진 보고 가리켜 보기 1)
	탐색·조작 영역	· 크기가 다른 컵 쌓기 · 한 조각 퍼즐(동물,과일 꼭지 퍼즐) · 구멍에 단추 집어넣기 2)
	쌓기·대근육· 음률영역	· 큰 종이 가운데 구멍내어 까꿍놀이 3) ◎ 종이벽돌 블록 길게 놓기 · 노래:「사과같은 내 얼굴」 · 거울 보며 움직이기(몸 전체가 보이는 큰 거울)
전이활동		◎「누구일까요」(전이활동에 참여하는 신입원아 위주로 진행) ·「선생님은 ○○를 사랑해」4)
실외자유놀이		◎ 까꿍놀이 · 걸으면서 발걸음 세어보기 5) · 끈 달린 차 끌고 다니기 · 애완동물먹이주기
점심 및 낮잠		· 밥 먹을 때 숟가락과 포크 사용하기 · 자신의 잠자리 찾아 누워보기
기본생활습관		· 친구가 갖고 노는 놀잇감을 가지고 싶을 때 선생님께 도움 청하기 · 자기 신발장 익히기

교육활동참고

1) 사진 보고 가리켜보기
   · 동물이나 사람이 친숙한 행동을 하고 있는 사진을 전시한다. 예를 들어 먹기, 자기, 뛰기, 기어오르기, 두 발 모아 뛰기, 앉기 등 그림에 있는 행동에 대해 이야기하면 영아가 짚어 본다.

2) 구멍에 단추 집어넣기
   · 뚜껑을 열수 있는 깡통과 단추를 준비한다.
   · 깡통 뚜껑에 저금통 입구처럼 구멍을 뚫은 뒤 단추를 집어넣도록 한다.
   · 익숙해지면 여러 크기의 구멍과 단추를 넣어보는 것으로 확장해 본다.

3) 큰 종이 가운데 구멍내어 까꿍놀이
   · 중앙에 동그랗게 구멍을 낸 후 처음에는 얼굴의 부분만, 나중에는 얼굴 전체를 보여주는 까꿍놀이 를 해본다.
   · 영아가 사용했을 때 파손되지 않도록 두꺼운 재질의 종이를 사용한다.
   · 종이에 동물 얼굴을 꾸며 놀이를 확장해본다. 이때 동물의 특징적인 부분(예:토끼의 귀, 사자의 갈귀)을 촉감천으로 제작하면 좋다.

4) 「선생님은 ○○를 사랑해」
   · 「우리 모두 다 함께」의 노래를 개사하여 "선생님은 ○○를 사랑해. 선생님은 ○○를 사 랑해. 선생님은 ○○를 너무 너무 사랑해. 선생님은 ○○를 사랑해"로 불러준다.
   · 이 노래를 부를 때 모든 영아들의 이름을 하나씩 불러주는 것이 좋다.
   · 학기초의 교사와의 애착형성에 좋은 활동이다.

5) 걸으면서 발걸음 세어보기
   · 교사와 함께 손을 잡고 걸으면서 "하나, 둘, 셋" 발걸음을 세어본다. 교사와 함께 수세기 를 할 때 영아들의 수준에 따라 1~3 또는 1~5 등 같은 수를 반복하여 준다.
   · 평지에서만 걷지 말고 계단을 올라가면서 하는 것도 좋다.

주간보육계획안

소주제 : 엄마와 헤어질 수 있어요   **실시 기간 : 3월 3주**

다루어질 내용 : 엄마와 자연스럽게 인사하고 헤어지는 상황에 익숙해진다.

구분		주 간 활 동
등원 및 맞이하기		· '엄마, 다녀오세요' 라고 고개 숙여 인사해보기
실내자유놀이	그리기 · 만들기 영역	· 도장찍기(꼭지 달린 도장 또는 모루 도장) · 자기 스케치북에 스티커 붙이기 ◎ 오려낸 잡지그림 풀로 붙이기
	소꿉영역	· 인형에게 음식 먹이기 · 엄마가 외출하는 흉내내기
	책보기영역	· 사진 속의 엄마 아빠 얼굴 보기 · 만든책 「우리 선생님」보기 1) · 그림책 「엄마 뽀뽀」「아빠 뽀뽀」「모두모두 인사해요」
	탐색 · 조작 영역	◎ 꽂기 놀잇감 (친구 얼굴 사진) · 롤러 코스터 2) · 사진보고 실물 찾아보기 3)
	쌓기 · 대근육 · 음률영역	◎ 악기탐색(리듬악기) · 종이벽돌 블록 쌓고 무너 뜨리기 ◎ 하마 입에 공 넣기 · 체조 「빙글 빙글」
전이활동		· 손유희 「웃는 얼굴 예쁜 얼굴」 4) 「인사하고 인사하고 짝짝짝」 5)
실외자유놀이		· 오르기와 내리기 6) · 힘껏 던져보기 · 율동 「달팽이집」
점심 및 낮잠		· 자기 컵, 자기 칫솔 찾아 이닦기 · 식사 후 다 먹은 그릇 정리하기
기본생활습관		· 엄마와 울지 않고 헤어지기 · 선생님께 인사하기 ◎ 어떤 말을 하면 좋을까?

교육활동참고

1) 만든책 「우리 선생님」보기
   · 선생님에 관한 책을 만들어 책보기 영역에 놓고 볼 수 있게 한다.
   예) 선생님의 사진, 가족 사진, 선생님이 좋아하는 것들,
       어릴 때의 모습 사진 등
       선생님과 애착을 형성할 수 있도록 사진을 보며
       선생님 이야기를 들려준다.

2) 롤러코스터
   · 구슬을 자유롭게 움직이며 소근육 조절을 돕는 놀잇감이다.

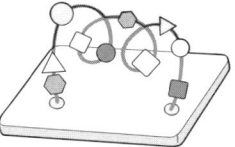

3) 사진보고 실물 찾아보기
   · 영아가 친숙한 물건들의 사진카드와 사진 속의
     물건을 실제로 준비하여 상자에 담아 제시한다.
   · 사진카드를 한 장씩 넘기며 상자 속에서 실물을
     찾아보고 탐색하고 그것에 대해 이야기한다.

4) 손유희 「웃는 얼굴 예쁜 얼굴」
   〈이송은(2001). 표현력과 창의성을 키우는 손유희. 동심출판. p. 144. 참조〉
   · 화장실에 다녀온 아이들과 함께 앉아서 교사를 따라 움직이며 노래를 부른다.
   · 노래를 한 번 부른 후에는 아침에 엄마와 헤어지는 것에 대해 이야기를 나눠 보기도 한다.

5) 「인사하고 인사하고 짝짝짝」
   〈임미혜(1994). 주의집중을 위한 손유희. 창지사. p. 28. 참조〉
   · "짝짝짝" 노래를 개사하여서 노래한다. "인사하고 인사하고 짝짝짝~~"
   · 노래를 부르며 교사와 친구들이 함께 인사를 나눈다.

6) 오르기와 내리기
   · 경사진 매트와 네모난 매트를 깔아주고 올라갔다 내려갔다를 반복하며 놀이한다.
   · 기어서 올라갔다 내려오기, 서서 올라갔다 내려오기 등 여러 가지 방법으로 오르고 내리
     기를 해본다.

주간보육계획안

소주제 : 어린이집에는 재미있는 곳이 많아요　　　　　　실시 기간 : 3월 4주

다루어질 내용 : 놀이실 이외의 장소에서 놀이해보고 어린이집에서 즐거운 시간을 보낸다.

구분		주　간　활　동
등원 및 맞이하기		· 자기 신발장 찾아보기
실내자유놀이	그리기 · 만들기 영역	· 종이조각 콜라주 1) · 잘게 자른 색종이를 풀칠하고 뿌리기
	소꿉영역	· 밀가루 반죽 뜯어 그릇에 담아보기 · 선생님 흉내내기 · 아기인형 돌보기
	책보기영역	· 듣기활동 「별별 소리가 다 나요」 2) ◎ 하루 일과책(사진)보기 · 어떤 곳일까요?(사진책-어린이집 시설) · 그림책 「신나는 놀이터」 「나가 놀아도 돼요」
	탐색 · 조작 영역	◎ 구슬 끼우기 · 사탕 껍질 까기
	쌓기 · 대근육 · 음률영역	· 종이벽돌 블록으로 인형 침대 만들기 · 하늘에 매달린 공 치기 · 여러 가지 소리 마라카스
전이활동		· 노래 「병아리」 ·「나가 놀아도 돼요」 책보며 이야기해보기
실외자유놀이		◎ 꽃술 체조 · 선생님 따라 뛰어보기 · 시소 타기
점심 및 낮잠		· 밥 남기지 않기 · 먹어 보지 않은 반찬 먹어보기
기본생활습관		· 우리 반 잘 찾아가기 · 어린이집에서 만나는 어른께 인사하기

교육활동참고

1) 종이조각 콜라주
   · 다양한 종이조각(색상지, 벽지, 포장지, 잡지 등)을 이용하여 큰 종이에 풀로 붙여본다.

2) 듣기활동「별별 소리가 다나요」
   · 조용하고 편안한 곳에 앉아서 교실이나 바깥에서 나는 여러 가지 소리에 관심을 갖고 들어본다. 소리를 들어본 후 교사와 함께 무슨 소리인지 이야기 나눈다.
   · 소리를 흉내내어 보기도 하고 교실에 있는 것이면 어떤 것인지 찾아서 갖고 오는 것도 해본다. 주변의 소리에 집중하기 어려워하면 이런 소리들(물소리, 자동차 소리, 실로폰 소리 등)을 테잎에 녹음해서 들려줄 수 있다.

주간보육계획안

소주제 : **놀잇감이 재미있어요**   실시 기간 : **3월 5주**

다루어질 내용 : 어떤 놀잇감이 있는지 알아보고 즐겁게 놀이하는 경험을 갖는다.

구분		주 간 활 동
등원 및 맞이하기		· 실내 놀이실에 어떤 놀잇감이 있는지 살펴보기
실내자유놀이	그리기 · 만들기 영역	◎ 나비 날개 꾸미기(모양종이 붙이기) · 이젤그림 1) · 종이접기(접은 것 이용하여 까꿍놀이) 2)
	소꿉영역	· 과일모형 반으로 자르기 3) ◎ 밀가루 반죽 가위로 자르기 · 음식 모형으로 요리하기(씻기, 칼로 썰기, 끓이기)
	책보기영역	· 내 사진보기 · 만든책 보기(큰 것, 작은것:교실에 있는 놀잇감 사진) · 그림책:「재미있게 놀아요」「떼굴떼굴 장난감」
	탐색 · 조작 영역	· 그림자 맞히기(여러 가지 놀잇감) · 상자크기에 알맞은 놀잇감 넣기 · 레고 색깔대로 통에 담기
	쌓기 · 대근육 · 음률영역	· 블록을 자기 집으로 보내 줘요 4) ◎ 곰돌이 그네 태워주기 · 종이벽돌 블록으로 집 만들기 · 노래「벌레는 기어가요」‘나비가 훨훨 날아가네’로 개사, 나비 흉내내기 5)
전이활동		· 그림책「재미있게 놀아요」책보며 이야기해보기 · 손유희「굴 속의 곰」6)
실외자유놀이		· 큰 그릇에 모래 담아보기 ◎ 머리에 얹고 균형잡기 · 줄 따라 걷기
점심 및 낮잠		· 바르게 앉아서 식사하기 · 낮잠시간에 노래 들으며 자기
기본생활습관		· 놀잇감 던지지 않기 · 놀잇감 정리하기

교육활동참고

1) 이젤 그림
  - 낮은 이젤에 큰 종이를 걸고 크레파스를 준비하여 영아가 크레파스로 마음대로 끄적거릴 수 있도록 한다.
  - 이젤사용에 익숙해지면 바깥 놀이터에서 붓을 사용하여 물감으로 그림 그려보기를 해 볼 수 있다.

2) 종이접기 (접은 것 이용하여 까꿍놀이)
  - 색종이를 내주고 자유롭게 접기를 해본다.
  - 접은 것을 이용해서 얼굴을 가리며 까꿍놀이를 해보거나 색종이에 그림을 그린 후 종이를 접었다 폈다 하면서 "그림이 안보이네?" "그림이 보이네?" 라고 말하며 까꿍놀이를 해본다.

3) 과일모형 반으로 자르기
  - 여러 가지 과일모형 중 찍찍이로 붙여져 있어 탈부착이 가능한 것으로 준비해준다.
  - 칼로 과일을 반으로 잘라서 교사나 친구에게 나누어주거나 그릇에 담아 음식차리기 해본다.

4) 블록을 자기집으로 보내줘요
  - 블록장에 블록 자리표를 붙여 놓은 후 자리표에 맞게 블록을 정리해본다.
  - "모두 제자리" 노래를 부르면서 정리할 수 있다.

5) 노래 「벌레는 기어 가요」
  〈출처: 삼성어린이집 유아프로그램 I (2세). 서울: 교육과학사. p. 99〉

벌레는 기어 가요

박인숙 편역

1. 벌 레 가 살 살 기 어 가 네   이 렇게이 렇 - 게
2. 나 비 가 훨 훨 날 아 가 네
3. 토 끼 가 깡 충 뛰 어 가 네
4. 개 구 리 팔 짝 뛰 어 가 네
5. 금 붕 어 살 살 헤 엄 치 네
6. 코 끼 리 쿵 쿵 뛰 어 가 네
7. 사 자 가 흥 흥 크 게 우 네

벌 레 가 살 살 기 어 가 네   이 른아 - 침 에
나 비 가 훨 훨 날 아 가 네
토 끼 가 깡 충 뛰 어 가 네
개 구 리 팔 짝 뛰 어 가 네
금 붕 어 살 살 헤 엄 치 네
코 끼 리 쿵 쿵 뛰 어 가 네
사 자 가 흥 흥 크 게 우 네

6) 손유희 「굴 속의 곰」
  〈임미혜(1995). 주의집중을 위한 손유희. 창지사. p. 162 참조〉
  · "굴 속의 곰" 노래를 부르며 교사를 따라 해 본다.
  · "커다란 입 벌리고 ○○를 잡아먹겠다. 어흥~!!" 영아들의 이름을 넣어 노래를 부르면
    서 잡아먹는 시늉을 한다.

도서목록

월	주	주 제	제 목	글	그림	출 판 사	기타관련주제
3	1	어린이집에 왔어요	이젠 혼자해요		이행숙	한국어린이육영회	기본생활습관 (배변)
			안녕하세요			어깨동무	기본생활습관
			스팟이 유치원에 갔어요	에릭힐	에릭힐	한국프뢰벨	즐거운 어린이집
	2	내 물건을 찾을 수 있어요	잘 먹겠습니다		조진석	한국어린이육영회	기본생활습관
			손을 씻어요		황성혜	한국프뢰벨	기본생활습관
	3	엄마와 헤어질 수 있어요	모두모두 인사해요	오토모 사치코	오토모 사치코	지경사	기본생활습관
			엄마 뽀뽀	이창호	이진아	웅진출판	가족
			아빠 뽀뽀	이창호	이진아	웅진출판	가족
	4	어린이집에는 재미있는 곳이 많아요	신나는 놀이터	기무라 유이치	기무라 유이치	웅진닷컴	바깥놀이
			나가 놀아도 돼요		이진아	한국어린이육영회	바깥놀이
	5	놀잇감이 재미있어요	재미있게 놀아요	오토모 사치코	오토모 사치코	지경사	놀잇감
			떼굴떼굴 장난감	이창호	이진아	웅진출판사	놀잇감
		관 련 도 서	나는 장난감이 좋아요	김충원	김충원	진선출판사	놀잇감
			안녕, 예쁘게 인사해요	기무라 우이치	이소 미유키	지경사	기본생활습관
			아기팬더는 장난꾸러기		윤미숙	한국프뢰벨	놀잇감
			앙~앙	세나 게이코	세나 게이코	비룡소	어린이집 적응하기
			엄마 다 치웠어요	신지은	이정화	웅진출판	놀잇감
			토토의 하루	요요 아저씨	요요 아저씨	도서출판 형선	어린이집 적응하기
			루루의 양말	세나 게이코	세나 게이코	비룡소	기본생활습관
			곰돌아 잘자거라			한국어린이육영회	기본생활습관

등원 및 맞이하기

교사와 인사 나누고 교실 둘러보기

주요경험	· 새로운 교실과 선생님에게 친숙함을 느낀다. · 교실에 어떤 놀잇감이 있는지 살펴본다.
활동인원	2~3명
활동시간	3~5분
활동방법	1. 영아가 등원하면 반갑게 맞이한다. 2. 교실을 영아가 부모와 함께 둘러볼 수 있도록 해 준다. 3. 교실의 환경구성이 바뀌었음을 알려 주고 개인장의 위치가 어떻게 달라졌는지 함께 살펴본다. 　- ○○야, 오늘은 토끼반에 새 친구들이 오는 날이라서 장난감들도 바뀌고 옷장도 자리가 바뀌었어. 　- ○○의 사진은 어디있는지 같이 찾아볼까?
참　고	· 신입원아의 점진적인 적응을 위해 교사는 신입원아와 처음부터 직접적인 접촉을 시도하지 말고 영아가 부모와 함께 교실을 둘러보도록 하는 것이 좋다.

그리기·만들기영역

도화지에 마음대로 긁적거리기

주요경험	·크레용을 가지고 그려보는 경험을 한다. ·창의적으로 자유롭게 표현해 본다.
활동인원	2~5명
활동시간	5~10분
준 비 물	영아용 크레용(손에 묻지 않는 무독성), 도화지

활동방법	1. 그리기·만들기 영역에 비치되어 있는 자료들을 영아와 함께 둘러본다.
	 – 여기 도화지와 크레파스가 있구나, 종이에 그림을 그려볼까?
	 – 그림 그리기를 해 볼 까? 어떤 색깔을 골라 볼까? 파란색이구나,
	  ○○는 파란 크레파스로 그릴거니?
	
	2. 영아가 긁적거리기를 할 때 교사는 영아의 그림에 관심을 보이면서 격려해 준다.
	 – (동그라미 그림을 그리면) 빙글빙글 커다란 동그라미를 그렸네,
	  달팽이 모양 같네,

참　　고	·영아가 긁적거리기를 하면 무조건 '와, 멋지구나, 잘했구나' 라고 칭찬해 주기보다는 구 체적인 내용으로 격려해 주도록 한다. ·영아가 좋아하는 모양으로 자른 도화지를 제공하면 활동에 흥미를 갖게 하는데 도움 이 되며, 영아는 자신의 스케치북에 그림 그리는 것도 선호한다. ·도화지 외에 큰 전지를 벽 또는 바닥에 붙여주면 좀 더 자유롭게 긁적거리기가 가능하다.

소꿉영역

3월 1주

밀가루 반죽놀이(주무르기, 두드리기)

주요경험	· 밀가루 반죽의 촉감을 느껴 본다. · 소근육을 사용하는 경험을 한다.
활동인원	2~7명
활동시간	5~10분
준 비 물	색밀가루 반죽

〈만드는 방법〉
(재료: 밀가루 2컵, 물 2컵(밀가루와 동량으로), 소금 3/4컵, 식용유 1/4컵, 식용색소 약간,
　　　반죽 연화제 약간)
① 식용색소와 소금을 60℃정도의 물에 미리 풀어 놓는다.
② 반죽 연화제를 섞어 놓은 밀가루에 ①의 물과 식용유를 넣어 잘 섞는다.
③ 덩어리가 생기지 않도록 밀가루 반죽을 잘 섞으면서 약한 불에 익힌다.
* 반죽 연화제(타르타르 가루)는 제빵 재료점에서 살 수 있으며 반죽이 오래도록 상하지
　않고 부드럽게 사용할 수 있게 해준다.

활동방법

1. 반죽놀이를 할 수 있도록 알맞은 크기의 덩어리로 1인분씩 뭉쳐 놓는다.

2. 반죽을 영아들이 주무르고 떼어 보고 뭉치면서 탐색하게 한다. 이때 교사는 영아들이
　탐색하는 것을 구체적 언어로 표현해 준다.
　　– 이 반죽은 아주 물렁물렁하구나.
　　– ◇◇는 손가락으로 반죽을 누르고 있구나

3. 영아가 반죽의 느낌을 이야기할 수 있도록 돕는다.
　　– 반죽을 주무르니까 기분이 어떠니? 반죽을 손바닥으로 두드려 볼까?
　　　주먹으로 두드리면 어떨까?
　　– 반죽이 납작하게 되었네, ○○의 반죽은 울퉁불퉁하네

참　　고
- 반죽의 농도는 영아들이 주무르기 쉽게 너무 되거나 손에 달라 붙을 정도로 묽게 하지 않는다.
- 밀가루 반죽놀이에 익숙해지는 정도에 따라 필요한 도구(플라스틱 칼, 찍기틀 등)를 첨가해 주도록 한다.

쌓기 · 대근육 · 음률영역

마주 앉아 헝겊공 굴리기

주요경험	· 큰 공을 두 손으로 굴려 보는 경험을 한다.
	· 대근육을 사용한 신체동작을 한다.
활동인원	1~2명
활동시간	5~10분
준 비 물	헝겊공이나 방울이 든 공
활동방법	1. 쌓기 · 대근육 · 음률 영역에 공을 비치해 놓아 영아가 공을 자유롭게 탐색하도록 한다.
	- ○○가 공을 가지고 있구나, 어! 공이 떼굴떼굴 굴러 가네,
	이 공을 선생님이 ○○에게 굴려 볼까?
	2. 영아와 1m정도 떨어져 마룻바닥에 앉는다.
	- 너무 가까이 앉으니까 굴릴 수가 없구나, 조금 떨어져 앉아 보자,
	3. 영아와 마주 앉아서 다리를 벌리고 바닥으로 공을 굴려 보낸다.
	- 선생님이 공을 굴릴 테니까 잡아 봐, 공이 떼굴떼굴 굴러가네,
	○○야, 이번에는 ○○가 굴려 볼래?
	4. 영아가 공을 굴리면 받아서 다시 굴려 준다.
	- ○○가 공을 선생님에게 굴렸네, 선생님이 ○○에게 다시 공을 돌려 보내 줄게,
참 고	· 공 굴리기에 익숙해지면 공의 크기 또는 종류를 조절해 주거나 볼링놀이처럼 목표물을 정해서 굴려 보는 활동으로 확장해 준다.

그리기 · 만들기영역

골판지 판화

3월 2주

주요경험	· 골판지의 촉감을 느껴 본다. · 크레파스로 문질러 보고 나타나는 무늬에 관심을 갖는다.
활동인원	2~5명
활동시간	5~10분
준 비 물	골판지(B5크기), 복사용지(A4크기), 크레파스

활동방법

1. 그리기 · 만들기 영역에 미리 골판지를 준비해 두고 영아가 관심을 보이면 함께 탐색한다.
   - 이건 골판지야. ○○가 손으로 골판지를 문질러 볼래? 울퉁불퉁하구나.
   - 손가락으로 긁으니까 소리가 나네.
   - 손등으로도 문질러 보자. 손바닥으로 만질 때와 느낌이 어떠니?

2. 얇은 종이(복사용지)를 내주어 골판지 위에 대고 크레파스로 문지르기를 해본다.
   - 이 종이를 골판지 위에 대고 크레파스로 문질러 보자.
   - ○○가 문지르니까 무늬가 생겼네. 골판지가 울퉁불퉁하니까 이런 무늬가 생기는구나.

3. 영아가 골판지 위의 종이에 자유롭게 그림을 그리면 교사는 그린 모양을 말로 표현해 준다.
   - 동그라미를 그렸구나. 달팽이 모양 같네.

참 고

· 골판지보다 조금 큰 종이를 내주어 영아들이 골판지를 완전히 덮을 수 있게 해준다.
· 골판지 위에 덮은 종이가 움직여서 활동이 어려운 경우에는 종이의 가장자리를 접착 테이프로 살짝 고정시켜 주거나 바구니에 골판지와 함께 종이를 담아서 제시해 준다.
· 음률 영역에서 '긁어서 소리가 나는 물체' 등을 확장활동으로 해볼 수 있다.

탐색 · 조작영역

까꿍그림판

주요경험	· 선생님의 얼굴과 이름을 익힌다. · 교실에 비치된 물건에 익숙해진다.
활동인원	2~3명
활동시간	5~10분
준 비 물	창문으로 여는 까꿍판

〈만드는 방법〉

(재료: 하드보드지, 선생님의 사진, 교실에 있는 물건 사진, 분할핀)

① 하드보드지로 집 모양을 2겹 만들어 그 사이에 사진판을 끼울 수 있게 한다.

② 창문은 열 수 있게 한 면만을 남기고 오린다.

③ 창문을 용이하게 열 수 있게 분할핀으로 손잡이를 만들어 붙인다.

활동방법

1. 영아가 까꿍그림판 뚜껑을 열었다 닫았다 하며 관심을 보이면 교사가 다가간다.
   - 똑똑똑 (까꿍판의 창문을 두드리며), 문을 열어 볼까?
     삐그덕(창문을 열며)~!

2. 까꿍그림판 속에 무엇이 나오는지 이야기한다.
   - 까꿍, 와! 이게 누구야? 토끼반 선생님이 계시네, ◇◇◇선생님이시네,
   - 의자 맞았다, ○○가 잘 알고 있구나, 의자는 무엇에 쓰는 것인지도 알고 있니?
     의자는 우리 교실에 어디에 있을까?

참   고

· 학기초에 이루어지는 활동이므로 개인 사진이나 친구 사진, 가족 사진 등 주변의 익숙한 사진을 제시해 주고 다양한 방법('○○는 어디 있나' 노래 부르며 찾기 등)으로 상호작용해 준다.

· 사이에 끼우는 그림판은 주제에 따라 다른 그림으로 바꾸어 사용할 수 있다.

쌓기 · 대근육 · 음률영역

종이벽돌 블록 길게 놓기

3월 2주

주요경험	· 종이벽돌 블록을 길게 놓아 본다.
활동인원	2~3명
활동시간	5~10분
준 비 물	종이벽돌 블록, 자동차

활동방법

1. 영아들이 충분히 탐색할 수 있을 정도의 종이벽돌 블록을 준비해서 자유롭게 쌓아보거나 늘어놓으면서 탐색해 본다.
   - ○○가 벽돌블록을 가지고 있구나.
     노란 벽돌이구나.
   - 벽돌블록 3개를 쌓았구나.

2. 영아가 종이벽돌 블록을 충분히 탐색한 후 교사가 개입하여 길게 늘어놓기를 하도록 유도한다.
   - 벽돌블록을 길게 놓아 볼까?
   - 넓은 쪽을 붙여서 길게 놓을 수도 있구나.

3. 길게 놓은 종이벽돌 블록 위로 자동차를 굴려 보거나 영아들이 걸어보게 한다.
   - ○○가 자동차를 벽돌블록 위로 굴리는구나.
     찻길처럼 되었구나.
   - 벽돌블록 위로 걸어볼까? 선생님이 한쪽 손을 잡아 줄게.

전이활동

누구일까요

주요경험	• 새로운 친구들의 이름을 알아본다. • 활동이나 장소의 변화에 편안하게 적응한다.
활동인원	3~7명
활동시간	5~8분
준 비 물	누구일까요(동그란눈 누구일까요~) (김경석 요 · 김현수 곡)
활동방법	1. 영아들의 이름을 충분히 불러 주어 이름에 익숙해질 무렵 이 활동을 계획한다. 놀이실 정리가 끝나고 실외놀이로 나갈 때 영아들의 관심을 끌며 노래를 부른다. – (영아들의 눈을 골고루 맞추며) 동그란 눈 누구일까요 ♪ 사과같은 두 볼 누구일까요 ♪ ♫ 2. 누구일까요 노래에 반 친구들의 특징에 맞는 가사로 바꾸어 노래 부른다. – 파란 바지 누구일까요, 짧은 머리 누구일까요 분홍색 리본 누구일까요, 그건 그건 바로 ○○죠, ○○가 어디있더라, 아~! 저기있었구나 – (한명씩 한명씩 이름을 불러준 후) 우리 반에는 동그란 눈과 사과같은 두 볼을 가진 예쁜 친구들이 많이 왔구나,
참 고	• 학기초 적응기간에는 신입 원아들이 많으므로 신입 원아 위주로 이름을 불러 주는 것 이 좋다. • 이름을 조금씩 익힌 후에는 반 아이들 전체적으로 이름을 골고루 불러 준다.

실외자유놀이

까꿍놀이

주요경험	• 물체 뒤에 숨었다 나왔다 하면서 신체를 조절한다. • 까꿍놀이를 하면서 즐거움을 경험한다.
활동인원	2~3명
활동시간	5~8분
준 비 물	영아들이 숨을 수 있는 물건(미끄럼틀, 놀이집, 상자 안 등)

활동방법	1. 놀이집처럼 영아가 숨을 수 있는 곳에서 놀이하고 있을 때 교사가 놀이에 참여하면서 연결활동으로 진행한다.
	
	2. 영아와 숨었다 나왔다를 반복하며 까꿍놀이를 해본다.
	   - ○○가 없어졌네, 어디 있나 한번 찾아볼까?
	   - 까꿍! 여기 있었구나, ○○가 놀이집 안에 숨어 있었구나,
	   - 선생님도 숨었다, 까꿍! 여기에 있었지,
	
	3. 다른 영아와 함께 숨어 있는 영아를 찾아본다.
	   - ○○가 어디로 갔을까? 같이 가서 찾아볼까?
	   - 까꿍! 미끄럼틀 뒤에 있었구나,

참　　고	• 이 활동은 학기초에 날씨 또는 바람 등으로 바깥놀이를 하기 어려울 때 실내에서 하는 대근육활동으로 계획한다. • 영아들은 좁고 폐쇄된 공간에 들어가 있는 것을 좋아하는데 영아의 이러한 욕구를 충분히 수용해 주되 좁은 장소에 여러 명의 영아가 몰리게 되면 분쟁이 생기거나 안전상의 문제가 생길 수 있으므로 주의해서 한다.

그리기 · 만들기영역

3월 3주

오려낸 잡지 그림 풀로 붙이기

주요경험	· 풀의 특성을 탐색해본다. · 잡지 그림을 이용하여 자유롭게 표현해본다.
활동인원	4~5명
활동시간	5~10분
준 비 물	잡지 그림(장난감, 음식), 풀
활동방법	1. 잡지에서 오려낸 그림을 준비하고 영아가 그림들에 관심을 보이면 잡지 그림을 보면서 이야기 나눈다. 　－○○가 딸기 그림을 가지고 있구나. 　－여기 그림 속에 아기가 자전거를 타고 있구나. 2. 그림을 충분히 탐색한 후 붙이기를 원하는 영아에게 풀을 내주어 탐색해보고 붙여 보게 한다. 　－(잡지 그림을 스케치북에 붙이려는 영아에게) ○○는 딸기를 스케치북에 붙이고 싶구나. 　　그런데 어떻게 붙이지? 　－풀로 한번 붙여 볼까? 풀을 만지니까 끈적끈적 하구나 (풀을 탐색해본다). 3. 영아들이 자유롭게 잡지 그림을 붙여보게 하며 영아들이 붙인 것을 언어로 표현하며 격려한다. 　－○○는 자동차를 붙였구나. 자동차가 하늘로 올라가는 것 같네. 　　○○는 그림을 많이 붙였구나.
참　　고	· 다 붙인 영아들이 그림 그리기를 원하면 그릴 수 있도록 해준다. · 처음으로 풀을 사용해 보는 영아도 있으므로 풀에 대해 충분히 탐색하게 한다. · 미리 잡지에서 그림을 오려놓지 말고 영아와 함께 책을 보면서 영아가 원하는 그림을 오려줄 수도 있다.

탐색 · 조작영역

꽂기 놀잇감(친구 얼굴 사진)

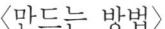

주요경험	· 소근육을 이용해 꽂아본다. · 친구의 이름을 말해본다.
활동인원	2~3명
활동시간	5~6분
준 비 물	꽂기 놀잇감

〈만드는 방법〉

(재료: 색테이프, 크리넥스통, 친구 얼굴 사진, 나무젓가락, 시트지, 색상지)

① 윗면을 칼로 잘라낸 빈 크리넥스통 2개를 겹쳐 놓은 후 나무젓가락이 들어갈 정도의 네모 모양 구멍을 영아의 수만큼 뚫는다.

② 구멍 낸 크리넥스통을 시트지로 싸고 구멍 부분은 대각선 방향으로 칼집을 내고 시트지를 속으로 붙인다.

③ 꽃 모양으로 오린 종이에 친구 얼굴 사진을 붙이고 코팅한다.

④ 색테이프로 싼 나무젓가락에 ③에서 만든 꽃을 붙인다.

활동방법

1. 꽂기 놀잇감을 탐색 · 조작 영역에 제시해주고 영아들이 관심을 가지면 탐색을 도와준다.
   - 예쁜 꽃들이 피어 있구나, ○○반 친구 꽃이구나, △△꽃이 있네, 여러 친구들 꽃이 많이 있네.

2. 상자의 구멍에 꽃을 꽂아 보게 한다.
   - 여기 꽃밭이 있네, 우리반 친구들 꽃을 꽃밭에 심어줄까? ○○가 꽃을 심었구나,
   - 그래, △△꽃을 심었구나, □□꽃도 심었네.

3. 꽃에 있는 사진을 보고 교사가 말하는 친구의 꽃을 꽂아보도록 한다.
   - △△꽃을 꽃밭에 심어줄까? 어디에 있을까? ○○가 △△꽃을 찾아 꽂았구나,
     ○○가 △△를 잘 알고 있었구나.

참　　고 · 학기초에 새로운 친구들의 이름을 익힐 때 이 활동을 하면 도움이 된다.

쌓기 · 대근육 · 음률영역

3월 3주

악기탐색(리듬악기)

주요경험	·여러 가지 소리에 관심을 갖고 다양한 방법으로 소리를 내보는 경험을 한다.
활동인원	3~5명
활동시간	5~8분
준 비 물	실로폰, 마라카스, 북, 방울악기 등
활동방법	1. 여러 가지 악기를 준비해 주고 영아가 충분히 탐색해보도록 하고 악기에 관심을 보이면 언어로 표현해주어 탐색을 돕는다. 　- ○○가 북을 두드리고 있구나, 북을 두드리니 소리가 나는 구나, 　- (영아가 북소리를 말로 표현해보면) 그래, ○○는 북에서 "둥둥" 소리가 나는 것처럼 들리는 모양이구나! 2. 악기를 다양한 방법으로 탐색할 수 있도록 유도한다. 　- 실로폰을 두드릴 수도 있지만 옆으로 긁으니까 재미있는 소리가 나는 구나, 　- 북은 손으로 칠 수도 있지만 막대로 두드려 소리를 낼 수도 있네, 3. 악기를 두드리며 영아에게 친숙한 노래를 부르며 연주해 보도록 한다. 　-「나비야」노래를 부르며 연주해 보자,
참　　고	·악기를 다루는 것에 능숙해지면 노래를 부르며 천천히/ 빠르게 또는 세게/ 약하게도 연주해본다. ·처음에 너무 많은 악기를 한꺼번에 내주지 말고 2개 정도씩 내주며, 새 악기를 내줄 때는 영아에게 충분히 탐색하도록 한 후 이름과 사용방법 등을 알려 준다.

쌓기 · 대근육 · 음률영역

하마 입에 공 넣기

주요경험	· 대근육을 사용하여 던지기를 한다. · 다양한 촉감을 경험해본다.
활동인원	3~4명
활동시간	5~10분
준 비 물	하마 상자, 여러 가지 곡식을 넣은 주머니

〈만드는 방법〉

(재료: 큰상자, 부직포, 곡식, 천)

① 상자를 이용해 동물 모양을 만들고 입 주위를 뚫는다.

② 콩, 팥, 모래, 쌀 등을 넣어서 주머니를 만들어 다른 느낌을 느낄 수 있도록 하거나 주머니의 질감을 달리하여 다양한 촉감을 느낄 수 있게 한다.

활동방법
1. 실내 대근육 영역에 준비해 둔 하마 상자와 곡식 주머니를 영아들이 자유롭게 탐색할 수 있도록 한다.
   - ○○가 하마 얼굴을 만지고 있구나, 입에 구멍이 있네.
   - △△가 가지고 있는 곡식주머니에는 딱딱한 것들이 들어있구나, 노란 주머니에는 작은 알갱이들이 많이 들어있네.

2. 하마 입 속에 곡식 주머니를 던지며 놀이하도록 한다.
  - ○○가 가지고 있는 주머니를 하마 입 속에 던져넣어볼까?
  - ○○가 주머니를 잘 넣었구나.

3. 주머니를 하마 입에 다 던진 후에는 하마 입 안에 있는 주머니를 꺼내어 바구니에 담아본다.

참　고

· 처음에는 멀리 떨어져서 하마 입 속에 주머니를 던져넣는 것이 어려우므로 바로 앞에서 넣었다가 조금씩 거리를 넓혀주는 것이 좋다.

· 학기초 활동으로 실행하기 어려운 경우에는 학기 중간이나 동물 주제에 넣어서 활용해도 좋다. 또한 한기초에는 던지기보다 굴리기 활동이 더 쉽게 이루어질 수 있으며 하마의 입을 턱이 없게 제작하고 공과 함께 내주어도 좋다.
· 2세아들은 담고 쏟는 놀이를 좋아하므로 바구니에 주머니를 넣었다 쏟았다 하는 놀이를 즐기기도 한다.

어떤 말을 하면 좋을까?

주요경험	• 배변의사가 있을 때 표현해 보게 한다.
활동인원	2~7명
활동시간	3~5분
준 비 물	노래「어떤 말을 해야 좋을까?(최수자 요/김성균 곡)」 　　　(이럴 때 이럴 때 어떤 말을 하면 좋을까?)
활동방법	1. 실내놀이실 정리가 끝나고 실외놀이로 나갈 때 노래를 부르며 영아들의 관심을 모은다. 　　– 이럴 땐 이럴 땐 어떤 말을 하면 좋을까(노래) ○○반에서 재미있게 놀다가 갑자기 쉬가 　　마려우면 어떻게 말을 하면 좋을까? 그래, ○○가 잘 말해 주었구나. 　　○○말처럼 '선생님 쉬 마려워요' 하고 말할 수 있겠니? 다 같이 한번 해볼까? 2. 영아가 놀이 중에 쉬마렵다는 표현을 하면 표현한 것에 대해 칭찬과 함께 정확한 말로 반응해주고 화장실에 다녀오도록 도와준다.
참 고	• 소변을 보고 싶을 때뿐 아니라 친구가 갖고 노는 장난감을 갖고 싶을 때와 친구와 부딪혔을 때 등 여러 가지 상황을 설정해 가사를 바꿔 노래 부르며 어떤 상황에서 어떤 말을 해야하는 건지 연습해 볼 수 있다.

책보기영역

3월 4주

하루일과책(사진) 보기

주요경험	· 사진을 보면서 하루일과를 이야기 해 본다.
활동인원	2~3명
활동시간	5~7분
준 비 물	하루일과책

〈만드는 방법〉
(재료: 반 아이들이 있는 하루 일과를 찍은 사진, 색상지, 코팅지)
① 2세아들의 하루일과를 사진으로 찍는다.
② 사진을 색지에 붙인 후 코팅한다. 이때 사진 속의 상황을 설명하는 글을 간단히 써준다.
③ 코팅한 사진들을 하루일과 대로 정리한 후 사진책을 만든다.

활동방법

1. 책보기 영역에 미리 준비해둔 하루일과책에 영아들이 관심을 보일 때 교사가 다가가 서 함께 책을 보며 이야기 나눈다.
   - ○○가 손을 씻고 있구나.
   - 친구들이 무얼 하고 있니? 그래, 밥을 먹고 있구나.

2. 영아들에게 다음에는 어떤 일이 일어날지를 물어봐서 일과의 순서를 예측할 수 있도 록 한다.
   - 친구들이 양치질을 하고 있구나. 양치질을 다 한 후에는 뭘 할까?
   - 그래, 낮잠 준비를 하는 구나. 낮잠 자고 일어나서는 뭘 할까?

참   고
· 처음에는 하루일과 사진을 교실 벽면에 낱장으로 제시해주고 영아들이 직접 붙였다. 떼었다 하며 이야기 나누기를 할 수 있도록 해주고 1~2주가 지나서 익숙해지면 책으 로 묶어서 내줄 수 있다.
· 어린이집의 일과운영에 대한 신입 원아나 학부모의 이해를 돕는 좋은 자료가 될 수 있다.

탐색 · 조작영역

구슬 끼우기

3월 4주

주요경험	· 소근육을 사용하여 끈을 구멍에 넣어본다. · 눈과 손을 협응해본다.
활동인원	2~3명
활동시간	4~5분
준 비 물	구멍 뚫린 플라스틱 구슬, 끈(신발끈이나 나일론 끈)
활동방법	1. 탐색 · 조작 영역에 큰 구슬과 끈을 바구니에 담아 제시해주고 영아가 구슬과 끈에 관심을 보이면 충분히 탐색하도록 한다. - ○○가 구슬을 가지고 있구나. 구슬에 구멍이 뚫려 있구나. - 둥근 구슬은 잘 굴러가네. 이건 계란모양의 구슬이구나. 2. 구슬의 한쪽 끝에서 구멍에 줄을 넣어 다른 쪽으로 잡아당겨 구슬을 끼우는 방법을 보여준 후 영아가 구슬을 끼울 수 있도록 도와준다. - 구슬 끼우기 하고 싶니? (영아가 구멍 안으로 끈을 넣을 수 있도록 도와주면서) ○○가 구슬 구멍 안으로 끈을 넣었네. 여기 끈이 나왔네. ○○가 끈을 잡아당겨서 끈 밑에까지 구슬을 내려볼까? 3. 영아가 구슬을 끼운 모양을 말로 표현해 주면서 영아가 자유롭게 구슬을 끼워볼 수 있도록 격려한다. - ○○는 구슬을 길게 끼웠구나. - ○○는 빨강, 파랑, 노랑, 초록 구슬을 끼웠네.
참 고	· 활동이 끝난 후 구슬 끼우기를 한 것으로 목걸이를 만들어 목에 걸어보는 놀이로 확장할 수 있다.

실외자유놀이

꽃술 체조

3월 4주

주요경험	·음악을 들으며 몸을 자유롭게 움직여본다. ·거울을 보며 자신의 움직임을 관찰해본다.
활동인원	3~4명
활동시간	5~6분
준 비 물	꽃술(치마처럼 허리에 묶을 수 있게 해준다), 전신거울, 노래 테이프(경쾌한 음악)
활동방법	1. 영아들이 활발히 움직일 수 있도록 경쾌한 음악을 틀어주고 영아들의 움직임을 교사 가 언어로 표현해주어 격려해준다. - ○○가 토끼처럼 깡충깡충 뛰네. - △△는 엉덩이를 옆으로 흔드는 구나.

2. 영아들의 움직임이 활발해지면 꽃술(색 비닐끈을 이용한)을 내주고 뱅글뱅글 돌아보고 엉덩이를 흔들어 보는 등 다양한 방법으로 움직이도록 격려한다.
   - ○○는 뱅글뱅글 돌고 있네, ○○가 뱅글뱅글 도니까 꽃술이 따라서 움직이네,
   - △△는 꽃술을 손으로 흔들어 보는구나,

3. 전신거울을 제시해주고 자신의 움직임을 관찰해본다.
   - ○○야, 여기 거울 좀 봐, 거울에 ○○가 보이네,
   - △△는 두 팔을 들었네, □□는 엉덩이를 움직이는구나

그리기 · 만들기영역

나비 날개 꾸미기

주요경험	· 소근육을 조절하며 모양종이를 붙여본다. · 여러 가지 모양으로 나비를 꾸며본다.
활동인원	4~5명
활동시간	5~7분
준 비 물	나비 날개 모양종이(흰 도화지), 다양한 모양의 색종이, 모양 스티커, 풀
활동방법	1. 그리기 · 만들기 영역에 준비된 나비 날개 모양 종이와 모양 색종이에 관심을 보이는 영아와 재료에 대해 이야기 나누면서 활동을 시작한다. 　- 나비 모양 종이와 여러 모양의 색종이가 있구나, 네모 모양도 있네. 　- 예쁜 날개를 갖도록 모양 색종이를 붙여 꾸며줄까? 2. 영아가 모양 종이로 꾸미는 모양을 말로 표현해주면서 자유롭게 꾸며보게 한다. 　- ○○는 나비 날개에 별을 많이 붙였구나, 세모도 붙였구나. 3. 영아가 원할 경우 크레용이나 스티커 등 다양한 재료를 이용하여 나비의 날개를 꾸며 보게 한다. 　- ○○는 동그라미 모양 스티커를 붙였구나, 와~ 정말 멋진 나비가 됐구나. 　　이젠 나비가 멋진 날개를 갖게 되어서 기쁘겠다.
참　　　고	· 각자 꾸민 나비 날개를 등에 붙이고 나비처럼 움직여보는 활동으로 확장해 볼 수 있다. · 영아가 좋아하는 물감색을 골라서 나비 모양 종이에 데칼코마니를 해볼 수 있으며, 이 경우 교사와 함께 물감 짜보기, 혼자서 문질러 보기, 양 손으로 종이 펴보기 순으로 진행한다.

소꿉영역

밀가루 반죽 가위로 자르기

3월 5주

주요경험	·밀가루 반죽의 촉감을 느껴본다. ·소근육을 사용하여 밀가루 반죽을 가위로 잘라본다.
활동인원	1~5명
활동시간	5~10분
준 비 물	밀가루 반죽, 안전가위

활동방법
1. 영아가 밀가루 반죽놀이를 하고 있을때 교사가 다가가 여러 가지 방법으로 탐색할 수 있도록 다양한 제안을 한다.
 - ○○는 밀가루 반죽을 만져보니까 어떤 느낌이니?
 - 밀가루 반죽을 꼭꼭 눌러 볼까? 반죽이 납작해졌네.

2. 밀가루 반죽을 책상 위에 놓고 양 손으로 길게 밀어보도록 한다.
 - 두 손을 펴서 밀가루 반죽을 쭉쭉 밀어보자.
 - ○○이 밀가루 반죽이 뱀처럼 길어졌구나.

3. 안전가위를 제공하며 길게 민 밀가루 반죽을 잘라 보게 한다.
 - 여기 가위가 있네. ○○야 우리 길어진 밀가루 반죽을 가위로 잘라볼까?
 - ○○가 싹뚝싹뚝 자른 밀가루 반죽이 떡같이 보이네.

참   고 ·밀가루 반죽 놀이를 할 때 다양한 색깔의 반죽을 제공하여 영아의 흥미를 더해준다.

쌓기 · 대근육 · 음률영역

곰돌이 그네 태워주기

3월 5주

주요경험	· 흔들리는 움직임에 맞추어 두 팔로 물체를 밀어본다.
활동인원	1~2명
활동인원	3~5분
준 비 물	천장에 매달아 놓은 그네(인형용), 곰인형

활동방법

1. 책보기 영역에서 「곰돌아, 그네 좀 태워줘」책을 읽어본 후 연계된 활동으로 계획한다.

2. 다른 놀이에 방해가 되지 않도록 넓은 공간이 있는 곳에 그네를 설치하고 곰인형을 준비한다.

3. 영아가 관심을 가지면 교사가 다가가 활동한다. 이 때 그네의 움직임을 언어로 표현해 준다.
   - 그네에 곰돌이가 타고 있네, ○○가 곰돌이의 그네를 밀어주겠니?
   - 곰돌이의 그네가 앞으로 뒤로 움직이네,
   - 그네를 밀지 않으니까 그네가 조금씩 느려지면서 멈추네,

4. 여러 가지 방법으로 그네를 밀어볼 수 있도록 제안한다.
   - 곰돌이에게 노래를 불러주며 밀어보자,
   - 곰돌이가 다치지 않도록 살살 밀어보자, 곰돌이가 좀더 높이 올라가고 싶대,
     조금 세게 밀어볼까?

참 고

· 영아들이 인형 그네를 타고 싶어할 수 있으므로 안전을 고려하여 미리 영아에게 주의해야 할 점을 이야기 해 준다.

· 인형 그네는 안전과 이동성을 고려하여 가볍게 잘 움직일 수 있도록 상자곽을 이용해서 만들어주면 좋다.

머리에 얹고 균형잡기

주요경험	·균형잡기를 경험해본다.
활동인원	3~5명
활동시간	5~10분
준 비 물	직접 만든 똬리

〈만드는방법〉

(재료: 헝겊, 조·쌀 등의 곡식류)

① 천을 50㎝ 정도의 긴 소시지 모양으로 잘라 박음질한 후 중앙부분 5~6㎝ 정도만 남겨두었다가 그 부분으로 뒤집는다.

② 소시지 모양자루 속에 조·쌀 등의 곡식류를 넣은 후 트여진 부분도 박음질 한다.

③ 완성된 천 양 끝을 둥글게 말아 바느질하여 왕관 모양으로 만든다.

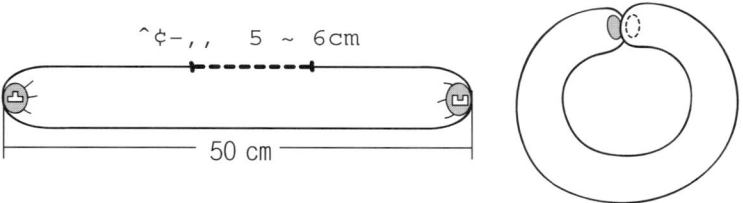

활동방법

1. 미리 준비해둔 똬리에 흥미를 보이면 교사도 관심을 보이면서 영아들이 똬리를 자유롭게 탐색하도록 격려한다.

 - 이게 뭘까? 길쭉한 모양이네, 동그라미도 만들 수 있구나.

 - 똬리의 가운데에는 둥근 구멍이 있어, ○○의 팔이 들어갈 수 있구나.

 - 똬리를 만져보니 느낌이 어떻니?

2. 똬리를 충분히 탐색한 후에 교사가 똬리를 머리에 얹는 시범을 보인다.

 - 선생님이 똬리를 머리에 얹어볼꺼야.

3. 교사가 시범을 보인 후 영아들이 해 볼 수 있게 한다.

   – ○○가 선생님처럼 해볼래? 똬리를 머리 위에 올리고도 떨어뜨리지 않는구나,

     저기까지 걸어가볼까?

참   고
　　· 통이나 바구니를 내주고 지점 표시를 해 주어 목표물까지 가서 통에 넣어 보는 활동으로 연결시킬 수 있다.

　　· 똬리를 머리에 얹었을 때 잘 떨어지지 않고 안정된 모양이 나오려면 비닐이나 가죽 천보다는 부드러운 천을 사용하여 길지 않게 만드는 것이 좋다.

주제 ▶ 나

실시기간 : 4월 1주 ~ 4월 4주

▶▶ 전개방법

2세 정도가 되면 영아는 자신의 신체에 대해서 관심과 호기심이 많아지는데, 이러한 관심과 호기심은 '나'에 대한 이해를 높이는 데 기초가 된다. 4월의 주제 「나」는 신체에 대한 이해를 토대로 자신이 독립적인 존재라는 것을 인식하고 긍정적인 자아개념을 형성하도록 도와주기 위해 선정하였다.

본 주제에서는 영아가 가지는 '나'에 대한 호기심을 바탕으로 자신의 얼굴과 몸을 이용해 놀이하면서 신체에 대해 탐색하는 다양한 경험을 제공함으로써 우리 몸의 각 부분에는 이름이 있고, 각각의 부분은 각기 다른 일을 한다는 것을 이해하도록 한다. 또한 영아들에게 여러 가지 사물을 만져보고 탐색하는 감각활동을 통해 자신의 몸을 탐구하며 자신의 물건을 찾아보고, 자신이 좋아하는 놀잇감을 이야기해 봄으로써 자기 소유에 대한 경험을 갖게 한다. 또한 주변의 사물을 탐색하고 많은 과제를 영아 스스로 성취해 봄으로써 긍정적인 자아개념을 갖도록 도와준다.

이 시기는 대근육을 이용한 움직임에 관심이 많은 시기이므로 자유롭게 활동하며 자신의 신체 부위의 움직임을 탐색하고 놀이를 통해 다양한 방법으로 신체 부위를 움직여봄으로써 세련된 대근육 동작을 할 수 있고, 구체적인 자기 몸의 움직임을 경험해볼 수 있다.

또한 2세는 영아에게 있어 자율성을 키워나가는 중요한 시기이므로 어린이집뿐만 아니라 가정에서도 영아가 도움을 요청할 때 도와주고 스스로 할 기회를 많이 주는 것이 영아의 발달에 도움이 된다는 것을 알 수 있도록 부모교육을 실시한다.

▶▶ 환경구성

	그리기 · 만들기영역	소꿉영역	책보기영역	탐색 · 조작영역	쌓기 · 대근육 · 음률영역
실 내	· 종이접시 · 색연필 · 빨대 · 얼굴모양 종이 · 싸인펜 · 스탬프 · 물감 · 전지 · 물감옷 · 색종이 · 붓 · 가위 · 모양 스펀지 · 크레파스 · 쿠킹호일	· 밀가루 반죽 · 역할의상 · 밀대 · 다 쓴 샴푸통 · 찍기틀 · 인형옷 · 다 쓴 화장품통 · 빨대 · 소꿉그릇 · 빗 · 인형 · 그릇닦는 스펀지 · 목걸이 · 촉감 음식	· 표정판 · 동시 「아기잠」 　　「딸국질」 · 그림책 「코코코 눈」 「내 몸」 「그네 좀 태워줘」 「물개처럼 헤엄쳐요」 「토끼와 고슴도치」 「앗! 따가워」 「곰돌이의 생일」 「모두 내꺼야」 · 손인형 · 촉감책 · 언어상자 · 까꿍 그림판 　(어린이가 쓰는 물건)	· 표정 얼굴판 · 얼굴 그림판 · 촉감놀이 발판 · 뚜껑 맞추기 · 비닐 주머니 · 마카로니 · 동물 상자 · 녹음기 · 빨랫집게 · 안전거울 · 테이프 · 밀어서 여는 　상자	· 빅 레고 블록 · 와플 블록 · 키재기 판 · 종이벽돌 블록 · 스카프 · 레고 블록 · 담요
실 외	· 물뿌리개 · 나무젓가락	· 종 · 공	· 안전사다리	· PVC관	

주간보육계획안

소주제 : 내 몸을 살펴보아요　　　　　　　　　　　　　　　**실시 기간 : 4월 1주**
다루어질 내용 : 우리 몸의 각 부분에 관심을 가지고 살펴본다.

구분		주 간 활 동
등원 및 맞이하기		· 아침에 일어나서 한 일 이야기 해보기(세수, 양치질 등)
실내자유놀이	그리기·만들기 영역	◎ 종이접시에 얼굴 꾸미기 · 얼굴 모양 종이에 끄적거리기 · 손바닥 도장 찍기
	소꿉영역	· 밀가루 반죽 뜯어 손으로 길게 밀어보기 · 화장하는 흉내내기 · 의상, 소품 이용하여 몸 치장하기
	책보기영역	· 표정판 보고 이야기하기 ◎ 동시 「아기잠」 · 그림책 「코코코 눈」 「내 몸」
	탐색·조작 영역	· 얼굴판에 눈, 코, 입 붙이기 · 뚜껑 맞춰보기 1) · 선생님과 손바닥, 발바닥 대어보기 ◎ 동물 입에 모양과자 넣어주기 ◎ 거울 보고 표정 지어보기(웃는 얼굴, 찡그린 얼굴) · 거울 보고 눈, 코, 입 찾아보기
	쌓기·대근육· 음률영역	· 빅 레고블록 키만큼 쌓아보기 2) · 난 이만큼 커요 (키재기) 3) · 노래 「너의 조그만 것」 4)
전이활동		· 선생님 지시대로 자기 몸 가리켜보기 · 노래 「막대 소리 내세요」 5) · 율동 「나처럼 해봐요」
실외자유놀이		· 모래 위에 손바닥 발바닥 찍기 · 매달린 풍선 뛰어 손으로 쳐 보기 · 낮은 계단에서 두 발 모아 뛰기
점심 및 낮잠		· 두 손으로 식판 치우기 · 옆에 자고 있는 친구 만지지 않기
기본생활습관		· 혼자 화장실 다녀오기(배변훈련) · 등·하원시 선생님 친구들에게 인사하기

교육활동참고

1) 뚜껑 맞춰보기
   · 다양한 크기의 플라스틱통 5~6개를 준비하여
     크기에 맞게 뚜껑을 맞추어 보게 한다.
   · 뚜껑과 통의 겉면에 같은 무늬의 시트지를
     붙여주어 뚜껑을 찾아 맞추는데 힌트를 준다.
   · 크기가 다양한 플라스틱 약병을 이용한다.

2) 빅 레고블록 키만큼 쌓아보기
   · 영아가 친구와 함께 빅 레고 블록을 높이 쌓아본다.
   · 영아 자신의 키만큼 종이벽돌 블록을 쌓기도 하고 친구가 서있으면 친구의 키만큼 빅 레
     고 블록을 쌓아 준다.
   · 너무 높이 쌓지 않도록 유의하고 쌓은 빅 레고 블록을 조금씩 무너뜨리도록 한다.

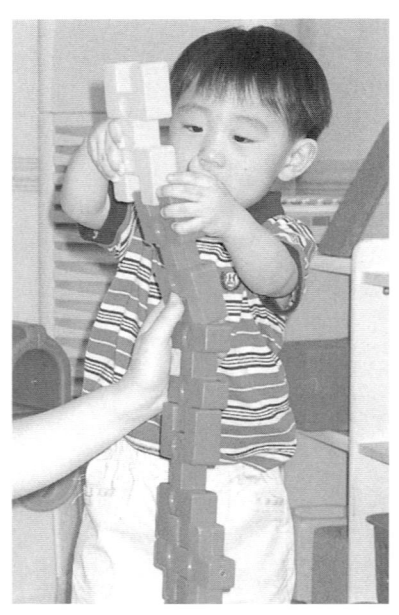

3) 난 이만큼 커요 (키재기)
   · 키재기판과 영아의 사진을 준비한다.
   · 영아들이 키를 재어 사진을 붙여주고 누구의 키인지, 누가 제일 큰지, 누가 작은지를 이
     야기해본다.

4) 노래 「너의 조그만 것」

너의 조그만 것

이윤자 요/한려숙 곡

너 의 조 그 만   손 으 로   악 수 를 한   다
너 의 조 그 만   입 으 로   노 래 를 한   다
너 의 동 그 란   눈 으 로   별 을 찾 는   다
너 의 조 그 만   맘 으 로   사 랑 를 한   다

정 다 운 -   친 구 끼 리   악 수 를 한   다
즐 거 운 노 래   힘 찬 노 래   노 래 를 한   다
마 음 의 별   생 각 의 별   별 을 찾 는   다
가 난 한 애   아 픈 애 -   사 랑 을 한   다

5) 노래 「막대 소리 내세요」
 · 노래를 개사하여 불러본다.
 (예: 발을 굴려 소리내세요. 손뼉을 쳐서 소리내세요)

막대소리 내세요

이순례 요/외국 곡

막 대 로 쳐서 소 리 내 세 요 막 대 로 쳐서 소 리 내 세 요

딱 - 딱 - 딱 딱 - 딱 - 딱 막 - 대 로 쳐 - 서 - 소 리 내 세 요

딱 - 딱 - 딱 딱 - 딱 - 딱 막 - 대 로 쳐 - 서 - 소 리 내 세 요

주간보육계획안

소주제 : 내 몸을 움직여보아요　　　　　　　　　　　실시 기간 : 4월 2주
다루어질 내용 : 몸을 자유롭게 움직이면서 자신의 신체 부위를 탐색한다.

구분		주　간　활　동
등원 및 맞이하기		· 손인형으로 반갑게 맞이하기
실내자유놀이	그리기 · 만들기 영역	◎ 색종이 오리기 · 물감놀이「붓으로 물감칠해 보기」 · 손바닥, 발바닥 대고 그리기
	소꿉영역	· 밀가루 반죽에 빨대 꽂기(생일놀이) · 인형 목욕 시키기 · 인형 재우기
	책보기영역	· 동시「딸국질」1) · 손인형으로 이야기하기 · 그림책「그네 좀 태워줘」「물개처럼 헤엄쳐요」
	탐색 · 조작 영역	◎ 만지기만 하고서(비밀 주머니) · 자기 목소리 녹음해서 들어보기 · 촉감 놀이 발판(발로 느껴 보기) 2)
	쌓기 · 대근육 · 음률영역	◎ 스카프 춤추기 · 한발로 서서 거울보기 · 노래「나비야」 · 와플블록으로 네모상자 만들기 · 엉덩이로 걸어보기 3)
전이활동		· 게임 : 코코코 · 발가락 체조, 손가락 체조 4)
실외자유놀이		· 매달린 종 흔들기 · 개미찾아보기 · 벽돌 위에 한 발로 팔 벌려 서보기 · 안전 사다리 경사로 기어오르기
점심 및 낮잠		· 자고 난 후 친구들이 깰 때까지 조용히 기다리기 · 입 속에 있는 음식 다 먹은 후 이야기하기
기본생활습관		· 배변의사가 있을 때 적절히 표현하기(배변훈련) · 자기 작품을 개인장에 잘 보관하기

교육활동참고

1) 동시 「딸꾹질」
   - 사람 모형에 목을 길게 뺄 수 있도록 뒤쪽에 압설자를 붙여 동시를 읽어주면서 목을 길고 짧게 움직인다.
   - 반복되는 '딸꾹'이라는 구절은 목을 움직이면서 영아와 함께 읽어볼 수 있다.

2) 촉감 놀이 발판(발로 느껴보기)
   - 상자에 여러 가지 재료를 담아서 밟을수 있도록 한다.
   - 영아들이 흥미를 보이고 상자 안으로 들어가면 서서 밟아 볼 수 있게 한다.
   - 영아들이 몇 가지 촉감 자료에 익숙해졌을때 새로운 자료를 바꾸어 준다.
   - 여러 가지 재료를 붙인 발판을 깔아줄 때 영아들이 호기심을 갖고 탐색할 수 있도록 돕는다.
   - 발판을 손으로 만져본다.
   - 발판 위를 걸어본다.

3) 엉덩이로 걸어보기
   - 교사가 바닥에 앉아 손을 허리에 대고 발을 쭉 편채로 엉덩이를 이용해 뒤로 움직이는 시범을 보인다.
   - 영아가 자세를 취하도록 도와준다.
   - 영아가 어려워하면 영아의 등 뒤에서 허리를 감싸안고 조금씩 뒤로 당겨준다.
   - 음악을 틀어주고 리듬을 타면서 엉덩이로 걷게 한다.

4) 발가락 체조, 손가락 체조
   - 영아들과 놀이하며 한 번에 한 손가락(발가락)을 움직이도록 해 본다.
   - 손가락 체조 노래에 맞춰 해본다.
     (첫번째 손가락을 두번째, 세번째 손가락으로 바꾸어주고 발가락으로 바꿔 노래 부르며 움직여본다.

손가락 체조

손 가 락 체 조 하나 둘 하나 둘 (첫번째)손가락으로 통 통 통

주간보육계획안

소주제 : 느껴보아요　　　　　　　　　　　　　　실시 기간 : 4월 3주

다루어질 내용 : 여러 가지 사물의 성질을 만져 보고 탐색하여 그 느낌을 언어로 표현해 본다.

구분		주　간　활　동
등원 및 맞이하기		· 선생님과 반갑게 인사하고 먼저 와 있는 친구 찾아보기
실내자유놀이	그리기 · 만들기 영역	· 스탬프 모양 찍기 ◎ 쿠킹호일로 여러 가지 모양 싸기 · 스펀지 물감 찍기
	소꿉영역	· 밀가루 반죽 밀대로 밀어보기 · 촉감 음식으로 상 차리기 [1] · 스펀지로 그릇 닦는 흉내내기
	책보기영역	◎ 촉감책 보기 · 그림책: 감각발달을 위한 그림책 　　　「토끼와 고슴도치」「앗! 따가워」
	탐색 · 조작 영역	· 눈, 코, 입, 귀가 하는 일 그림 판에 붙이기 [2] · 빨랫집게로 그림 완성하기 [3] ◎ 마카로니 쏟고 담기
	쌓기 · 대근육 · 음률영역	· 몸 굴리기 · 종이벽돌블록으로 다리, 터널 만들기 ◎ 굴 속으로 자동차 지나가게 하기 · 노래「봄 나들이」
전이활동		· 노래「머리 어깨 무릎 발」 · 손유희「날 따라 해 봐요」
실외자유놀이		· PVC관에 공 넣기 [4] ◎ 봄동산 산책하기 · 모래결 만들기 · 꽃을 보면서 이야기하기
점심 및 낮잠		· 식사 전후에 '잘 먹겠습니다', '잘 먹었습니다' 말해보기 · 자고 일어나서 화장실 다녀오기
기본생활습관		· 배변 후 손 씻기 · 손 씻은 후 수건으로 물 닦기

교육활동참고

1) 촉감 음식으로 상 차리기
   · 촉감 음식물을 만져보고 이름을 말해보도록 한다.
   · 그릇에다 음식을 담고 숟가락을 이용해서 먹는 시늉을 한다.
   · 여러 그릇과 촉감음식을 이용해 상차리기 놀이를 한다.

2) 눈, 코, 입, 귀가 하는 일 그림판에 붙이기
   · 찍찍이가 붙여있는 눈 · 코 · 입을 만들어 제시한다.
   · 각 신체부위를 사용하고 있는 그림판에 그 신체부위를 붙여본다.
   예) 아이가 냄새를 맡고 있는 그림판에 코를 붙인다.

3) 빨랫집게로 그림 완성하기
   · 완성되지 않은 그림과 빨랫집게를 준비해주어 탐색해보게 한다.
   · 엄지와 검지 손가락으로 빨랫집게를 사용해 그림을 완성해보도록 한다.

4) PVC관에 공 넣기
   · PVC관을 벽에 매달아 고정시킨 후 관 속에 공을 넣어서 바구니로 받아본다.

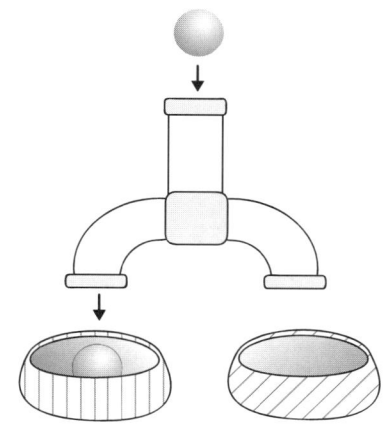

주간보육계획안

소주제 : 내가 좋아하는 물건이 있어요　　　　　　　　실시 기간 : 4월 4주
다루어질 내용 : 자신이 좋아하는 물건과 자신 소유의 물건을 알아본다.

구분		주　간　활　동
등원 및 맞이하기		· 어린이집에 올 때 본 것 이야기해보기
실내자유놀이	그리기 · 만들기 영역	◎ 내가 좋아하는 장난감 책 만들기 · 사인펜으로 그린 그림에 물 칠해보기 · 빨대 가위로 자르기 · 자른 빨대 테이프로 붙이기
	소꿉영역	· 밀가루 반죽 찍기틀로 찍어보기 · 인형 업어주기 · 인형옷 입혀주기
	책보기영역	· 놀잇감 그림카드(언어상자) 1) · 내가 좋아하는 장난감은 ○○예요 · 까꿍그림판(어린이가 쓰는 물건) · 그림책「곰돌이의 생일」「모두 내꺼야」
	탐색 · 조작 영역	· 밀가루 탐색하기 · 밀가루와 물 섞기 2) ◎ 내가 좋아하는 장난감
	쌓기 · 대근육 · 음률영역	· 빅 레고 블록으로 인형집 짓기 · 징검다리 만들어 건너 뛰기 3) · 노래「○○는 무엇을 좋아해」 · 레고로 좋아하는 것 만들어 친구에게 선물하기
전이활동		· 자유 표현「인형처럼 움직이기」 · 게임「코코코」
실외자유놀이		· 둥근 선을 따라 걸어가보기 · 모래 속에 숨긴 물건 찾아보기 · 나무젓가락으로 모래 그림 그리기 · 떨어진 꽃잎 주워 입으로 불어보기
점심 및 낮잠		· 자고 일어나 조용히 화장실로 가기 ◎ 낮잠 재우면서 오전에 한 일 이야기해주기
기본생활습관		◎ 계단 오르내릴 때 친구 밀지 않기 · 양말 벗어 자기장에 넣기

교육활동참고

1) 놀잇감 그림카드 (언어상자)
   · 하드보드지나 상자를 이용해 로봇 비밀상자를 만든다.
   · 놀잇감 그림카드를 집어넣은 후 하나씩 빼면서 놀잇감의
     이름을 말해 본다.

2) 밀가루와 물 섞기
   · 밀가루와 물을 섞으며 만져본다.
   · 느낌을 말로 표현해 본다.

3) 징검다리 만들어 건너뛰기
   · 스펀지 블록, 상자 블록을 이용해 징검다리를 만들어 노래에 맞추어 뛰어넘도록 도와주
     고 익숙해지면 혼자 해보게 한다.

도서목록

월	주	주제	제 목	글	그림	출 판 사	기타관련주제
4	1	내 몸을 살펴보아요	코코코 눈	박명희	강을순	지경사	
			내 몸		김인석	삼성출판	
	2	내 몸을 움직여 보아요	그네 좀 태워줘	남미영	오명훈	웅진	친구
			물개처럼 헤엄쳐요		김상현	한국프뢰벨	동물
	3	느껴보아요	토끼와 고슴도치	김경아	이정재	한국어린이육영회	동물
			앗 ! 따가워			한국프뢰벨	
	4	내가 좋아하는 물건이 있어요	곰돌이의 생일	남미영	오명훈	웅진출판	친구
			모두 내꺼야		김희영	한국프뢰벨	놀잇감
		관 련 도 서	내 것은 무엇이나 작아요	신현득	서은영	다섯수레	가족
			내가 먹을래요	김충원	백은희	한국프뢰벨	기본생활습관
			난 깨끗한 게 좋아	신지윤 신혜윤	김복태	웅진출판	기본생활습관
			내 머리 모양 어때	신지윤 신혜윤	김복태	웅진출판	
			내 배꼽 보았니?	신지윤 신혜윤	김복태	웅진출판	동물
			내 옷이 어디갔지?	신지윤 신혜윤	김복태	웅진출판	기본생활습관
			손이 나왔네	히야시 아끼꼬	히야시 아끼꼬	한림출판	
			나는 장난감이 좋아요	김충원	김충원	진선출판	놀잇감
			나는 목욕이 좋아요	김충원	김충원	진선출판	기본생활습관
			이젠 혼자 해요	김충원	이행숙	한국어린이육영회	기본생활습관

종이접시에 얼굴 꾸미기

주요경험	· 모양종이를 이용하여 얼굴을 꾸며본다.
활동인원	4~5명
활동시간	5~10분
준 비 물	종이접시(또는 은박접시), 풀, ○ㅁ△ 모양으로 자른 색종이, 털실, 솜, 공
활동방법	1. 그리기 · 만들기 영역에 종이접시와 재료를 책상 위에 올려놓고 관심을 가지는 영아에게 활동을 유도한다. - 이건 둥근 종이로 만든 접시야, ○□△모양의 색종이도 있구나, 접시에 ○□△모양의 색종이를 붙여 얼굴을 꾸며보자, 2. 종이접시에 ○ㅁ△모양의 색종이를 풀로 붙여 얼굴을 꾸며보게 한다. - 동그라미 색종이로 눈을 붙였구나, 어? 코는 △로 만들었네? - 엄마 얼굴이 되었구나,
참 고	· 색연필, 사인펜, 매직펜, 여분의 색종이를 내어주어 자유롭게 꾸며볼 수 있게 한다. · 영아들이 얼굴 형태를 만들지 못할 때에도 얼굴꾸미기를 강요하기보다 모양종이로 단순히 꾸며보는 것도 격려해준다. - ○○이가 ○□△를 종이접시에 붙였구나, 색종이를 붙인 모양이 마치 ★★같네,

책보기영역

동시 「아기 잠」

4월 1주

주요경험	·동시를 들어본다. ·동시판을 조작하며 얼굴 부위를 알아본다.
활동인원	2~3명
활동시간	5분~10분
준 비 물	자석이 붙어 있는 눈·코·입·귀, 얼굴 그림판

〈만드는 방법〉

(재료: 색상지, 함석, 자석, 코팅지)

① 색상지로 얼굴 그림판(눈·코·입·귀가 없는 그림판)을 만든 후 코팅하고 뒷면에 함석판을 붙인다. 이때 함석판 끝은 잘 잘라내고 안전하게 마무리한다).

② 눈·코·입·귀를 각각 만들어 뒤에 자석을 붙여 얼굴 그림에 떼었다 붙였다 할 수 있도록 한다.

활동방법

1. 책보기 영역에 동시판을 제시하고 영아가 눈·코·입·귀를 떼었다 붙였다 하며 탐색을 하게 한다.
   - 눈·코·입·귀가 없는 얼굴이네, ○○가 눈, 코를 붙여줘서 예쁜 아가 얼굴이 되었구나, 선생님도 아가 얼굴을 만들어 봐야겠다,

2. 교사는 동시를 읽어주면서 눈·코·입·귀를 조작하여 얼굴을 만든다.
   - 스르르 눈이 잠들고 (눈의 위치에 눈을 붙였다가 뗀다,)
     코코코 코가 잠들고 (코의 위치에 코를 붙였다가 뗀다,)
     가만가만 귀가 잠들고 (귀의 위치에 귀를 붙였다가 뗀다,)
     방긋방긋 입은 웃지요 (입의 위치에 입을 붙였다가 뗀다,)

3. 반복하여 읽어준 후 2~3명 영아들에게 눈·코·입·귀를 각각 나누어주고 교사가 동시를 읽어줄 때 영아들이 각각의 위치에 직접 붙여보게 한다.
   - ○○가 눈을 붙여주어 아가 얼굴이 만들어졌네,
     △△가 멋진 코를 붙여 주었구나,

동물 입에 모양과자 넣어주기

주요경험	· 구멍 속에 작은 물체를 넣어본다. · 모양의 차이를 구별해본다.
활동인원	1~3명
활동시간	5~10분
준 비 물	동그라미·세모·네모·모양의 부직포 과장(각 10개 정도), 동물 얼굴이 꾸며진 과자를 넣을 상자

〈만드는 방법〉

① 부직포를 잘라서 동그라미·세모·네모·모양의 과자를 만든다.

② 상자(40×25cm정도)에 동그란 얼굴의 강아지, 세모 얼굴의 여우, 네모 얼굴의 곰을 그려서 꾸미고 입이 그려진 상자 겉면은 열고 닫을 수 있도록 뚜껑처럼 만든다.

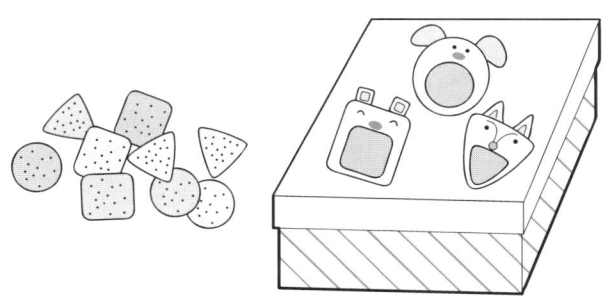

활동방법	1. 탐색·조작 영역에 과자를 넣을 동물모양상자를 준비해주고 동그라미·세모·네모· 모양 과자를 마음대로 넣어보게 한다. – 곰의 네모 입에 동그란 과자를 넣었구나, 곰이 동그란 모양의 과자를 먹고 싶었구나,

2. 동물모양 상자나 과자의 모양에 흥미를 보일 때 상자에 그려진 동물의 얼굴 모양과 입 모양등 각 동물의 특징에 대해 이야기해준다.
   - ○○가 가지고 있는 과자는 어떤 모양이니? 네모 모양이구나,
     곰의 입 모양도 네모네, 네모 모양 입 속에 쏙 넣어볼까?
   - 동그라미 과자를 강아지의 동그란 입에 넣었구나, 또 넣어볼까? (계속하여 다른 모양도
     넣어본다.)

3. 과자를 다 집어넣게 되면 다시 꺼내어 다른 친구들이 넣어 보도록 한다.

참 고 · 영아들끼리의 갈등을 줄이기 위해서 동물 그림이 있는 상자를 2개 이상 준비하고 부직
포 과자의 수도 넉넉히 준비한다.
· 부직포 과자는 같은 모양끼리 색을 통일해서 제시하는 것도 좋다.

거울 보고 표정 지어보기(웃는 얼굴, 찡그린 얼굴)

주요경험	· 거울을 보며 다양한 표정을 지어본다. · 여러 가지 감정을 표현해 본다.
활동인원	1~3명
활동시간	5~10분
준 비 물	얼굴을 다 볼 수 있는 거울, 여러 가지 표정의 사진 또는 그림 카드

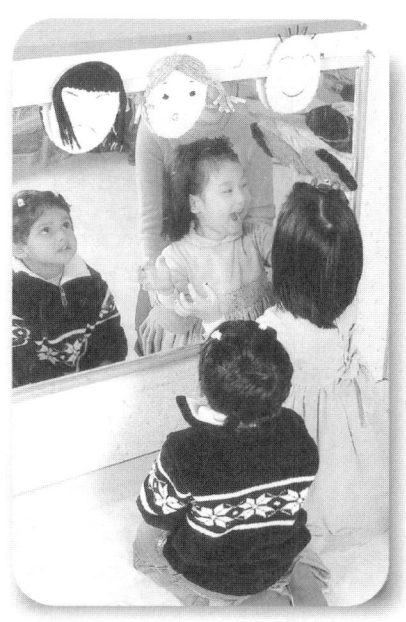

활동방법	1. 탐색 · 조작 영역에 제시되어 있는 거울에 관심을 갖는 영아에게 탐색할 수 있는 시간을 준다.
	   - ○○야, 거울 속에도 ○○의 얼굴이 보이네. 웃는 얼굴이구나.
	     이 얼굴사진(그림)을 볼래? 어떻게 하고 있니?
	   - 울고 있는 표정이구나.

2. 영아들이 여러 가지 표정을 지어보도록 격려하며 어떤 표정인지에 대해 이야기 나눈다.
  - 이 사진처럼 ○○이도 웃는 얼굴이 되어볼까?
    ◇◇는 화난 얼굴이 되었구나.
  - ○○는 어떤 때 이런 얼굴이 될까? 엄마가 안아 주실 때 웃는 얼굴이 되는구나.

참 고
  · 이 활동과 연계하여 「웃는 얼굴, 성난 얼굴」노래활동을 할 수 있다.
  · 사진 또는 그림카드를 제시할 때 얼굴, 머리 색깔 등 다양한 인종이나 연령층의 화보를 제시하여 준다.

그리기 · 만들기영역

색종이 오리기

4월 2주

주요경험	· 가위로 종이를 오려본다.
활동인원	4~5명
활동시간	5~10분
준 비 물	색종이, 가위
활동방법	1. 색종이와 가위를 제시하여 관심을 갖는 영아가 오려볼 수 있게 한다. 이때 영아의 수준을 고려해 색종이를 그대로 내 주거나 길게 잘라서 띠 모양 등 다양한 형태로 제공한다. – 여기 색종이와 가위가 있구나, 가위로 색종이를 오려보겠니? 2. 영아와 함께 색종이를 오려본다. 이때 영아가 힘 조절이 잘 되지 않거나 가위질에 익숙하지 않다면 교사가 가위를 영아와 함께 잡고 천천히 오려본다. – ○○가 빨간색 색종이를 오렸구나, 긴 네모가 되었네, – ○○는 색종이 가장자리를 잘라주었구나,
참 고	· 오리는 것보다 접는 것에 관심이 많은 영아에게는 접어 보게한다. · 접착 테이프를 제시하여 자르고 접은 것을 붙이고 꾸미면서 친구들과 교사에게 선물하는 놀이로 연결할 수 있다.

탐색 · 조작영역

만지기만 하고서 (비밀 주머니)

4월 2주

| 주요경험 | · 손의 촉감을 이용해 물건의 질감을 느껴본다. |
| | · 촉감을 말로 표현해본다. |

활동인원 3~5명

활동시간 5~10분

준 비 물 비밀 주머니 (속이 보이지 않는 천 주머니)
영아들이 쉽게 접할 수 있는 주변 물건들
(레고 블록, 인형, 자동차, 색연필, 작은 촉감책, 장갑, 공 등)

활동방법

1. 영아들이 주변에서 쉽게 접할 수 있으며 다양한 감각을 느낄 수 있는 놀잇감을 비밀 주머니 안에 넣어서 탐색 · 조작 영역에 놓아주어 영아들이 탐색하게 한다.
   - 이게 무얼까? 주머니 속에 무엇이 들어 있니?

2. 영아들이 주머니 속의 물건을 만져볼 때 느낌을 표현하거나 어떤 물건인지 추측해 볼 수 있도록 언어적 자극을 준다. 영아가 물건을 꺼내면 그 물건의 느낌과 이름에 대해서 교사가 다시 한 번 이야기해준다.
   - 주머니 속에 무엇이 있는지 한번 만져보자.
   - (영아가 손을 집어넣으면) ○○는 무엇을 만지고 있니? 어떤 느낌이 나니? 어디 한번 볼까? 레고 블록이구나. ○○는 눈으로 보지 않고도 잘 아는구나.
   - 딱딱한 레고 블록이구나. 부드러운 장갑도 있었구나. 물렁물렁한 공이네.

3. 손으로 탐색해보고 느낌을 말로 이야기하는 것에 익숙해지면 교사는 여러 가지 물건을 가방 안에 넣고 교사가 이야기하는 것을 꺼내보는 놀이로 연결해본다.
   - 이 주머니 속에는 부드러운 토끼인형이 들어있는데 눈으로 보지 않고 손으로 찾을 수 있을까?
   - 이 주머니 속에는 딱딱한 자동차가 들어 있단다. ○○가 손을 넣어 자동차를 꺼내 보겠니?

참 고 · 같은 물건이 담겨진 주머니를 2개씩 준비해서 같은 물건을 찾아보는 활동으로 진행할 수도 있다.

쌓기 · 대근육 · 음률영역

스카프 춤추기

주요경험	· 음악에 맞추어 움직여보는 경험을 한다.
	· 여러 가지 방법으로 스카프의 움직임을 만들어본다.

활동인원 5~7명

활동시간 5~10분

준 비 물 크기가 같은 여러 색깔의 스카프, 음악 테이프, 녹음기

〈만드는 방법〉

(재료: 여러 가지 색깔의 천)

· 크기가 50×50cm 정도의 스카프를 구입하거나 색깔 보자기를 50×50cm크기로 잘라 사방의 가장자리를 박음질한다.

활동방법 1. 교사가 준비한 스카프를 흔들며 영아들의 관심을 모은다. 관심을 갖는 영아들이 모이면 스카프를 탐색하도록 돕는다.

    - 여기 네모난 스카프가 있지? 스카프를 만져보자, 어떤 느낌이 나니? 까칠까칠 하구나,

    - ○○는 노란 스카프를 가지고 있구나,

2. 스카프를 흔들며 움직임을 말로 표현해주어 영아들이 느껴보게 한다.

    - ◇◇는 몸을 스카프와 함께 움직이네,

    - ○○는 제자리에서 돌면서 스카프를 흔들고 있네,

3. 스카프를 충분히 움직여본 후 음악에 맞추어 흔들면서 음악의 리듬감과 리듬에 따른 여러 움직임을 표현해본다.

    - ○○이의 스카프는 빨리 움직이는구나, 머리 위로 빠르게 움직이니까 바람개비 같구나,

    - 위로 흔드세요, 동그라미, 세모, 네모를 만들어 보세요, 친구의 스카프와 만나보세요,

그리기 · 만들기영역

쿠킹호일로 여러 가지 모양 싸기

4월 3주

주요경험	·새로운 자료에 호기심을 갖고 탐색해본다. ·여러 가지 모양을 포장하고 꾸며본다.
활동인원	3~5명
활동시간	5~10분
준 비 물	우드락 또는 골판지(○, △, □ 모양), 쿠킹호일, 스티커

활동방법	1. 우드락이나 골판지에 영아들이 관심을 보이면 함께 이야기를 나눈다.
	    – 느낌이 어떠니? 미끄럽구나.
	    – 어떤 느낌이 나니? 울퉁불퉁하구나.
	
	2. 쿠킹호일을 제시하여 탐색해보고 쿠킹호일을 이용하여 모양을 포장하게 한다.
	    – 여기 반짝이는 것은 쿠킹오일이라고 하는 거야. 쿠킹오일을 만져보자. 어떤 소리가 나니?
	      쿠킹오일을 구겨보자. 어떻게 되었니?
	    – 쿠킹오일은 얇고 커서 모양을 쌀 수가 있어. ○○가 쿠킹오일로 여러 모양을 싸볼래?
	    – ○○가 쿠킹오일로 네모를 쌌구나. 쿠킹오일로 싸니까 네모가 없어졌구나.
	      네모 모양이 어디에 숨었을까? 쿠킹오일 속에 숨었구나.
	    – ○○가 스티커를 붙였구나. 싼 물건이 예쁘게 되었구나.
	
	3. 모양을 포장하여 선물주기 활동으로 연계할 수 있다.
	    – 동그라미를 쿠킹오일로 싸니 멋진 선물 같구나. 좋아하는 친구에게 선물해 줄까?

촉감책 보기

주요경험	· 다양한 촉감을 경험해본다. · 여러 가지 촉감을 말로 표현해본다.
활동인원	2~3명
활동시간	5~10분
준 비 물	촉감책

〈만드는 방법〉

(재료: 모래종이, 털옷감, 타월천, 수세미 조각 등 다양한 촉감을 느낄 수 있는 것)

① 각각의 그림에 촉감을 느낄 수 있는 재료를 붙인다.

　　예) · 긴 머리 친구 그림판의 머리부분에 실이나 줄을 붙인다.

　　　　 · 동물 그림의 동물 몸에 털옷감을 붙인다.

　　　　 · 아빠의 얼굴 사진에 수세미 조각을 붙여 수염을 만든다.

② 촉감을 느낄 수 있도록 만든 그림판을 묶어 책으로 만든다.

활동방법　1. 책보기 영역에 촉감책을 제시하여 영아들이 관심을 보이면 교사가 함께 한 장씩 넘기

　　　　　　면서 이야기한다.

　　　　　　– 여기에 아빠의 얼굴이 있네, 아빠 얼굴을 만져볼까? 어떤 느낌이니? 까칠까칠하구나,

　　　　　　　네 얼굴도 만져보자, 어떤 느낌이니? ○○얼굴은 부드럽구나,

　　　　　2. 영아와 함께 그림을 보고 이야기하면서 영아가 경험했었던 일들과 연관시켜서 이야기

　　　　　　나눠본다.

　　　　　　– 이것은 어떤 느낌이니?

　　　　　　　집에서 본 적이 있니? 무엇을 할 때 쓰는 걸까?

탐색 · 조작영역

마카로니 쏟고 담기

4월 3주

주요경험	· 손으로 마카로니의 느낌을 경험한다. · 다양한 용기에 쏟고 담기를 해본다.
활동인원	3~5명
활동시간	5~10분
준 비 물	감각놀이대 또는 크고 단단한상자 (옷 보관용 종이상자, 플라스틱 배달상자, 나무 블록 넣는 상자 등), 마카로니(나무상자에 15cm정도 깔릴 정도의 양), 여러 크기의 그릇, 숟가락, 깔때기 〈만드는 방법〉 · 감각놀이대의 바닥에 마카로니를 15~20cm정도의 두께로 깔아놓는다.

활동방법	1. 영아들이 감각놀이대에 관심을 갖고 탐색하고 있을 때 여러 가지 방법(만져보기, 휘저어보기, 손가락 사이로 흘리기)으로 탐색하도록 돕는다.
	     - ○○가 마카로니를 손가락으로 휘젓고 있구나, 손가락 사이로 마카로니가 빠져나가네,
	
	2. 손으로 충분히 만져본 후에 크기가 다른 플라스틱 그릇과 숟가락을 첨가해주어 여러 크기의 그릇에 마카로니 담아보기, 작은 그릇에서 큰 그릇으로 옮기기, 숟가락으로 넣어보기 등의 놀이를 할 수 있도록 언어적 자극을 준다.
	     - ○○야, 여기 그릇이 있어, 큰 그릇에 마카로니를 담아보자,
	       작은 그릇에 담은 마카로니를 큰 그릇에 옮겨 볼까?
	     - 병에 마카로니를 담아볼까? 마카로니가 밑으로 떨어지네, 깔때기를 이용해 담아보자,

참 고

- 영아가 혼자서 방해받지 않고 놀이할 수 있는 공간을 확보해 주고 충분히 놀이한 후에는 흩어진 것을 그릇에 담아 정리할 수 있도록 도와준다.
- 마카로니가 입, 코, 귀에 들어가지 않도록 주의하고 부서진 것은 골라낸다.
- 마카로니 놀이는 영아들의 발달에 적합한 감각놀이로 10월 2주에 실시되는 마카로니 속에 있는 모형 음식 찾기와 같이 여러 가지 접근이 가능하다.
- 마카로니 대신 콩을 사용하는 경우가 있는데 콩은 바닥에 떨어졌을 경우 영아들이 실내화신은 발로 밟으면 미끄러져 넘어질 위험이 있으므로 사용하지 않는다.

쌓기 · 대근육 · 음률영역

굴 속으로 자동차 지나가게 하기

4월 3주

주요경험	· 눈과 손을 협응해본다. · 나타났다가 사라지는 물체를 경험한다.
활동인원	3~5명
활동시간	5~10분
준 비 물	작은 자동차, 휴지나 키친타월의 속대를 색깔 있는 시트지로 싼 작은 굴
활동방법	1. 시트지로 싼 속대를 여러 개의 작은 자동차와 함께 바구니에 내놓아 영아들이 탐색하게 한다. 　　– 작은 통이 있구나, 작은 통 속으로 ○○가 보이네. 　　– 작은 통 속으로 물건이 들어가는 구나. 2. 통의 한쪽 끝을 잡고 작은 자동차를 넣어 통을 기울여주면서 어떻게 통과시키는지 보여 준다. 　　– 작은 자동차가 들어갔는데 어디로 갔지, 까꿍! 이쪽으로 나오는구나. 3. 영아가 굴 속에 자동차를 넣었다 뺐다 하며 놀이할 때 구체적으로 상황을 표현해 준다. 　　– ○○가 굴 속으로 자동차를 넣었구나, 어디로 가고 있을까? 　　　여기 다른 쪽으로 굴러갔구나!
참 　 고	· 낮은 선반이나 종이벽돌 블록 등과 함께 제시하며 경사로를 만들 수 있도록 한다. · 작고 단단한 상자에 구멍을 뚫어 작은 자동차를 상자 속으로 통과시키며 놀이할 수 있도록 한다.

봄동산 산책하기

4월 3주

주요경험 · 자연환경에 관심을 갖고 탐색해본다.

활동인원 5~7명

활동시간 5~10분

준 비 물 사진기, 돌멩이 등을 담을 봉투

활동방법 1. 전이활동시간에 공원에서 산책할 것임을 알려주고 가까운 공원이나 동네를 돌아보며 주변을 살펴본다(싹이 돋는 것, 꽃이 핀 것, 흙, 돌멩이, 하늘 등.)

2. 영아들이 새싹이나 꽃을 탐색하거나 돌멩이 등을 발견하고 줍는 모습들을 사진기로 찍어 준다.
   - 봄바람이 불어 얼굴에 닿는 구나, ○○의 머리카락이 날리네.
   - 우리가 발견한 작은 돌멩이를 어린이집에 가져갈까? ○○이는 나뭇가지를 주워 왔구나.

3. 영아들이 모아온 것들을 자유롭게 탐색할 수 있도록 책상에 전시해 주고 찍은 사진도 함께 붙여 준다.

참 고 · 산책하며 찍은 사진은 책보기 영역에 제시하여 영아들이 경험했던 일들을 이야기해볼 수 있도록 한다.
· 학기초이므로 안전하게 산책할 수 있도록 도움을 줄 수 있는 충분한 수의 성인이 있을 때 활동을 계획한다.

그리기 · 만들기영역

내가 좋아하는 장난감책 만들기

4월 4주

주요경험	· 장난감 그림을 선택하여 책으로 꾸며본다. · 좋아하는 장난감책을 보며 즐거움을 경험한다.
활동인원	2~3명
활동시간	5~10분
준 비 물	여러 가지 장난감 사진, 내가 좋아하는 장난감책(영아 개인별로), 풀

〈만드는 방법〉

(재료: 영아사진, 두꺼운 종이)

① 두꺼운 종이를 같은 크기로 자른 다음 한쪽 면 가장자리에 구멍을 뚫어 책으로 묶을 수 있게 한다.

② 맨 앞장에는 영아의 사진을 붙이고 이름과 나이를 써서 놓는다.

③ 리본이나 고리로 묶어 개인책을 만든다.

활동방법

1. 미리 준비한 책에 영아들이 관심을 보이면 책에 대해 이야기 나눈다.

   – ○○가 ○○사진이 붙은 책을 가졌구나, 여기 △△책도 있구나.

   – 책 속에 무엇이 있니? 빈 종이구나, 이 빈 종이에 ○○가 좋아하는 장난감을 붙여서 책을 만들어보자.

2. 미리 준비한 장난감 사진들을 영아와 함께 고르며 이야기 나눈다.

   – ○○가 좋아하는 장난감은 무엇이 있을까? 여기서 골라보자.

   – ○○이는 실로폰을 좋아하는 구나, 곰인형도 골랐구나.

3. 영아가 고른 사진을 책에 붙이도록 돕는다.

   – ○○가 고른 사진을 ○○ 책 속에 풀을 이용하여 붙여보자, 풀을 그림에 칠하니까 종이에 붙네.

4. 작업이 끝난 후 책보기 영역에 두고 친구들과 함께 볼 수 있도록 한다.

참　　고

· 책보기 영역에서 만든 책을 보며 내가 좋아하는 장난감에 대해 이야기해보는 활동으로 확장해 볼수 있다.

탐색 · 조작영역

내가 좋아하는 장난감

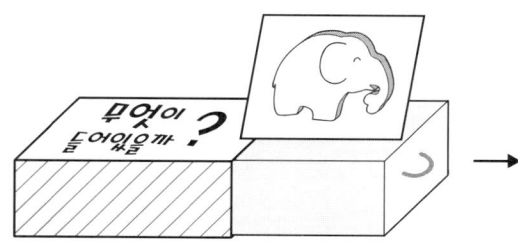

주요경험	· 장난감의 이름을 알아본다. · 밀어서 여는 상자를 조작해보면서 즐거움을 느낀다.
활동인원	2~3명
활동시간	5~10분
준 비 물	까꿍상자

〈만드는 방법〉

(재료: 서랍식 상자, 영아들이 친숙하게 접하는 장난감 그림)

① 상자 겉면을 접착 시트나 포장지를 이용하여 꾸민다.

② 상자의 속에는 사진이나 그림을 코팅하여 붙인다.

③ 상자 속을 잡아당길 수 있도록 모루나 끈을 이용해 손잡이를 달아준다.

활동방법

1. 까꿍상자를 제시하여 영아들이 자유롭게 탐색하게 하고 영아가 상자에 관심을 보이면 손잡이를 앞으로 당겨서 그림을 보게 한다.

   - 이 속에는 무엇이 있을까? 손잡이를 앞으로 당겨 상자를 열어보자,

     와~ 자동차 그림이 나왔구나,

     상자 속에 자동차 그림이 있었구나,

2. 그림이 사라졌다가 다시 나타나는 과정을 반복적으로 즐기도록 도와준다.

   - 노란 상자 속 에는 무슨 그림이 있을까? 이 속에는 아기인형이 있었구나,

   - 다른 상자도 열어볼까?

3. 영아들이 익숙해지면 그림의 일부를 보고 추측해 볼 수 있게 한다.

   - 조금만 열어보고 무엇이 있나 알아맞혀볼까?

   - 무슨 그림일까? 딸랑이였구나, ○○가 딸랑이를 알고 있었구나,

참 고 · 같은 그림을 계속적으로 열어 보았을 때는 상자 속의 그림을 바꾸어 준다.

점심 및 낮잠

낮잠 재우면서 오전에 한 일 이야기해주기

4월 4주

주요경험	· 개별적인 상호작용을 통해 친숙함과 신뢰감을 갖는다.
활동인원	1~2명
활동시간	5~10분
활동방법	1. 낮잠을 잘 수 있도록 편안하게 누운 영아와 가능한 개별적으로 이야기 나누는 시간을 마련한다. 둘이서만 이야기해서 기쁘다는 것을 보여주고, 말하면서 어깨를 두드려 주거나 안아주도록 한다. 2. 영아가 오전 놀이 시간에 친구들과 함께 했던 일 등을 이야기해 준다. - ○○야, 오늘은 그네를 높이 타더라, 무서워하지도 않던데, 처음에는 조금만 흔들려도 무서워 했었는데 점점 씩씩하게 자라고 있구나,

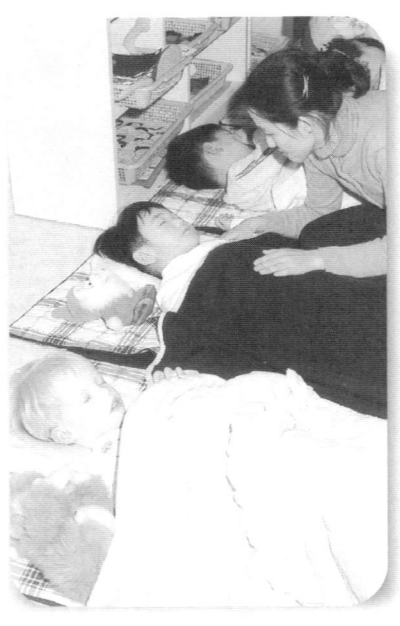

기본생활습관

계단 오르내릴 때 친구 밀지 않기

4월 4주

주요경험	· 계단에서 친구를 미는 것은 위험한 것임을 알고 차례를 기다려 계단을 오르내린다.
활동인원	2~3명
활동시간	3~5분
활동방법	1. 영아들이 장소를 바꾸기 위해 이동할 때 계단에서 충돌이 발생할 상황에서 영아들에게 개별적으로 지도한다.

               – ○○야! ○○가 계단에서 친구를 밀면 경사진 곳이기 때문에 다칠 수가 있어,

                 계단에서는 친구가 내려갈 때까지 기다린 후 옆의 난간을 잡고 천천히 내려가는 거야,

                 ○○는 그렇게 할 수 있겠니?

           2. 친구가 내려갈 때까지 기다려준 영아를 구체적으로 칭찬해 준다.

               – ○○는 친구가 계단을 내려갈 때까지 잘 기다려 주었구나,

                 네가 기다려 주어 ◇◇가 안전하게 내려갈 수가 있었네,

참　　고	· 기본생활습관의 지도는 꾸준히 시간을 두고 해야 하며 특히 안전에 관계되는 사항은 반복하여 지도하도록 한다.

주제 가족

실시기간 : 5월 1주 ~ 5월 4주

▶▶ **전개방법**

2세 시기는 자기 중심적인 성향이 강한 때이다. 또한 이 시기 대부분의 생활과 경험은 가족 안에서 이루어진다. 자기를 돌보아주는 엄마, 아빠, 형, 누나 등은 2세아의 생활에서 중심적인 인물이므로 2세아는 각 가족 구성원들의 말·행동·외모 등에 관심이 많고 흥미를 갖게 된다. 따라서 엄마, 아빠 등 가족의 일상생활 행동들을 모방하고 흉내내는 놀이가 빈번히 일어나는 것을 고려하여 「가족」 주제를 선정하였다.

상상놀이를 이끌어갈 수 있는 가족인형, 손인형 등의 놀잇감을 마련해 주고 옷, 신발, 액세서리, 빈 화장품통 등 다양한 소품을 제공해주어 아기 돌보기, 빨래하기, 회사가기 등 엄마, 아빠처럼 꾸며보고 역할을 흉내내고, 엄마아빠가 하시는 일을 이야기해보면서 간접적으로 경험해보게 한다.

집에서 가져온 사진으로 만든 가족 사진책을 보면서 나의 가족에 대해 이야기해보고 엄마아빠의 이름도 말해보면서 언어발달도 촉진시키며 정서적 안정감을 느끼도록 한다. 또한 빨랫집게 인형놀이, 가족 이름 넣어 노래 부르기, 편지 배달하기, 할아버지·할머니 집에 놀러가기 활동을 통해 할아버지와 할머니를 생각해 보고 친밀감을 느끼도록 한다.

가족 단원을 진행하면서 필요한 소품이나 가족 사진 등은 부모님께 협조받아 원활한 단원 진행이 되도록 한다.

▶▶ 환경구성

	그리기 · 만들기영역	소꿉영역	책보기영역	탐색 · 조작영역	쌓기 · 대근육 · 음률영역

실
내
	· 도화지
	· 나비모양 셀로
	  판지, 코팅지
	· 계란판
	· 얼굴 모양종이
	· 모루 도장
	· 안경본
	· 풀
	· 하트모양 종이
	· 셀로판지
	· 테이프
	· 색물풀
	· 한복 모양 종이
	· 단추
	· 물감
	· 잡지의 사진
	· 빨대
	· 우유통
	· 스티커
	· 모루
		· 가족인형
		· 밀가루 반죽
		· 다 쓴 화장품통
		· 아기인형
		· 엄마, 아빠의
		  의상
		· 할아버지의 모자
		· 전화기
		· 구두
		· 빨래판
		· 핸드백
		· 세숫대야
		· 포대기
			· 가족 사진
			· 그림책
			「엄마 아빠 나를
			사랑해요」
			「내가 아빠를 얼마나
			사랑하는지 아세요?」
			「우리 집」
			「뚝뚝뚝딱 집을
			지어요」
			「엄마를 바꿔줘요」
			「혼자 집을 보았어요」
			「누가 아기 토끼랑
			놀아줄까요?」
			「할머니랑 시장 구경
			가요」
			· 융판동화
			「곰 세 마리」
			· 동시
			「아기 웃음」
			「고맙습니다」
			「가족 웃음」
			· 테이블 동화
			「두두네 집은 어디?」
				· 케이크 모형
				· 가족 물건
				  분류하기 교구
				· 빨랫집게로
				  빨래널기 교구
				· 크기 상자
				· 곰 세 마리 교구
				· 빨랫집게 인형
				· 곰돌이 인형
				  옷 입히기
				· 편지 배달하기
				  교구
				· 큰 구슬
				· 가족 퍼즐(2조각)
				· match board
				  (엄마,아빠 물건)
					· 스펀지 블록
					· 단위 블록
					· 리듬악기
					· 종이벽돌 블록
					· 꽃길
					· 끌차
					· 작은공

실 외	· 비누방울 · 여러 가지 모양 그릇 · 줄	· 핑거 페인팅 재료 · 붓 · 막대	· 북 · 모래채	· 이젤 · 물감	

주간보육계획안

소주제 : 엄마, 아빠가 좋아요   실시 기간 : 5월 1주

다루어질 내용 : 엄마, 아빠에 대해 생각해보며 사랑하는 마음을 갖는다.

구분		주 간 활 동
등원 및 맞이하기		· 어린이집에 누구와 함께 왔는지 이야기하기
실내자유놀이	그리기 · 만들기 영역	◎ 엄마아빠 얼굴 꾸미기 · 어버이날 카네이션 만들기 [1] · 나비 모양 셀로판지 코팅지 꾸미기
	소꿉영역	◎ 엄마아빠에게 전화하기 · 엄마아빠 회사 가는 흉내놀이 · 빨래하는 흉내놀이
	책보기영역	· 가족 사진 보며 이야기하기 · 그림책「엄마아빠 나를 사랑해요」「내가 아빠를 얼마나 사랑하는지 아세요?」
	탐색 · 조작 영역	· 케이크 조각 맞춰보기 [2] · 빨래 널기(빨랫집게 꽂기) [3] ◎ 크기대로 놓아보기
	쌓기 · 대근육 · 음률영역	· 스펀지 블록 오르고 내리기 · 점프 하여 탬버린 치고 내려오기 [4] · 짝짜꿍 노래에 맞춰 리듬악기 연주하기
전이활동		· 노래「개구리」[5] · 손유희「곰 세 마리」
실외자유놀이		· 두꺼비집 만들기 · 꽃 찾아보고 냄새 맡아보기 ◎ 비온 후 물 웅덩이 관찰하기 · 옆으로 걸어보기
점심 및 낮잠		· 꼭꼭 씹어 먹기 · 숟가락, 포크 사용하여 음식 먹기
기본생활습관		· 등원시 아빠, 엄마께 인사드리기 · 놀잇감 던지지 않기

교육활동참고

1) 어버이날 카네이션 만들기
   · 꽃모양 종이를 대·중·소의 크기로 잘라서 준비하고 리본 모양의
     종이와 함께 제시한다.
   · 영아가 크기대로 꽃모양의 종이를 붙이고 리본을 밑에 붙이도록 한
     뒤 리본에 '엄마·아빠 사랑해요' 등의 글귀를 써넣어 완성한다.

2) 케이크 조각 맞춰보기
   · 케이크판과 케이크 조각들이 붙을 수 있도록 만들어진 4~5조각으로 이루어진 케이크 모
     형과 케이크 판을 제시한다.
   · 영아가 나누어진 케이크 조각을 맞춰 케이크판 위에 올려놓아 보게 한다.

3) 빨래 널기(빨랫집게 꽂기)
   · 상자 옆면에 여러 가지 옷과 양말 그림을
     나란히 붙여 빨래 상자를 만든다.
   · 아이들이 집게로 꽂아 빨래 널기 놀이를
     해본다.

4) 점프하여 탬버린 치고 내려오기
   · 영아의 키에 맞춰 탬버린을 단다.
   · 놀이실에 달려 있는 탬버린에 영아가 관심을 보이면 제자리에서 깡충 뛰어 탬버린을 쳐
     보게 한다.

5) 노래 「개구리」
   〈김성균 동요집 제1집. 서울: 국민서관. p.42 참조〉

주간보육계획안

소주제 : 엄마, 아빠를 흉내내요 Ⅰ 실시 기간 : 5월 2주
다루어질 내용 : 엄마, 아빠 흉내를 내보며 엄마, 아빠가 하시는 일을 경험해본다.

구분		주 간 활 동
등원 및 맞이하기		· 날씨에 대하여 이야기 나누기
실내자유놀이	그리기 · 만들기 영역	· 모루 도장 찍기 · 하트 모양 종이에 색물풀 칠해보기 · 데칼코마니
	소꿉영역	· 엄마, 아빠 의상 입어보기(구두신어보기, 양복입기 등) ◎ 아기 돌보기
	책보기영역	· 융판동화「곰 세 마리」 · 동시「아기웃음」1) · 그림책「우리 집」「뚝딱뚝딱 집을지어요」
	탐색 · 조작 영역	· 곰돌이 인형 옷 입히기(지퍼, 단추, 끈) · 큰 구슬 끼우기 ◎ 엄마아빠 물건 연결해 보기(match board) · 요리: 딸기잼 과자샌드 만들기 2)
	쌓기 · 대근육 · 음률영역	◎ 꽃길 통과하기 · 몸 늘려보기 3) · 스펀지 블록으로 집 만들기 · 노래「닮은 곳이 있대요」4)
전이활동		· 노래「숲 속 작은 집」(영아 이름을 넣어서 부르기)
실외자유놀이		◎ 비누방울 잡기 · 비누방울 불어보기 · 북소리에 맞추어 걷기 · 여러 가지 그릇으로 모래 담고 찍어보기
점심 및 낮잠		· 양치질하는 동안 수돗물 잠그기 · 늦게 깨는 친구 기분 좋게 깨워주기
기본생활습관		· 화장실에서 혼자 바지 내리고 올려보기 ◎ 놀잇감 치우기

교육활동참고

1) 동시 「아기 웃음」
   〈동시활용을 위한 큰 동시책 「여름」편. 한국어린이 육영회. 참조〉

2) 요리 : 딸기잼 과자샌드 만들기
   · 동그라미, 네모 모양 크래커에 영아들이 직접 잼을 발라 오전간식으로 먹는다.

3) 몸 늘려보기
   · 벽에 서서 두 손을 높이 쭉 뻗어보거나 누워서 팔, 다리를 쭉 펴보게 한다.
   · 누워 있는 상태에서 영아가 몸을 늘려보도록 도움을 준다.

4) 노래 「닮은 곳이 있대요」
   〈김성균 동요집 제1집. 서울: 국민서관. p 64 참조〉

주간보육계획안

소주제 : **엄마, 아빠를 흉내내요 Ⅱ**　　　　　　　실시 기간 : **5월 3주**
다루어질 내용 : 엄마, 아빠 흉내를 내보며 엄마,아빠가 하시는 일을 경험해본다.

구분		주　간　활　동
등원 및 맞이하기		· 등원 시 선생님께 '안녕하세요' 인사하기
실내자유놀이	그리기 · 만들기 영역	◎ 시장바구니 꾸미기 · 계란판 마라카스 만들기 1) · 집 모양종이에 스티커 붙여 꾸며보기
	소꿉영역	· 가족인형놀이 (가족인형 들고 역할놀이, 자동차에 태우고 소풍가는 놀이) ◎ 화장하기
	책보기영역	◎ 테이블 동화「두두네 집은 어디?」 · 동시「고맙습니다.」 2) · 그림책「엄마를 바꿔 줘요」「혼자 집을 보았어요」
	탐색 · 조작 영역	· 가족 물건 분류하기(아빠 · 엄마 · 아기 물건 그림) 3) · 크기대로 상자 놓기 · 크기대로 상자 쌓아보기
	쌓기 · 대근육 · 음률영역	· 종이벽돌로 가게 만들기 · 노래「엄마 앞에서 짝짜꿍」 · 조그만 공 굴려 보기(평지, 경사로)
전이활동		· 손유희「엄마별이 올라갑니다」 · 손인형과 악수하기
실외자유놀이		· 고운 모래 만들기(체치기) · 우리 집에 왜 왔니? · 줄 밑으로 지나가기 4) · 핑거 페인팅 5)
점심 및 낮잠		· 양치질 후 자신의 컵, 칫솔 제자리에 정리하기 · 밥 남기지 않고 다 먹기
기본생활습관		· 화장실에서 바지 내리기(바지 내리고 화장실에 가지 않기) · 양치질한 후 물 삼키지 않기

교육활동참고

1) 계란판 마라카스 만들기
  · 계란판과 계란판 속에 넣을 수 있는 곡식(콩)이나 방울, 마카로니 등을 제시한다.
  · 영아가 재료를 충분히 탐색하도록 한 후 계란판 속에 곡식이나 방울, 마카로니 등을 선택해서 넣도록 한다.
  · 계란판은 테이프로 열리지 않도록 붙인 후 영아가 사인펜으로 끄적이거나 스티커 붙이기 등으로 계란판 마라카스를 꾸며보게 하는 활동도 가능하다. 또는 영아와 함께 마라카스를 흔들며 노래를 부를 수도 있다.

2) 동시「고맙습니다」
  〈큰 동시책「나 혼자 하게 해주세요」편. 보육사. 참조〉

3) 가족 물건 분류하기(아빠, 엄마, 아기 물건 그림)
  · 3개의 분유통을 준비한 후 시트지로 깨끗하게 싼다.
  · 3개의 통에 각각 아빠·엄마·아기 그림을 코팅해서 붙인다.
  · 코팅된 아빠·엄마·아기 물건 그림과 함께 제시한다.
  · 영아가 아빠·엄마·아기 물건 그림을 찾아서 각 각 대응되는 통 속에 집어넣는다.

4) 줄 밑으로 지나가기
  · 줄을 제시한다.
  · 교사가 영아의 키에 맞춰 줄을 조절해가면서 영아가 줄 밑으로 지나가보게 한다.
   (예: 기어서 지나가기, 몸을 낮추어서 지나가기, 서서 지나가기 등)

5) 핑거 페인팅
  · 책상에 비닐을 깔고 비닐이 움직이지 않도록 고정시킨다.
  · 준비한 색밀가루풀을 제시한 후 충분히 탐색할 수 있도록 한다.
  · 영아가 비닐 위에서 마음껏 손 그림을 그리도록 한다. 이 때 음악을 함께 들려주면 좋다.
  · 종이에 색밀가루풀 그림을 찍어서 보관해 줄 수도 있다.

주간보육계획안

소주제 : 할아버지 할머니가 계세요　　　　　　　　　　실시 기간 : **5월 4주**
다루어질 내용 : 할아버지 할머니에 대해 생각해 보며 사랑하는 마음을 갖는다

구분		주 간 활 동
등원 및 맞이하기		· 어린이 옷차림에 관심 보이기 (날씨 변화에 따라 바뀌어진 옷)
실내자유놀이	그리기 · 만들기 영역	· 안경본에 셀로판지 붙이기 · 잡지에서 오린 가족 사진 붙이기
	소꿉영역	· 밀가루 반죽 공 만들기 ◎ 할아버지 · 할머니 집에 놀러가기
	책보기영역	· 할아버지, 할머니 사진책 보기 [1] · 동시 「가족웃음」 · 그림책 「누가 아기 토끼랑 놀아줄까요?」 「할머니랑 시장구경가요」
	탐색 · 조작 영역	· 빨랫집게 인형 [2] · 편지 배달하기 [3] · 가족 퍼즐 맞추기(2조각) ◎ 간식 목걸이 만들기
	쌓기 · 대근육 · 음률영역	· 스펀지 블록으로 자동차 구성하기 · 끌차에 블록 실어 나르기 ◎ 종이벽돌 블록 도미노 · 노래 「엄지 어디 있어」(식구 이름 넣어 부르기)
전이활동		· 손유희 「통통통」 「털보영감님」 [4]
실외자유놀이		◎ 붓으로 물감 묻혀 그리기 · 색안경 쓰고 바깥 구경하기 · 막대로 소리 탐색해보기(미끄럼틀, 그네, 나무, 울타리 등) [5]
점심 및 낮잠		· 혼자서 먹어보기 · 자기 자리에 조용히 눕기
기본생활습관		· 바깥놀이에서 들어올 때 모래 잘 털고 들어오기 · 아빠, 엄마께 떼쓰지 않기

교육활동참고

1) 할아버지, 할머니 사진책보기
   - 활동 전에 부모에게 할아버지, 할머니 사진을 보내 달라고 알린다.
   - 사진을 두꺼운 종이에 붙이거나 코팅을 해서 책으로 만든 후 영아가 누구의 가족인지 찾아보거나 누구인지 이야기해보도록 한다.

2) 빨랫집게 인형
   - 할아버지, 할머니, 엄마, 아빠, 형, 누나 등의 인물그림(상반신) 코팅자료를 제시한다.
   - 나무집게로 인형의 다리를 만들어 인형놀이를 해본다.

3) 편지 배달하기
   - 하드보드지에 6가지 모양(천)의 집(부직포 또는 카드 봉투로 주머니 모양), 이에 대응되는 모양의 편지를 각 각 만들어 제시한다.
   - 유아가 편지와 같은 모양의 집에 편지를 배달해준다.

4) 손유희 「통통통」「털보영감님」
   〈김화수 편저(1997). 유아음악교본. 서울: 학문사. p245 참조〉

5) 막대로 소리 탐색해보기
   - 막대를 준비해서 주변의 여러 가지 물건(미끄럼틀, 그네, 나무, 울타리 등)을 다양한 방법으로 두드려보게 한다.
   - 실외놀이터를 돌아다니면서 다른 소리가 날 만한 것을 찾아 함께 두드리며 놀이한다.

도서목록

월	주	주 제	제 목	글	그림	출 판 사	기타관련주제
5	1	엄마, 아빠가 좋아요	내가 아빠를 얼마나 사랑하는지 아세요?	샘 맥브래트니	아니타제람	한국프뢰벨	
			엄마, 아빠 나를 사랑해요		김희영	한국프뢰벨	
	2	엄마, 아빠를 흉내내요 I	우리집	강영수		한국프뢰벨	
			뚝딱뚝딱 집을 지어요	신지윤 신혜은	김복태	웅진출판	
	3	엄마, 아빠를 흉내내요 II	엄마를 바꿔줘요	김민영	김효순	웅진출판	
			혼자 집을 보았어요	이진수	김우선	웅진출판	
			두두네 집은 어디?	신혜은	전태림	웅진출판	
	4	할아버지, 할머니가 계세요	누가 아기토끼랑 놀아줄까요?	황성혜		한국프뢰벨	
			할머니랑 시장 구경가요!		레베카아처	크레용하우스	우리이웃
		관 련 도 서	내 것은 무엇이나 작아요	신현득 시	서은영	다섯수레	
			아빠하고 나하고	전래동요	김성민	다섯수레	우리나라
			아빠는 잠꾸러기	기무라유이치	기무라유이치	웅진닷컴	
			엄마 품은 따뜻해요	이은수	나애경	다섯수레	나
			엄마 어디 있어요?	정세민		크레용하우스	동물

그리기 · 만들기영역

엄마아빠 얼굴 꾸미기

주요경험	· 다양한 재료를 이용해 표현해 본다.
활동인원	4~5명
활동시간	5~10분
준 비 물	얼굴모양 종이, 풀, 접착 테이프, 단추, 빨대, 모양종이

활동방법	1. 테이블 위에 엄마아빠 얼굴 꾸미기를 할 수 있는 재료들을 준비해둔다. 영아가 흥미를 보이면 재료를 탐색하면서 활동한다.
	   – 여기 종이가 있구나, 동그란 모양도 있고 길고 둥근 모양도 있네.
	   – 이건 빨대구나, 여긴 단추도 있네, ○○옷에도 단추가 있구나.
	   – 여기 있는 종이에 엄마아빠 얼굴이 되도록 ○○가 눈, 코, 입을 붙여주겠니?
	
	2. 영아가 얼굴모양 종이 위에 다양한 재료로 엄마아빠 얼굴을 꾸며볼 수 있도록 언어적 자극을 주고 격려해준다.
	   – 여기 단추도 있고, 빨대도 있고, 접착 테이프도 있고, 모양종이도 있는데 어떤 걸로 눈(코, 입)을 붙이면 좋을까?
	   – ○○이는 단추로 눈을 붙였구나.
	   – ○○이는 빨대로 아빠 입을 붙여주었구나.
	
	3. 영아의 작품을 교사가 언어로 표현해본다.
	   – ○○이가 엄마아빠 얼굴에 눈 코 입을 모두 붙여 주었구나.
	     ○○이의 엄마 얼굴은 웃는 모습이구나.

참 고	· 영아가 다양한 재료로 엄마아빠 얼굴을 꾸밀 때 스스로 할 수 있도록 기다려 주고 도움을 요청할 때 도와주도록 한다.

소꿉영역

엄마아빠에게 전화하기

5월 1주

주요경험 · 엄마아빠께 전화 거는 흉내를 냄으로써 정서적 안정감을 느껴본다.

활동인원 2~3명

활동시간 5~10분

준 비 물 장난감 전화기, 핸드폰

활동방법

1. 장난감 전화기를 가지고 영아가 전화 거는 시늉을 하면 교사가 다른 전화기를 들고서 영아와 이야기 나누며 놀이한다. 이때 영아의 일상적인 생활이나 친숙한 경험에 대해 이야기 나눌 수 있다.
   - 여보세요, ○○이네 집인가요?
   - ○○이 좀 바꿔주세요.
     ○○야, 선생님인데 무얼 하고 있었니?

2. 영아가 엄마아빠에게 전화를 걸어보도록 유도한다.
   - ○○야, 엄마아빠가 뭐 하고 계신지 전화해볼까?
     ○○이 엄마세요? ○○이는 지금 잘 놀고 있어요.
   - ○○이가 전화 바꿔달래요.

3. 영아 스스로 전화할 수 있도록 격려한다.
   - 선생님이 ○○아빠에게 드릴 말씀이 있는데 전화해서 선생님 좀 바꿔줄래?
   - ○○이 아버님 ○○는 간식을 맛있게 먹고요, 친구들과 사이좋게 놀고 있어요.
     아무 걱정 마시고 계시다가 저녁에 오세요. 안녕히 계세요.

참 고
· 영아가 엄마아빠가 되어서 전화기를 들고 이야기 나누거나 친구에게 서로 전화를
걸어 이야기할 수도 있다.

탐색·조작영역

크기대로 놓아보기

5월 1주

주요경험	·이야기를 듣고 인형을 조작해본다. ·크기에 맞는 짝을 골라본다.
활동인원	2~3명
활동시간	5~10분

준 비 물 상자로 만든 침대 3개(큰 것, 중간 것, 작은 것), 이불 3개(큰 것, 중간 것, 작은 것), 곰인형 3개(큰 곰-아빠, 중간 곰-엄마, 작은 곰-아기)

〈만드는 방법〉
(재료: 부직포, 하드보드지, 헝겊, 솜)
① 아빠곰, 엄마곰, 아기곰 인형을 부직포를 이용해서 만든다. 이때 인형의 크기는 분명히 차이를 느낄 수 있도록 한다.
② 곰인형의 크기와 똑같은 크기의 상자를 3개 만들고 침대처럼 꾸민다.
③ 얇은 헝겊이나 부직포를 네모 모양으로 잘라서 3개의 각 침대 크기에 맞게 이불을 만든다.

활동방법 1. 탐색·조작영역에 미리 준비해 둔 「곰 세마리」책에 관심을 보이면 교사가 미리 준비한 곰인형을 이용해 이야기를 들려준다.
 - 무슨 곰이 가장 큰 곰이었니?
 - 아기곰은 어느 침대에서 잤니?

2. 이야기를 들으면서 영아들이 곰인형을 자유롭게 움직여보게 한다.
 - ○○이가 아빠곰을 침대에 눕혀 보려고 하는구나, 아빠곰의 제일 큰 침대는 어디 있을까?
 - ○○이가 아빠곰을 침대에 눕혀 주었구나.

참　　고 ·크기에 따라 잘못 짝지어졌다 하더라도 성급하게 틀렸다고 지적하거나 직접적으로 가르치려 하지 말고 충분히 탐색할 수 있도록 기다려준다.

비온 후 물 웅덩이 관찰하기

주요경험	· 여러 방법으로 젖은 흙의 촉감을 느껴본다. · 물웅덩이에서 놀이해보며 즐거움을 느낀다.
활동인원	3~4명
활동시간	5~10분
준 비 물	장화
활동방법	1. 영아들이 실외놀이터를 돌아다니다가 물이 고인 웅덩이를 보고 관심을 보이면 영아가 물웅덩이를 탐색할 수 있도록 도와준다. 　- 어! 어제 비가 많이 와서 여기에 물웅덩이가 생겼네. 이 속에 무엇이 있을까? 　　(나무젓가락, 모래놀이용 숟가락을 이용해 저어본다.) 2. 영아의 탐색행동을 말로 표현해 주면서 물웅덩이를 여러 가지 방법으로 탐색해 보도록 격려한다. 　- ○○이가 물웅덩이에서 걸으니까 철퍽철퍽 소리가 나는구나. 　- ○○이가 물웅덩이에서 쿵쿵 뛰니까 흙탕물이 튀어오르네. 3. 물웅덩이에서 즐겁게 탐색한 후 변한 물웅덩이 모습을 이야기해 준다. 　- 우리가 물웅덩이에서 첨벙거리고 놀고 나니까 물웅덩이의 물이 줄었구나. 　　물이 옆으로 튀었구나.

참 고 · 놀이 후 깨끗이 씻도록 하고 수건을 준비해 잘 닦아준다. 옷에 물이 튀므로 주의하고,
사전에 비옷을 입고 놀이할 수도 있다.

소꿉영역

아기 돌보기

주요경험
· 아기를 돌보는 상상놀이를 경험해 본다.
· 엄마 · 아빠의 역할을 모방하며 즐거움을 느낀다.

활동인원 2~3명

활동시간 5~10분

준 비 물 아기인형 우유병, 영아용 포대기, 유모차

활동방법
1. 아기인형, 우유병 포대기와 같은 아기 돌보기에 사용될 수 있는 소품을 준비한다.
영아가 이러한 소품들을 가지고 놀이할 때 교사가 이야기한다.
- 아기가 있구나, 그런데 아기 엄마가 어디있지?
- ○○이가 엄마(아빠)가 되어줄래?

2. 영아의 아기인형을 돌보아 주는 행동(업어 주기, 재우기, 우유먹이기 등)에 대해서 적절히 반응해 주고 엄마 · 아빠의 다양한 모습을 흉내낼 수 있도록 언어적 자극을 해준다.
- (포대기를 사용하고자 할 때) ○○이 엄마가 업어 주면 아기가 좋아하겠구나,
- (우유병을 들면) 아기가 배가 고픈 가 봐, 우유를 먹여 줄까?
- 그런데 아기가 우네, ○○아빠가 유모차를 태워주면 어떨까?

참　고

· 아기 돌보기 놀이를 하면서 엄마·아빠의 또 다른 역할(요리하기, 음식상 차리기, 시장 다녀 오기 등)을 흉내내 본다.
· 아기 돌보기와 관련된 사진이나 그림 등을 제시해 준다.

엄마아빠 물건 연결해 보기

주요경험	· 엄마 · 아빠가 사용하는 물건을 알아 본다.
활동인원	2~3명
활동시간	5~10분
준 비 물	match board

〈만드는 방법〉

(재료: 나무판 또는 하드보드지, 다양한 색 줄, 엄마 · 아빠가 사용하는 물건모형,

　　　엄마 · 아빠 얼굴 모형 3개씩)

① 나무판 또는 하드보드지에 12개의 구멍을 뚫는다.

② 엄마(아빠)얼굴, 엄마(아빠)가 사용하는 물건이 따라서 올라갈 수 있도록 줄로 연결한다.

활동방법

1. 영아가 match board에 관심을 보이면 영아가 스스로 match board를 탐색할 수 있도록 도와준다.

   - 여기 엄마 · 아빠얼굴이 있네, 구두도 있고, 옷도 있고, 립스틱도 있구나,

   - ○○이가 엄마얼굴을 잡아당기니까 구두가 줄을 따라서 올라가네,

2. 영아가 줄을 잡아당겼을때 움직이는 것에 대해 이야기 하면서 엄마 · 아빠의 물건을 찾아본다.

   - 아빠얼굴을 잡아당겨 보자, 무엇이 움직이나 잘 살펴보자,

   - 검은 구두가 구멍있는 곳으로 움직이네, 이건 누가 신는 구두일까?

3. 줄을 잡아당기기가 익숙해지면 영아가 물건을 잡아 당길 때 누구의 얼굴이 따라 올라가는지 추측해 보도록 유도 한다.

   - ◇◇가 핸드백을 잡아당기면 누구 얼굴이 따라 움직일까? 그래 엄마가 움직이는구나,

     핸드백은 엄마가 쓰시는 물건이구나,

참　　고 · match board를 만들 때 줄색깔을 다양하게 하여 줄색깔로도 단서를 삼을 수 있게 해 줄 수 있다.

쌓기 · 대근육 · 음률영역

꽃길 통과하기

5월 2주

주요경험	· 꽃길을 지나가면서 다양한 소리와 느낌을 경험해본다. · 대근육 발달과 신체조절능력을 기른다.
활동인원	4~5명
활동시간	5~10분
준 비 물	꽃길

〈만드는 방법〉

(재료: 영아들이 몸을 숙여 통과할 수 있는 정도의 높이와 넓이의 큰 상자,
시트지(연두,초록), 방울(5봉지), 꽃(6봉지), 아세테이트지, 낚시줄, 천)

① 상자 전체를 시트지로 싼다.

② 상자의 윗부분에 구멍을 뚫는다.

③ 아세테이트지(2×100cm)에 꽃잎과 방울을 끼우고 묶는다.

④ 2번 틀의 윗부분에 3을 화살표 방향으로 끼워 위에서 높이를 조절해 묶는다.

⑤ 윗부분은 천으로 씌운다.

활동방법

1. 영아가 꽃 길에 관심을 보이며 꽃길 속에 들어가면 교사가 영아의 행동에 대해 이야기 해 준다.

   - ○○가 꽃길 속에 들어갔구나

   - ○○가 꽃을 손으로 치니까 방울소리가 나네.

2. 다양한 방법으로 꽃길을 통과할 수 있도록 자극해 주고 영아가 보이는 행동을 말로 표현해 주면서 격려한다.

   - ○○가 꽃길 속을 기어서 지나갈 수 있구나, 거북이 같네.

   - 꽃길을 지날 때 방울소리가 나네, 몸이 방울에 닿아서 소리가 나는 구나.

   - ○○가 꽃길을 지나오니까 몸에서 꽃 냄새가 나는 것 같네.

   - 까꿍! ○○가 기어서 나왔구나, 선생님이 여기 있었네.

   - 느린 걸음으로 통과해 보자, 납작하게 엎드려 지나가 보자.

비누방울 잡기

주요경험	·움직이는 비누방울을 쫓아 다니며 즐거운 경험을 한다. ·대근육을 사용해 움직여 본다.
활동인원	5~7명
활동시간	5~10분

준 비 물 비누방울액, 비누방울을 불 수 있는 막대

〈만드는 방법〉
(재료: 비누방울-주방세제, 글리세린, 물, 설탕, 비누방울막대-모루, 아크릴 막대)
① 비누방울: 주방세제(2/1컵), 글리세린(1/4컵), 물(1/2컵), 설탕 조금씩을 잘 섞어서 비누방울 용액을 만든다.
② 비누방울 불기 막대: 모루를 동그랗게 만든 후 모루 끝을 불에 달구어 아크릴 둥근 막대 끝에 꽂는다. 모루와 아크릴 막대의 연결부분을 끈으로 고정시킨다. 모루에 달린 털을 가위로 자른다.

활동방법
1. 영아들이 실외에서 놀이할 때 비누방울을 불어준다. 비누방울을 높이 불어서 팔을 뻗거나 뛰어올라 터뜨리게 하거나 낮게 불어서 허리를 굽혀 잡아 볼 수 있도록 한다.

2. 영아가 비누방울을 쫓아 다니며 놀이할 수 있도록 여러 방향으로 비누방울을 불어준다.
   - 바람이 비누방울을 날아가게 하는구나, ○○야, 저기 비누방울이 날아간다,
   - ○○가 비누방울을 잡았구나, ○○이가 비누방울을 잡으니까 비누방울이 터졌네,

3. 비누방울을 불어주면서 영아가 비누방울 모양이나 크기 등에 관심을 가질 수 있도록 이해 준다.
   - 이 비누방울은 어떤 모양으로 생겼니?
   - 동그랗구나, 저기 아주 큰 비누방울이 날아가네, 비누방울을 좀 들여다봐, 속이 다 보이네,
   - 비누방울이 나무에 닿으니 펑 하고 터져버렸네,

참 고 ·영아들이 비누방울을 조심스럽게 불어 볼 수 있도록 몇 개의 용기와 비누방울을 불 수 있는 막대를 준비한다.

기본생활습관

놀잇감 치우기

5월 2주

주요경험	・놀잇감을 밑그림에 맞춰 정리해 본다.
활동인원	2~7명
활동시간	3~5분

활동방법

1. 치우는 시간 5분전 쯤에 곧 교실놀이가 끝나고 이동할 것 임을 말해준다.
   - 이제 조금 있으면 놀잇감을 치우고 바깥놀이를 나갈 거야, ○○가 하던 놀이를 마무리 하도록 하자,

2. 치우는 시간 노래를 불러 주고, 놀이실을 깨끗이 치워 주자고 한다.
   - 모두 제자리 모두 제자리 모두 모두 제자리 ~ , 이제 놀잇감을 치우는 시간이예요, 놀잇감을 제자리에 정리하도록 하자,

3. 갖고 놀았던 놀잇감의 제자리가 어디인지 밑그림을 보고 찾아 놓도록 돕는다.
   - ○○가 가지고 놀았던 퍼즐은 어디에 놓아야 할까? 그래 여기 퍼즐 사진이 있구나, ○○가 퍼즐 자리를 잘 알고 있구나,

참　고

・놀잇감을 치우기 전에 너무 많은 놀잇감이 어질러 있으면 영아들이 정리하는 것에 엄두가 나지 않을 수 있다. 교사는 놀이 중간 중간에 적당히 놀잇감을 치워주도록 한다.

그리기·만들기영역

시장바구니 꾸미기

주요경험	·자유롭게 꾸미면서 즐거움을 느낀다. ·우유곽을 새로운 방법으로 사용해 본다.
활동인원	4~5명
활동시간	5~10분
준 비 물	빈 우유상자, 모루, 스티커, 모양종이, 풀

활동방법

1. 영아가 준비한 재료에 관심을 보이면 교사도 함께 재료를 탐색하면서 상호작용해 준다.
   - 여기 우유상자가 있네, 우유상자 속에 물건을 넣을 수도 있네,

2. 영아들에게 시장바구니를 만들어 보도록 제안하며 스티커, 모양종이 등을 제공하여 꾸며 보도록 한다.
   - 이 우유상자로 사과도 담고 오이도 담을 수 있는 시장 바구니를 만들어 볼까?
   - 스티커와 모양종이를 붙여 멋진 시장바구니를 만들자,
   - ○○이는 별 스티커를 많이 붙였구나, 노란 색종이로 붙였구나,

3. 바구니 꾸미기가 끝난 영아들에게는 교사가 모루를 연결해서 시장바구니의 끈을 만들어 준다.
   - ○○이가 꾸민 우유 상자에 여기 이렇게 구멍이 있네, 모루끈을 이렇게 구멍에 넣어서 연결하면 시장바구니 손잡이가 되는 거야,
   - ○○이도 해 볼까? 손잡이를 만드니까 시장바구니가 되었네,

참　고 · 시장바구니를 만든 후 시장 보러 가는 놀이로 연계하여 활동할 수 있다.

소꿉영역

화장하기

주요경험	·화장하는 모습을 상상하며 흉내내 본다.
활동인원	2~3명
활동시간	5~10분
준 비 물	다 쓰고난 빈 화장품통 (스킨, 로션, 립스틱, 파우더 등)

활동방법 1. 영아용 화장대에 화장놀이를 위한 소품들을 준비해 둔다.
    영아가 이러한 소품들에 관심을 보일 때 다가가서 이야기를 나눈다.
    - 여기 로션도 있고 립스틱도 있네, ○○아 이건 누가 쓰는 물건일까?
    - 립스틱은 입술에 바르는 것이구나, 분첩에는 거울이 있네, 거울 속에 ○○얼굴이 보이네,

  2. 영아가 소품들을 가지고 자유롭게 놀이하도록 언어적 자극을 해 주고 영아의 행동을
    말로 표현해 준다.
    - ○○이는 엄마가 화장하는 모습을 본 적이 있니?
    - 엄마는 어떻게 화장을 하시니? 분첩을 두드려 얼굴에 바르는구나,
    - ○○이가 화장대에 앉아서 엄마처럼 화장을 하고 있구나, ○○이 얼굴이 예뻐졌네,

참   고 ·놀이 시 영아가 무엇을 하고 있는지 물어보고 때때로 놀이를 유도하는 반응을 해주어
    영아가 놀이를 즐길 수 있도록 한다.

두두네 집은 어디?

주요경험	·인형을 이용한 동화를 들어 본다.
활동인원	4~5명
활동시간	5~10분

5월 3주

준 비 물　동물인형을 조작할 수 있는 테이블 동물인형
(두두, 캥거루 아줌마, 악어 아저씨, 오리 할아버지, 강아지, 곰아저씨, 두더지)

〈만드는 방법〉
(재료: 천, 솜, 하드보드지, 시트지, 우유상자, 필름통)
① 그림책을 보고 동물인형을 천이나 부직포를 이용해서 얼굴을 만든후 필름통으로 몸통을 만든다.
② 하드보드지와 시트지를 이용해 테이블을 만든다.
③ 테이블위에 우유상자를 이용해서 집을 만들어 붙인다.

활동방법　1. 책보기 영역에 미리 준비해 둔 인형들에 영아가 관심을 보이면 교사가 소품을 이용하여 동화를 들려준다.

〈두두네 집은 어디?〉　　　　　　　〈두두네 집은 어디? 글/신혜은, 웅진출판 . 참조〉
여기가 두두네 집인가? 캥거루 아줌마네 집이구나, 여기가 두두네 집인가? 이크 악어아저씨네 집이구나, 여기가 두두네 집인가? 오리 할아버지네 집이구나, 여기가 두두네 집인가? 강아지네 집이구나, 여기가 두두네 집인가? 곰 아저씨네 집이구나, 어휴, 힘들어 이번엔 틀림없겠지, 이집은 아무도 없네, 여기도 아닌가? 드디어 두두네 집을 찾았다!, 내 새 구두 어때? 예쁘지?

2. 이야기를 들려준 후 영아가 동화의 내용이나 주인공에 대해서 다시 생각해 볼 수 있도록 인형을 움직이며 질문을 해 본다.
- 여기가 두두네 집인가?
- 여긴 누구네 집일까?

3. 영아들이 인형을 움직여 보며 혼자서 이야기를 꾸며볼 수 있도록 한다.
- ○○이가 두더지 인형으로 이야기 해 볼 수 있겠니? ○○이가 이야기를 잘 알고 있구나,

소꿉영역

할아버지 · 할머니 집에 놀러가기

5월 4주

주요경험	· 할아버지 · 할머니 가족의 역할을 상상해 보고 인형으로 흉내내 본다. · 할아버지 · 할머니께 친밀감을 갖는다.
활동인원	3~4명
활동시간	5~10분
준 비 물	봉제인형 또는 나무인형, 천조각
활동방법	1. 소꿉영역에 작은 봉제인형이나 나무인형 등을 바구니에 담아 놓는다. 영아가 인형놀이를 하고 있을 때 교사도 관심을 보이며 함께 참여한다. – ○○는 아기를 업어 주고 있구나. – 엄마가 아기에게 맛있는 음식을 만들어 줄까? 2. 진행되고 있는 영아의 놀이 상황을 고려하며 할아버지 댁에 놀러 가는 놀이를 제안해 본다. 필요한 경우 교사도 한 역할을 맡아 영아들의 놀이에 모델링을 해 준다. – (아기인형을 들고서 엄마인형을 갖고 있는 영아에게) 엄마 할아버지 집에 놀러 가고 싶어요. – (엄마 인형을 들고) ○○야 할아버지 집에 아빠랑 놀러 갈까? 3. 할아버지 집에 놀러가서 이루어지는 상황을 가상하며 놀이해 본다. 이 때 소꿉 그릇같 은 소품들을 이용하여 놀이해본다. – ○○이가 왔구나. 할머니는 ○○이가 와서 너무 기쁘다. 맛있는 것 해 줄 테니 기다리거라.

간식 목걸이 만들기

주요경험	· 소근육을 사용하여 끈을 끼워 본다. · 간식을 새로운 방법으로 준비하고 먹으면서 즐거움을 느낀다.
활동인원	2~3명
활동시간	5~10분
준 비 물	구멍 뚫린 과자나 시리얼, 가는 끈
활동방법	1. 시리얼이나 구멍이 뚫린 과자, 가는 끈을 준비해 주고, 영아가 준비한 재료에 관심을 보이면 함께 재료를 탐색해 본다. 　- 여기 구멍 뚫린 과자가 있구나, ○○가 먹어 볼까? 　　무슨 맛이 나니? 고소한 맛이구나. 2. 충분히 탐색한 후 무엇을 할 것인지 이야기하며 시리얼 꿰는 방법을 알려 준다. 　(한쪽 끝에 매듭을 지어 시리얼이 빠져 나가지 못하게 한다) 　- 여기 구멍에 끈을 꿰어 간식 목걸이를 만들어 볼거야. 　　○○이가 끈에 과자를 끼울 수 있겠니? 　- ○○이가 하나, 둘, 셋... 과자를 혼자서도 잘 끼우는구나, 점점 더 과자가 많이 끼워지네 3. 다 만들어진 간식 목걸이를 목에 걸어보기도 하고 따 먹어 보기도 해 본다. 　- 목에 걸어보자, 정말 예쁜 목걸이가 되었구나. 　- 하나씩 따서 먹어 보자, 갈색과자를 땄구나, 맛이 어떠니? 　- 선생님과 친구들에게 나눠 주자. 　- 이제 다 따먹고 두 개만 남았네.
참 고	· 끈이 너무 가늘어 힘이 없으면 끼우기가 어려우므로 적당한 굵기의 끈을 준비해 준다. · 활동을 시작하기 전에 손을 씻는다.

쌓기 · 대근육 · 음률영역

종이벽돌 블록 도미노

5월 4주

주요경험	• 종이벽돌 블록이 차례대로 넘어지는 모습을 보며 즐긴다.
활동인원	3~4명
활동시간	5~10분
준 비 물	종이벽돌 블록 큰 것 5~10개

활동방법

1. 영아들이 종이벽돌 블록을 가지고 늘어놓거나 쌓기를 하며 놀이할 때 활동을 제안한다.
   - (세로로 종이벽돌을 세워 보이며) 종이벽돌을 이렇게 세울 수도 있구나.
     키가 더 높아졌네. ○○이도 이렇게 세울 수 있을까?

2. 영아가 세운 벽돌 앞뒤에 일정한 간격을 두고 나란히 벽돌을 더 세워 본다.
   영아가 쓰러뜨리지 않고 세울 수 있을 만큼 교사와 영아가 함께 세워 본다.
   - ○○이가 한개, 두개, 세개, 네개, 다섯개를 쓰러뜨리지 않고 세웠구나.

3. 한쪽 끝의 벽돌을 건드려 넘어 뜨리고 어떤 일이 일어나는지 살펴본다.
   - 선생님이 이 쪽 제일 끝의 벽돌 한개를 건드려 볼게. 어떻게 될까?
   - 와! 벽돌이 넘어지면서 옆의 벽돌들이 모두 차례로 쓰러지는구나.

4. 영아가 벽돌을 세워 보도록 옆에서 도와주면서 영아로 하여금 쓰러뜨려 보게 한다.
   - ○○이가 이번엔 벽돌을 쓰러뜨려 보겠니?
   - 다시 벽돌을 세워야겠구나. 하나 둘 셋... 이번엔 더 길게 세워서 넘어뜨려 볼까?

참 고

• 영아들은 벽돌을 세우기 과정보다 벽돌이 쓰러지는 모습에 더 즐거워 할 것이다.
  벽돌을 세우는 과정에서 교사가 적절히 도움을 줄 수 있도록 한다.

붓으로 물감 묻혀 그리기

주요경험	· 물감그림의 특성을 느껴본다. · 붓으로 끄적이면서 즐거움을 느낀다.
활동인원	2~5명
활동시간	5~10분
준 비 물	물감통, 굵기가 굵은 붓, 이젤이나 벽에 붙여놓을 커다란 종이
활동방법	1. 실외놀이터의 한 벽면이나 이젤에 종이를 붙여놓고 물감통과 붓을 준비해둔다. 　영아가 관심을 보이면 붓에 물감을 묻혀 종이에 갖다대어 보거나 이리저리 붓을 움직이며 끄적거리며 충분히 탐색하도록 언어적으로 돕는다. 　- ○○가 붓에 물감을 묻혀 종이에 대어보았구나, 노란 물감이 넓게 칠해졌네, 　　여기 물감이 쭉 흘러내리는구나, 2. 영아들이 자유롭게 표현할 때 구체적 언어로 묘사해주어 영아들의 표현을 도와준다. 　- ○○가 파란색 물감을 많이 찍었구나, 큰 점이 많이 생겼네, 　- ○○가 옆으로 길게 칠했구나, 물감이 비처럼 흘러내리네, 　- 여기 구멍이 생겼구나, ○○가 한 곳에만 물감을 칠하니까 구멍이 생기는구나, 　- 노란색 물감과 파란색 물감을 섞으니까 다른 색이 되었구나,
참　　고	· 물감의 농도를 조절하여 주는 것이 중요한데 처음에는 약간 되직한 것이 좋으며, 선명한 색이 표현 될 수 있도록 삼원색을 중심으로 사용하는 것이 좋다. · 물감을 사용하는 작업은 많은 종이가 필요하므로 달력종이나 시험지 등을 모아 사용하고 자주 종이를 갈아 준다. · 붓 대신에 공기매트로 만든 장갑을 끼고 물감을 묻혀서 찍어보고 문질러보는 활동으로 변형해 볼 수 있다. 공기매트 장갑은 공기매트를 영아의 손 크기에 맞춰 직사각형으로 제작하여 손이 들어가는 부분을 제외하고 3면을 글루건으로 붙여서 만든다.

주제　동물

실시기간 : 6월 1주 ~ 7월 1주

▶▶ 전개방법

　영아는 주변에서 흔히 볼 수 있는 개, 고양이, 달팽이, 나비, 새와 같은 동물에 관심과 흥미가 많으며 어느 정도 친숙하게 인식하고 있으므로 다양한 동물의 움직임과 소리 등에 관심을 갖고 표현해보게 하여 신체·인지·정서 발달을 도와주기 위해 「동물」이라는 주제를 선정하였다.

　본 주제에서는 영아가 갖고 있는 동물에 대한 관심을 토대로 주변생활에서 흔히 접할 수 있는 동물들과 동물원 동물들의 사진·인형·그림·비디오 자료 등을 제공하고 '동물 꼬리 달고 다니기', '빨랫 집게로 동물 꾸미기' 등과 같은 교사가 직접 제작한 창의적인 교구들을 제시하여 준다. 이를 통해 영아가 동물들의 독특한 생김새와 움직임, 소리에 대해 흥미를 가지며 여러 가지의 오감을 통해 다양한 경험을 할 수 있다.

　「동물」주제에서는 동물의 정확한 명칭을 바르게 이야기하고 동물을 사랑하고 보살피는 행동을 교사를 통해 보고 경험하게 하며 움직임을 흉내내보는 등의 다양한 표현활동을 함으로써 동물이란 살아서 움직이는 생명체임을 알게 하고 좀더 나아가 동물을 사랑하는 마음씨를 갖게 하고자 한다.

　영아에게 좀더 직접적인 경험을 제공하기 위해 어린이집에서 직접 동물을 길러보며 먹이주기 등과 같은 보살피기를 직접 경험하게 하거나 동물원 견학을 하는 것이 주제를 전개하는 데 많은 도움이 된다. 어린이집에서 동물을 사육하기 어려울 경우에는 각 가정의 도움을 받아 기르고 있는 동물들을 잠시 데려와 관찰할 수 있도록 하거나 가정과 연계하여 각 가정에서 휴일을 이용해 가족들이 동물원에 함께 나가봄으로써 동물에 대한 흥미를 지속적으로 갖고 놀이에 참여하도록 도와주는 것이 필요하다.

▶▶ 환경구성

	그리기 · 만들기영역	소꿉영역	책보기영역	탐색 · 조작영역	쌓기 · 대근육 · 음률영역
실 내	· 나무젓가락 · 색도화지 · 동물 모양 도화지 · 잡지 · 신문지 · 크레파스 · 색연필 · 유성매직 · 풀 · 가위 · 동물 도장 · 물감 · 물감 접시 · 솜 · 사인펜 · 동물 가면 · 두꺼운 도화지 · 스티커 · 동물 컷그림 · 종이 머리띠 · 프로타주용 동물 · 체 · 칫솔 · 색종이 · 조각 시트지	· 화장품류 · 거울 · 빗 · 역할 의상 · 소꿉그릇 · 모형 음식 · 구두 · 옷걸이 · 가방 · 동물인형 · 1인용 돗자리 · 도시락통 · 밀가루 반죽 · 동물 퍼펫 · 자동차류 · 미용실 놀이 세트 · 작은 욕조 · 스펀지 · 비누모형 · 병원놀이 세트	· 막대인형놀이 : 세 마리 염소 · 그림책 「동물원에 가요」 「강아지 똥」 「넌 누구니?」 「실물크기1 · 2 · 3」 「병아리」 「송아지」 「누구하고 사니」 「아기비둘기」 「아기새 엄마새」 「어흥 누구게①, ②」 「엄마소가 음매애」 「부엉이가 부엉부엉」 「강아지는 멍멍」 「토끼와 거북이」 「오리는 뒤뚱뒤뚱」 「폴짝폴짝 메롱」 「물개처럼 헤엄쳐요」 「누가 내 머리에 똥쌌어」 「동물 친구들」 「미운 아기오리」 「동물의 나라」 「뭐가 들었지?」 · 녹음기, 동물 소리 테이프, 융판 · 동물 비디오 테이프 · 텔레비전 · 부분 보고 전체 알아 맞히기 · 동물 수수께끼 · 동물 사진 카드	· 우유곽 기차 · 비밀상자 · 엄마 캥거루 주머니 · 어미동물, 아기동물 짝짓기 퍼즐 · 로봇 비밀상자 · 빨랫집게로 동물 꾸미기 · 셀로판 탐색대 · 애벌레 연결하기 · 동물 꼭지 퍼즐 · 나는 누구일까요 (촉감놀이) · 금붕어, 거북이 관찰 · 부직포 동물 모양 실꿰기 · 요리:식빵, 딸기쨈, 숟가락, 접시, 요리순서표	· 팥주머니 · 하마모양 상자 · 동물원 레고 블록 · 큰 와플 블록 · 스펀지 블록 · 종이벽돌 블록 · 재능 블록 · 나무 블록 · 모형 동물꼬리 · 바구니 · 방석 · 수건 · 굵은 줄 · 동물 모형옷 · 동물 발자국 · 녹음기 · 음률 테이프 · 실로폰 · 북 · 마라카스 · 스카프 · 오색 술 · 케스터네스 · 리본막대
실 외	· 체 · 색테이프 · 공 · 볼링놀이 세트 · 깡통 · 리본 막대 · 트램블린 · 모래놀이용 도구		· 리본테이프 · 줄 · 탈것	· 셀로판 창문 · 홀라후프 · 빗자루	· 뱀꼬리 · 영아용 우산 · 물뿌리개

주간보육계획안

소주제 : **여러 가지 동물이 있어요**   실시 기간 : **6월 1주**

다루어질 내용 : 여러 가지 동물의 이름과 생김새에 친숙해진다.

구분		주 간 활 동
등원 및 맞이하기		· 새로운 장난감 찾아보기
실내자유놀이	그리기 · 만들기 영역	◎ 염소 막대인형 만들기 · 동물도장 찍기 · 잡지에서 오린 동물 사진 풀로 붙여보기
	소꿉영역	· 동물원 꾸미기 · 동물인형에게 먹이주기 · 밀가루 반죽에 동물 모양 찍기
	책보기영역	· 동물막대놀이-세 마리 염소 [1] ◎ 동물 이름 이야기해 보기 · 동화책「동물원에 가요」「강아지 똥」「넌 누구니?」
	탐색 · 조작영역	· 동물 기차에 태워주기 · 비밀상자 [2]
	쌓기 · 대근육 · 음률영역	· 하마 먹이주기(팥주머니 던지기) · 레고로 자동차 만들어 동물 인형 태워주기 · 와플 블록으로 동물집 짓기 ◎ 동물 꼬리 달고 다니기 · 발자국 따라가기
전이활동		· 노래「동물농장」「산중호걸」 [3]
실외자유놀이		◎ 고운 모래 만들기 · 다양한 방법으로 걷기 · 나뭇가지에 매달린 공치기 [4]
점심 및 낮잠		· 식사 중에 작은 소리로 이야기 나누기 · 옆에 자고 있는 친구 만지지 않기
기본생활습관		· 혼자서 화장실 다녀오기 · 자기 주변 정리하기

교육활동참고

1) 동물막대놀이- 세마리 염소:노르웨이 민담/ 이스뵤론센과 요르겐 모 글

몸이 빼빼 마른 염소 세 마리가 있었어요. 맛있는 풀을 먹고 살이 찌고 싶어 산에 올라갔어요.

흔들흔들 흔들이 나무 다리를 만났어요. 다리 밑에는 무서운 마귀가 살고 있었어요. 눈 앞이 빙빙 돌았어요. 막내동생이 제일 먼저 건너갔어요. 다리가 삐그덕삐그덕 이리저리 흔들렸어요.

"누구냐? 내 다리를 삐그덕거리는 놈이? 네 놈을 한 입에 먹어치울 거다!" 마귀가 나타났어요

"살려 주세요! 조금만 기다리면 나보다 더 큰 염소가 건너올 거예요!"

"좋아, 그럼 어서 가 버려!"

"이번엔 내가 갈게."둘째가 건너갔어요. 다리가 삐그덕삐그덕 이리저리 흔들렸어요.

"누구냐? 내 다리를 삐그덕거리는 놈이?"

"나야, 나 둘째 염소야."

"이놈! 한 입에 삼켜줄 테다!"

"아, 살려 줘요! 조금만 있으면 나보다 더 큰 염소가 건너올 거예요."

"그래? 그럼 어서 가 버려!"제일 큰 첫째 염소가 다리를 건너왔어요. 두글두글두글, 삐그덕삐그덕, 쿵딱쿵딱.

"어떤 놈이냐?"

"나다, 제일 큰 첫째 염소다!"첫째 염소의 목소리는 쩌렁쩌렁 메아리쳐 들려왔어요.

"한 입에 삼켜 주겠다." "뭐야? 이 뿔이 안 보이냐? 콱 받아서 가루를 만들어 놓을 테다."

첫째 염소는 마귀를 뿔로 '쿵' 하고 받았어요.

"으아악!" 마귀는 조각조각이 나서 강에 풍덩풍덩 빠져 버렸어요.

"어서 가자!" 세 마리의 염소는 '음매애애-' 웃으며 산으로 올라갔어요.

세 마리의 염소는 맛있는 풀을 실컷 먹었어요. 살이 통통 쪄서 뚱뚱이가 되었어요.

얼마나 뚱뚱한지 끙끙대며 집으로 돌아갔어요.

2) 비밀상자 (감각놀이)

- 속이 보이지 않는 상자에 다양한 질감의 천으로 만든 ○, △, □, ☆모양의 감각놀이 소품을 넣고 손을 넣어 촉감놀이를 한다.

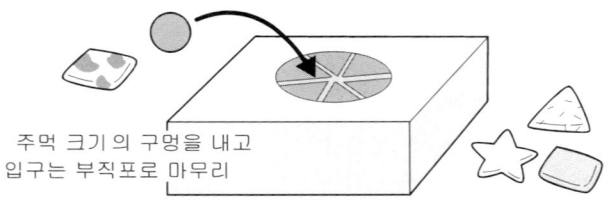

주먹 크기의 구멍을 내고
입구는 부직포로 마무리

3) 노래 「동물농장」, 「산중호걸」

- 동물농장: 〈세마치 동요동산, 인터넷 사이트에서 노래찾기 참조(http://semachi.ms98.net)〉
- 산중호걸: 〈유치원 동요, 세광출판사, 1995, p.192 참조〉

4) 나뭇가지에 매달린 공치기

- 크기가 다른 탱탱볼, 소리나는 방울공, 신문지공을 나뭇가지에 높낮이가 다르게 다양한 길이로 달아주고 손이나 발을 이용해 쳐보도록 한다.

주간보육계획안

소주제 : 엄마 · 아기동물이 있어요.　　　　　　　　　**실시 기간 : 6월 2주**

다루어질 내용 : 엄마동물과 아기동물의 차이점과 공통점에 관심을 가진다.

구분		주 간 활 동
등원 및 맞이하기		· 동물인형으로 반갑게 맞이하기
실내자유놀이	그리기 · 만들기 영역	· 동물 모양종이에 사인펜으로 그리기 · 동물 가면 만들기 ◎ 모양 모빌 만들기
	소꿉영역	· 동물원으로 소풍가는 놀이 · 동물 손인형 놀이
	책보기영역	· 그림책 「병아리」 「송아지」 「누구하고 사니」 「아기비둘기」 「아기새 엄마새」 · 동물 수수께끼 1)
	탐색 · 조작영역	· 엄마 캥거루 주머니 2) · 어미동물, 아기동물 짝짓기 퍼즐 ◎ 요리: 잼 샌드위치 만들기 · 애벌레 연결하기 3)
	쌓기 · 대근육 · 음률영역	· 동물원 꾸미기 · 노래 「엄마돼지」, 「아기돼지」 ◎ 동물집 만들어 주기 ◎ 동작활동: 무거운 동물, 가벼운 동물
전이활동		· 손유희 「곰 세 마리」, 「코끼리와 거미줄」 · 캥거루 뜀뛰기 4)
실외자유놀이		· 나뭇가지에 매달린 물체 탐색하기(방울, 은박지, 리본테잎 등) 5) · 실외에서 풍경소리 들으며 동화책 보기 ◎ 색깔있는 창문으로 바깥보기
점심 및 낮잠		· 자기 베개, 이불 찾아보기 · 자고 일어나서 조용히 화장실 다녀오기
기본생활습관		· '고마워', '미안해' 하고 적절하게 말하기 · 친구와 큰 장난감 함께 정리하기

교육활동참고

1) 동물 수수께끼
   - 하드보드지로 제작된 삼각대에 동물 사진을 늘어뜨린 끈에 부착한 후 동물이 보이지 않도록 삼각대 앞면에 숲모양의 공간을 만들어주고 동물을 숨긴다. 교사는 영아들에게 동물의 특징을 이야기해주고 어떤 동물이 숨어 있는지 알아맞혀 보도록 유도한다.

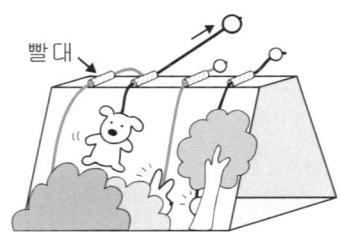

2) 엄마 캥거루 주머니
   - 부직포로 엄마 캥거루 모양을 만들고 아기 주머니 부분은 두 겹으로 만들어 주머니가 될 수 있도록 제작한다. 코팅된 다양한 동물 사진을 주머니 안에 넣고 동물 모습의 일부분만 보여주고 그 동물의 이름을 이야기해보도록 한다.

3) 애벌레 연결하기
   - 타원 모양으로 부직포를 여러 개 오린 후 두 겹씩 박고 단추, 호크, 똑딱단추 등을 이용해 타원 모양이 계속 연결할 수 있도록 제작하여 놀이할 수 있도록 한다.

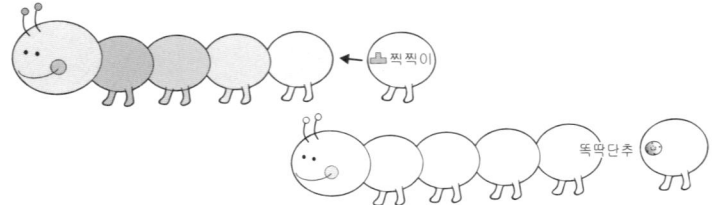

4) 캥거루 뜀뛰기
   - 사전에 캥거루가 뛰는 모습이 담긴 사진이나 VTR을 보여준 후 영아들과 뛰는 모습에 대해 이야기를 나눈다. 교사가 시범을 보이거나 설명을 통해 캥거루처럼 뛰어 멀지 않은 반환점을 돌아오도록 해본다.

5) 나뭇가지에 매달린 물체 탐색하기(방울, 은박지, 리본테잎 등)
   - 다양한 재료를 끈을 이용해 실외 나뭇가지에 달아두고 바람이 불거나 손으로 움직여보아 재료에서 독특하게 나는 소리와 움직이는 모양에 대해 이야기해보도록 한다.

주간보육계획안

소주제 : 동물처럼 소리를 내보아요　　　　　　　　　　　**실시 기간 : 6월 3주**

다루어질 내용 : 다양한 동물 소리에 관심을 갖고 흉내내본다.

구분		주 간 활 동
등원 및 맞이하기		· 부모님께 '다녀오세요' 하고 인사하기
실내자유놀이	그리기 · 만들기 영역	· 동물 모양 종이에 스티커 붙여보기 · 동물 시이소 만들기 1)
	소꿉영역	· 동물 인형으로 동물 소리 흉내내보기 · 동물 인형으로 가족놀이
	책보기영역	· 그림동화「어흥 누구게 ①②」「엄마소가 음매애」「부엉이가 부엉 부엉」「강아지는 멍멍」 ◎ 누구의 소리일까요? · 동물 그림카드 보고 이름 말해보기/ 소리 흉내내보기
	탐색 · 조작영역	◎ 빨랫집게로 동물 꾸미기 · 셀로판 탐색대 2)
	쌓기 · 대근육 · 음률영역	· 종이벽돌로 동물집 만들기 · 뱀과 개구리 되어보기 3) ◎ 음악활동: 동물들의 하품
전이활동		· 손유희「기린이랑 사슴이랑」 · 노래「작은 동물원」「동물 흉내」4)
실외자유놀이		· 게임-뱀꼬리 잡기 5) ◎ 깡통 굴리기 · 볼링놀이 · 동물 노래에 맞춰 리본춤 추기
점심 및 낮잠		· 식사 전후에 '잘 먹겠습니다', '잘 먹었습니다' 이야기해보기 · 반찬 골고루 먹기
기본생활습관		· 자기 물건 사물함에 넣어 보관하기 ◎ 바깥놀이 후 비누로 손씻기

교육활동참고

1) 동물 시이소 만들기
· 두꺼운 도화지로 지름13㎝인 둥근 원을 오린 후 반을 접고 미리 준비한 동물 그림이나 잡지에서 오린 동물 사진을 붙여 동물 시소를 제작한다.
· 둥근 원에 영아들이 사인펜으로 그림을 그리거나 스티커를 제공하여 꾸며 보게 한다.

2) 셀로판 탐색대
· 셀로판지를 코팅한 후 두꺼운 색지를 이용해 테두리를 만든다.
· 셀로판지 하나를 선택하여 눈에 대고 창 밖을 보거나 여러 개를 겹쳐보며 다양한 색깔놀이를 즐긴다.

3) 뱀과 개구리 되어보기
· VTR을 이용해 뱀의 움직임과 개구리의 움직임을 보여주어 관심을 갖도록 한다. 또는 굵은 줄을 이용해 뱀의 움직임을 보여주고 교사의 시범을 통해 개구리의 모습을 표현해보도록 한다.
· 활동시「나처럼 해봐라」노래를 불러주어 놀이에 흥미를 갖고 참여하도록 유도한다.

4)「작은 동물원」
〈김성균(1996). 유아음악교육 프로그램. 국민서관. p.30 참조〉

「동물 흉내」

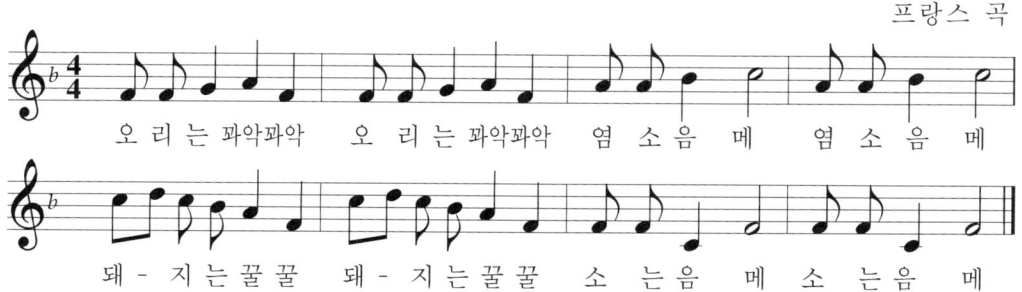

5) 게임: 뱀꼬리 잡기
· 2~5명의 영아들이 등이나 엉덩이 부분에 스타킹으로 제작한 뱀꼬리를 달고 교사의 신호
에 따라 다른 영아의 뱀꼬리를 잡아보도록 놀이한다.

주간보육계획안

소주제 : **동물처럼 움직여 보아요**　　　　　　　　실시 기간 : **6월 4주**

다루어질 내용 : 동물의 움직임에 관심을 갖고 동물의 움직임을 다양한 방법으로 표현해 본다.

구분		주 간 활 동
등원 및 맞이하기		· 우리 반에 누가 왔는지 이름 말해보기
실내자유놀이	그리기·만들기 영역	· 동물 머리띠 만들기 · 토끼, 양 모양 종이에 솜 붙여보기
	소꿉영역	· 다양한 자동차, 기차에 동물인형 태워주기 · 동물 머리띠 쓰고 동물 흉내내기 · 동물가족 놀이
	책보기영역	· 동물들의 코에 대해 이야기 해보기 1) · 동물 비디오 보기 · 부분보고 전체 알아맞히기 2) · 그림동화 「토끼와 거북이」 「오리는 뒤뚱뒤뚱」 「폴짝폴짝메롱」 「물개처럼 헤엄쳐요」
	탐색·조작영역	· 나는 누구일까요? 3) · 동물 꼭지 퍼즐 ◎ 로봇 비밀상자
	쌓기·대근육·음률영역	· 음악활동-동물의 움직임 ◎ 느린 달팽이와 빠른 새앙쥐 · 종이벽돌로 동물 미끄럼틀 만들기 · 레고 블록으로 동물 아파트 만들기
전이활동		· 율동: ○○처럼 해봐요(동물흉내) · 손유희 「거미 줄을 타고」, 「곰 잡으러 간단다」 4)
실외자유놀이		· 이렇게 걸어 보세요. 느리고 빠르게 달려보아요. · 낮은 줄 넘어보기 ◎ 술래 따라하기
점심 및 낮잠		· 입 속의 음식 다 먹은 후 이야기하기 · 자고 난 후 친구들이 깰 때까지 조용한 놀이하기
기본생활습관		· 손 씻은 후 수건에 손닦기 · 혼자서 양말 신고 벗어보기

교육활동참고

1) 동물들의 코에 대해 이야기해 보기
 · 먼저 교사와 영아들이 자신의 코와 친구들의 코가 어디에 있는지 위치에 대해-얼굴 가운데, 눈 사이에, 입 위에-이야기 나누고 코끼리, 앵무새, 악어, 소 등과 같은 동물의 사진을 제시하고 코가 어디에 있는지 찾아보도록 한다.
 · 각 동물의 코의 쓰임새나 모양에 대해 수수께끼를 내어 맞혀 보게 할 수 있다.

2) 부분보고 전체 알아맞히기
 · 3조각으로 나뉘어진 창문판을 하나씩 열어보며 어떤 동물이 숨겨져 있는지 이야기해본다.

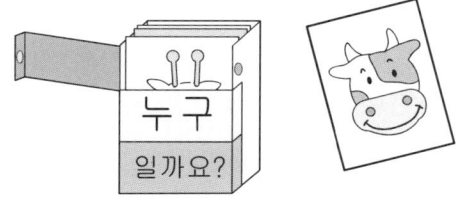

3) 나는 누구일까요?
 · 동물의 특징적인 부분을 입체적으로 제작하여 그 부분만 영아들에게 보여주거나 만져보도록 하여 동물을 알아맞혀보도록 한다.

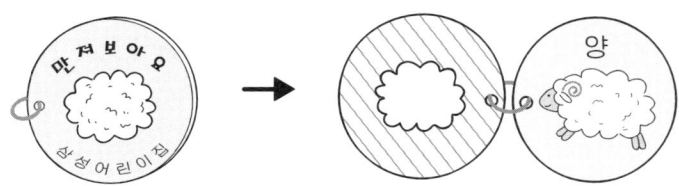

4) 곰 잡으러 간단다

곰 잡으러 간단다

페루 곡/김명순 요

곰 잡 으러 간 단 다   곰 잡 으러 간 단 다

풀 밭 을- 헤 치 며 곰 잡 으러 간 단 다
사 각 서 걱 사 각 서 격 사 각서 걱 사 각

주간보육계획안

소주제 : 동물을 사랑해요　　　　　　　　　　　　　**실시 기간 : 7월 1주**

다루어질 내용 : 동물을 돌봐주고 동물을 사랑하는 마음을 갖는다.

구분		주 간 활 동
등원 및 맞이하기		· 반갑게 친구 이름 불러주기
실내자유놀이	그리기 · 만들기 영역	· 동물 베껴 그리기 1) ◎ 안개그림 그리기 · 동물모양 종이에 콜라주하기
	소꿉영역	· 동물 미장원 놀이 · 동물인형 목욕시키기 놀이 ◎ 동물병원 놀이
	책보기영역	· 동물 사진보며 이야기해보기 · 그림동화 「누가 내 머리에 똥쌌어?」 「동물 친구들」 「미운 아기오리」 　　　　　「뭐가 들었지?」 · 애완동물 그림 보며 이야기해보기 2)
	탐색 · 조작영역	· 금붕어, 거북이 기르기 · 고양이 · 개 · 새 그림카드 놀이 · 동물 모양 실꿰기
	쌓기 · 대근육 · 음률영역	· 종이벽돌 블록으로 동물 목욕탕 만들기 ◎ 줄 아래로 지나가기 · 동물모형 옷 입고 춤추기
전이활동		· 손유희 「숲 속 작은 집」 「악어떼」 3) ◎ 새가 되어보기 · 동물 모양 과자 먹기 4)
실외자유놀이		· 우산 쓰고 다니기 5) · 트램플린 뛰기
점심 및 낮잠		· 흘린 음식 스스로 치워보기 ◎ 낮잠 자기 전 소변 보기
기본생활습관		· 휴지는 휴지통에 넣기 · 간식 먹은 후 입 닦기

교육활동참고

1) 동물 베껴그리기
· 동물 베껴내기틀을 준비하고 타자 용지 등 얇은 종이를 틀보다 약간 크게 준비해주고 색
연필이나 짧은 크레파스로 베껴내기를 하도록 한다.
· 틀과 용지가 움직이지 않도록 집게로 집어주거나 투명 테이프를 이용해 고정한다.

2) 애완동물 그림 보며 이야기해 보기
· 여러 동물의 그림이나 사진을 보여주며 집에서 기르고 싶거나 길렀었던 동물에 대해 자
연스럽게 이야기 나누며 애완동물과 야생동물을 분류해볼 수 있다.

3) 손유희
「숲 속 작은 집」

숲 속 작은 집

「악어떼」

악어떼

이요섭 요/곡

정 글 숲 을 기 어 서 가 자 엉 금 엉 금 기 어 서 가 자

늪 지 대 를 넘 어 서 가 자 악 어 떼 가 나 올 라 악 어 떼

4) 동물모양 과자 먹기
 · 시중에서 판매하는 동물모양과자를 쟁반이나 통에 담고 영아들이 직접 손을 넣고 꺼내어
   선택한 동물의 이름을 이야기해보며 소리나 움직임을 흉내내 본다.
 · 자신이 선택한 과자를 좋아하는 친구 입에 넣어주는 등 다양한 방법으로 먹어본다.

5) 우산쓰고 다니기
 · 비가 오는 날에 영아들과 함께 떨어지는 빗방울에 대해 이야기를 나누며 떨어지는 빗방울
   과 비가 내린 어린이집 마당이나 어린이집 주변을 비옷을 입고 우산을 쓰고 산책해 본다.
 · 사전에 부모님께 우산과 비옷을 준비해 줄 것을 알려드린다.

도서목록

월	주	주제	제목	글	그림	출판사	기타관련주제
6	1	여러 가지 동물이 있어요	동물원에 가요			삼성출판	
			강아지 똥	권정생	정승각	길벗어린이	봄
			넌 누구니?	남미영		웅진출판	
	2	엄마·아기동물이 있어요	병아리	남미영		웅진미디어	
			송아지	남미영		웅진미디어	
			누구하고 사니	남미영		한국어린이육영회	
			아기비둘기			삼성출판	
			아기새 엄마새			지경사(지능계발 그림책 시리즈)	
	3	동물처럼 소리를 내 보아요	어흥 누구게①②			웅진출판	
			엄마소가 음매애			한국프뢰벨	
			부엉이가 부엉부엉			한국프뢰벨	
			강아지는 멍멍			한국프뢰벨	
	4	동물처럼 움직여 보아요	토끼와 거북이	라 퐁테느		보림	
			오리는 뒤뚱뒤뚱			다섯수레	나
			폴짝폴짝 메롱	신지윤/신혜은	김복태	웅진출판	
			물개처럼 헤엄쳐요	한국 프뢰벨 유아교육 연구소		프뢰벨 미디어	
7	1	동물을 사랑해요	누가 내 머리에 똥쌌어?	베르너 홀츠바이트	볼프에롤브루흐	사계절	
			동물 친구들			삼성출판	
			미운 아기오리	안데르센		예림당/대교출판	
			뭐가 들었지?	박은영		비룡소	
		관련 도서	실물크기1·2·3 동물들	남미영		예림당	
			동물의 나라	편집부		태서출판	
			어, 내 표범팬티 어디갔지?	이강화	이강화	길벗어린이	
			동물친구들은 밤에 뭐해요.	이은숙	이은숙	마루벌	생활 습관
			엄마가 좋아	마도미치오	마지마 세스코	한림출판	가족사랑
			잉잉 고양이	세나 게이코	세나 게이코		생활습관

그리기 · 만들기영역

염소 막대인형 만들기

6월 1주

주요경험	·동화에 나오는 동물을 창의적으로 자유롭게 꾸며본다.
활동인원	2~3명
활동시간	10~15분
준 비 물	나무젓가락 또는 굵은 빨대, 염소 그림, 스티커, 움직이는 눈
활동방법	1. 책보기 영역에 내어준 「세 마리 염소」동화에 관심을 보이면 교사가 미리 준비해둔 막대 인형을 이용해 이야기를 들려주고 동화내용에 대해서 이야기를 나눈다.

            - 몇 마리의 염소가 나왔니?

            - 염소가 다리를 건너다가 누굴 만났을까?

            - 우리도 염소처럼 말해 볼까?

   2. 영아가 동화 내용에 익숙해지고 염소 막대인형에 관심을 보이면 교사는 염소 그림이 그려져 있는 마분지를 내주고 자유롭게 꾸며보도록 유도한다.

            - 그래, 여기에 선생님이 보여주셨던 염소인형과 같은 염소그림이 있구나.

            - 어? 그런데 여기 염소얼굴에 눈이 없네? 눈을 붙여줄 수 있겠니?

            - ○○스티커로 염소 다리를 멋지게 꾸며주었구나.

   3. 영아들이 자유롭게 꾸며 볼 수 있도록 영아의 행동을 수용해주고 격려한다.

            - ○○는 반짝거리는 스티커를 눈에 붙였구나, 와~ 눈이 반짝거리네.

참 고	·쌓기 · 대근육 · 음률 영역에서 동화 속에 등장하는 다리를 만들어 보고, 염소 막대인형으로 다리를 건너는 흉내를 내보도록 놀이를 확장할 수 있다.

책보기영역

동물 이름 이야기해보기

주요경험	·동물의 정확한 이름을 듣고 따라해 본다. ·동물들의 서로 다른 생김새에 관심을 가진다.
활동인원	4~5명
활동시간	5~10분
준 비 물	4절 크기의 융판, 다양한 동물 사진

6월 1주

활동방법

1. 벽면에 융판을 부착하고 동물 사진을 바구니에 따로 준비해 둔다. 영아가 동물 사진을 융판에 붙였다 떼었다 하며 관심을 보이면 교사도 함께 활동에 참여한다.

2. 동물의 이름을 이야기하면서 영아가 의성어(멍멍이, 야옹이, 꼬꼬 등)로 동물 이름을 말할 경우 교사는 동물의 정확한 명칭(개, 고양이, 닭 등)도 함께 이야기해준다.
   - ○○는 어떤 동물을 붙여보았니?
   - 멍멍이? 그래, 멍멍 하고 소리를 내지? 개라고 부른 단다, 우리 '개' 하고 이름을 불러줄까?
   - 그럼, 개말고도 또 어떤 동물들이 있을까?
   - ○○는 고양이를 붙였구나.

3. 동물의 이름과 함께 소리, 생김새 등 동물의 특성에 대해서도 관심을 갖도록 이야기를 나눈다.
   - ○○가 붙인 사자는 커다란 입을 가지고 있구나.
   - ○○가 붙인 기린은 아주 길다란 목을 가지고 있네.
   - 그럼, 토끼는 어떻게 생겼니?

참   고 ·동물과 관련된 다양한 노래를 부르며 영아들이 동물의 이름과 생김새에 관심을 갖도록 유도할 수 있다.

쌓기 · 대근육 · 음률영역

동물 꼬리 달고 다니기

주요경험	· 동물 꼬리의 생김새에 관심을 갖는다.
	· 동물들의 움직임을 자유롭게 표현해본다.
활동인원	4~5명
활동시간	5~10분
준 비 물	동물 꼬리 5~6개, 옷핀 또는 흰색 고무줄(까슬이, 보슬이 포함)

6월 1주

〈만드는 방법〉

① 토끼 꼬리 - 털실을 일정한 길이로 잘라 가운데를 묶은 후 가위로 위와 아래에 연결된 부분을 잘라 둥근 술을 만든다.

② 당나귀 꼬리- 둥근 술에 살색 스타킹을 연결하여 완성한다.

③ 사자 꼬리 - 살색 스타킹 끝에 진한 갈색 부직포를 잘라 붙여 완성한다.

④ 꼬리가 완성되면 옷핀을 달아주거나 흰색 고무줄(넓이 5cm정도)에 붙여 벨트를 만든 후 양끝에 까슬이와 보슬이를 달아서 영아의 허리 크기에 맞게 조절한다.

활동방법	1. 사전활동으로 책보기 영역에 각 동물 사진을 제시하고 꼬리가 다르게 생긴 것에 관심을 갖고 볼 수 있도록 한다.

2. 다양한 모양의 동물 꼬리를 바구니에 내주고 영아들이 관심을 보이면 자유롭게 탐색
   할 수 있도록 도와준다.
   - 폭신폭신 둥근 공같이 생겼구나,
   - 이것은 길다랗게 생겼네,

3. 영아가 동물 꼬리에 거부감을 느끼지 않고 익숙해지면 교사는 어떤 동물의 꼬리인지
   영아들과 이야기해보고 동물의 움직임을 흉내내보도록 제안한다.
   - ○○가 들고 있는 둥근 것은 토끼 꼬리같이 생겼네,
   - ○○가 가지고 있는 것은 '어흥' 사자의 꼬리같이 생겼구나,
   - 토끼 꼬리를 달면 우리도 토끼처럼 깡충깡충 잘 뛸 수 있을까?

4. 영아의 다양한 동작을 격려해주며 영아의 행동을 언어로 표현해준다.
   - ○○와 ○○는 사자처럼 천천히 걸어가는 구나,
   - ○○는 당나귀처럼 네 발로 걸어가네? 엉덩이가 흔들흔들거리는 구나,

실외자유놀이

고운 모래 만들기

주요경험	·모래의 특성을 감각으로 느껴보고 탐색해본다. ·다양한 도구를 이용해서 모래놀이를 경험해본다.
활동인원	4~6명
활동시간	5~10분
준 비 물	튀김용 체, 둥근 모양의 테두리가 있는 체, 바구니 등

6월 1주

활동방법

1. 실외놀이시 영아들이 다양한 도구를 이용해 모래를 자유롭게 탐색해보게 하고 교사는 영아의 행동과 모래의 특성에 대해서 말로 표현해 준다.
   - 모래를 손으로 잡으니 주루룩하고 흘러내리네.
   - 모래를 만져보니까 아주 보들보들 하구나.
   - 모래 위에 손을 대보니 내 손자국이 생겼네.

2. 모래를 이용한 탐색이 충분히 일어나면 교사는 영아들에게 다양한 체를 이용해 모래 놀이를 해보도록 유도한다.
   - 여기에 작은 구멍이 뚫린 바구니가 있네?
   - 이 바구니에 모래를 담으면 모래가 어떻게 될까?
   - 여기 떨어진 모래를 손으로 한번 만져보자, 느낌이 어떠니?

바구니에 남아 있는 모래는 거칠고 굵은 것만 있구나, 어떤 느낌인지 한번 만져볼까?

참　　고 · 연결 활동으로 체에 친 고운 모래를 이용해 모래그림 그리기 활동을 계획할 수 있다.

· 교사가 계획한 놀이 외에도 자신의 방법대로 반복해서 놀이할 수 있도록 모래놀이용 도구를 충분히 준비해 준다.

그리기·만들기영역

모양 모빌 만들기

6월 2주

주요경험	· 소근육을 이용해 스티커를 떼고 붙여 보는 경험을 해본다. · 새로운 재료에 관심을 갖는다.
활동인원	3~5명
활동시간	5~10분
준 비 물	동물 모양 코팅지(셀로판지를 넣고 코팅하여 다양한 색의 모양본을 준비), 반짝이는 스티커, 낚싯줄

활동방법

1. 그리기·만들기 영역에 미리 준비해둔 모양 코팅지에 영아들이 관심을 보이면 동물 모양본에 대해서 함께 이야기를 나눈다.
   - ○○는 귀가 큰 동물 모양을 집었구나? 누굴까?
   - 코가 아주 긴 이 파란색 동물은 누구일까?
   - 등이 뾰족뾰족하고 이빨이 울퉁불퉁한 이 초록색 동물의 이름은 뭘까?

2. 영아에게 반짝이는 스티커를 제공하여 다양하게 꾸며볼 수 있도록 격려하고 영아가 꾸민 모양을 말로 표현해 준다.
   - 바구니에 반짝거리는 스티커가 있구나.
     이 스티커로 ○○가 가지고 있는 코끼리를 예쁘게 꾸며볼 수 있겠니?
     코끼리 코가 아주 멋지구나.
   - ○○가 집은 악어에게는 어떤 스티커를 붙여볼까?
   - 스티커를 붙이니까, 눈이 되었네?

3. 영아들이 스티커를 떼고 붙여볼 수 있도록 재료를 충분히 준비해 주고 활동을 끝마친 영아의 작품은 영아들이 잘 볼 수 있는 곳에 전시해준다.
   - ○○가 만든 캥거루가 반짝거리면서 빙글빙글 돌아가는 구나.

참 고

· 영아들이 코팅지 위에 그림 그리기를 원할 때는 유성매직을 이용해 그려보게 한다.

잼 샌드위치 만들기

주요경험	·재료의 질감과 맛을 느껴본다. ·요리하는 즐거움을 경험해본다.
활동인원	3~5명
활동시간	5~10분
준 비 물	식빵, 다양한 맛의 잼(딸기, 포도, 땅콩 등), 숟가락, 접시, 요리 순서표

〈요리순서표〉

- 필요한 재료-

   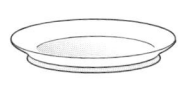

식빵   잼   숟가락   접시

① 접시 위에 식빵을 놓는다.

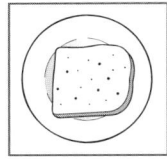

② 숟가락으로 잼을 떠서 식빵위에다 골고루 바른다.

③ 잼 바른 빵 위에 새로운 식빵을 엊은 후 맛있게 먹는다.

활동방법

1. 탐색·조작영역 한쪽 벽면에 요리 순서표를 부착하고 요리 준비물을 책상 위에 마련해 둔다.

2. 몇 명의 영아가 식빵과 요리도구 등에 관심을 보이면 책상 주위에 앉게 한다.
 – 식빵과 잼으로 무엇을 만들어 먹을 수 있을까?
 – 그래, 식빵에다 잼을 발라서 어떤 맛인지 먹어보도록 하자.

3. 영아들이 요리할 준비가 되면 교사는 요리 순서표를 보며 함께 이야기 나눈 후 영아들에게 재료를 나눠 주고 영아의 탐색행동이나 요리하는 모습을 언어로 표현해 준다.
 – 접시 위에 있는 식빵을 만져 보자. 느낌이 어때? 말랑거리는 구나.
 – 그럼 앞에 있는 잼의 냄새를 맡아볼까? 어떤 냄새가 나니?
 – 말랑말랑한 식빵위에 딸기잼을 바르니까 끈적거리네.
 – ○○는 잼을 골고루 잘 바르는구나.
 – 잼을 바른 후에 식빵 한 장을 더 올려 놓아 보자.
 – 이젠 빵을 잡아도 잼이 묻지 않겠네.

4. 영아들이 스스로 잼을 발라보도록 격려하며 요리활동을 마친 영아는 자신이 만든 잼 샌드위치를 간식으로 먹을 수 있도록 교실 한쪽에 자리를 마련해 준다

참　　고

· 영아들의 능력에 따라 잼의 종류를 1가지에서 2, 3가지 정도로 제공하여 다양한 맛을 비교해 볼 수 있도록 계획할 수 있다.
· 영아에게 식빵의 크기가 클 경우 1/2 또는 1/4 크기로 잘라서 제공한다.

쌓기 · 대근육 · 음률 영역

동물집 만들어 주기

주요경험	·동물들이 사는 곳에 관심을 갖는다. ·여러 가지 재료를 이용하여 동물집을 만들어본다.
활동인원	4~5명
활동시간	5~10분
준 비 물	바구니, 방석, 작은 손수건, 타월, 다양한 색과 넓이의 리본 끈, 동물인형, 종이벽돌 블록
활동방법	1. 쌓기 · 대근육 · 음률 영역에 여러 동물이 사는 곳이 담긴 사진이나 화보를 전시하여 영아들이 관심을 갖고 볼 수 있도록 준비해둔다. 영아가 그림이나 사진에 관심을 보이면 교사도 함께 보면서 이야기를 나눈다. 　- 큰 개가 살고 있는 집을 보고 있구나. 　- 돼지가 살고 있는 곳은 어떤 곳이니? 　- 푹신푹신한 것도 깔려 있고, 추울까 봐 담요도 깔려 있구나. 　- 고양이가 자고 있는 고양이 집에는 어떤 것들이 있니? 2. 동물들이 사는 곳에 대해서 이야기하고 나면 동물 인형을 첨가하여 집짓기놀이로 연결해본다. 　- (강아지인형을 가지고) ○○가 쉬고 싶대요. 어떻게 하지?

3. 여러 가지 소품을 이용해서 장식해 볼 수 있도록 격려하고 필요하면 교사가 시범을
   보여준다.
   - 블록으로 침대를 만들었구나, 침대 위에 방석을 놓았네, 이 끈으로 예쁘게 집을 꾸며볼까?
   - 이제 강아지가 편히 쉴 수 있도록 자장가를 불러줄까?
     이번에는 누구의 집을 만들어 줄까?

참　고　· 소꿉영역과 연결하여 동물을 돌보고 음식을 먹이는 등의 상상놀이로 확장할 수 있다.

쌓기 · 대근육 · 음률 영역

무거운 동물, 가벼운 동물

주요경험	· 동물의 움직임에 관심을 갖고 자유롭게 표현해본다. · 음악을 주의 깊게 듣고 느낌을 표현해본다.
활동인원	4~5명
활동시간	5~10분
준 비 물	하마, 코끼리, 공룡, 다람쥐, 토끼, 고양이, 소금쟁이, 나비, 잠자리 등의 사진 또는 그림, 〈김명순 · 조경자(1998). 음악교육의 이론과 실제 음악테이프(TAPE 1-B면 ③). 다음세대. 참조〉

활동방법	1. 영아들과 동물 사진을 보고 동물의 이름과 움직임에 대해 이야기해본 후 관심과 흥미
	를 보이면 연결활동으로 준비한다.
	   - ○○는 코끼리 사진을 보고 있구나,
	   - 코끼리처럼 커다란 동물은 어떻게 걸어가니?
	     우리도 코끼리처럼 걸어볼까?
	   - ○○는 다람쥐 사진을 집었구나?
	   - 다람쥐는 어떻게 나무 위에 오를 수 있을까?
	     우리도 작은 다람쥐가 되어 움직여보자,
	
	2. 교사는 작은 동물들과 큰 동물들의 특징적인 움직임을 표현해보도록 격려하고 영아가
	표현하는 행동을 언어로 이야기해준다.
	   - 커다란 공룡은 어떻게 걸어다닐까?
	   - ○○는 발을 크게 벌리고 쿵쿵하고 걸어가는구나,
	   - 아주 작은 나비는 어떻게 날아다닐까?
	   - ○○는 팔을 저어 나비처럼 훨훨 나는구나,

3. 영아의 움직임을 자극해 줄 수 있는 노래나 음악을 들려주고 느낌에 따라 움직여보도록 격려해준다.

    - 이 음악의 느낌은 어떠니?

    - 큰 소리가 나는구나, 커다란 동물들이 걸어가는 것 같네,

      우리도 커다란 공룡처럼 쿵쿵 걸어볼까?

    - ○○는 코끼리처럼 천천히 움직여보았구나,

    - ○○는 하마처럼 입을 크게 벌리고 다물었네,

참 고

  • 교사가 움직임을 주도하지 말고 영아가 자유롭게 원하는 동물을 표현해 볼 수 있도록 도와준다.

  • 테이프 외에도 영아들이 좋아하는 노래를 부르며 움직임을 표현해 볼 수 있다.

색깔있는 창문으로 바깥보기

주요경험	· 다양한 색깔로 사물을 보고 색의 변화를 경험해본다. · 여러 가지 색깔에 관심을 갖는다.
활동인원	4~5명
활동시간	5~10분
준 비 물	16절 크기의 색깔 창(다양한 색상의 셀로판지를 창문 모양으로 코팅하여 사용)

활동방법	1. 실외영역에 미리 색깔 창을 준비해두고 영아들이 색깔 창에 관심을 보이면 교사가 다가가 함께 탐색한다.
	  - 빨간 창문이 있구나, 이것으로 뭘 할 수 있을까?
	    빨간 창문으로 밖을 보면 어떻게 보일까?
	  - 여기에는 파란 창문도 있네.
	  - 노랑 창문으로 보면 친구들이 어떤 색으로 보일까?
	
	2. 여러 가지 색깔 창을 이용하여 색의 변화를 충분히 경험할 수 있도록 교사는 영아들의 행동을 격려해 준다.
	  - ○○는 빨간색 창으로 그네를 타고 있는 친구를 보고 있구나.
	    친구가 어떤 색으로 보이니? 꼭 불이 난 것처럼 보이는데?
	  - ○○가 들고 있는 파랑 창과 ○○가 들고 있는 노랑 창을 함께 보면 어떻게 달라질까?
	  - 아무런 색이 없는 창으로 보면 어떻게 보일까?

참 고	· 색깔 창을 일정한 모양이 아닌 다양한 모양으로 제작하여 제시할 수 있다.

책보기영역

누구의 소리일까요?

주요경험	· 다양한 동물의 소리를 듣고 어떤 동물의 소리인지 추측해 본다. · 동물의 소리를 흉내내본다.
활동인원	2~3명
활동시간	5~10분
준 비 물	융판, 동물 사진 또는 그림, 녹음기, 5~7가지 정도의 서로 다른 동물의 소리가 녹음된 테이프

6월 3주

활동방법

1. 벽면에 융판을 부착하고 동물 사진을 붙여 놓는다. 영아가 동물 사진에 관심을 보이면 교사도 함께 떼었다 붙였다 하면서 동물의 이름과 소리 등에 대해 이야기해본다.
   - 강아지도 있고 오리도 있네, 오리는 어떤 소리를 낼까?
   - 소는 어떤 소리를 내지? 그래, 소는 음메- 하는 구나.

2. 영아들이 동물의 사진과 소리에 익숙해 지고 관심을 보이면 교사는 영아들에게 여러 가지 동물 소리가 녹음된 테이프를 들려주고 어떤 동물인지 이야기해보며 소리를 따라서 흉내내보도록 격려한다.
   - 선생님이 동물 소리가 나오는 테이프를 가지고 왔어, 어떤 소리가 나오는지 들어보자.
     (테이프를 틀어 돼지의 소리를 들려준 뒤 멈춘다)
   - 어떤 소리가 났니? 그래, 그건 누구의 소리일까?
   - 다시 한번 들어보자, 그럼, 우리도 돼지처럼 소리내어 볼까?

참 고

· 동물의 소리와 이름에 충분히 익숙해지면 교사의 그 동물들에 관한 노래를 영아들과 부르거나 동물 꼬리, 동물 머리띠 등을 첨가해주어 동물의 동작을 표현해보는 활동으로 확장하여 놀이할 수 있다(돼지-엄마돼지, 아기돼지/토끼-산토끼 등). 이때 교사는 소리와 움직임을 주도하지 말고 영아가 마음대로 표현해볼 수 있도록 도와준다.

탐색 · 조작영역

빨랫집게로 동물 꾸미기

6월 3주

주요경험	· 소근육을 이용해 집게를 조작해본다. · 동물의 생김새에 관심을 가진다.

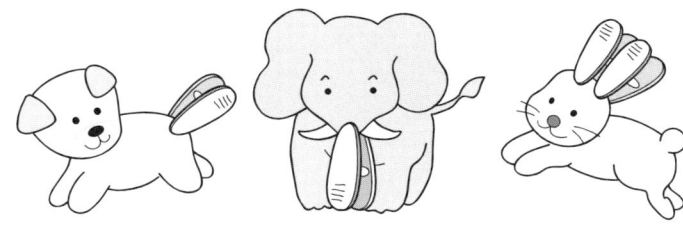

활동인원	2~3명
활동시간	3~5분
준 비 물	빨랫집게 여러 개, 한 부분이 빠진 동물그림 여러 개

활동방법

1. 동물 그림과 빨래 집게를 바구니에 담아 제시해주고 영아들이 자유롭게 탐색해보도록 하고 영아가 동물 그림에 관심을 보이면 언어적 자극을 준다.
   - 빨랫집게를 집으니까 앞이 벌어지네, 아, 이제는 닫혔다!
   - ○○는 하얀 토끼를 집었구나,
     그런데 하얀 토끼의 모습이 이상하다, 왜 그럴까? 그래, 귀가 없구나,
   - 와~ 빠르게 달리는 말을 집었구나, 그런데 말이 어딘지 이상하다, 왜 그럴까?
   - ○○가 가지고 있는 집게는 어떻게 사용하는 걸까?

2. 영아가 집게를 동물그림에 꽂을 때 영아가 꾸민 모양을 말로 표현해 주고 자유롭게 꾸며 볼 수 있도록 격려한다.
   - ○○는 토끼의 엉덩이에 집게를 꽂아보았구나, 토끼 꼬리 같구나,
     머리 위에 집게를 꽂아 주니 토끼 귀가 되었네,
   - ○○는 사자에게 집게를 가득히 꽂아주었네? 사자 머리가 아주 많아 보이는구나,
   - ○○가 하고 싶은 대로 이 동물그림 위에 집게를 꽂아보자,
     아주 멋진 코끼리가 되었구나,

참   고 · 영아들이 자유롭게 꽂았다 떼었다 하면서 다양하게 꾸며보게 한다.

쌓기 · 대근육 · 음률 영역

동물들의 하품

6월 3주

주요경험	· 동물들의 하품하는 모습을 다양한 소리와 동작으로 표현해본다. · 노래를 통한 즐거움을 경험해본다.
활동인원	2~5명
활동시간	5~10분
준 비 물	동물그림카드 〈김명순 · 조경자(1998). 음악교육의 이론과 실제 음악테이프(TAPE 3-A면 ②). 다음세대 참조〉
활동방법	1. 동물의 그림이나 사진을 보고 동물의 이름, 생김새, 소리 등에 대한 탐색활동이 이루어 진 후 연결활동으로 계획한다. 그 사진 중에 동물이 하품하는 모습이 있으면 영아가 관심을 가질 수 있도록 유도한다. 　- 어? 여기에 원숭이가 입을 벌리고 있네? 왜 그럴까? 아주 졸린가 보구나. 　- ○○가 가지고 있는 사자는 어때? 사자도 졸려서 하암~ 하고 하품을 하네. 　- 너희들은 졸리면 어떻게 하지? 우리도 졸리면 하암~ 하고 하품을 하는구나. 우리도 한번 해볼까? 2. 영아와 이야기를 나누면서 영아에게 「동물들의 하품」 노래를 불러준다. 3. 영아들도 조금씩 따라 부르면서 관심을 보이면 교사는 '아~' 하는 부분에서 동물들의 하품하는 모습을 상상해보게 하고 영아들과 함께 다양한 소리와 동작으로 표현해본다. 　- 동물 친구들이 정말 졸린가 보구나. 　　하마는 하품을 어떻게 할까? 그럼, 커다란 하마처럼 하품을 해보자. 　　(굵은 목소리로 노래를 부르며 하품하는 시늉을 내본다.) 　- ○○는 하마처럼 입을 아주 크게 벌렸구나. 너무 졸린가 보다. 　- 그럼, 아주 작은 생쥐는 어떻게 하품을 할까? (작고 높은 목소리로 노래를 불러본다.)
참　　고	· 영아의 이름을 넣어서 '나는 나는 귀여운 ○○○'로 가사를 바꾸어 노래를 불러볼 수 있다. 또한 '귀여운' 대신에 그 영아의 특징을 넣어 불러볼 수 있다.

깡통 굴리기

6월 3주

주요경험	·소근육과 대근육을 이용해 여러 가지 방법으로 깡통을 굴려본다. ·서로 다른 소리를 민감하게 느껴본다.
활동인원	5~7명
활동시간	10~15분
준 비 물	끈이 연결되어 있는 깡통 4~5개, 끈 없이 앞·뒤가 막힌 깡통 4~5개 〈만드는 방법〉 ① 끈이 연결되어 있는 깡통 - 속이 빈 PVC, 호일 또는 랩 속대, 페트병 등을 이용해 끈을 연결하고 매듭지어 잇는다. ② 끈이 없는 굴리기용 깡통 - 앞·뒤가 막힌 깡통 속에 여러가지 재료를 넣어 다양한 소리가 나도록 한 후 앞·뒤를 막은 후 깔끔하게 마무리한다.
활동방법	1. 실외에 준비해둔 여러 모양의 깡통들을 영아들이 자유롭게 탐색할 수 있도록 충분히 시간을 주고, 교사는 영아의 행동과 깡통의 움직임에 관심을 보여준다. 　- 와~ ○○가 끈을 끌고 가니까 깡통이 떼굴떼굴 굴러가네, 　- 뛰어가니까 깡통도 빠르게 떼구르르 굴러간다, 　- 이번엔 자전거에 달고 달려보자, 어떻게 움직일까? 2. 영아들이 깡통이 굴러가는 모양에 관심을 많이 보이면 끈이 없는 깡통으로도 굴리기를 해 보도록 격려하며 영아의 행동과 깡통의 모습을 언어로 표현해준다. 　- 이 깡통에는 끌고 다니는 끈이 없구나, 그럼, 어떻게 하면 이 깡통이 굴러갈까? 　- ○○는 깡통을 손으로 살짝 밀었구나, 깡통이 굴러가면서 '톡톡톡' 하면서 소리가 나네, 　- (깡통 속에 든 재료의 소리에 대해서 이야기하면서) 　　이번엔 다른 깡통도 소리가 나는지 ○○가 한번 굴려볼래? 　- 이 깡통은 굴러가면서 방울소리가 나는구나,
참　　고	·교사는 비탈진 곳(비탈진 언덕, 낮은 미끄럼틀, 나무 블록을 이용한 경사로 등)에서도 깡통을 굴려보며 영아들의 놀이를 확장시킬 수 있다.

기본생활습관

바깥놀이 후 비누로 손 씻기

6월 3주

주요경험	· 혼자서 손을 깨끗이 씻어보는 경험을 갖는다.
	· 규칙적으로 손 씻는 습관을 갖는다.
활동인원	1~3명
활동시간	2~3분
준 비 물	마른 수건, 비누

활동방법

1. 실외놀이가 마무리되고 놀잇감이 정리되면 교사는 영아들과 신발 및 옷의 먼지를 턴 후 손 씻는 것에 대해서 이야기해준다.
   - 바깥에서 모래놀이도 하고 자전거도 타고 열심히 놀이했구나, 이제 ○○로 들어갈 거야,
   - 신발과 옷도 깨끗하게 털었는데 이젠 너희 손을 한번 볼까? 손은 깨끗하니? 먼지랑 흙이 많이 묻었네? 어떻게 하지?

2. 영아들이 1~3명씩 그룹을 지어 화장실에 들어가 스스로 비누칠을 하면서 손을 씻어 보게 하며 교사는 옆에서 「우리는 손을 씻어요」 노래를 불러주면서 영아의 행동을 격려해준다.
   - 비누를 세 번 돌리고 양 손으로 문지르니까 거품이 나네?
   - 이젠 깨끗한 물로 손을 헹구어보자,
   - 물이 묻은 손은 수건에 닦아야지, 와~ 손이 깨끗해 졌구나,

참 고
· 세면대에 손 씻는 과정이 담긴 그림자료를 붙여주어 영아들이 항상 보고 손을 씻을 수 있도록 한다.

로봇 비밀 상자

6월 4주

주요경험	· 소근육을 이용해 카드를 넣고 빼는 경험을 한다. · 다양한 동물의 특징에 관심을 갖고 흉내내본다.
활동인원	2~3명
활동시간	5~10분
준 비 물	로봇 모양의 상자, 동물 사진 또는 동물 그림

〈만드는 방법〉

① 큰 플라스틱이나 튼튼한 상자를 이용해 로봇의 얼굴 모양을 꾸며준 후 영아의 손이 들어갈 수 있을 정도의 구멍(로봇의 입)을 뚫어놓는다.

② 카드는 로봇의 입으로 들어가고 나올 수 있을 정도의 크기로 만들어 동물 사진 또는 동물 그림을 붙여 완성한다.

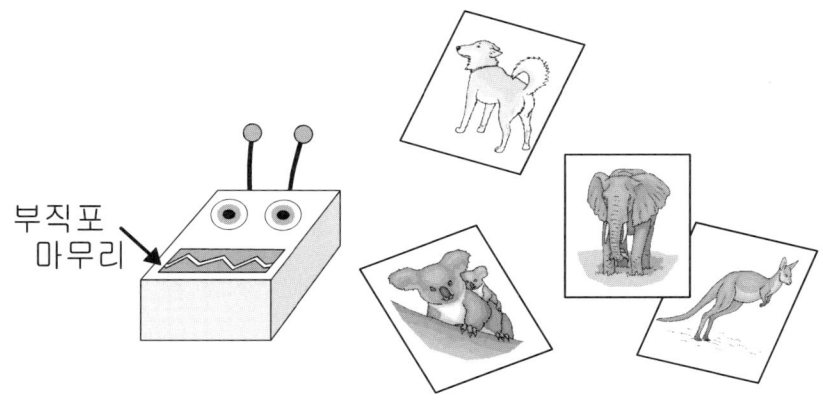

부직포 마무리

활동방법

1. 영아들이 로봇의 상자에 손을 넣어 보고 카드를 꺼내면 교사는 영아의 관심에 반응해 준다.

   - ○○의 손에 있는게 뭐지?

     아주 커다란 입을 가지고 있는 동물을 찾았구나, 어디에서 찾았니?

     이 재미있게 생긴 로봇의 입에서 꺼냈구나,

2. 영아들이 지속적으로 로봇 비밀상자에 관심을 보이며 손을 넣어 카드를 꺼내면 영아의 호기심을 자극할 수 있도록 카드의 내용을 교사가 언어로 표현해준다.
   - ○○가 로봇의 입에서 꺼낸 것은 누구일까?
     목이 길고 다리도 기네? 또 등과 목에는 갈색 무늬도 있구나, 누구일까?
   - ○○가 손을 쏙~ 넣어 꺼낸 것은 털이 보들보들하고 귀가 큰 동물이네, 이름이 뭘까?

3. 영아들이 상자에서 꺼낸 카드를 보고 몸으로 흉내내보도록 교사는 영아의 행동을 격려해 주고 다양한 움직임을 언어로 이야기해 준다.
   - ○○가 꺼낸 코끼리는 어떻게 걸어다닐까?
   - ○○는 다리를 크게 벌리고 '쿵쿵' 다니는구나,
   - 손을 코에 대고 걸으니까 카드에서 본 코끼리 같구나,

참　고 ・교사가 미리 상자를 꾸며 놓을 수도 있지만 영아들과 함께 작업활동으로 다양하게 꾸며 사용할 수 있다.

쌓기 · 대근육 · 음률영역

느린 달팽이와 빠른 새앙쥐

주요경험	· 동시 속에 나오는 동물의 특성에 관심을 갖는다. · 몸을 빠르고 느리게 조절하여 움직여본다.
활동인원	5~7명
활동시간	5~7분
준 비 물	동시 자료 〈김명순 · 조경자(1998). 음악교육의 이론과 실제 음악테이프(TAPE 3-A면 ⑥). 다음세대 참조〉

느린 달팽이와 빠른 새앙쥐

느리게 느리게 아주 느리게	작은 달팽이가 한 마리 기어간다,
느리게 느리게 아주 느리게	정원의 담장 위로
빠르게 빠르게 아주 빠르게	작은 새앙쥐 한 마리가 달려간다,
빠르게 빠르게 아주 빠르게	집안을 온통 헤매며

· 출처: 김명순 · 조경자(1998). 유아를 위한 음악 교육의 이론과 실제. 다음세대. p.250.

활동방법

1. 책보기 영역에서 영아들과 함께 「느린 달팽이와 빠른 생쥐」 동시를 들은 후 연결활동으로 준비한다. 이때 글자가 있는 동시판보다는 달팽이와 생쥐 그림을 이용하여 느리고 빠르게 조작하여 동시를 들려준다.

2. 동시의 내용이 익숙해지면 교사는 달팽이와 새앙쥐의 움직임을 표현해볼 수 있도록 격려해 주며 영아의 행동을 언어로 표현해준다.
   - 선생님 손에 있는 달팽이처럼 너희들도 천천히 움직여볼 수 있겠니?
   - 느~린 달팽이가 아주 느~리게 기어가고 있네, 아주 천천히 가서 상추를 먹고 있어,
   - ○○는 다리는 가만히 있고 손으로만 기어가는 구나, 천천히 ○○에게로 다가가네,

- 이번엔 달팽이보다 빠른 생쥐가 되어보자,

  생쥐는 아주 빨리 움직이며 토끼반을 돌아다닌단다,

3. 영아들의 움직임이 활발해지면 교사는 영아들이 음악을 듣고도 표현해볼 수 있도록 이야기해준다.

- 선생님이 너희들에게 들려주려고 느린 달팽이와 빠른 생쥐가 나오는 음악을 가지고 왔단다,

  잘 들어보고 음악에 맞춰 달팽이도 되어보고, 빠른 생쥐도 되어보자,

술래 따라하기

6월 4주

주요경험	· 신체를 자유롭게 움직여본다. · 다른 영아의 행동에 관심을 갖고 흉내내본다.
활동인원	5~7명
활동시간	5~7분

활동방법

1. 영아들의 놀이행동을 관찰하고 있다가 재미있는 행동을 보이면 그 영아의 행동을 말로 표현해 주어 다른 영아들도 관심을 가질 수 있도록 유도한다.
   - ○○가 일어나서 팔을 빙글빙글 돌리고 있네.
   - ○○는 다리를 벌리고 있으니까 세모 모양이 만들어졌네.
   - 양 팔을 벌리고 도니까 헬리콥터 같구나.
   - 선생님도 ○○처럼 움직여봐야지.

2. 교사가 따라하는 것을 보고 영아가 관심을 보이고 좋아하면 교사는 영아의 행동을 격려하고 다양한 행동을 말로 표현해준다.
   - 선생님이 ○○랑 똑같이 다리를 움직이는 것이 재미있니?
     ○○처럼 다리를 움직이니까 선생님은 ○○가 된 것 같아.
   - ○○는 팔을 움직이며 씩씩하게 걸어가네.
     선생님도 팔을 움직여 똑같이 움직여 봐야지. 똑같니?

3. 영아들의 움직임이 활발해지면 「즐겁게 춤을 추다가」 나 「나처럼 해봐요 이렇게」 노래를 부르면서 다른 영아의 움직임을 보고 흉내내볼 수 있도록 격려해 준다.
   - ○○가 손을 귀에다 대고 멈췄구나. 우리들도 ○○처럼 따라해볼까?

그리기 · 만들기영역

안개그림 그리기

7월 1주

주요경험	· 새로운 방법으로 동물모양을 표현해본다. · 물감을 뿌려서 나타나는 모양에 흥미를 갖는다.
활동인원	2~3명
활동시간	3~5분
준 비 물	종이, 둥근 체, 칫솔, 물감(일회용 플라스틱 그릇에 물감을 타서 준비), 여러 가지 모양의 동물본, 미술용 덧옷, 신문

활동방법	1. 물감과 다양한 재료를 내주고 관심을 보이는 영아들과 함께 재료를 탐색하면서 활동을 시작한다.
	  – 여기에 있는 것이 뭘까?
	  – 물감으로 그림을 그리려면 어떤 것이 필요할까?
	
	2. 교사는 동물본을 보여주며 '안개 그림'을 해볼 것을 제안하고 활동의 진행과정과 변화를 말로 표현해준다.
	  – 바구니에 여러 동물들이 들어 있는데 ○○가 좋아하는 동물을 꺼내보자.
	  – ○○가 꺼낸 동물들을 종이 위에 올려놓고 물감을 뿌려볼까?
	  – 동물이 움직이지 않도록 가만히 두고 여기 있는 칫솔에다 물감을 찍어 체에다 문질러보자. 물감이 어떻게 떨어질까?
	  – ○○종이 위에 빨간 물감비가 잔뜩 왔구나.
	  – 종이 위에 있는 동물들을 살짝 꺼내면 그 자리는 어떻게 되었을까?
	
	3. 영아의 작품을 함께 보며 내용을 말로 표현해주고 격려한다.
	  – ○○의 그림 속에 있는 것은 뭐니?
	  – ○○의 그림 속에는 파란 비가 내렸구나.
	   소랑 토끼랑 돼지가 함께 비를 맞고 있네.
	   ○○의 그림을 친구들도 잘 볼 수 있도록 여기에다 붙여두고 함께 보자.

참　　고 ·처음에는 물감 묻힌 칫솔을 체에 문지르는 것 자체에 흥미를 보이므로 충분한 탐색이
이루어지고 난 뒤에 동물본을 이용한 활동으로 확장한다.

·옅은 색의 종이보다 검정색 종이를 사용하면 물감색이 보다 선명하게 나타나며 체의
구멍이 너무 작으면 칫솔로 문지르는 것이 어려우므로 체의 구멍은 적당히 큰 것을
선택한다.

소꿉영역

동물병원 놀이

주요경험	· 동물을 사랑하는 마음을 갖는다. · 아픈 동물을 돌보아주는 상상놀이를 해본다.
활동인원	2~4명
활동시간	7~10분
준 비 물	동물병원에 관련된 사진 또는 화보, 병원 놀이 기구(청진기, 의사 가운, 주사기, 약병, 온도계 등), 동물인형, 동물 침대
활동방법	1. 소꿉영역에 마련된 병원 놀이 기구에 영아들이 흥미를 보이면 자유롭게 탐색하고 놀이하게 한다. 2. 영아들이 병원 놀이 기구를 탐색하는 행동이나 의사 또는 간호사를 흉내내는 모습을 교사가 말로 표현해주고 벽에 있는 사진을 보며 함께 이야기 나눈다. 　- ○○는 청진기를 귀에 끼고 있구나, 　　여기 사진에 있는 의사선생님하고 똑같네? 　- 여기 동물 병원에 강아지가 누워 있네, 어디가 아파서 왔을까? 　　○○가 여기 간호사처럼 주사를 놔줄 수 있겠니? 3. 교사는 동물인형을 이용해서 병원 놀이를 해 보도록 유도하고, 놀이 전개를 위해 필요하면 교사도 참여하여 의사 또는 환자의 역할을 해준다. 　- 의사 선생님, 우리 강아지가 다리를 다쳤어요, 　　아프지 않게 다리를 치료해 주세요, 　- 의사 선생님, 주사를 맞아야 하나요? 약도 먹어야 낫나요?

쌓기 · 대근육 · 음률영역

줄 아래로 지나가기

주요경험	· 줄을 이용한 놀이에 관심을 갖는다. · 줄 아래로 몸을 낮추어 지나가는 경험을 해본다.
활동인원	2~3명
활동시간	3~5분
준 비 물	150㎝정도 길이의 굵은 끈(끈 중간중간에 방울을 달아둔다) 여러 개

활동방법	1. 미리 준비해둔 끈에 흥미를 보이면 영아들이 끈을 이용해 자유롭게 놀이할 수 있도록 격려해 준다.
	   – ○○가 끈으로 허리를 묶었구나, 허리띠 같네.
	   – 걸어다니니까 끈에서 소리도 나네.
	   – 줄을 양쪽에서 친구하고 잡아보았구나.
	
	2. 끈을 이용한 놀이에 익숙해지면 교사는 줄을 양쪽에 고정해두고 줄 밑으로 지나가는 놀이를 유도한다.
	   – 줄을 묶어두니까 이 밑으로 길이 생겼네.
	    이 줄 밑으로 어떻게 지나가면 좋을까?
	
	3. 영아들이 줄 밑으로 지나가는 다양한 행동을 언어로 표현해준다.
	   – ○○는 강아지처럼 네 발로 기어서 걸어가는구나.
	   – ○○는 애벌레처럼 꿈틀꿈틀 기어서 가네?
	   – 줄에 닿지 않도록 조심조심 지나가보자.

참 고	· 줄 밑으로 지나가는 놀이가 활성화되면 줄의 높낮이를 조절해주어 다양한 움직임이 나오도록 한다.

전이활동

새가 되어보기

주요경험	·동시 내용을 듣고 감상해본다.
활동인원	5~ 7명
활동시간	3~5분
활동방법	1. 정리 정돈을 마친 후 또는 실외놀이터로 나가기 전에 영아들의 관심을 집중시키기 위한 전이활동으로 계획한다.

    –(교사는 양 손을 포개어 새의 모양을 만들면서) 오늘 우리 토끼반에 새 한 마리가 놀러왔어. 그래서 선생님 손에는 이렇게 작은 새가 앉아 있단다.

    – 너희들 손에도 작은 새가 있도록 만들어볼까?

2. 영아들이 손의 움직임에 관심을 보이면 교사는 영아들과 함께 양 손을 움직이면서 동시의 내용을 들려준다.

    – 너희들 손에도 작은 새가 놀러와 앉았구나. 이 새들이 어디에서 왔을까?

    – 새가 둥지에 앉아 있다가 높이높이 하늘을 날아다니는 구나.

      (교사는 손으로 새의 움직임을 천천히 표현해 주며 영아들의 행동을 관찰한다.)

    – 작은 새가 조용히 잠들어 있다네.

      너희들 손에도 새가 조용히 잠들어 있니? 새가 깨지 않도록 조용히 해주자.

참　　고	·교사는 「작은 새」의 동시 내용을 참고하여 활동을 전개하며 영아들의 반응과 진행 상황에 따라 알맞게 각색해서 들려준다.

작은 새

한 마리 작은 새가 둥지에 앉았네
한 마리 작은 새가 쉬고 있다네
두 마리 작은 새가 높이 날고 있다네
두 마리 작은 새가 하늘을 훨훨 날고 있다네
세 마리 작은 새가 아름다운 노래를 부르네
세 마리 작은 새가 하루 종일 노래를 부르네
네 마리 작은 새가 무엇을 찾고 있네
네 마리 작은 새가 벌레를 찾아서 먹고 있네
다섯 마리 작은 새가 '삐삐삐'라고 이야기하네
다섯 마리 작은 새가 조용히 잠들어 있다네,

· 출처: 이기숙·이영자(1997). 2~3세를 위한 유아교육프로그램. 창지사. p. 466.

기본생활습관

낮잠 자기 전 소변보기

주요경험	·스스로 변기를 사용해보는 경험을 한다. ·규칙적인 배변 습관을 갖는다.
활동인원	1~3명
활동시간	1~2분

활동방법	1. 오전 일과를 마치고 영아들이 잠자리에 들기 전에 교사는 영아들이 화장실에서 소변을 보고 누울 수 있도록 있도록 이야기해준다.
	  - 이제 모두 잘 시간이구나, 잠자기 전에 모두 화장실에서 '쉬~' 하고 왔니?
	    지금은 안 마렵다고 그냥 잠자다가 나도 모르게 바지 또는 치마에 오줌을 누면
	    많이 불편할 거야, 화장실 안 간 친구는 선생님하고 같이 다녀오자,
	
	2. 화장실에서는 영아들이 스스로 바지를 내려볼 수 있는 기회를 주고 소변을 본 영아에게는 칭찬을 해주며 다시 자리에 편히 누울 수 있도록 도와준다.
	  - 잠자기 전에 화장실에 다녀왔으니까 이제 ○○는 자는 동안 편안하겠구나,
	    자고 일어나서 다시 한 번 '쉬~' 하러 가자,

참　고	·변기 옆에 배변과정이 담긴 그림자료를 붙여 주어 영아들이 항상 보고 변기를 사용할 수 있도록 한다.

주제 | 더워요

실시기간 : 7월 2주 ~ 8월 4주

▶▶ 전개방법

날씨가 덥다는 것을 영아들이 느끼면서 계절의 변화에 관심을 가지며 일상생활의 경험을 바탕으로 여름에 할 수 있는 다양한 놀이를 마음껏 즐겨볼 수 있도록 하기 위해「더워요」주제를 선정하였다. 특히 이 시기는 대부분의 유아교육기관들이 방학을 하는 시기라는 것을 고려하여 무리한 교육계획을 수립하지 않고 8월의 보육계획안을 월안으로 제시하였다. 따라서 실내·외에서 할 수 있는 다양한 활동을 풍부하게 계획하였으며 교사들이 여름철 휴가 기간과 날씨 등을 고려해서 활동의 내용과 수를 조절하여 융통성 있게 지도할 수 있도록 하였다.

영아들이 가족과 함께 여행을 하는 등 자연으로 나가는 기회가 많아지므로 놀러 가서 찍은 사진을 친구들과 함께 보며 이야기를 해보는 등 영아들의 경험을 같이 나누는 기회를 함께 만들어준다. 또한 모기장 치고 놀이하기, 해변가 놀이, 조개 껍데기를 이용한 소꿉놀이 등과 같은 계절을 감안한 재료를 풍부하게 제공하고 바닷속 그림, 물놀이하는 모습, 여름 곤충들의 화보 등 영아들의 경험을 토대로 개념을 확장시켜 줄 수 있는 그림을 놀이실에 붙여준다.

물놀이는 친숙하면서도 특별한 놀이방법이 필요치 않아 영아들에게 자연스럽게 과학과 수학의 기초가 되는 경험을 갖게 해주므로 가능한 많은 기회를 주고, 물놀이에 필요한 도구는 영아들이 직접 만들어 보게 하여 자신의 놀잇감에 애착을 갖고 즐길 수 있도록 한다. 또한, 물놀이 전후에 옷을 입고 벗으면서 기본생활습관을 자연스럽게 훈련해볼 수 있는 기회를 갖도록 한다.

더위로 인해 영아들이 지치거나 짜증을 많이 낼 수 있으므로 일과에 변화를 주어 나무 그늘에서 간식을 먹어본다거나 여름을 표현하는 음악(비발디의 '4계' 중 '여름', '인어공주', 생상의 '동물의 사육제' 중 '수족관' 등)을 들려주어 영아들의 기분을 전환시켜준다.

또한 여름철에는 눈병 등 전염성 질병에 감염되거나 벌레에게 물릴 위험이 많고 땀을 많이 흘리게 되므로 가정과 연계하여 영아들의 건강관리에 특별히 유의하여 충분한 휴식과 수분을 자주 공급해주고 몸의 청결을 유지하는 등 세심한 배려를 해주어야 한다. 또한 여름철 건강과 청결에 관련된 동화책을 함께 보거나 이야기 나누기를 통해 영아 스스로 자신의 건강과 안전에 관해 생각해 볼 수 있는 기회를 제공해 주도록 한다.

▶▶ 환경구성

	그리기 · 만들기영역	소꿉영역	책보기영역	탐색 · 조작영역	쌓기 · 대근육 · 음률영역
실 내	· 여름 시즌 잡지책 · 스티커 · 풀 · 가위 · 색연필 · 부채 모양의 　다양한 색지 · 크레파스 · 바다 생물의 모양 　코팅지 · 유성매직 · 색종이 · 면봉 · 수박껍질 도장 · 스탬프(적,흑,청) · 투명 비닐봉지 · 포장지 · 투명 그림판 · 우유팩 · 요구르트병 · 우드락 조각 · 수수깡 · 페트병 · 면봉	· 밀가루 반죽 · 물고기 모양 　찍기틀 · 장화 · 비옷 · 유아용 작은 우산 · 빈 아이스크림 　용기 · 아기인형 · 물고기 　낚시도구 · 모형 세탁기 · 모형 비누 · 빨래판 · 손수건 · 인형옷 · 역할 의상 · 빨랫줄 · 모형 다리미 · 조개 껍데기 · 모형 주스병 · 파라솔 · 튜브 · 돗자리 · 모기장 · 수영모자, 수영복	· 화보 및 사진 　(물놀이 하는 　영아 사진, 　여름 곤충 사진, 　여행 다녀온 사진 등) · 동시「매미」 · 그림책 「냠냠 쩝쩝」 「으뜸 헤엄이」 「맛있는 과일」 「보글보글 목욕하기」 「씻어줄게」 「넌 누구니?」 「깨끗이 씻어요」 「뭐 하니?」 「개미와 배짱이」 「곤충의 나라」 「뛰어라 메뚜기」 「나비가 되기 싫은 　애벌레」 「꽃과 곤충」 「나가 놀자」 「즐거운 물놀이」	· 숫자대로 부채 　붙이기 · 레고 블록 · 숫자통 · 물고기 똑딱단추 · 프리즘 · 거울 · 구멍 있는 스펀지 · 물놀이 기구 퍼즐 · 요리도구 　미숫가루 · 바다 주머니 · 면도크림 · 요술병 · 곤충 꼭지 퍼즐 · 파리채와 해충 　모형 · 양말, 곤충 모형 　개미, 달팽이 　관찰 · 바닷속 생물 　크기대로 놓기 · 조개 껍데기, 　소라 껍데기	· 종이벽돌 블록 · 스펀지 블록 · 단위블록 · 오색 끈 · 우레탄 블록 · 공 · 유니바 · 물고기 　낚시도구 · 다양한 크기의 　상자 · 사각 와플 블록 · 파란 보자기 · 점프동작 카드 · 마라카스 · 율동 테이프, 　녹음기 · 달팽이 그림 　머리띠 · 깡통북 · 케스터네츠 · 탬버린 · 스카프 · 실로폰 · 간이 의자, 　파라솔, 　간이 텐트

	그리기 · 만들기영역	소꿉영역	책보기영역	탐색 · 조작영역	쌓기 · 대근육 · 음률영역
실 내	· 다양한 크기의 　상자 · 나무젓가락 · 바닷속 동물 　도장 · 모자 본 · 투명비닐 · 코팅된 셀로판지, 　셀로판지	· 빈 도시락통 · 가방 · 화장품 · 거울 · 장신구 · 옷걸이 · 소꿉 그릇 · 수세미 · 부채 · 선글라스 · 전화기 · 빗 · 드라이기	「색깔들의 숨은 이야기」 「첨벙첨벙 물놀이」 「야, 웅덩이다」 「재미있게 놀아요」 「바닷물고기 덩치」 「바다 밑엔 신기한 것이 너무 많아」 「스팟이 바닷가에 갔어요」 「여행이 좋아요」 「누렁이 바닷가에 갔어요」 「비닐 그림책 : 신나는 목욕」 · 수수께끼 무엇할 때 쓰는 것 일까요? · 손가락 그림자 놀이 · 손인형	· 그림자 맞히기 　(가방, 모자, 　선글라스,수영복, 　우산) · 그림자 위에 　모양대로 놓기 · 요리 I : 미숫가루, 우유, 얼음, 설탕, 숟가락, 컵 · 요리 II : 젤리 가루, 얼음곽, 생수, 숟가락, 그릇	
실 외	· 물뿌리개 · 동화책 · 인형 · 우유곽 배 · 물총 · 바닷속 터널 · 바람개비 · 셀로판지	· 풍선채, 풍선 · 천막 · 물풍선 · 비누거품용 도구 · 페트병 · 비치볼 · 색풀 · 모래놀이용 도구	· 스프레이, 물감, 전지 · 빗자루, 스펀지, 수세미 · 물감용 붓 · 거품기 · 비닐 그림책 · 튜브 · 텐트, 돗자리, 테이블 · 다양한 모양의 소꿉 그릇	· 페인트 붓, 붓통 · 대 · 소 물놀이용 풀 · 자동차 · 물놀이용 도구 · 유아용 우산 · 깡통	

주간보육계획안

소주제 : 더워요 실시 기간 : **7월 2주**

다루어질 내용 : 날씨의 변화에 관심을 갖고 시원하게 지낼 수 있는 놀이를 경험해본다.

구분		주 간 활 동
등원 및 맞이하기		· 땀띠 등 위생상태 살펴보기
실내자유놀이	그리기 · 만들기 영역	· 여름에 볼 수 있는 물건 붙이기 · 부채 모양에 꾸미기 · 다양한 바다 생물 모양 코팅지에 유성매직으로 그리기
	소꿉영역	◎ 밀가루 반죽으로 아이스크림 만들기 · 비올 때 필요한 물건 사용해보기 · 코팅지 물고기 낚시놀이 하기
	책보기영역	· 그림동화 「냠냠 쩝쩝」「맛있는 과일」 · 수수께끼 - 무엇할 때 쓰는 것일까요?
	탐색 · 조작 영역	◎ 숫자대로 부채 붙이기 · 레고 같은 색끼리 높이 쌓아보기 · 숫자통 흔들기 1)
	쌓기 · 대근육 · 음률영역	· 블록으로 다리 만들기/연못 만들기 · 종이벽돌로 아이스크림 가게 만들기 · 동작 활동-점프하기
전이활동		· 노래 「밖으로 나가 놀자」, 「얼음과자」 2) · 음악감상 「빗방울 전주곡」 3)
실외자유놀이		· 화초에 물주기 ◎ 풍선채로 풍선 치기 ◎ 스프레이 그림 그리기 · 물페인트 칠하기 · 젖은 모래 그릇에 담아 찍어보기 · 그늘에서 책보기
점심 및 낮잠		· 숟가락, 포크 바르게 손에 쥐고 사용하기 · 자기 칫솔 찾아보기
기본생활습관		· 눈병에 걸리지 않도록 자주 손씻기 · 계단에서 걸어다니기

교육활동참고

1) 숫자통 흔들기
   · 투명한 용기 속에 단추를 1개, 2개, 여러 개를 각각 넣은 후 영아들이 흔들어 보며 소리의 차이를 느껴본다.(확장놀이로 눈을 감은 후 소리를 듣고 단추가 많은 통을 알아 맞춰보는 놀이로 진행할 수 있다.)

2)「밖으로 나가 놀자」

밖으로 나가 놀자

「얼음과자」

〈교육부(1995). 유치원 교육 활동 지도자료4. p.98 참조〉

3) 음악감상「빗방울 전주곡」
   · 쇼팽의「빗방울 전주곡」을 들으며 느낌을 손이나 머리, 팔 등 신체부위를 움직이며 장소를 이동하거나 다른 놀이로 전이한다.

주간보육계획안

소주제 : **씻기 놀이를 해요**   실시 기간 : **7월 3주**

다루어질 내용 : 나의 몸과 놀잇감을 깨끗이 씻어보는 경험을 해본다.

구분		주 간 활 동
등원 및 맞이하기		· 가져온 소지품(여벌옷 등) 옷장에 넣기
실내자유놀이	그리기 · 만들기 영역	◎ 얼음막대로 그림 그리기 · 수박껍질 도장으로 찍기 놀이 ¹⁾ · 비닐봉지로 물고기 만들기 ²⁾
	소꿉영역	· 세탁기로 옷 세탁하기, 다림질 놀이 · 아기인형 목욕시키기 · 인형옷, 손수건 빨아보기
	책보기영역	· 그림동화「뽀글뽀글 첨벙첨벙」「씻어 줄께」「넌 누구니?」「깨끗이 씻어요」 · 비닐 그림책-신나는 목욕
	탐색 · 조작 영역	· 물고기 똑딱단추로 연결하기 · 프리즘 놀이 ³⁾ · 거울 놀이 ◎ 스펀지 구멍에 손가락 넣기
	쌓기 · 대근육 · 음률영역	· 스펀지 풀 만들어 목욕탕 놀이 · 마라카스 흔들며 노래하기「돌과 물」⁴⁾
전이활동		· 노래「손을 씻어요」 ◎ 동작활동: 맨발로 걸어가요
실외자유놀이		· 물청소 놀이 · 물풍선 나르기 · 양말, 손수건 빨아 빨랫줄에 널기/인형 목욕시키기 · 다른 색 얼음 섞어 녹여보기 ⁵⁾ · 물 속에서 스펀지 탐색하기 ◎ 젖은 종이 그림
점심 및 낮잠		· 바른 자세로 밥먹기 · 점심 먹은 후 휴지로 입닦기
기본생활습관		· 젖은 옷 혼자 벗어보기 · 화장실에 가고 싶거나, 물먹고 싶을 때 선생님께 말하기

교육활동참고

1) 수박껍질 도장으로 찍기 놀이
  · 영아들과 수박화채나 간식으로 수박을 먹은 후 빨간 부분은 도려내고 껍질 부분을 이용해 도장을 만들어 찍기 놀이를 즐긴다.

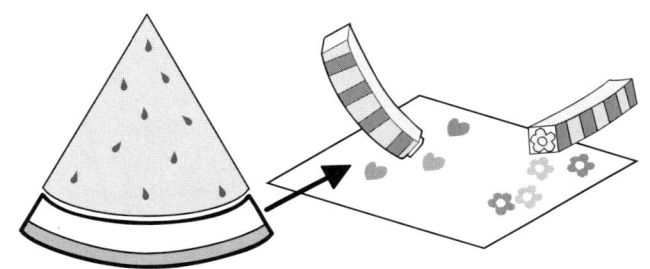

2) 비닐봉지로 물고기 만들기
  · 투명한 비닐봉지에 유성매직으로 그림을 그린 후 포장지용 반짝이 종이를 핑킹가위 가늘게 오린 것과 영아들이 자른 빨대를 함께 넣은 후 빵 끈으로 묶어 완성한다.

3) 프리즘 놀이
  · 시중에서 판매되고 있는 프리즘을 이용하여 실외에서 빛을 투과시켜본다.
  · 바닥에 전지를 깔아 두면 프리즘을 통과한 빛이 다양하게 나타나는 것을 쉽게 볼 수 있으며 색이 나타난 자리에 크레파스로 색칠을 해 볼 수 있다.

4) 마라카스 흔들며 노래하기 「돌과 물」
  · 노래를 부르며 자연스럽게 마라카스를 흔들어 본다
  〈세마치 동요 동산. 인터넷 사이트에서 노래 찾기 참조(http://semachi.ms98.net)〉

돌과 물

윤석중 작사/전석환 작곡

5) 다른 색 얼음 섞어 녹여보기

• 얼음곽에 3~4가지 색소물을 각각 담아 냉동실에 얼린 후 플라스틱 그릇에 색이 다른 얼음을 같이 넣고 얼음을 녹여 보며 색이 섞이는 과정을 경험한다.

• 녹은 물은 붓을 이용해 흰 전지 위에 그림을 그려보도록 한다.

주간보육계획안

소주제 : 여름 벌레는 무엇이 있을까?　　　　　　　　　　**실시 기간 : 7월 4주**

다루어질 내용 : 여름에 볼 수 있는 벌레에 관심을 갖고 해충에 물리지 않도록 조심한다.

구분		주 간 활 동
등원 및 맞이하기		· 벌레에 물린 곳이 있는지 확인하기
실내자유놀이	그리기 · 만들기 영역	· 요구르트병으로 매미 만들기 1) · 모기 만들기 · 스티커 꾸미기(매미, 달팽이, 지렁이 등) 2)
	소꿉영역	· 밀가루 반죽으로 벌레 만들어보기 · 모기장 치고 놀이하기 3)
	책보기영역	· 융판 사진-여름 곤충 · 동시「매미」4) · 그림동화「개미와 베짱이」「뭐 하니」「곤충의 나라」「꽃과 곤충」
	탐색 · 조작 영역	· 곤충 꼭지 퍼즐 맞추기 ◎ 파리채로 해충모형 잡기 ◎ 양말 속에 곤충이 몇 마리 들어 있을까요?
	쌓기 · 대근육 · 음률영역	◎ 상자에서 놀아요 · 유니바 뛰어넘기 · 동작 활동-달팽이 집을 집시다
전이활동		◎ 달팽이처럼 기어가기
실외자유놀이		· 잔디밭 산책하기(지렁이, 개미, 달팽이 찾기) · 비치볼 게임 · 장애물 넘어 과자 따먹기 · 숨바꼭질
점심 및 낮잠		· 먹기 싫은 음식 먹어보기 · 배에 이불 잘 덮고 자기
기본생활습관		· 손을 자주 씻기 · 놀잇감 던지지 않기

교육활동참고

1) 요구르트병으로 매미 만들기
   - 영아가 빈 요구르트병에 유성매직으로 그림을 그리면 코팅지로 오린 날개와 눈알을 스티로폴 본드를 이용해 붙여 보도록 도와주고 모빌로 걸어두거나 벽면에 전시한다.

2) 스티커 꾸미기
   - 색도화지로 매미, 달팽이, 지렁이 모양을 사실적으로 오려 주고 다양한 모양의 스티커로 자유롭게 붙여보도록 한다.

3) 모기장 치고 놀이하기
   - 시중에서 구할 수 있는 모기장을 이용해 소꿉영역 전 곳에 설치해 주고 입구는 끈으로 들어 올려 쉽게 드나들수 있도록 한다.

4) 동시 「매미」

매미		
맴맴맴···	엄마매미 맴맴맴	아기매미 맴맴
매미라고	아빠매미 맴맴맴	모두함께 맴맴맴 노래하지요,
맴맴·······노래하나?	목청 따라서	

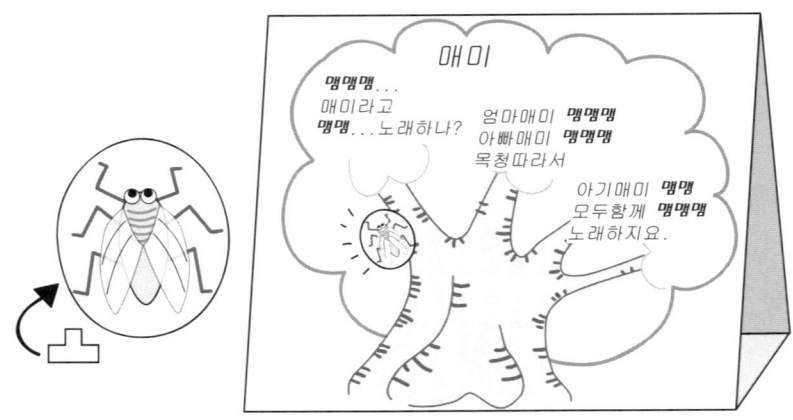

도서목록

월	주	주제	제목	글	그림	출판사	기타관련주제
7	2	더워요	냠냠 짭짭	이태수	유진화	보리	식습관
			맛있는 과일	히라야마 카 주코		한림출판	
	3	씻기 놀이를 해요	뽀글뽀글첨벙첨벙		이진아	웅진닷컴	
			씻어줄께			프뢰벨	
			넌 누구니?	남미영	오명훈	웅진출판	곤충, 동물
			깨끗이 씻어요			한국몬테소리	
	4	여름벌레는 무엇이 있을까?	개미와 베짱이	예지현 박상현		대교출판	
			뭐하니?			한국어린이육영회	
			곤충의 나라			마당	
			꽃과 곤충			한국파스칼	
		관 련 도 서	무엇이무엇이 똑같을까?	이미애	한병호	보림	기본생활
			사과가 쿵	다다 히로시	다다 히로시	보림	
			싹싹싹	하야시아키코	하야시아키코	한림출판	기본생활
			물이야기	프랑크애시글	프랑크애시글		
			난 깨끗한게 좋아	신지윤 신혜은	김복태	웅진출판	기본생활
			욕실에 있어요		김은정	국민서관	
			수박을 맛있게 먹으려면	남미영	오명훈	웅진출판	
			목욕은 즐거워요	장아라		한국어린이육영회	
			첨벙첨벙 목욕시간		최원선	한국 프뢰벨	
			숲과 들의 곤충	편집실	편집실	지경사	
			곤충 친구들		이정아	국민서관	
			메뚜기 퐁퐁이	안톤 크링스		한길사	
			쭈글쭈글 애벌레	비비언 프렌치		비룡소	

소꿉영역

밀가루 반죽으로 아이스크림 만들기

7월 2주

주요경험	· 밀가루 반죽의 촉감을 느껴본다. · 여러 가지 모양의 아이스크림을 다양하게 표현해본다.
활동인원	4~5명
활동시간	5~10분
준 비 물	2~3색의 밀가루 반죽, 소꿉놀이용 컵, 플라스틱 숟가락, 고깔모양 종이
활동방법	1. 영아가 밀가루 반죽에 관심을 보이며 여러 가지 방법으로 탐색할 때 교사도 함께 반죽을 주무르며 놀이에 참여한다. 2. 영아가 밀가루 반죽을 탐색하는 행동이나 만들고 있는 모양을 교사가 말로 표현해준다. 　- ○○는 손가락으로 꾹꾹 누르고 있네. 　- (반죽을 책상 위에 놓고 손바닥으로 밀고 있다면) 와! 반죽이 길게 되었어. 꼭 뱀 같다. 　- ○○는 동그랗게 만들어서 그릇에 담았네. 3. 영아가 아이스크림을 만들어볼 수 있도록 제안해 보거나 시범을 보여주고 여러 가지 모양과 방법으로 만들어보도록 격려해준다. 　- 아유, 더워! 뭐 시원한 것이 없을까? 　- ○○야, 더운데 우리 아이스크림을 만들어먹을까? 　- ○○는 컵에 아이스크림을 담았구나. 난 막대 아이스크림을 만들어 봐야지. 　- 감사합니다. 잘 먹을게요. 그런데 숟가락도 같이 주세요.
참　　고	· 영아와 함께 「맛있는 아이스크림이 왔어요」 노래를 부르며 친구들에게 나눠주기, 먹여주기 놀이를 해 본다. · 소꿉 영역에서 만든 아이스크림을 가지고 쌓기영역에서 아이스크림 가게 놀이로 확장시켜 볼 수 있다.

숫자대로 부채 붙이기

7월 2주

주요경험	· 수의 이름에 관심을 가진다.
활동인원	2~4명
활동시간	10~15분
준 비 물	삼각 융판, 부채 모양의 그림 여러 개, 1~5까지의 숫자가 쓰여 있는 사람 그림

활동방법

1. 삼각 융판에 준비해둔 사람 그림을 떼었다 붙였다 하며 영아들이 관심을 보이면 교사는 다가가 영아의 행동에 관심을 보여준다.
   - ○○가 치마 입은 언니를 붙였구나, 언니 옷에 '1'이라고 쓰여 있네.
     (손가락을 하나만 펴서 보여준다.)
   - ○○가 붙인 누나 옷에는 숫자 '3'이 쓰여 있구나, 숫자 '3'은 손가락으로 몇 개나 될까?
     그럼, 숫자 '5'는 손가락으로 몇 개일까? 함께 세어보자.

2. 영아들이 숫자의 이름과 수세기에 익숙해지면 교사는 부채모양의 그림을 보여주며 부채를 이용해 숫자놀이를 할 수 있도록 제안해본다.
   - 부채가 아주 많네. 여기에 있는 부채를 필요한 사람에게 나눠주자.
   - ('3'이 쓰여있는 사람 그림 하나를 붙이며) 여기 오빠는 너무 더워서 부채가 세 개나 필요하대.
     ○○가 부채를 세 개 붙여볼 수 있겠니?

3. 영아들이 스스로 붙여보고 이야기해 볼 수 있도록 교사는 영아의 행동을 언어로 표현해 주고 격려해준다.
   - ○○는 누나에게 부채를 몇 개를 붙여주었니?
     그래. 부채를 하나, 둘! 모두 두 개를 붙여 주었구나.
     다른 사람에게도 필요한 만큼 부채를 붙여 줄까?

참 고	· 사람 그림에 써있는 숫자대로 붙이기 어려워하는 영아에게는 1:1 대응놀이로 바꿔서 진행할 수 있다.

실외자유놀이

풍선채로 풍선 치기

7월 2주

주요경험	·공기가 들어간 풍선의 질감을 느껴본다. ·풍선을 위로 쳐보는 경험을 한다.
활동인원	5~6명
활동시간	10~15분
준 비 물	풍선채, 여러 색의 풍선

〈만드는 방법〉
(재료: 철사심이 들어 있는 옷걸이, 스타킹, 모루)
① 철심이 든 옷걸이의 밑부분을 잡아당겨 다이아몬드 모양으로 만든다.
② 색 스타킹을 손잡이 반대 부분에서부터 끼운다.
③ 스타킹을 팽팽히 잡아당기고 손잡이 부분에서 돌려 감은 후 모루로 마무리한다.

활동방법

1. 미리 준비해둔 풍선에 영아가 관심을 보이면 원하는 방법으로 다양하게 탐색할 수 있도록 충분히 시간을 주고, 교사는 영아의 행동과 풍선의 움직임에 관심을 보여준다.
   - 바구니에 담긴 풍선을 ○○가 가져왔구나.
     노란 풍선이 참 말랑말랑하고 가볍네.
   - ○○가 풍선을 위로 던졌구나. 풍선이 둥실 높이 올랐다가 떨어졌네.

2. 영아가 풍선을 이용해 다양한 탐색이 충분히 일어나면, 다음으로 교사는 풍선채를 이용해 풍선놀이를 해보도록 유도한다.
   - ○○는 이 풍선채로 풍선을 아래로 공처럼 튀겨보네.
   - 와~ 하늘 높이 올렸구나. 어떻게 해서 풍선이 올라갔니?

3. 영아가 스스로 도구를 이용해 풍선을 쳐보며 흥미를 갖을 수 있도록 영아의 행동을 언어로 표현해준다.

참 고 · 대부분의 영아들은 풍선을 소유하는 것을 즐기므로 충분한 수의 풍선을 준비해준다.
· 영아가 풍선치기를 어려워할 경우 풍선을 나뭇가지나 일정한 곳에 매달아놓아 손이나
채를 이용해서 다양한 방법으로 놀이해볼 수 있도록 배려해준다.

실외자유놀이

스프레이 그림 그리기

주요경험	・자유로이 움직이며 그림을 그려보는 경험을 갖는다. ・소근육을 이용해 소품을 바르게 조작해본다.
활동인원	5~7명
활동시간	10~15분
준 비 물	작은 크기의 스프레이통, 전지, 물감, 물감용 덧옷

활동방법

1. 영아들이 미리 준비해둔 스프레이통에 관심을 보이면 교사는 물을 넣어주어 자유롭게 탐색하며 놀이할 수 있도록 영아의 행동을 격려해준다.
   - 손으로 눌렀더니 물이 나오는구나.
   - ○○는 스프레이로 나뭇잎에 물을 주었네.
   - 스프레이 손잡이를 눌렀더니 바닥에 물그림이 그려졌구나.

2. 영아들이 스프레이통에 지속적으로 관심을 보이고 조작이 익숙해지면 교사는 물 대신 물감이 든 물을 넣어주고 그림을 그려보도록 제안하고 옆에서 영아의 행동을 언어로 묘사해주며 탐색과 표현을 돕는다.
   - ○○의 스프레이병 속엔 노란 물감이 들어 있구나.
     하얀 도화지에 쏴보았더니 긴 뱀처럼 그림이 그려졌네.
   - ○○는 파란 물감을 쐈구나? 와! 노란 뱀 위에 파란 물감이 떨어지니까 초록색 뱀으로 바뀌었구나.
   - ○○는 보라색 물감을 쏘니까 꼭 포도 주스 같다.

3. 영아들의 움직임에 따라 그림이 다르게 표현되는 것을 언급해주어 다양하게 움직여보도록 자극한다.
   - ○○는 뱅글뱅글 모양이 그려졌구나.
   - 어, ○○는 옆으로 걸어가면서 물을 짜보았구나.
   - 커다란 공룡이 ○○를 따라가고 있네.
   - 깡충깡충 뛰면서 그림을 그리니까 그림이 징검다리처럼 되었구나.

참　고 　・물감 든 스프레이병이 친구를 향하거나 다른 놀이를 방해하지 않도록 사전에 미리 영아들
　　　　　과 이야기를 나눈다.

그리기 · 만들기영역

얼음막대로 그림 그리기

주요경험	· 얼음의 특성과 색의 변화를 경험해본다. · 새로운 방법으로 그림을 표현해본다.
활동인원	2~3명
활동시간	10~15분
준 비 물	얼음막대, 식용색소 또는 분필가루, 흰 도화지

7월 3주

〈만드는 방법〉

(재료 : 면봉, 얼음통, 분필, 칼)

① 얼음 막대 - 면봉을 얼음통에 꽂아 물을 부어 얼린다.

② 분필을 이용할 경우 칼을 이용해 가루로 만들어 색깔별로 나누어 준비한다.

활동방법

1. 날씨가 더울 때 얼음을 쟁반에 담아 영아에게 주어 얼음을 만져보고, 녹여보는 등 자유롭게 얼음을 탐색할 수 있도록 격려해준다.

   - ○○가 손으로 얼음을 잡았구나, 미끌미끌하더니 쑥 미끄러져서 떨어졌네,

   - 얼음이 아주 차가워서 ○○는 손이 빨갛게 되었네,

   - 손에서 물이 떨어지네? ○○ 손에 있는 얼음이 이렇게 작게 되었구나,

2. 얼음놀이에 영아들이 익숙해지면 얼음막대를 제시해주고 영아의 탐색행동을 언어로 묘사해준다.

 - 어, 이번 얼음에는 막대가 달렸네.
 - ○○는 막대를 손잡이처럼 잡고 있구나.
 - 바닥에다 문질러 보니 아주 미끌미끌하네. 얼음이 지나간 자리에 이렇게 물이 생겼구나.

3. 영아가 얼음막대로 그림을 그리고 있을 때 색소가루를 뿌려주어 색소가루(또는 분필가루)가 번지거나 섞이는 모습을 경험해보도록 한다.

 - ○○가 들고 있는 얼음막대가 쓱~ 하고 지나가면 어떻게 될까?
 - 어? 빨간색 물이 생겼네.
 - ○○는 파랑색 위로 지나갔구나?
 - 빨강색 물과 파랑색 물이 서로 만났네.
 - 이번에는 다른 색에도 얼음을 문질러보자. 어떻게 될까?

참 고

· 활동 후에는 도화지가 얼음 때문에 많이 젖으므로 작품이 파손되지 않도록 조심스럽게 건조시킨다.
· 얼음을 충분히 탐색한 뒤에 얼음 그림으로 자연스럽게 연결되도록 하며, 사전에 사인펜으로 그린 그림을 이용할 수도 있다.

탐색 · 조작영역

스펀지 구멍에 손가락 넣기

7월 3주

주요경험	• 스펀지에 호기심을 갖고 탐색해본다.
	• 촉감을 이용한 감각놀이를 경험해본다.
활동인원	3~5명
활동시간	10~15분
준 비 물	스펀지 여러 개(50×30cm)

〈만드는 방법〉
• 스펀지에 십자 드라이버를 이용해 깊이 5cm정도의 구멍을 여러 개 만들어둔다.

활동방법

1. 영아가 스펀지에 관심을 보이고 손으로 탐색할 때 교사는 옆에서 영아의 행동을 언어로 묘사해주며 영아의 관심과 호기심에 반응해 준다.
   - ○○가 스펀지를 만져보고 있구나, 느낌이 어떠니?
   - 말랑말랑하기도 하고 푹신푹신하기도 하네.
   - 스펀지를 손바닥으로 누르니까 쑥 들어갔다 다시 나오네.
   - ○○는 베개처럼 얼굴을 대보는 구나, 느낌이 어떠니?

2. 영아가 손으로 느낌을 충분히 느낄 수 있도록 격려해주며 교사가 시범을 보이거나 영아들이 스스로 손가락을 이용해 작은 구멍을 찾아보도록 제안해본다.
   - 부드럽고 푹신푹신한 스펀지를 이 번에는 손가락으로 꾹꾹 눌러보자.
   - 어? 선생님 손가락이 쑥 하고 들어갔네, 눈에 잘 보이지 않지만 작은 구멍이 있었나 봐.
   - 너희들도 손가락으로 구멍을 찾아보겠니?
   - ○○의 손가락이 스펀지 속으로 쑥 하고 들어갔네.

참 고	• 날씨가 더우면 물놀이와 함께 계획해 볼 수 있다(예: 물 속에서 스펀지 탐색하기).

맨발로 걸어가요

주요경험	• 발바닥을 이용해 다양한 촉감을 느껴본다. • 언어로 느낌을 표현해본다.
활동인원	5~7명
활동시간	5~10분
준 비 물	다양한 재질의 천으로 만든 촉감판 (30×30cm) 〈만드는 방법〉 (재료 : 하드보드지, 토끼털, 악어가죽, 모래종이, 반짝이 천, 이불솜, 비닐재질 천, 타월 천) ① 하드보드지를 같은 크기대로 재단한 후 먼저 부직포로 싸고 다양한 재질의 천으로 싸서 완성한다. ② 이불솜 촉감판은 솜을 얹은 위에 얇은 천을 겉으로 싸서 완성한다.
활동방법	1. 다음 활동을 진행하기 전에 영아들의 관심을 집중시키기 위한 활동으로 준비한다. 영아들의 정리정돈이 어느 정도 마무리가 되어가면 교사는 촉감판을 바구니에 담아 준비하고 상호작용을 한다. – 날씨가 많이 더워 모두 양말을 벗었지. – 맨발로 카펫을 한번 문질러보자. 어떤 느낌이 드니? 부들부들하니? 2. 영아들이 맨발로 촉감을 느껴보는 것에 관심이 집중되면 교사는 준비한 촉감판을 바닥에 고정시키고 맨발로 함께 걸어보며 다양한 촉감을 느껴보고 말로 표현해보도록 도와준다. – 여기 타월 위로 ○○가 걸어가고 있구나. 느낌이 어떠니? – 푹신푹신한 솜 위를 걸어보자. 이불 같다고? 정말 그렇네. – 발바닥이 까칠까칠하구나.
참 고	• 놀이가 실외놀이로 이어진다면 바로 나갈 수 있도록 교실 입구에 촉감판을 설치해 둔다. • 전이활동 후에는 촉감판을 탐색 · 조작영역에 제시하여 충분히 탐색할 수 있는 시간을 갖는다.

실외자유놀이

젖은 종이 그림

주요경험	・소근육을 이용해 스프레이를 조작해본다. ・젖은 종이에 잉크가 번지는 현상을 경험해본다.

7월 3주

활동인원	3~5명
활동시간	5~10분
준 비 물	색도화지 여러 장, 사인펜, 스프레이통

활동방법

1. 실외에서 스프레이를 가지고 물놀이나 벽면에 그림 그리기 등을 하면서 영아가 스프레이를 조작하는 것에 흥미를 계속 보이면 연결활동으로 계획한다.

2. 영아가 스프레이를 스스로 조작하여 물을 뿌릴 수 있으면 교사는 색도화지를 준비하여 종이 위에도 물을 뿌려보도록 영아의 행동을 격려해준다.
   - 손잡이를 누르니까 물이 밖으로 나오네.
   - 하늘색 종이 위에 물을 뿌려보면 종이가 어떻게 될까? 한번 뿌려보겠니?
   - 종이 위에 물이 비처럼 내렸네. 종이가 어떻게 되었니? 한번 만져보자.

3. 젖은 종이에 그림을 그려보도록 제안한 후 영아에게 사인펜을 제공하고 영아가 보이는 행동과 그림을 언어로 표현해준다.
   - 이 젖은 종이 위에 그림을 그리면 어떻게 될까?
   - 젖은 종이 위에 ○○가 동그라미를 그렸는데 동그라미가 점점 커지고 있네.
   - ○○가 그린 달팽이가 조금씩 조금씩 움직이는 것처럼 보이는구나.

참 고
・젖은 종이는 찢어지기 쉬우므로 끝이 뾰족하지 않는 뭉뚝한 수성펜을 제공한다.
・영아가 젖은 종이에 그리기를 어려워하면 먼저 그림을 그린 후에 물을 뿌려보게 한다.

파리채로 해충 모형 잡기

7월 4주

주요경험	·해충으로부터 몸을 보호해야 한다는 것을 느껴본다. ·눈과 손의 협응력을 기른다.
활동인원	2~4명
활동시간	5~10분
준 비 물	파리채 2~3개, 파리·모기 모형
	〈만드는 방법〉 (재료: 파리채, 까슬이, 부직포) ① 파리채 : 시중에 판매되고 있는 파리채 한 면에 까슬이를 붙여둔다. ② 파리·모기 모형 : 부직포를 이용해 파리 또는 모기의 모형을 여러 개 만든다.
활동방법	1. 영아들이 파리채와 해충 모형에 관심을 보이면 자유롭게 탐색할 수 있도록 충분히 시간을 주고 교사도 영아와 함께 파리채와 해충 모형을 가지고 놀이에 참여한다. 2. 영아들이 계속하여 파리채에 흥미를 보이면 교사는 파리나 모기를 바닥에 뿌려놓고 영아들에게 상황을 설정하여 이야기하고 해충을 파리채로 잡아보도록 격려한다. 　- 어? 여기에 파리가 아주 많네. 　- ○○가 가지고 있는 파리채로 파리를 좀 잡아보겠니? 　- 여기 모기도 날아왔어. ○○도 모기에 물렸었지? 모기에 물리면 간지러울 텐데 어쩌지? 　- ○○가 파리채로 모기를 잡았구나. 모기를 한꺼번에 두마리나 잡았네. 　- ○○는 모기가 달아날까 봐 살금살금 다가가서 모기를 잡았네.

참　　고　· 「파리와 모기를 잡자」 노래를 부르며 해충을 잡은 후 잡은 수가 많고 적음을 비교하는
　　　　　　 놀이를 해볼 수 있다.

탐색 · 조작영역

양말 속에 곤충이 몇 마리 들어 있을까요?

주요경험	· 손의 촉감으로 곤충의 수를 짐작해본다. · 수세기를 경험해본다.
활동인원	2~4명
활동시간	5~10분
준 비 물	다양한 곤충 모형, 양말 여러 개

7월 4주

활동방법 1. 영아들이 바구니에 담아둔 양말과 곤충 모형에 흥미를 보이면 곤충의 이름 및 양말의 다양한 모양 등에 대해서 이야기하며 교사도 함께 탐색놀이에 참여한다.
- 바구니 안에 애벌레가 살고 있네, 또 귀뚜라미도 있구나, 귀뚜라미는 어떻게 생겼니?
- 잠자리가 추운가 보다, 빨간 양말 속으로 쏙 들어갔어, 누가 손을 넣어 꺼내보겠니?

2. 영아들이 양말 속에 곤충을 넣거나 빼보는 등의 행동을 보이면 영아의 행동에 반응해 주면서 양말 속에 어떤 곤충이 들어 있는지 만져 보도록 제안한다.
- ○○가 양말 속에 무언가를 넣었구나,
- 무얼 넣었는지 손을 넣어 만져볼까?
- 양말 속에 잠자리가 있는 것 같으니?

3. 교사는 각각의 양말 속에 곤충을 넣은 후 영아가 직접 손으로 만져서 수를 짐작해 볼 수 있도록 영아의 행동을 격려한다.
- 주황색 양말에는 애벌레가 들어 있는 것 같으니? 몇 마리가 들어 있니?
- 양말 속에 들어 있는 애벌레를 꺼내서 한 번 세어보자,
- 하나, 둘, 셋! 모두 세 마리가 들어 있었구나,

참   고 · 영아들이 곤충 모형에 거부감을 느끼지 않도록 탐색할 수 있는 시간을 충분히 준다.

쌓기 · 대근육 · 음률영역

상자에서 놀아요

7월 4주

주요경험	· 크기가 다른 상자를 이용하여 다양한 방법으로 놀이해본다. · 일정한 공간에 들어갔다 나갔다 하면서 신체를 조절해본다.
활동인원	2~3명
활동시간	5~10분
준 비 물	다양한 크기의 상자, 쿠션, 인형, 이불

활동방법	1. 영아들이 크기가 다른 상자에 흥미를 보이면 충분히 탐색할 수 있도록 시간을 주고 영아의 행동을 언어로 표현해준다.
	  - ○○는 커다란 상자 속에 들어가서 앉았네,
	  - 작은 상자 속에는 손을 넣고 빙글빙글 돌리는구나,
	  - 상자를 크기대로 늘어 놓았구나,
	
	2. 영아들이 상자를 이용해서 다양한 방법으로 놀이할 수 있도록 제안한다. 또 상자 주위에 쿠션이나 베개 등을 마련해 주어 영아들이 소품을 이용해서 소꿉놀이를 하거나 상자 안에 들어갔다 나갔다 하면서 숨기놀이를 하도록 도와준다.
	  - 상자 안에 베개가 있네, 피곤하면 이 곳에서 누워 쉴 수 있겠구나,
	  - ○○는 상자 안에 몸을 웅크리고 들어갔구나, 이 곳은 ○○의 집이구나,
	  - 상자 안에 들어가 있으니 잘 보이지 않네,
	  - 어? ○○가 여기에 있었는데 어디에 갔지?
	  - 얘들아, ○○를 보지 못했니? 어디에 있는지 한번 찾아보자,
	  - ○○는 상자 속에 꼭꼭 들어가 있어서 안 보였구나, 저 상자 안에는 ○○의 머리가 보이네,

전이 활동

달팽이처럼 기어가기

주요경험	· 작은 움직임에 관심을 갖는다. · 달팽이의 움직임을 몸으로 표현해본다.
활동인원	1~7명
활동시간	3~5분
준 비 물	달팽이 사진이 붙은 손퍼펫

7월 4주

활동방법

1. 다음 활동이나 다른 장소로 옮기기 위한 정리가 마무리 되어가면 교사는 퍼펫을 손에 끼고 일정한 장소에 앉아 「달팽이 집을 집시다」 노래를 부르며 영아들이 모이기를 기다린다.

2. 영아들이 교사 주위에 앉으면 교사는 목소리를 달리하여 달팽이를 소개하고 어떻게 움직이는지를 손으로 표현하여 영아들의 움직임을 유도한다.
   - 영차! 영차! 얘들아, 나는 달팽이라고 해.
     난 지금 바깥으로 나가려고 열심히 가고 있단다.
   - 내가 어떻게 가고 있는지 녀희들이 잘 보고 이야기해줄래?
   - 꿈틀 꿈틀… 어때! 나 빠르지?
   - 아니라고? 그럼 내가 어떻게 가는지 녀희들이 흉내내 볼 수 있겠니?

3. 달팽이의 움직임에 영아들이 관심을 갖고 표현하면 교사는 영아들의 행동을 언어로 표현해주며 다양한 움직임을 지지해준다.
   - ○○는 몸을 쭉 펴고 배로 기어가고 있구나.
   - ○○는 옆으로 빙글빙글 돌면서 가고 있네.
   - 쪼그리고 앉아 종종걸음으로 가는 모양이 달팽이랑 똑같구나.

참 고

· 다음 놀이의 장소가 바뀌는 경우에는 일정한 지점까지 달팽이처럼 기어서 갈 수 있도록 계획하여 본다.

월간보육계획안

소주제 : 물놀이가 재미있어요 / 여행 가는 놀이를 해요　　　　**실시 기간 : 8월 1주~8월 4주**

다루어질 내용 : 실내·외에서 할 수 있는 다양한 물놀이를 경험해본다.
　　　　　　　　여행 다녀온 경험을 놀이로 표현해본다.

		1 주	2 주	3 주	4 주
등원 및 맞이하기		· 감기로 인해 불편한 곳이 있는지 살핀다		· 여행지에서 수집해 온 물건 살펴보기	
실내자유놀이	**그리기·만들기 영역**	· 투명그림판에 그림 그리기 · 우유곽으로 배 만들기	◎페트병 분수 꾸미기 · 물고기 모빌 만들기	· 바닷속 동물 도장찍기 · 바람개비 만들기 3)	◎색종이로 발 만들기
	소꿉영역	· 설거지 놀이	· 주스가게 놀이	◎바닷가에 놀러가는 흉내내기 · 조개 껍데기로 음식 차리기	◎밀가루 반죽으로 도시락 싸기
	책보기 영역	· 물놀이 사진 보며 이야기 나누기 · 그림책 「나가놀자」 「즐거운 물놀이」 「색깔 등의 숨은 이야기」 「첨벙첨벙 물놀이」	· 손가락 그림자 놀이 · 그림책 「즐거운 물놀이」 「재미있게 놀아요」	· 그림동화 「바닷물고기 덩치」 「스팟이 바닷가에 갔어요」 「바다밑엔 신기한 것이 너무 많아」 ◎여행 다녀온 사진 보며 이야기 하기	· 손인형으로 이야기나누기 · 그림책 「여행이 좋아요」 「누렁이 바닷가에 갔어요」
	탐색·조작 영역	· 요리활동- 미숫가루 타기 ◎바다주머니	◎면도크림으로 촉감 느끼기 · 요술병 1)	· 조개 껍데기 만져보기·귀에 대보기 ◎그림자 위에 모양대로 놓기	· 그림자맞추기-어디에 쓰이는 물건일까요? (가방, 모자, 선글라스, 수영복, 우산 등)
	쌓기·대근육·음률영역	◎종이벽돌 블록으로 수영장 만들기	· 마주 앉아 공굴리기 · 동작활동 「통통통」 2)	◎종이벽돌 블록으로 배 만들어 낚시하기	· 율동 「짝짝짝」 4) ◎단위 블록으로 길 만들기
전이활동		· 체조 「아기체조」 5)　· 노래 「고기잡이」 6)　· 손유희 「산에 나무가 없으면」 7)　· 낮은 평균대 걸어보기			
실외자유놀이		· 세차 놀이 · 젖은 모래, 마른 모래 · 도구를 이용한 풀그림8) · 바닷가 캠핑놀이	· 풀 안에서 비닐 그림책 보기 · 물래방아 물놀이 · 깡통 달고 다니기9) ◎주렁주렁 매달아요	· 페트병 분수 놀이 ◎보글보글 거품 만들기 · 게임-튜브 끼고 돌아보기	· 우유팩 배 띄우기 · 바람개비 날리기 ◎바닷속 터널 통과하기 · 뜨고 가라앉기
점심 및 낮잠		· 자고 일어나서 화장실 다녀오기　· 물 컵 두 손으로 잡고 먹기　· 조용히 누워 자장가 듣기			
기본생활습관		· 찬 음식 많이 먹지 않기　◎양치할 때 구석구석 닦기　· 배변 후 물내리고 손씻기			

교육활동참고

1) 요술병(물과 기름을 섞어보고 분리되는 과정 살펴보기)
   - 투명한 500㎖ 페트병 3~6개에 물과 식용류를 1:2, 1:1, 2:1비율로 각각 넣고 마개를 밀봉하여 액체가 새지 않도록 한다.
   - 물에는 반짝이, 작은 구슬, 색모래 등을 넣고 식용류을 첨가해 주어 페트병을 흔들 때 다양한 효과를 주도록 한다.

기름2   기름1   기름1
+   +   +
물1   물1   물2

2) 동작활동「통통통」
   - 노랫말에 따라 동작을 크게 표현해 본다.
   〈김성균(2000). 김성균 동요집 제1집. 국민서관. p. 36 참조〉

3) 바람개비 만들기
   ① 색종이를 이용한 바람개비: 영아들과 함께 색종이를 접어서 수수깡에 고정시켜 사용한다.
   ② 셀로판지를 이용한 바람개비: 셀로판지를 코팅하여 지름12㎝인 둥근 원을 오리고 중심축을 중심으로 끝에서부터 가위로 5㎝가량 4군데를 오린다. 오린 부분을 일정한 방향을 접고 나무막대에 압정으로 돌아갈 정도로 고정한다.

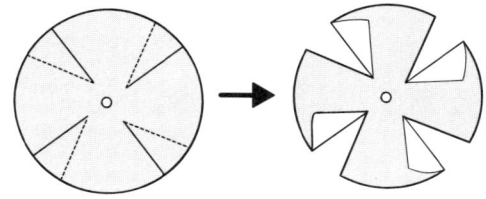

4) 율동「짝짝짝」
   〈임미혜(1997). 주의집중을 위한 손유희. 창지사 p.28 참조〉

5) 체조「아기체조」
   - 물놀이전 체조로 계획하여 모든 영아들이 함께 할 수 있도록 한다.
   〈세마치 동요 동산 인터넷 사이트에서 노래 찾기 참조(http://semachi.ms98.net)〉

6) 노래 「고기잡이」

〈세마치 동요 동산 인터넷 사이트에서 노래 찾기 참조(http://semachi.ms98.net).〉

고기잡이

윤극영 요/곡

고 기 를   잡 으 러   바 다 로 갈 까 나   고 기 를
쏴 쏴 쏴   쉬 쉬 쉬   고 기 를 몰 아 서   어 여 쁜

잡 으 러   강 으 로 갈 까 나   이 병 에   가 득 히
이 병 에   가 득 히 차 면 은   선 생 님   한 테 로

넣 어 가 지 고 요   라 라 라 라 라 라 라 라   온 다 야
가 지 고 온 다 야   라 라 라 라 라 라 라 라   안 - 녕

7) 손유희 「산에 나무가 없다면」

〈임미혜(1997). 주의집중을 위한 손유희. 창지사. p.143 참조〉

8) 도구를 이용한 풀그림

· 색밀가루 풀을 비닐로 덮힌 책상이나 바닥에서 손으로 충분히 탐색을 한 후 빗, 페인트 붓, 빳빳한 유화물감용 붓을 이용하여 풀 위를 긁어보거나 칠해보며 다양한 무늬를 만들어 본다.

9) 깡통 달고 다니기

· 자전거나 자동차 등 다양한 탈것의 뒤에 깡통, 알루미늄, PET병 속에 구슬이나 돌, 곡식 등을 넣어 밀봉한 후 끈으로 연결하고 이동하면서 움직이는 모습이나 다양한 소리에 흥미를 갖는다.

도서목록

월	주	주제	제목	글	그림	출판사	기타관련주제
8	1	물놀이가 재미있어요Ⅰ	나가놀자			한국 몬테소리	실외놀이
			색깔 등의 숨은 이야기	에파 헬러		성우	색
			참벙첨벙 물놀이(코코시리즈 6)	편집부		중앙출판사(중앙미디어)	
	2	물놀이가 재미있어요Ⅱ	재미있게 놀아요			삼성출판사	실외놀이
			즐거운 물놀이			한국몬테소리	물놀이
	3	여행가는 놀이를 해요Ⅰ	바닷물고기 덩치	정대영	정대영	보림	환경오염
			바다밑엔 신기한게 너무 많아	로레트브록스트라		풀빛	
			스팟이 바닷가에 갔어요			한국프레벨	물놀이
	4	여행가는 놀이를 해요Ⅱ	여행이 좋아요	남미영	오명훈	웅진출판	
			누렁이 바닷가에 갔어요			육영회연수원	
		관 련 도 서	바닷가에서	편집실	편집실	계몽사	
			여름이 왔어요	보리	편집실	웅진출판	
			구리와 구라의 헤엄치기	나카가와니에코 (고향옥)		한림출판사	

탐색 · 조작영역

바다 주머니

주요경험	촉감을 이용해 무슨 물건인지 추측해 본다. 주머니에 물체를 넣고 꺼내보며 사라졌다가 나타나는 시각적 변화에 흥미를 가진다.
활동인원	3~5명
활동시간	10~15분
준 비 물	부직포로 만든 바다 주머니, 소라, 전복, 조개, 다양한 촉감의 천으로 제작된 물고기 〈만드는 방법〉 바다 주머니(재료 : 부직포, 천류) ・푸른색 부직포에 가로로 18㎝ 가량의 칼자국을 6~7개 정도 내고 뒤에 천으로 된 주머니를 매달아 실로 꿰맨다.

활동방법	1. 교실 벽에 부착해둔 바다 주머니에서 영아들이 조개나, 물고기 등을 꺼내면 교사도 함께 관심을 보이며 반응해준다.
	  – ○○가 바다 속에서 조개를 꺼냈네, 조개의 느낌이 어떠니?
	  – 까칠까칠한 조개를 손으로 비벼 보았구나.
	  – 다른 주머니에는 어떤 것들이 들어 있을까?

2. 영아가 주머니에서 꺼낸 다양한 물체를 충분히 탐색할 수 있도록 격려하고, 자신이 원하는 곳에 다시 넣어 보도록 하여 다른 영아들도 놀이를 즐길 수 있도록 한다.
  - ○○는 바다 속에서 예쁜 물고기를 찾았구나, 얼굴에 비벼보니 어떤 느낌이 드니?
  - 뾰족한 가시가 난 소라를 찾았구나, 손에 대보니 따가운데.
  - 너희들이 찾아낸 물고기를 다시 바다 속에넣어 보자,
    친구들이 너희가 숨긴 물고기를 찾아보도록 하자.
  - 물고기가 없어졌네. 어느 바다 주머니에 들어 있을까? 손을 넣고 다시 찾아볼까?

쌓기 · 대근육 · 음률영역

종이벽돌 블록으로 수영장 만들기

8월 1주

주요경험	· 블록을 이용하여 다양한 형태를 표현해본다. · 친구와 함께 구성해보는 경험을 갖는다.
활동인원	3~5명
활동시간	10~15분
준 비 물	종이벽돌 블록, 파란색 천이나 종이, 인형류

활동방법

1. 영아들이 블록을 가지고 위로 쌓거나 옆으로 길게 늘어놓는 등 여러 가지 방법으로 놀이할 때 교사는 탐색행동을 언어로 묘사해주거나 함께 놀이하며 격려해준다.
   - ○○는 블록을 위로 쌓았구나, 우와! 무너져 버렸다, 또 쌓아볼까?

2. 영아가 블록을 쌓고 늘어놓는 것에 익숙해지면 인형을 첨가하여 수영장 놀이로 연결해 본다.
   - (인형을 가지고)○○가 너무 덥대요, 어떻게 하면 좋을까?

3. 영아가 수영을 한다고 하면 수영장을 만들어보도록 도와주고 아니면 교사가 수영하는 놀이를 제안해 본다.
   - 우리, 시원하게 수영하는 놀이를 해보면 어떨까?
     그런데 수영장이 없네, 어떻게 하면 좋을까?

4. 대부분의 영아들은 쌓거나 옆으로 길게 늘어놓는 형태로 블록놀이를 하므로 완벽한 구성물이나 폐쇄공간이 되도록 가르치거나 강요하지 말고, 상상의 수영장을 다양하게 표현해보도록 한다. 옆에서 관심을 보이는 영아가 있으면 함께 참여할 수 있도록 유도한다.
   - ○○는 수영장을 아주 높게 쌓았네.
   - 우리는 더워서 수영장을 만들고 있는데, ○○도 도와줄래?
   - 수영장을 다 만들었나요? 그럼, 이제 ○○가 들어가서 수영해도 되나요?

5. 영아가 인형을 사용하지 않고 자기 스스로 수영하는 것을 흉내내면 영아가 수영하는 모습을 언어로 표현해주면서 반응해준다.

참　　고
- 교사의 생각으로 활동을 유도하지 말고, 영아가 블록을 가지고 자신의 방법대로 놀이하도록 기회를 준다.
- 영아의 상상놀이를 촉진할 수 있도록 종이벽돌 블록으로 수영장을 만들었을 때 바닥에 파란색 천이나 종이를 깔아주면 좋다.

그리기 · 만들기영역

페트병 분수 꾸미기

주요경험	· 자유롭게 꾸미면서 즐거움을 느낀다. · 페트병을 새로운 방법으로 사용해 본다.
활동인원	2~3명
활동시간	5~10분
준 비 물	여러 군데 구멍이 뚫린 빈 페트병, 아크릴 물감, 면봉, 팔레트용 접시, 가운

활동방법	1. 그리기 · 만들기 영역에 준비해둔 투명한 페트병에 영아들이 관심을 보이면 교사도 다가가서 함께 탐색해본다.
	 – 투명한 페트병이구나, ○○의 얼굴이 다 보이네,
	  손바닥으로 쳐보니 '통통' 하고 소리가 나는구나,
	  ○○는 페트병에 입을 대고 후– 하고 불어보았구나,
	
	2. 페트병에 대한 다양한 탐색이 이뤄지면 교사는 영아들에게 아크릴 물감을 덜어둔 접시와 면봉을 보여주며 다양한 모양으로 꾸며보도록 격려해준다.
	 – 투명한 페트병 위에 너희들이 스티커로 무늬를 만들어 줄 꺼야,
	  별모양 스티커가 있네, 둥근 스티커를 붙이면 해님도 만들 수 있겠다,
	 – ○○는 눈이 오는 것처럼 빨간 스티커를 여러 개 붙여 보았네,
	  ○○는 노란색 네모 스티커를 붙였구나 미끌미끌한 페트병에 스티커가 붙었네,
	
	3. 페트병에 그림을 다 그린 영아는 물감이 다 마를 때까지 기다릴 수 있도록 하고 페트병의 용도를 이야기해준다.
	 – ○○가 이야기한 것처럼 페트병 여기저기에 구멍이 뚫려 있지?
	 – 여기에 물을 담으면 물이 어떻게 될까?
	 – 친구들도 모두 마치면 밖으로 나가 페트병에 물을 담아 보도록 하자,
	  물이 어떻게 나오는지 보고 싶구나,

참 고	· 모양 시트지 대신 아크릴 물감과 면봉을 이용해 모양찍기를 실시할 수 있다.
	· 영아들이 꾸민 페트병은 물놀이시 분수놀이로 연결하여 실시한다.

탐색 · 조작영역

면도크림으로 촉감 느끼기

8월 2주

주요경험 · 새로운 재료에 호기심을 갖고 자유롭게 탐색해본다.

활동인원 2~4명

활동시간 5~15분

준 비 물 면도크림, 넓은 비닐, 덧옷

활동방법 1. 책상 위에 비닐을 덮고 면도크림을 짜주거나 영아가 원할 경우 손에 짜준다. 영아들이 거부감 없이 손으로 만져보고, 문질러보고, 쥐어보는 등 자유롭게 감촉을 탐색할 수 있도록 충분한 시간을 제공한다.

- 선생님 손 위에 하얀 크림이 있네, 이런 것을 본 적이 있니?
  ○○야, 손에 짜줄까? 아니면 책상 위에 줄까?
- 손가락으로 크림을 눌렀구나, 구멍이 뚫렸네.
- 손바닥으로 크림을 납작하게 만들었네, 손바닥에 하얀 크림이 묻었구나.

2. 면도크림에 대한 관심과 흥미가 지속되면 교사는 영아들이 탐색하면서 느낄 수 있는 면도크림의 냄새, 촉감, 형태의 변화 등에 대해 말로 표현해주면서 영아들의 다양한 탐색을 격려하고 즐겁게 놀이하도록 상호작용한다.

- 크림을 손으로 만져보니까 손에서 냄새가 나네, 무슨 냄새지?
- 크림을 손으로 떠서 비벼보자, 느낌이 어떻니?
- ○○는 크림을 동그랗게 모으니까 아이스크림 같아졌네.
- 손으로 크림을 꽉 쥐어보자, 크림이 손가락 사이로 주르륵 흘러 나오네.
- ○○는 크림을 후-하고 불었네, 크림 속에 작은 구멍이 생겼다.
- ○○는 손가락으로 빙글빙글 돌렸더니 책상 위에 달팽이가 그려졌네.
- 선생님은 두 손가락으로 얼굴을 그려봐야지, 와- 얼굴이 나왔네.

참　　고
- 거품이 묻은 손으로 눈을 비비거나 입에 넣지 않도록 주의한다.
- 흰 거품에 물감을 몇 방울 떨어뜨려주면 색이 섞이는 과정도 볼 수 있고, 색거품 놀이를 할 수도 있다.
- 고무인형이나 그릇을 첨가하면 인형을 목욕시키거나 그릇을 담아보는 등의 극화놀이로 연결하여 할 수 있다.

소꿉영역

바닷가에 놀러가는 흉내내기

주요경험	·여름용품을 이용하여 물놀이 갔던 경험을 다양하게 표현해본다. ·또래와 함께 놀이하는 것을 즐긴다.
활동인원	3~5명
활동시간	5~15분
준 비 물	모자, 선글라스, 수영복, 비치볼, 튜브, 미니 돗자리, 여름용 비닐 가방, 끝이 둥글게 처리되어 있는 우산
활동방법	1. 영아들이 선글라스, 튜브 등의 여름용품에 흥미를 보이고 놀이를 하고 있으면 교사는 영아들에게 바닷가에 놀러갈 것을 제안해 보고 함께 물건을 챙기며 놀이에 참여한다. 　- 어휴~ 너무 더워 바다로 놀러가고 싶은데, 너희들도 함께 가겠니? 　- 바닷가에서 물놀이를 하려면 무엇이 필요할까? 　- ○○의 비닐 가방 안에는 튜브랑 수영복이 들었구나, 수영을 하고 싶니? 　- ○○는 선글라스를 썼네, 눈이 안 부시겠는걸? 　- 선생님은 너희들이 모래 위에 앉을 수 있도록 돗자리를 챙겨야겠구나, 2. 몇 명의 영아가 주도적으로 놀이를 진행하면 교사는 놀이에서 나오거나 또는 영아들의 흥미가 지속될 수 있도록 지켜보며 행동을 언어로 표현해주고 격려한다. 　- 바닷가에 도착해서 돗자리를 폈구나, 　- ○○는 수영을 하네, 이쪽은 물이 너무 깊은데, 　- 너희들이 놀이하는 모습을 누가 사진을 찍어주면 좋겠구나, 누가 사진을 찍어 주겠니? 　- 햇빛이 너무 따가우면 파라솔을 펴보렴, 그늘에서 쉴 수 있단다,
참　고	·바닷가에 놀러 가는 놀이를 하면서 자연스럽게 수영하는 놀이로 연결할 수 있다.

8월 3주

여행 다녀온 사진 보며 이야기 하기

주요경험	·사진을 보며 경험한 일들을 이야기해본다.
활동인원	2~4명
활동시간	5~10분
준 비 물	코팅된 사진, 융판

활동방법	1. 융판에 코팅된 사진을 부착하여 영아들의 여행 사진을 전시한다. 영아들이 사진에 관심을 보이면 교사는 다가가서 영아들과 함께 보며 이야기를 나눈다.
	 - 이 사진 속의 ○○는 아주 기분 좋게 웃고 있구나.
	 - 이 곳에는 물이 시원하게 흐르고 있네.
	 - 수영복을 입고 있는 ○○는 아주 행복해 보이는 구나.
	
	2. 영아가 사진을 보며 사진 속의 내용을 말로 표현해 보도록 질문을 하거나 격려해 주고 영아가 이야기한 내용을 다시 정리해 준다.
	 - ○○는 이 사진 속의 바닷가에서 무얼 하며 놀았니?
	   바닷가에서 조개를 주웠고 또 수영도 했었구나. 아주 재미있었겠네.
	 - 아빠와 엄마랑 같이 갔었니? 사진 속에는 ○○밖에 없는데.
	   할머니랑 할아버지도 함께 갔었구나. 이 곳에서 무엇을 보았니?
	   산에서 물고기도 잡아보았구나. 잡은 물고기는 어떻게 되었니?

참 고	·자신의 경험을 이야기하고 난 뒤에는 친구들의 사진을 보며 친구들이 경험한 것을 추측해서 이야기해보거나 그 영아의 이야기를 직접 들어보는 등의 놀이로 진행할 수 있다.

8월 3주

탐색 · 조작영역

그림자 위에 모양대로 놓기

8월 3주

주요경험	· 바닷속 생물의 다양한 모양에 관심을 가진다. · 모양의 차이를 구별해본다.
활동인원	2~3명
활동시간	5~10분
준 비 물	바닷속의 생물 사진(또는 그림), 바닷속 그림판

〈만드는 방법〉
(재료 : 바닷속 생물 사진, 코팅지, 검은색 도화지)
① 바닷속 생물 사진 - 불가사리, 오징어, 물고기, 조개, 미역, 새우 등의 사진을 코팅한다.
② 바닷속 그림판 - 바닷속 그림을 배경으로 그린 후 바닷속 생물의 모양을 검은 도화지로 본을 떠 적당한 자리에 붙인 후 완성한다.

활동방법

1. 영아들이 바닷속 생물에 관련된 화보를 보거나 동화를 들은 후 바닷속 생물에 관심을 보이면 연결활동으로 계획한다.
   - (화보를 보고 있는 영아에게) 여기엔 물고기랑, 새우랑, 조개가 살고 있네.
   - 우리, 오징어 모양을 한번 손으로 따라 그려보자. 그래, 오징어는 다리가 아주 많구나.

2. 바닷속 그림판과 생물 사진을 내주고 영아가 충분히 탐색할 수 있도록 한 후, 영아가 사진을 보고 어떤 생물인지 그림자에 맞춰 볼 수 있도록 힌트를 주며 격려한다.
   - ○○가 집은 것은 다리가 아주 많네. 다리가 꼬불꼬불 생겼구나.
   - 여기에 '불가사리'가 있구나. 불가사리는 꼭 밤하늘에 별처럼 생겼네.
     어떤 모양하고 똑같을까?
   - ○○가 오징어를 집었구나. 그럼 오징어를 그림자 위에다 올려 볼까?

참   고

· 처음에 그림자 모양을 찾기 어려워하면 그림자대신 사진을 이용하여 놀이해본다.
· 「무엇이 무엇이 똑같을까?」노래를 부르며 모양 찾는 놀이를 해 볼 수 있다.

쌓기 · 대근육 · 음률영역

종이벽돌 블록으로 배 만들어 낚시하기

주요경험	· 블록을 이용하여 다양한 모양의 배를 만들어본다. · 낚시놀이를 경험해본다.
활동인원	2~4명
활동시간	5~10분
준 비 물	종이벽돌 블록, 낚싯대(찍찍이가 부착된 막대 부채), 부직포로 만들어진 물고기

8월 3주

활동방법

1. 영아들이 종이벽돌 블록을 이용해 다양한 방법으로 놀이하고 있으면 교사는 옆에서 영아들의 탐색행동을 언어로 표현해준다.
   - ○○가 블록을 길게 늘어놓았구나,
   - 블록을 세우고 그 위에 지붕처럼 올렸구나, 아주 높아졌네.

2. 영아들의 블록놀이가 충분히 진행되고 나면 교사는 영아들에게 낚시대를 제공하고 낚시놀이를 하기 위한 배를 만들어 볼 것을 제안해본다.
   - 선생님은 지금 낚시를 하러 배를 타고 가려고 해,
     그런데 배가 없어 낚시하기가 힘들구나,
     누가 배를 함께 만들어 준다면 낚시를 할 수 있을 것 같은데… 누가 도와주겠니?

3. 영아들에게 정형화된 배 모양을 만들도록 지시하거나 제한하지 말고, 영아 스스로 다양하게 시도해보게 하며 영아의 행동을 지지해준다. 또한, 영아들이 각자 배를 만들었다면 그 배에서 낚시놀이를 할 수 있도록 낚싯대를 충분히 준비해준다.
   - ○○가 블록으로 의자를 만들었구나, 여기 앉아도 되겠니?
     아주 편한 의자가 되었구나.
   - ○○는 블록을 높이 쌓아 배를 꾸몄구나, 근사한데.
   - 모두 배에 타고 낚시하러 떠나자, 자 - 물고기를 잡아볼까?

그리기 · 만들기영역

색종이로 발 만들기

주요경험	종이를 길게 이어 붙여서 다양한 모양을 표현해본다.
활동인원	2~4명
활동시간	5~10분
준 비 물	다양한 색상의 양면 색종이(5×15cm), 풀

8월 4주

활동방법
1. 직사각형으로 자른 색종이와 풀에 영아들이 관심을 보이면 자유롭게 탐색할 수 있도록 시간을 주며 영아의 탐색행동을 언어로 이야기해준다.
   - 색종이 두 개를 붙였구나.
   - 빨간 색종이도 붙였네.

2. 영아들이 풀을 이용해 종이를 붙여 보는 놀이에 익숙해지면 교사는 색종이 두 개를 길게 붙인 후 교사가 만든 모양을 설명해주면서 자연스럽게 종이를 이어보는 놀이로 연결해 본다.
   - 색종이 두 개를 길게 이으니까 더 긴 막대모양이 되었네.
   - 더 길게 붙여볼까?
   - ○○는 색종이를 길게 붙여 키만큼 길어졌구나.

3. 영아들이 길게 이어 붙힌 색종이를 창가나 문, 에어컨 등에 달아주고 움직임을 관찰하면서 이야기 나눈다.
   - ○○와 ○○가 함께 만들어서 더 길어졌구나.
   - 이제 다 이어보았니? 이 종이를 문 위에다 붙여보도록 하자.
     바람이 불 때마다 종이가 흔들거리는 것을 볼 수 있겠네.

밀가루 반죽으로 도시락 싸기

주요경험	• 밀가루 반죽을 이용해 다양한 음식을 만들어본다. • 소풍을 가는 상상놀이를 경험한다.
활동인원	2~5명
활동시간	5~10분
준 비 물	밀가루 반죽(2~3가지 색), 다양한 크기·모양의 도시락통, 음식모양 찍기틀, 소꿉용 그릇

8월 4주

활동방법
1. 소꿉영역에서 영아들이 밀가루 반죽으로 다양한 모양을 만들고 있을 때 교사는 음식에 관한 이야기를 하며 영아들에게 음식을 만들어 보도록 자연스럽게 놀이를 확장시켜 준다.
   - 와~ 선생님은 배가 너무 고프다.
     여기 있는 사진처럼 맛있는 피자를 만들어야 겠다. 누가 도와주겠니?
   - ○○는 밀가루 반죽을 길쭉하게 만들고 있구나. 뭘 만들고 있는거니?
   - 이렇게 밀가루 반죽을 길쭉하게 밀어서 접시에 담으니까 맛있는 국수가 되었네.

2. 밀가루 반죽으로 음식 만드는 놀이에 익숙해지면 교사는 도시락통을 준비해주고 원한다면 도시락을 싸보도록 제안한다. 이때 교사는 영아들의 행동을 언어로 표현해 주어 놀이를 촉진시킨다.
   - ○○가 만든 떡을 도시락통에 담아보자. 소풍가서 먹으면 맛있겠다.
   - 작은 도시락통에는 어떤 음식을 담아볼까?
   - 다 만든 음식은 뚜껑을 닫아 두었다가 소풍 가서 먹어볼까?

참 고
• 소꿉영역에 음식과 관련된 다양한 사진을 붙여주어 영아들이 음식을 만드는 데 자극을 주고 아이디어를 제공한다.

쌓기 · 대근육 · 음률영역

단위 블록으로 길 만들기

8월 4주

주요경험	· 단위 블록를 이용해 다양한 형태를 표현해본다. · 다양한 길을 구성해본다.
활동인원	2~5명
활동시간	5~15분
준 비 물	단위블록, 다양한 크기의 자동차류, 인형
활동방법	1. 영아들이 단위 블록을 높이 쌓거나 길게 늘어놓고 있을 때 교사도 함께 놀이에 참여해서 영아의 놀이행동을 언어로 표현해준다. 　- ○○는 블록을 차례로 늘어 놓았네. 　- 블록을 차곡차곡 쌓아올리고 있구나. 와~ 높이 올렸구나. 2. 단위블록을 이용한 놀이에 익숙해지고 흥미를 가지면 교사는 영아들에게 다양한 크기의 자동차와 인형 등을 제공하여 자동찻길 놀이로 연결해본다. 　- 여기 커다란 포크레인이 지나가려고 하는데 어디로 가야 하니? 　　포크레인이 지나갈 수 있도록 함께 큰 길을 만들어볼까? 　- ○○가 길게 만들어 놓은 길 위로 소방차가 지나가도 되겠니? 지금 불을 끄러 가야 하거든. 　　와~ 이 길이 울퉁불퉁해서 소방차가 뒤뚱거리며 가네. 3. 영아들이 만든 길을 언어로 묘사해 주고 다양한 길(인도, 찻길)을 구성해보도록 제안한다. 만약, 교사의 도움이 필요한 경우에는 영아와 함께 만들면서 자연스럽게 방법을 안내 해준다. 　- ○○는 자동찻길을 만들고 그 위에 다리도 만들어 주었네. 　　사람들이 안전하게 지나갈 수 있겠다. 　- 이 자동찻길에는 미끄럼틀처럼 내려갈 수 있는 길이 생겼네. 　- 그런데 사람들은 어디로 다녀요?

보글보글 거품 만들기

주요경험	• 물놀이의 즐거움을 느끼며 도구를 이용해 거품을 만들어본다. • 거품의 촉감을 느껴본다.
활동인원	5~7명
활동시간	10~15분
준 비 물	커다란 풀, 거품기 여러 개, 물비누, 글리세린

활동방법

1. 커다란 풀 안에 물을 반 정도 채운 후 영아들이 자유롭게 물놀이를 하도록 하고 교사는 영아와 함께 놀이를 하면서 물에서 일어나는 여러 가지 소리, 움직임 등에 대해 호기심을 갖고 느껴보고 탐색해본다.
   - ○○ 손이 물에 들어갔네, 시원하구나.
   - 손을 동그랗게 움직이니까 물도 동그랗게 움직이네.

2. 영아들이 물을 이용한 놀이에 지속적으로 흥미를 보이면 영아들에게 거품기를 제시하고 물 속에서 거품을 만들어 볼 것을 제안해본다.
   - 스프링이 달린 거품기가 있네, 이 거품기를 물 속에서 저어보면 물이 어떻게 될까?
   - 거품기로 저으니까 물에서 소리가 나네? 보글보글한 거품이 생겼네.
   - (물 안에 물비누와 글리세린을 넣어주고)
     이 물 속에 커다란 거품이 생기도록 비누를 넣었단다.
     너희들이 가지고 있는 거품기로 동그랗게 저어 보겠니? 물에 녹은 비누가 어떻게 될까?

3. 영아가 만든 거품을 손으로 만져보며 촉감을 즐길 수 있도록 하며 몸을 다양하게 움직여 거품을 만들어 보도록 격려하고 영아의 행동을 언어로 표현해준다.
   - ○○가 만든 거품이 아주 동그랗게 올라왔구나. 손으로 만져보면 어떤 느낌이 들까?
   - ○○는 팔을 크게 움직이니까 거품도 아주 많이 생겼네.
   - ○○는 두 손으로 잡고 옆으로 움직이고 있구나.

참　　고 ·풀 안에 들어가거나 비눗물을 마시지 않도록 주의한다.

　　　　　·거품기로 거품을 만든 다음 비누방울 놀이로 연결해서 진행할 수 있다.

바닷속 터널 통과하기

주요경험	·몸을 조절하여 터널을 통과해본다. ·색의 변화를 경험한다.
활동인원	1~7명
활동시간	5~15분
준 비 물	바닷속 터널

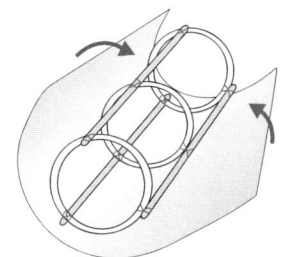 

〈만드는 방법〉

(재료: 파란색 반투명 비닐, 훌라후프, 시트지)

① 앞뒤가 뚫린 파란색 반투명 비닐을 여러 개 이어 길게 만든 후 처음과 중간, 끝을 훌라후프에 각각 연결하여 터널을 만든다.

② 터널 안과 밖이 바닷속처럼 보이도록 물고기와 물풀 모형을 이용해 꾸며준다.

활동방법

1. 실외놀이장에 터널을 제시해주고 영아들이 흥미를 갖고 모여들면 교사는 터널을 함께 보면서 탐색놀이를 도와준다.

   - 와~ 아 터널 속은 파란색이네, ○○는 바닷속 안을 들여다보고 있구나, 무엇이 보이니?

2. 영아가 터널 속으로 들어가길 꺼려하거나 놀이방법을 모를 때에는 교사가 먼저 시범을 보여주며 반대쪽에서 기다려주거나, 함께 들어가 익숙해질 수 있도록 상호작용해 준다.

   - 이 바닷속 터널을 지나가면 어디가 나올까? 몸을 조금만 구부리고 들어가보자.

3. 교사는 다양한 방법으로 터널을 통과하도록 영아들의 행동을 언어로 표현해주고 터널 안과 밖의 색깔 변화에 대해서도 관심을 갖도록 이야기해 준다.

   - ○○는 상어처럼 빠르게 기어서 터널을 통과했구나.

   - ○○는 허리를 구부리고 천천히 걸어가는 구나.

   - 와~ 시원한 바닷속으로 들어왔더니 밖에 있는 친구들이 모두 파랗게 보이네.

참 고 ·터널 속으로 공을 굴리고 따라가 잡아보는 놀이로 연결할 수 있다.

실외자유놀이

주렁주렁 매달아요

8월
1주~4주

주요경험	· 매달아 놓은 놀잇감을 신체를 이용해서 움직여본다. · 자연물에 관심을 갖는다.
활동인원	1~7명
활동시간	5~10분
준 비 물	실외에서 수집 가능한 자연물(솔방울, 나뭇가지, 나뭇잎, 열매 등), 다양한 끈

활동방법

1. 날씨가 좋은 날을 택하여 영아들과 함께 어린이집 주변을 산책한다. 산책을 하면서 영아들이 주변에 있는 다양한 자연물에 관심을 갖도록 언어적 자극을 준다.
   - 여기에 초록색 나뭇잎이 떨어져 있네, ○○의 손바닥처럼 생겼다.
   - 또 바닥에서 무엇을 찾을 수 있을까?
   - ○○는 풀밭에서 나뭇가지를 찾았구나,

2. 관심을 보이는 자연물은 교사가 미리 준비해간 비닐봉지에 담게 하고 수집한 것들을 나뭇가지나 미끄럼틀, 복합놀이대 등에 매달아준다.
   - ○○가 찾은 솔방울은 이 나뭇가지에 달아보자,

3. 다양한 높이로 매달아놓은 자연물을 영아들이 신체를 이용해서 움직여볼 수 있도록 격려하고 필요하면 교사가 시범을 보여준다.
   - 솔방울에 다리가 닿을 수 있을까? 와~ 다리가 높이 올라가는구나,
   - 발로 살짝 건드리니까 솔방울이 흔들흔들 움직이네,
   - 저 위에 달린 나뭇잎을 폴짝 뛰어서 움직여볼 수 있겠니?
   - ○○가 위에 있는 나뭇잎을 뛰어서 쳐보았네,
   - 이 번엔 콩콩 뛰어서 머리로 움직여볼까?

참 고

· 영아들이 몸을 이용해서 물체를 움직여보는 놀이에 지속적으로 흥미를 보이면 교사는 자연물 외에도 다양한 종류의 공을 달아주어 놀이를 촉진시킬 수 있다.
· 실외에서 자연물을 찾아 나무에 달아주는 활동 외에도 영아들이 은박지를 구겨서 만든 다양한 모양을 달아 전시해 줄 수 있다.

양치할 때 구석구석 닦기

주요경험	· 바른 양치 방법을 알고 입 안과 이를 깨끗하게 닦아본다. · 규칙적으로 양치하는 습관을 갖는다.
활동인원	1~3명
활동시간	3~5분

8월
1주~4주

활동방법
1. 점심식사를 마친 후 영아들과 함께 장소를 이동하면서 교사는 영아들에게 다음 활동으로 양치질을 한다는 것을 미리 일러주어 식후의 양치습관을 길러 준다.
   - 모두 점심을 잘 먹었구나.
   - 이제 식사를 다 했으니까 이가 썩지 않도록 입 안과 이를 깨끗이 닦도록 하자.

2. 화장실 세면대의 개수를 고려해 1~3명의 영아가 함께 거울을 보며 스스로 닦아볼 수 있도록 기회를 주고 바르게 닦도록 지속적으로 이야기해준다.
   - 칫솔에 치약을 묻히고 입 안을 골고루 닦아보자.
   - 먼저 '아' 하고 입을 벌려보자. 칫솔로 아랫니와 윗니를 닦자.
   - 다음엔 '이' 하고 이를 위아래로 닦고, '에' 하고 혀를 내밀고 혀도 닦아 볼까?
   - 입 안에 치약 거품이 많아졌구나. 이젠 컵에 물을 받아 입 안을 헹구어 내자.

참고
· 영아들이 익숙하게 이닦기를 할 수 있을 때까지는 영아가 먼저 이를 닦고 난 후에 교사가 조금 더 닦아주어 충치가 생기지 않도록 한다.
· 교사도 영아들과 함께 양치를 하며 모델링을 보여줄 수 있다.

주제 **탈 것**

실시기간 : 8월 5주 ~ 9월 4주

▶▶ 전개방법

영아들은 굴러다니는 것에 많은 흥미와 관심을 가지므로 탈것 놀잇감을 제공하여 주고 다양한 활동을 통하여 여러 가지 탈것의 이름을 알고 안전하게 이용하는 방법을 알아보도록 계획하였다.

실외 영역에서는 놀잇감 자동차와 자전거를 직접 타고 굴려보고 신호등 놀이, 주유 놀이, 주차시키기 등의 극화놀이를 통해서 교통기관에서 일하는 분들과 교통안전을 위해 도와주는 분들을 인식하고 교통안전의 기본적인 약속과 규칙을 경험해보도록 한다. 그리고 여러 가지 다양한 탈것들의 사진이나 그림을 교실 벽면에 붙여주고 영아들이 탈것들을 만들어봄으로써 여러 가지 탈것의 종류를 알게 하고 바다, 땅, 하늘을 포함한 배경그림을 게시판에 구성해주어 탈것들을 붙여 보게도 할 수 있다. 놀잇감으로 운전대, 영아 카시트, 안전벨트, 상상놀이를 위한 소품들(운전사 모자, 경찰관 모자, 뱃지, 돗자리, 가방 등), 다양한 탈것, 모형 놀잇감 등을 첨가해주어 영아들이 직접 조작하고 경험하도록 돕는다.

가정에서는 영아들이 직접 차를 타거나 대중교통을 이용하는 경험을 할 수 있으므로 부모 스스로가 신호등을 지키고 양보하는 등 모범을 보일 수 있도록 협조를 구하고, 어려서부터 교통질서를 몸에 익힐 수 있도록 하여 안전한 생활이 되도록 한다.

▶▶ 환경구성

	그리기 · 만들기영역	소꿉영역	책보기영역	탐색 · 조작영역	쌓기 · 대근육 · 음률영역
실 내	· 신호등 모양 종이 · 모루 도장 · 색종이 · 자동차 모양 도화지 · 색테이프 · 색물풀 · 색모래 · 반짝이풀 · 큰 상자 · 작은 상자 · 바퀴 모양 코팅지 · 양면 테이프 · 스티커 · 기차 모양 색지 · 털실 감은 공 · 셀로판지 · 물감 · 앞치마 · 책상보 · 탈것 모양 검은 종이 · 빨강 · 노랑 · 초록 동그라미 종이 · 바퀴에 무늬가 있는 미니 자동차	· 밀가루반죽 · 어린이용 카시트 · 경찰관 모자 · 뱃지 · 호루라기 · 쿠션 만들 헌 주머니와 속에 넣을 다양한 촉감의 재료 · 기차표 · 세제통으로 만든 여행가방 트렁크 · 쇼핑카트 · 선글라스 · 상자로 만든 자동차 모양 옷	· 여러 가지 탈것 그림책 「자동차는 붕붕」 「찌르릉 찌르릉」 「뛰뛰빵빵 자동차」 「부릉부릉 일하는 꼬마트럭」 「부르릉 자동차가 달려요」 「요술 자동차」 「빈 상자 하나」 「내 장난감이 아파요」 「무엇을 탈까요」 「나는 기차 운전사」 「칙칙폭폭 꼬마기차」 「요술종이 비행기」 「쌩쌩 우편 배달 비행기」 「나 운전 할 수 있어」 · 「길조심해요」 그림카드 · 자동차퍼즐 카드 · 여러 가지 탈것 사진 · 자동차가 포함 된 그림: 숨은 그림 찾기 · 수수께끼 : 자동차 그림카드 · 창문판 그림: 탈것 · 융판 그림: 다양한 종류의 자동차 그림	· 안전띠 · ○△□ 카드와 물건 · 막대자석 · 자동차 퍼즐 (3조각) · 미니자동차 · 색고리 · 탈것 소리 테이프 · 종이곽 기차와 동물 · 탈것 꼭지퍼즐 · 휴지말이처럼 만든 촉감놀이천 · 차고와 같은색 미니 자동차 · 탈것 그림카드와 탈것 그림 · 밟을 수 있는 촉감 기차 · 서열화할 수 있는 비행기 그림 · 탈것 윤곽선 그림	· 우레탄 블록 · 종이벽돌 블록 · 레고 블록 · 나무기차 블록 · 긁어서 소리 나는 물체 (호스, 빨래판, 기로 등) · 다양한 종류의 모형 탈것들 · 놀잇감 트럭 · 자동차 길 그림판 · 꽃블록 · 매달린 공
실 외	· 모형 신호등 · 그물 · 공	· 홀라후프 · 널빤지 · 트럭	· 풍선 · 주유기 · 스펀지 칠하기 작업도구	· 평균대 · 타이어 · 자전거	

주간보육계획안

소주제 : **길조심을 해요**   실시 기간 : **8월 5주**

다루어질 내용 : 놀이를 통하여 교통안전의 기본적인 약속과 규칙을 경험해 보도록한다.

구분		주 간 활 동
등원 및 맞이하기		· 등원시 영아의 기분 살펴주기
실내자유놀이	그리기 · 만들기 영역	· 신호등 꾸미기 [1] ◎ 모루 도장 찍기 · 배접기 [2]
	소꿉영역	· 어린이용 카시트에 앉아 보기 · 경찰아저씨 놀이(경찰차 타고 가기) · 쿠션 만들어 기대보기 [3]
	책보기영역	· 두 번 펼치는 책:「자동차는 붕붕」 · 그림책「찌르릉찌르릉」 ·「길조심을 해요」그림 보면서 이야기해보기
	탐색 · 조작 영역	· 안전띠 끼우고 빼기 · 요리: 요플레를 얹은 바나나 [4] · 막대자석 놀이
	쌓기 · 대근육 · 음률영역	· 우레탄 블록으로 경찰차 만들기 ◎ 긁어서 소리 내보기 · 뒤로 걷기 ◎ 큰 트럭, 작은 트럭
전이활동		· 노래:「신호등」 · 동시「배」[5] · 손동작: 운전하는 흉내내기
실외자유놀이		· 횡단보도 건너는 흉내놀이 · 신호등놀이 · 물풍선 소리 탐색하기 ◎ 훌라후프 터널 통과하기
점심 및 낮잠		· 양치할 때 구석구석 닦기 · 벗은 옷 스스로 정리하기
기본생활습관		· 놀잇감 자동차 탈 때 앞을 보고 타기 · 신발장의 자기 신발 정리하기

교육활동참고

1) 신호등 꾸미기
   · 긴 사각형 모양의 검정색 도화지와 빨강, 초록, 노랑색의 동그라미를 준비해둔다.
   · 영아가 검정 도화지에 동그라미를 풀로 붙이고, 나무젓가락이나 아이스크림 막대를 테이프로 고정시켜 신호등을 완성한다.

2) 배 접기
   · 색종이를 세모가 되도록 반을 접는다.
   · 뾰족한 부분이 위로 가게 한 후 아래
   부분의 2cm정도를 위로 접어 배를 만든다.

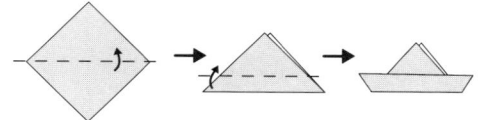

3) 쿠션 만들어 기대보기
   · 커다란 헝겊 주머니에 재미있는 그림을 그려서 내준다.
   · 영아들이 헝겊 조각, 실타래, 솜, 스타킹 등을 탐색하며 집어넣도록 한다.
   · 교사가 끈으로 묶어준다.

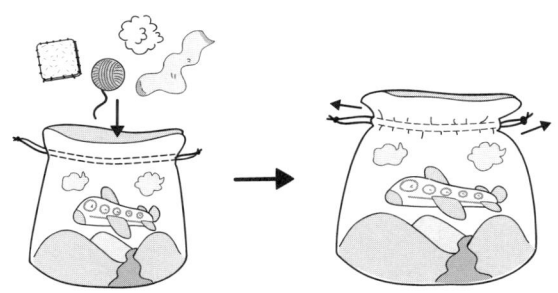

4) 요리: 요플레를 얹은 바나나
   · 영아가 바나나를 프라스틱 칼로 자른 후 접시에 담고 숟가락으로 요플레를 끼얹어 간식으로 먹도록 한다.

5) 동시 「배」

배	
	윤석중
구름배가 둥둥 하늘에 떴네	돛단배가 둥둥 바다에 떴네
구름배는 둥둥 구름섬으로	돛단배는 둥둥 푸른섬으로

   · 하드보드지에 바다 그림을 그리고 낚싯줄을 이용해 움직이는 배를 첨가하여 동시판을 만들어 주고 영아들이 조작해보게 한다.

주간보육계획안

소주제 : 자동차 놀이를 해요Ⅰ　　　　　　　　　**실시 기간 : 9월 1주**
다루어질 내용 : 다양한 종류의 자동차에 관심을 갖고 놀이해본다.

구분		주 간 활 동
등원 및 맞이하기		• 움직이는 인형으로 반갑게 맞이하기
실내자유놀이	그리기 · 만들기 영역	• 자동차 모양 도화지에 색테이프로 꾸미기 • 자동차 모양 종이에 색물풀 그림 그리기 1) • 공동작업: 큰 상자에 모양 색종이 붙여 자동차 만들기 2)
	소꿉영역	• 밀가루 반죽으로 주먹밥 만들어 소풍가기 • 자동차로 친구들 태워주기
	책보기영역	• 그림책 「뛰뛰빵빵 자동차」 「부릉부릉 일하는 꼬마 트럭」 「부르릉 자동차가 달려요」 ◎ 어떤 자동차가 필요할까요
	탐색 · 조작 영역	• 자동차 퍼즐 맞추기(3조각) • 같은 색깔 미니 자동차 모으기 • 색고리 끼우기
	쌓기 · 대근육 · 음률영역	• 자동찻길 그림 위에서 자동차 움직이기 • 노래: 「간다 간다」 3) ◎ 자동차 운전하기 • 꽃블록 끼우기
전이활동		• 율동 「흔들흔들」 4) • '아' 로 노래하기 5)
실외자유놀이		• 평균대 걸어보기 • 더운 물, 차가운 물 탐색하기 ◎ 널빤지 경사면에 자동차 굴려보기
점심 및 낮잠		• 제자리에 바르게 앉아서 먹기 • 음악 들으며 잠들기
기본생활습관		• 벗은 양말 자기장에 넣기 • 차례 지켜 놀잇감 이용하기

교육활동참고

1) 자동차 모양 종이에 색물풀 그림 그리기
   · 물풀에 물감을 넣어 색깔풀을 만든 뒤 원래 용기에 넣어 내준다.
   · 영아들이 자동차 모양 도화지 위에 풀을 문지르며 자유로운 그림을 그리게 한다.

2) 공동작업: 큰 상자에 모양 색종이 붙여 자동차 만들기
   · 커다란 종이 상자 옆 4면을 자동차 모양으로 그려준다.
   · 영아들이 자동차 그림에 색종이를 붙이며 자유롭게 꾸며볼 수 있게 한다.
   · 어깨걸이를 만들어 영아들이 어깨에 걸고 자동차처럼 움직여보게 한다.

3) 노래 「간다 간다」
   · 자동차를 타고 가는 놀이를 하면서 「간다 간다」 노래를 부른다.
   · 놀이실 안에 영아들이 타고 다니는 자동차가 있으면 자동찻길에서 자동차 놀이를 하며 「간다 간다」, 「빨간 자동차」, 「길조심」 등의 노래를 부를 수 있다.

간다 간다

김성균 요/곡

4) 율동 「흔들 흔들」

흔들 흔들

5) '아'로 노래하기

· 가사를 정확히 말할 수 없으므로 '아' 또는 '랄랄라'로 노래를 불러본다.

· 교사가 먼저 '아~'로 영아들이 이미 아는 노래를 부르면 영아들은 제목을 맞추고 같이 불러본다.

주간보육계획안

소주제 : 자동차 놀이를 해요Ⅱ　　　　　　　**실시 기간 : 9월 2주**
다루어질 내용 : 다양한 종류의 자동차에 관심을 갖고 놀이해본다.

구분		주 간 활 동
등원 및 맞이하기		· 어린이집에 올 때 무엇을 타고 왔는지 이야기하기
실내자유놀이	그리기 · 만들기 영역	◎ 자동차 바퀴에 물감 묻혀 굴리기 · 검은 도화지에 끄적거리고 스티커로 꾸미기 · 작은 상자에 바퀴 붙여 자동차 만들기 1)
	소꿉영역	· 큰 상자 자동차 타고 놀러가기 2) · 자동차에 친구 태워주기 · 병원놀이(병원차 타고 가기)
	책보기영역	· 그림책「요술자동차」「빈 상자 하나」「내 장난감이 아파요」 · 수수께끼:자동차 종류 맞히기 3)
	탐색 · 조작 영역	◎ 차고에 같은 색 자동차 넣기 · 끼우기 블록으로 간단한 자동차 만들기 · 탈것 그림위에 같은 그림카드 올려놓기
	쌓기 · 대근육 · 음률영역	· 노래「내가 먼저 가야 해요」 · 자동찻길 만들어 찻길 따라 움직이기 · 주차장 놀이하기
전이활동		· 무엇일까요? 탈것 그림 알아맞히기 4) · 율동「흔들흔들 짝짝」 5)
실외자유놀이		◎ 자동차에 기름 넣기 ◎ 타이어 징검다리 건너기 · 트럭에 모래 싣고 내리기
점심 및 낮잠		· 밥과 반찬 골고루 먹기 · 젖은 옷 선생님과 갈아입기
기본생활습관		· 자전거 길에서 자전거 타기 · 산책 할 때 자동차가 오는지 잘 보고 다니기

교육활동참고

1) 작은 상자에 바퀴 붙여 자동차 만들기
   · 검은 도화지를 동그란 바퀴 모양으로 오려 작은 상자와 함께 내준다.
   · 상자에 바퀴 모양 검은 도화지를 붙여 자동차를 만들고 스티커 등을 이용하여 꾸며본다.

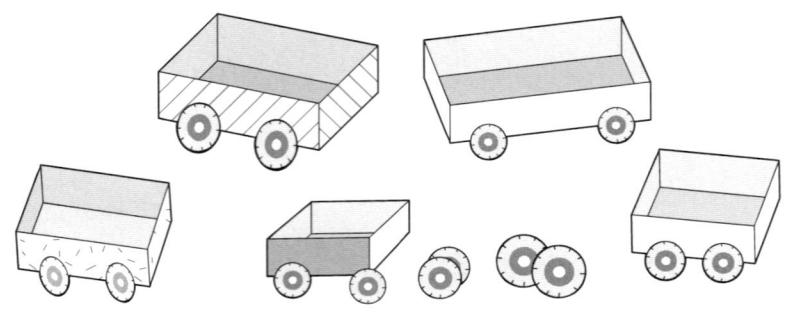

2) 큰 상자 자동차 타고 놀러가기
   · 지난 주에 공동 작업으로 만든 큰 상자를 영아가 어깨에 걸고 자동차처럼 움직여보게 한다.

3) 수수께끼: 자동차 종류 맞히기
   · 교사가 여러 가지 자동차에 관해 쉬운 설명을 해주고 영아들이 맞혀본다.

4) 무엇일까요? 탈것 그림 알아맞히기
   · 교사가 탈것 그림 위에 흰 종이를 덮어 손에 들고 덮은 종이를 서서히 내리면서 무슨 그림인지 영아들이 맞혀보게 한다.

5) 율동 「흔들 흔들 짝짝」
   · 흔들흔들: 두 팔을 앞으로 내밀고 흔들흔들하기.
   · 짝짝: 손뼉치기 2회
   · 아기 눈, 코, 입, 뺨, 귀: 차례로 노래에 맞춰 가리켜보기.
   · 뿍뿍 아기 뺨: 두 볼을 불룩하게 하기.

흔들 흔들 짝짝

· 출처: 서정숙(1992). 새로운 손유희 모음. 다음세대.

주간보육계획안

소주제 : **여러 가지 탈것 놀이를 해요 I**　　　　　　　　　　실시 기간 : **9월 3주**

다루어질 내용 : **탈것에 관심을 갖고 표현해본다.**

구분		주 간 활 동
등원 및 맞이하기		· 선생님과 친구들에게 웃으며 인사하기
실내자유놀이	**그리기 · 만들기 영역**	· 기차모양 종이에 바퀴와 창문 붙이기(○,□) [1] ◎ 공그림 그리기 · 상자 연결해서 기차 만들기
	소꿉영역	· 기차 타고 여행 가기 [2] · 기차표 받기놀이 · 쇼핑카트에 담아 나르기
	책보기영역	· 그림책「무엇을 탈까요」「나는 기차 운전사」「칙칙 폭폭 꼬마기차」 · 탈 것 알아맞히기 [3]
	탐색 · 조작 영역	◎ 촉감 기차 · 어느 탈것의 소리일까? · 종이곽 기차에 동물 태우기 · 여러 가지 탈것 꼭지 퍼즐
	쌓기 · 대근육 · 음률영역	· 나무기차 블록놀이 · 노래「장난감 기차」 ◎ 종이벽돌 블록으로 터널 만들기 · 기차놀이
전이활동		· 체조:모두다 홉홉홉 · 기차바퀴 흉내내기 · 이동기차놀이 [4]
실외자유놀이		· 경사진 곳에서 여러 가지 물건 굴려보기 · 동대문을 열어라 (기차놀이) ◎ 스펀지로 칠하기
점심 및 낮잠		· 양치할 때 위·아래로 닦기
기본생활습관		· 견학 갈 때 차 안에서 조용히하기 · 책상에 올라앉지 않기 · 겉옷 혼자서 입어보기

교육활동참고

1) 기차모양 종이에 바퀴와 창문 붙이기(○, □)
   · 기차모양 종이와 작은 ○, □ 모양종이를 내준다.
   · 영아가 작은 ○, □ 를 기차모양 종이에 붙여 창문과 바퀴를 만들어준다.
   · 교사는 기관차를 만들고 영아들이 만든 기차와 서로 연결하여 전시해준다.

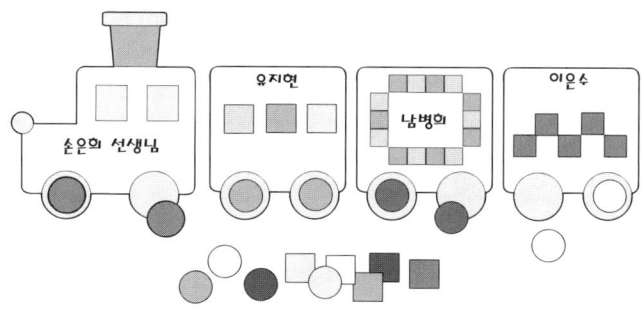

2) 기차 타고 여행가기
   · 영아들이 기차를 타고 여행해 본 경험을 놀이로 극화해본다.
   · 기차표, 가방, 음식 등을 첨가해 놀이해보게 한다.

3) 탈 것 알아맞히기
   · 다음의 그림과 같은 3조각의 창문판을 만든다.
   · 창문판을 1개씩 열어 부분 그림을 보고 탈것의 이름을 이야기해본다.

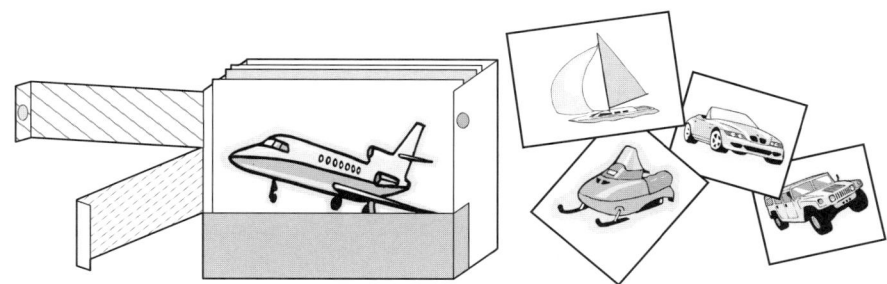

4) 이동 기차놀이
   · 화장실에 다녀온 후 모여 앉아 「간다 간다」노래를 부르며 영아들의 이름을 하나씩 불러 이동기차를 만든다.
   · 천천히 친구 뒤를 따라가도록 이야기한 후 다음 활동 장소로 이동한다.

주간보육계획안

소주제 : **여러 가지 탈것 놀이를 해요Ⅱ**   실시 기간 : **9월 4주**
다루어질 내용 : 간단한 기본 모양을 탐색하고, 여러 가지 탈것을 표현해본다.

구분		주 간 활 동
등원 및 맞이하기		· 어린이집에 올 때 본 것 이야기하기
실내자유놀이	그리기 · 만들기 영역	◎ 여러 가지 탈것 꾸미기 ◎ 색모래 그림그리기 · 반짝이풀 데칼코마니 1)
	소꿉영역	· 비행기 조종사 되어보기 · 트렁크 끌고 비행장 가는 놀이 · 왕소금 밀가루 놀이 2)
	책보기영역	· 그림책 「요술 종이 비행기」 「쌩쌩 우편 배달 비행기」 「나 운전할 수 있어」 · 융판 그림: 여러 가지 자동차 3) · 여러 가지 탈것 사진 보고 이름 말해 보기
	탐색 · 조작 영역	· 비행기를 크기대로 놓아 보기 · 윤곽선 보고 이름 맞히기 · 큰 탈것-작은 탈것 짝맞추기
	쌓기 · 대근육 · 음률영역	· 노래: 비행기, 자전거 ◎ 레고 블록으로 비행기 만들기 · 신체표현: 탈것이 되어보세요
전이활동		· 손동작: 비행기처럼 팔 벌려보기 · 겉옷 혼자 입기 4)
실외자유놀이		· 자전거 주차장 놀이 · 타이어 안에 공넣기 · 비행기 타기 5)
점심 및 낮잠		· 자고 일어나서 화장실 다녀오기 · 이 닦을 때 옷이 젖지 않도록 조심하기
기본생활습관		· 가지고 논 자동차 제자리에 세워두기 · 벗은 양말 두 짝 모아두기

교육활동참고

1) 빤짝이풀 데칼코마니
 · 교사가 도화지와 빤짝이풀을 내준다.
 · 영아가 도화지에 빤짝이풀을 짜내어 활동을 한 후 도화지를 접었다 펴서 어떤 변화가 생겼는지 이야기해본다.

2) 왕소금 밀가루 놀이
 · 밀가루 반죽에 왕소금을 넣고 반죽해보며 까끌까끌한 촉감을 느껴본다.
 · 반죽한 밀가루 반죽으로 다양한 음식을 만들어본다.

3) 융판 그림 : 여러 가지 자동차
 · 바다, 땅, 하늘이 있는 배경판과 부직포로 만든 여러 가지 탈것 그림을 내준다.
 · 영아가 배경판에 여러 가지 탈것을 붙여 보며 이야기해본다.

4) 겉옷 혼자 입기
 · 실외놀이에 나가기 전에 각자 자기 겉옷을 가져오게 한 후 혼자서 입을 수 있는 방법을 보여주고 스스로 해보도록 도와준다.
 ① 겉옷을 바닥에 펼쳐 놓는다.
 ② 겉옷의 목이 있는 쪽 바닥에 무릎을 꿇고 앉아 소매에 두 팔을 낀다.
 ③ 두 팔을 머리 위로 올리면 옷이 입혀진다.
 ④ 모두 같이 시도해 보도록 한다.

5) 비행기 타기
 · 교사가 영아의 배를 들어안고 빙빙 돌려주면 영아는 팔을 벌려 비행기가 되어본다.

도서목록

월	주	주제	제 목	글	그림	출 판 사	기타관련주제
8	5	길조심을 해요	〈꾸러기 곰돌이〉 찌르릉 찌르릉	남미영	오명훈	세상모든책	
			자동차는 붕붕	한국프뢰벨 유아교육 연구소	박찬욱	한국프뢰벨	자동차
9	1	자동차 놀이를 해요 I	부릉부릉 일하는 꼬마 트럭			문공사	자동차
			뛰뛰빵빵 자동차		이진아	웅진출판	자동차
			부르릉 자동차가 달려요	다섯수레	최나미	다섯수레	자동차
	2	자동차 놀이를 해요 II	요술 자동차			도서출판마당	자동차
			내 장난감이 아파요			한국삐아제	놀잇감
			빈 상자 하나	조양욱		한국프뢰벨	
	3	여러 가지 탈것 놀이를 해요 I	칙칙폭폭 꼬마 기차	조양욱		한국프뢰벨	
			나는 기차 운전사	손정원	한국몬테소리 미술부	한국몬테소리	
			무엇을 탈까요			삼성출판	
	4	여러 가지 탈것 놀이를 해요 II	요술종이 비행기	조양욱			
			나 운전할 수 있어	손정원	한국몬테소리 미술부	한국몬테소리	
			쌩쌩 우편 배달 비행기			문공사	
		관 련 도 서	빵빵 달리는 아기버스			문공사	자동차
			칙칙폭폭 뛰뛰빵빵			한국파스칼	
			기차 ㄱㄴㄷ	박은영		비룡소	
			배가 된 우산			한국프뢰벨	

그리기·만들기영역

모루 도장 찍기

주요경험	· 찍어서 나오는 여러 가지 모양을 경험해본다. · 똑같은 모양을 반복적으로 만들어본다.
활동인원	4~5명
활동시간	5~10분
준 비 물	도화지, 다양한 모양의 모루 도장, 부직포를 깐 물감 접시

8월 5주

〈만드는 방법〉
(재료: 모루, 요구르트병, 본드)
① 요구르트병을 깨끗이 씻어 말린다.
② 모루를 여러 가지 모양으로 구부려 요구르트병 바닥에 본드로 붙인다.
③ 요구르트병을 시트지로 감싸고 예쁘게 꾸며 모루 도장을 완성한다.

활동방법	1. 모루 도장과 부직포를 깐 물감 접시를 내주고 관심을 보이는 영아들과 함께 모루 도장의 모양을 탐색하면서 활동을 시작한다. 　- 여기 모루 도장이 있는데 모양이 모두 다 다르네. 　- ○○는 동그라미 모양을 가지고 있구나. 2. 도화지를 내주고 영아들이 원하는 모양을 선택해서 도장찍기를 해 보도록 제안한다. 　- ○○의 모루 도장은 별 모양이네. 이걸 물감에 찍어보면 어떨까? 무슨 모양이 나타날까? 3. 영아들이 모루 도장을 종이에 찍을 때, 같은 모양이 반복적으로 만들어진다는 것을 언어로 표현해 주고 다른 모양의 도장도 경험해보도록 격려해준다. 　- (영아가 한 가지 모루 도장을 계속 찍으면) ○○의 배에는 동그라미 모양이 정말 많네. 　- 이번에는 다른 모루 도장을 찍어볼까? 어떤 모양이 나올까?
참　　고	· 모루 도장 이외에 교실에 있는 플라스틱 끼우기 블록 등 찍을 수 있는 물건을 찾아 찍기 활동에 이용할 수 있다.

쌓기 · 대근육 · 음률영역

긁어서 소리 내보기

8월 5주

주요경험	·다양한 방법으로 소리를 내보는 경험을 한다. ·여러 가지 소리의 차이에 관심을 갖는다.
활동인원	2~3명
활동시간	5~10분
준 비 물	기로, 빨래판, 대나무 방석, 나무·구슬방석, 지압용 발판, 바가지, 주름 호스 등 주변에서 구할 수 있는 울퉁불퉁한 물체, 긁는 막대 또는 주걱

활동방법	1. 준비한 자료들을 영아가 만져보거나, 손톱으로 긁어볼 때 교사도 관심을 보이면서 함께 탐색해본다.
	   – 빨래할 때 쓰는 빨래판도 있네.
	   – 손톱으로 긁어보니까 드르륵 소리가 나는구나.
	   – 어떻게 하면 또 소리가 날까?
	   – 그래, 손으로 치니까 탁탁 소리가 나네.
	
	2. 여러 가지 방법으로 소리를 만들어보는 경험을 한 후 막대나 주걱을 첨가하여 도구를 사용해서 여러 가지 물건을 긁어보도록 한다.
	   – (영아가 막대로 두드리면) 그래, 막대로 두드리니까 소리가 나네. 여기 있는 주름 호스를 두드리면 어떤 소리가 날까?
	   – 선생님은 막대로 한번 긁어볼게. 어떤 소리가 날까?

참 고	·영아가 좋아하는 노래를 부르면서 노래에 맞춰 여러 가지 긁는 소리로 연주해볼 수 있다. ·짧게, 길게 또는 세게, 약하게 긁는 소리의 차이에도 관심을 갖도록 유도하며 활동을 전개 할 수 있다.

쌓기 · 대근육 · 음률영역

큰 트럭, 작은 트럭

주요경험
· 여러 가지 탈것의 소리에 관심을 가진다.
· 큰 소리와 작은 소리를 경험해본다.

활동인원 2~3명

활동시간 5~10분

8월 5주

준 비 물 크고 작은 장난감 트럭, 버스, 오토바이, 비행기
김명순 · 조경자(1998). 음악 교육의 이론과 실제 음악 테이프(Tape 3-A면 ①). 다음세대.

활동방법
1. 영아가 탈것 장난감을 가지고 놀고 있을 때 교사도 함께 놀이에 참여하면서 탈것의 크기에 따라 소리의 크기도 다르게 표현해보도록 유도한다.
   - ○○가 커다란 트럭을 가지고 놀고 있네.
     선생님은 작은 트럭을 가지고 놀아야지.
     그런데 ○○의 커다란 트럭은 어떤 소리가 날까?
   - ○○의 커다란 트럭은 아주 커서 소리도 크네.
     (작은 트럭을 굴리면서 작은 소리로) 부릉부릉, 트럭이 갑니다.
   - 큰 버스가 내는 소리는 어떨까? 작은 자동차는 어떤 소리를 낼까?

2. 영아가 자동차 놀이를 할 때 「큰 트럭 작은 트럭」 노래를 불러주거나 녹음 테이프를 귀에 익숙하도록 들려준 후, 반복되는 의성어 부분은 영아들이 불러보게 한다. 영아가 어려워하면 교사는 의성어 부분을 허밍으로 따라 불러준다.
   - 트럭은 어떤 소리를 낼까? 그래, 부릉부릉~!
     선생님이 큰 트럭 작은 트럭 노래를 불러 줄게, ○○는 트럭 소리를 내 볼 수 있겠니?
   - 이번에는 버스가 지나간대, ○○가 '붕붕붕' 버스 소리를 내보자.

실외자유놀이

훌라후프 터널 통과하기

주요경험	· 훌라후프를 이용한 대근육 활동을 경험한다.
활동인원	1~7명
활동시간	5~10분

8월 5주

준 비 물	훌라후프 터널

〈만드는 방법〉
(재료: 2m정도의 긴 막대, 훌라후프 3개, 비닐끈 약간)
① 긴 막대에 간격을 맞추어 훌라후프 3개를 건다.
② 비닐끈으로 막대와 훌라후프를 연결하여 고정시킨다.

활동방법	1. 훌라후프를 제시하여 자유롭게 여러 가지 방법으로 탐색해보도록 한 후, 교사가 훌라후프의 끝이 바닥에 닿도록 막대의 양 끝을 잡으면서 터널 통과하기로 연결해볼 수 있다.

2. 영아들이 훌라후프 터널을 통과하는 놀이를 할 때 교사는 '칙칙폭폭 떠나간다. 어서어서 올라타라~' 노래를 불러준다.
   - 여기에 캄캄한 굴이 있어요. 어서어서 지나가세요.

3. 영아들이 익숙해지면 훌라후프 건드리지 않고 통과하기, 친구 허리 잡고 지나가기, 줄을 이용해서 기차 만들어 지나가기 등의 간단한 약속을 정해서 놀이를 진행한다.
   - 칙칙폭폭! 기차가 지나갑니다.
   - 조심하세요! 훌라후프 터널에 기차가 닿으면 위험해요.
     조심 조심! 건드리지 말고 지나가세요.

참　　고	· 가벼운 훌라후프를 준비하여 부담없이 탐색하고 친숙하게 놀이할 수 있도록 한다. · 훌라후프를 이용한 여러 가지 다양한 놀이로 확장시킬 수 있다(굴리기, 바닥에 놓고 두 발 모아 뛰기, 다리 건너기 등).

어떤 자동차가 필요할까요

주요경험	·그림을 보고 내용을 이야기해본다. ·상황에 맞는 자동차의 이름을 안다.
활동인원	1~2명
활동시간	3~7분

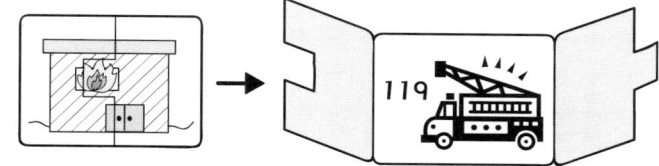

9월 1주

준 비 물 옆으로 열리는 퍼즐 카드

〈만드는 방법〉
(재료: B5크기의 마분지 8장, 손잡이용 고무줄)
① 마분지에 상황 그림 4장과 각 상황에 맞는 자동차 그림 4장을 그린다 (불난 그림-불자동차, 공사하는 그림-포크레인, 다친 사람-구급차, 길 잃고 우는 그림-경찰차).
② 상황 그림의 가운데 부분을 서로 맞추기에 적당하도록 자른다.
③ 각 자동차 그림 위에 상황 그림을 놓고 양쪽 가장자리를 테이프로 붙여 고정시킨다.
④ 상황 그림의 가운데의 양쪽으로 고무줄 손잡이를 만들어 양 옆으로 열리는 퍼즐 카드를 완성한다.

활동방법

1. 영아가 바구니에 담겨 있는 자동차 퍼즐 카드를 꺼내며 관심을 보일 때, 교사도 다가가 함께 퍼즐 카드를 열어보면서 이야기를 시작해본다.
   - ○○가 퍼즐 카드를 보고 있구나.
   - 퍼즐 카드를 열어 보니 밑에 자동차 그림이 또 있네.

2. 영아와 함께 퍼즐 카드에 그려진 그림을 보며 이야기를 해본 후, 어떤 자동차가 필요한지 말해보도록 격려해준다.
   - 아저씨가 다쳐서 움직이지도 못하나 봐, 병원으로 가야할 텐데 어떤 자동차가 필요할까?
     (영아가 퍼즐 카드를 양쪽으로 열면) 구급차가 왔구나.
   - 이 퍼즐 카드도 보자, 공사를 하고 있는 그림이네, 여기 있는 흙과 돌을 치워야겠구나. 무슨 차가 와야 할까?
   - 친구가 길을 잃어버렸나 봐, 누가 도와주면 좋을까? 그래, 삐오 삐오! 경찰차가 왔네.

참 고 ·퍼즐 카드의 내용 이외에도 탈것의 종류를 알아맞히는 수수께끼 활동으로 확장해볼 수 있다.

쌓기 · 대근육 · 음률 영역

자동차 운전하기

주요경험	·블록을 이용하여 자동차를 구성해본다. ·모형 핸들로 운전하는 모습을 흉내내본다.
활동인원	2~4명
활동시간	5~10분
준 비 물	모형 핸들 2~3개, 의자, 큰 블록 (공간블록, 스펀지 블록 등)

9월 1주

〈만드는 방법〉

(재료: 고무 호스, 접착 테이프, 천 혹은 시트지)

① 고무호스를 지름 30cm의 둥근 원이 되도록 구부려 접착 테이프로 고정시킨다.

② 고무 호스를 Y모양으로 만들어 핸들 안쪽에 들어가도록 하여 테이프로 고정시킨다.

③ 고무 호스를 천으로 감싸 바느질을 하거나, 시트지로 싸 모형 핸들을 완성한다.

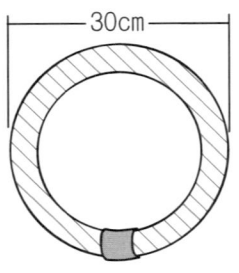 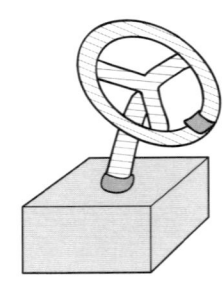

활동방법　1. 영아가 모형 핸들을 들고 다니며 운전하는 흉내를 낼 때, 교사는 스펀지 블록과 공간 블록, 와플 블록 등을 이용하여 자동차를 만들어보자고 제안한다.

　　　　　　 － ○○는 핸들을 가지고 운전 놀이를 하고 있네. 그런데 자동차는 어디에 있니?
　　　　　　　 우리 여기에 있는 블록으로 자동차를 만들어볼까?

2. 영아가 자동차를 만들 때 교사는 자동차의 형태를 좀더 정교화시키도록 질문하고 상호작용하여 준다.
   - ○○가 앉아 있는 곳은 운전석이구나, 그런데 다른 사람도 같이 타고 싶으면 어떻게 하지?
   - 공간 블록을 더 가져다가 의자를 만들면 손님도 더 많이 태울 수 있겠네.

3. 자동차가 완성되면 모형 핸들을 이용하여 운전을 하고, 다른 영아들은 손님이 되어서 자동차 운전 놀이로 연결해본다.
   - 조심해서 운전하세요.
   - (옆에 서 있는 다른 영아에게) ○○도 같이 타고 갈까?
   - 기사 아저씨, 앞으로 계속 가주세요.
   - 똑바로 가면 우리 집이에요. 이제 다 왔네요. 감사합니다.

참　고
   • 영아들은 대부분 운전사가 되기를 원하므로, 모형 핸들을 여유 있게 준비해주거나 순서를 정하여 교대로 하게 하여 오랫동안 기다리지 않도록 해준다.

실외자유놀이

널빤지 경사면에서 자동차 굴려보기

주요경험	• 경사면의 각도에 따른 움직임의 차이에 관심을 갖는다. • 놀이를 통해 '빠르다', '느리다'의 뜻을 이해한다.
활동인원	3~4명
활동시간	5~10 분
준 비 물	자동차나 트럭 장난감 3~4대, 널빤지

활동방법	1. 바닥에서 자동차 놀이를 하는 영아에게 다가가서, 널빤지를 제공하며 자동찻길을 만들어 보도록 제안한다.
	  - ○○가 자동차 놀이를 하고 있구나.
	   여기 길다란 널빤지가 있는데 자동찻길이라고 할까?
	
	2. 널빤지를 바닥에 두어 영아가 그 위에서 자동차 굴리기 놀이를 충분히 한 후 계단이나 벽돌 등으로 널빤지를 받쳐 경사면을 만들어 자동차 놀이를 한다.
	  - 이 경사길에서는 자동차가 정말 빨리 굴러가네. 천천히 가게 하려면 어떻게 할까?
	
	3. 경사면의 각도를 다르게 하여 천천히 내려가는 자동차, 빠르게 내려가는 자동차에 대해 이야기해보며 속도의 차이를 느껴보도록 유도한다.
	  - 경사가 낮으니까 자동차가 천천히 굴러가네.
	  - (벽돌이나 계단에 널빤지를 더 높이 받치며) 널빤지를 이만큼 높이면 어떻게 될까?
	   자동차가 더 멀리까지 나갔네.
	  - 어, 자동차가 넘어졌네. 너무 빨리 굴러가서 그렇구나.

참 고	• 널빤지 대신 실외 놀이터에서 각도가 다른 미끄럼틀 위나, 언덕 등에서 영아는 탈것이나 공, 놀잇감 등을 굴려보고, 교사는 속도의 차이나 구르는 모습 등에 반응을 보이며 활동을 진행할 수 있다.

9월 1주

자동차 바퀴에 물감 묻혀 굴리기

주요경험	· 바퀴의 모양을 새로운 방법으로 탐색해본다. · 물감이 찍힌 흔적에 관심을 갖고 자유롭게 표현해본다.
활동인원	2~3명
활동시간	5~10분
준 비 물	영아가 잡을 수 있는 크기의 자동차, 부직포를 깐 물감접시, 도화지
활동방법	1. 그리기 · 만들기 영역에 자동차와 물감 접시를 내주고 관심을 보이는 영아와 함께 자동차의 바퀴 모양을 탐색해보며 자동차 바퀴에 물감 묻혀 굴리는 활동을 시작한다. 　– 자동차의 바퀴 좀 봐, 울퉁불퉁하네, 　– 이 자동차랑 ○○가 가지고 있는 자동차랑 바퀴의 무늬가 서로 다르네, 　– (영아들이 접시 위에서 자동차를 굴리면) 자동차 바퀴에 물감이 묻었네, 　　도화지에 자동차를 굴려보자, 무슨 모양이 나올까? 2. 도화지 위에 자동차를 지나가게 하면서 지나간 바퀴 모양의 흔적을 언어로 표현해준다. 　– 자동차 바퀴가 굴러가니까 종이에 어떤 그림이 생기니? 　– 자동차 바퀴가 떼굴떼굴 굴러갈 때마다 같은 모양의 무늬가 만들어지는구나, 　– 길이 난 것처럼 두 줄이 나란히 생겼네, 　– ○○가 굴린 자동차는 동그라미 두개를 만들었네,
참　　고	· 자동차 바퀴의 모양이 확실히 구분 가는 것으로 선택하여 모양의 차이를 쉽게 경험할 수 있도록 도와준다.

탐색 · 조작영역

차고에 같은 색 자동차 넣기

주요경험	같은 색깔의 차고와 자동차를 짝지어본다.
활동인원	2~3명
활동시간	5~10분
준 비 물	3~5가지 색깔의 차고, 차고 색과 같은 자동차 3~5대

〈만드는 방법〉
(재료: 우유곽 3~5개, 시트지)
① 우유곽의 윗부분을 비스듬히 잘라내고 옆으로 눕혀 차고를 만든다.
② 우유곽의 바닥 부분과 겉면을 각각 다른 색상의 시트지로 붙인다.
③ 시트지를 붙인 3~5개의 우유곽을 연결하여 붙이고 차고를 완성한다.

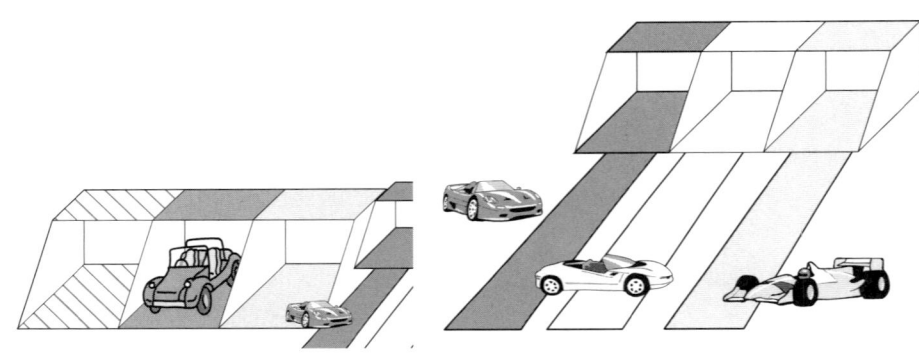

활동방법 | 1. 3~5가지 색의 자동차와 차고를 내주어 영아들이 색깔과 관계없이 자유롭게 자동차 놀이를 하면서 자동차를 차고에 넣어보도록 한다.
  – 노란 자동차가 빨간 차고에 들어갔네.

2. 자동차를 같은 색 차고에 넣어보도록 제안하고 같은 색깔끼리 연결시킬 수 있도록 격려한다.
   - 이 빨간 차고에는 빨간 자동차만 들어올 수 있대.
     같은 색의 차고를 찾아 자동차를 넣어줄 수 있겠니?
   - 노랑 자동차 오세요, 노란색 차고가 기다리고 있어요.
   - 파란색 자동차가 파란색 차고에 들어갔네.

참　　고 · 차고를 쌓기영역의 바닥에 고정시킨 후, 차고를 따라 가는 길을 테이프로 만들어주어 차고를 찾아가는 놀이로 진행해볼 수 있다.

실외자유놀이

자동차에 기름넣기

주요경험	·주유해본 경험을 상상 놀이로 연결해본다.
활동인원	2~3명
활동시간	3~5분
준 비 물	탈 수 있는 자동차나 자전거, 주유기
활동방법	1. 영아들이 자동차를 타며 놀이하고 있을 때 주유기를 첨가해주고 자동차에 기름을 넣는 상상 놀이로 연결해 본다. - 기름을 넣어드릴까요? 자동차가 힘이 없어 못 가네요, 주유소로 오세요, 　주유기로 기름을 넣어드릴게요, 2. 영아가 주유소 주인이 되어 기름 넣어주는 흉내를 내도록 교사는 손님 역할을 하며 상호작용해준다. - 기름이 다 떨어졌어요, 기름을 꽉 채워 주세요, - 고맙습니다, 안녕히 계세요,
참　　고	·실내에서도 작은 자동차나, 트럭에 기름 넣는 상상놀이를 할 수 있도록 작은 주유기를 제공하여 줄 수 있다. 작은 주유기는 단단한 구두상자와 호스를 이용하여 만들어준다.

실외자유놀이

타이어 징검다리 건너기

주요경험	· 몸의 중심을 옮기며 균형을 잡아본다.
	· 타이어를 이용하여 즐겁게 놀이해본다.

활동인원	3~5명

활동시간	5~10분

준 비 물	폐타이어 3~4개

9월 2주

활동방법	1. 놀이에 방해가 되지 않도록 실외놀이 공간의 한적한 곳에 폐타이어를 일렬로 늘어 놓아 둔다. 영아들이 다가와 타이어에 관심을 보이면 교사도 함께 타이어를 탐색해보도록 한다.
	- 타이어를 본 적 있니?
	- 그래, 못쓰는 자동차 바퀴란다. 바퀴 모양 좀 봐. 울퉁불퉁한 걸.
	2. 타이어를 한 발씩 옮기며 건너가거나, 타이어를 밟고 서보기, 타이어 속으로 두 발로 깡충 뛰기 등 교사는 다양한 동작을 해보도록 유도하며, 영아들이 타이어 건너가는 놀이를 반복적으로 즐기도록 도와준다.
	- (도움을 필요로 하는 경우 영아의 손을 잡아주며) 옆 타이어로 옮겨가볼까?
	야~ 넘어왔네. 아주 잘 하는구나.
	- (타이어 위에 서 있으면) 두 발로 깡충 뛰어 보자. 하나, 둘, 셋, 깡충!

참　　고	· 영아들은 타이어 안에 앉아 놀이하기를 좋아하므로 영아가 흥미가 없다면 굳이 타이어 건너가기 활동으로 유도하지 말고 영아가 좋아하는 방식으로 놀이하도록 허용한다.
	· 실내에서는 종이벽돌 블록이나 우레탄 블록을 이용하여 건너보기 활동을 할 수 있다.

그리기·만들기영역

공그림 그리기

주요경험	·공의 움직임에 따른 색의 흔적에 관심과 호기심을 느낀다. ·새로운 자료를 이용하여 자유롭게 표현해본다.
활동인원	1~3명
활동시간	5~10분
준 비 물	털실로 감은 스티로폼 공 또는 작은 헝겊 공, 집게 또는 숟가락, 깊이 10cm 정도의 공을 담을 상자, 물감을 되직하게 타놓은 물감 접시, 상자와 같은 크기의 도화지
활동방법	1. 책상 위에 공과 상자, 물감 접시 등 준비물을 놓아두고 영아들이 호기심을 보이며 다 가 올 때 공으로 그림을 그려보도록 제안하며 활동을 시작한다. 　- ○○가 상자를 살살 흔드니까 공이 저절로 굴러가는구나. 　- ○○가 가지고 있는 공에 물감을 한번 묻혀볼까? 2. 물감 접시에 공을 넣어 고루 묻힌 후 도화지가 담겨 있는 상자 속에 집게나 숟가락으 로 공을 1개씩 담아주고 굴려보도록 한다. 　- 선생님이 공에 물감을 묻혀 상자에 담아줄게, 상자를 흔들면 공이 어떻게 될까? 　- ○○은 무슨 색 물감을 묻혀줄까? 3. 영아들이 자유롭게 상자를 움직여 공을 굴려보게 하고 공이 굴러다니며 남긴 흔적이 어떤지 살펴보도록 하며 교사는 색과 모양 등을 언어로 표현해준다. 　- 공이 지나가면서 꼬불꼬불 길이 생겼네. 　- 공이 굴러간 자리가 이쪽은 진하게 그려졌는데 점점 흐려졌구나. 　- (다른 색깔 물감을 묻힌 공을 하나 더 넣으며) 　　공 두 개가 같이 구르면 또 어떤 무늬가 생길까? 4. 활동이 끝나면 도화지를 꺼내어 영아의 이름을 쓴 후 작품을 전시해 주어 서로의 작 품을 감상할 수 있는 기회를 제공한다.

9월 3주

탐색 · 조작영역

촉감 기차

주요경험	·다양한 재료의 촉감을 경험하고 느낌을 표현해본다.
활동인원	1~5명
활동시간	5~7분
준 비 물	다양한 재료가 담긴 촉감 기차

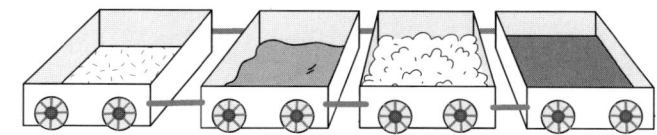

9월 3주

〈만드는 방법〉
① 와이셔츠 상자나 하드보드지를 이용하여 높이5cm, 바닥 면적은 A4정도의 크기로 뚜껑 없는 단단한 상자를 만든다.
② 상자 안에 헝겊을 깐 후 여러 가지 재료(마카로니, 솜, 플라스틱 계란판, 나뭇잎)를 각각 담는다.
③ 재료가 상자에서 떨어지지 않도록 접착제로 붙인다.
④ 각각의 상자를 끈으로 연결하고 기차처럼 꾸며 촉감 기차를 완성한다.

활동방법

1. 영아들의 이동이 적은 교실의 한쪽 공간에 촉감 기차를 놓아주어 손으로 만져보고, 눌러보는 등 다양한 탐색을 하도록 한다.
   - 마카로니가 상자 속에 들어 있네, 만져보니까 어떤 느낌이니?
   - 나뭇잎을 만지니까 바스락 바스락 소리가 나네.

2. 탐색이 충분히 이루어지면 영아들에게 상자 안으로 들어가 발로 촉감을 느껴보도록 제안한다.
   - 이번엔 양말을 벗고 밟아볼까? 느낌이 어떠니?
   - 솜을 밟으니까 푹신푹신한 느낌이구나.
   - ○○가 밟고 있는 것은 무엇이지?

3. 영아들이 차례로 1개씩 밟아볼 수 있도록 인원수를 조절해준다.

참 고
·활동했던 촉감물에 익숙해 지면 다른 촉감물로 내용물을 교체해준다.
·눈을 감고 촉감 상자를 밟아 보도록 하여 눈을 뜨고 지나갈 때와 다른 느낌을 경험하게 한다.

쌓기 · 대근육 · 음률영역

종이벽돌 블록으로 터널 만들기

9월 3주

주요경험	· 블록을 이용하여 터널을 만드는 경험을 한다. · 터널 속으로 기차를 통과시키며 즐겁게 놀이한다.
활동인원	1 ~3명
활동시간	5~10분
준 비 물	종이벽돌 블록. 나무 기차나 레고 기차
활동방법	1. 영아들이 나무 기차나 레고 기차를 끌고 다니며 놀이를 하고 있을 때, 기차가 지나가는 터널을 만들어보자고 제안한다. 　- 칙칙폭폭~! 기차가 지나가고 있네, 어디로 가는 기차일까? 　- 우리, 기차가 지나가는 터널을 한번 만들어보자. 2. 영아가 벽돌 블록 2개를 세로로 세우고 그 위에 벽돌 블록을 얹어 터널을 만들어 놀이를 해 보도록 격려한다. 　- ○○가 벽돌 블록을 2개 세우고 그 위에 벽돌 블록을 눕혀놓으니까 터널이 되었구나. 　- △△도 터널을 만들었네. 　- (기차를 끌고 다니던 영아가 다가오면) 여기 터널이 있어요, 어서어서 지나가세요. 　- 터널 속으로 ○○기차가 지나갔네, 터널 속으로 기차가 지나가니 잘 보이지 않는구나.
참　　고	· 교실에서 영아들이 직접 기어서 터널을 지나가는 놀이를 할 수 있도록 양쪽이 뚫린 커다란 상자를 제공하여 줄 수 있다.

실외자유놀이

스펀지로 칠하기

주요경험	• 스펀지를 새로운 방법으로 탐색해본다. • 새로운 자료를 이용하여 자유롭게 표현해본다.
활동인원	4~5명
활동시간	5~10분
준 비 물	스펀지, 되직하게 물감을 풀어 둔 물감 접시, 전지 크기의 켄트지나 소포지 - 스펀지는 손으로 접을 수 있는 크기로 준비한다. 스펀지에 막대를 부착하거나 집게를 집은 것도 좋다.

9월 3주

활동방법	1. 실외놀이장의 한곳에 넓은 깔개를 깔고 미술재료를 준비해두어 관심을 보이는 영아와
	   함께 스펀지를 탐색해본 후 영아에게 비닐 가운을 입히고 활동을 시작한다.
	   - 스펀지를 손가락으로 누르니까 쏙쏙 들어갔다 나오네.
	   - 스펀지를 만지니까 느낌이 어떠니?
	   - 오늘은 스펀지로 그림을 그려볼 거야, 스펀지를 물감에 찍어볼래?
	
	2. 스펀지에 물감을 묻혀 종이에 문지르거나 찍을 때, 다양한 방법으로 탐색하고 표현해
	   보도록 도와준다.
	   - 물감이 묻은 스펀지를 종이에 꾹꾹 눌러 보면 어떻게 될까?
	   - 물감 묻은 스펀지를 종이에 문지르니까 정말 멋진 무지개 같네.
	   - 스펀지를 손으로 꽉 짜보면 어떻게 될까?
	
	3. 물감이 영아의 손에 묻으면 손바닥으로 찍거나 문지르며 자유롭게 탐색하도록 한다.
	   - ○○의 손에도 물감이 묻었구나.
	   - 손바닥으로도 찍어볼까?
	   - 손바닥으로 문지르니까 느낌이 어떠니?

참　　고	• 여러 가지 색깔의 물감을 제공하여 물감이 서로 섞이고 색이 변하는 것을 볼 수 있도 록 하여 영아의 흥미와 관심을 확장시켜 준다.

그리기 · 만들기영역

여러 가지 탈것 꾸미기

주요경험	· 셀로판지에 호기심을 갖고 탐색해본다. · 새로운 자료를 이용하여 자유롭게 표현해본다.
활동인원	1~5명
활동시간	5~10분
준 비 물	창문이 뚫려 있는 탈것 모양 종이(비행기, 버스, 배 등), 네모 모양으로 작게 자른 여러 색깔의 셀로판지, 풀, 크레용, 스티커
활동방법	1. 네모 모양으로 자른 여러 색깔의 셀로판지를 바구니에 담아두고 호기심을 보이는 영아와 함께 셀로판지를 자유롭게 탐색하면서 영아의 탐색활동을 언어로 표현해준다. 　- ○○가 바구니에서 셀로판지를 꺼내서 보고 있구나. 　- (영아가 셀로판지를 통해 사물을 보면) 여기 있는 도화지가 무슨 색으로 보이니? 　- 노랑 · 파랑 셀로판지를 겹쳐서 보니까 다른 색으로 보이네. 2. 셀로판지를 자유롭게 충분히 탐색해본 후 창문을 미리 뚫어둔 여러 가지 탈것(비행기, 버스, 배 등)모양 종이를 제시하고 영아가 마음에 드는 탈것 모양 종이를 선택하여 창문을 꾸며 보도록 제안한다. 　- ○○는 배 모양 종이를 가지고 있네. 　- (영아가 종이의 구멍에 손가락을 넣어보면) 그건 뭘까? 　　그래, ○○가 창문 속에 손가락을 쏙 넣었구나. 　- 그런데 비행기(버스, 배)의 창문에 유리창이 하나도 없네? 　　셀로판지를 붙여 창문을 만들어주면 어떨까? 　- ○○는 비행기에 파란 창문을 만들었구나.

3. 셀로판지로 창문을 꾸민 탈것 모양 종이에 크레용이나 스티커 등을 이용하여 바탕을
   자유롭게 표현하도록 한 후 완성된 작품에 영아의 이름을 써 주고 창문을 통해 사물
   을 보면서 놀이하도록 유도한다.
   – (셀로판지를 붙인 창문을 눈앞에 대보며) ○○가 만든 비행기의 파란 창문으로 바닥을
      보니까 바다처럼 보인다.

참   고 ・셀로판지를 이용하여 색안경, 색가면, 망원경 등을 다양하게 만들어볼 수 있다.

그리기·만들기영역

색모래 그림 그리기

주요경험	·모래를 새로운 방법으로 사용해본다.
	·모래를 이용하여 다양한 형태를 표현해본다.
활동인원	1~5명
활동시간	5~10분
준 비 물	색모래, 도화지, 풀, 높이가 낮은(5cm정도의) 와이셔츠 상자 여러 개, 깔개
활동방법	1. 그리기·만들기영역에 깔개를 깔고 미술 재료를 준비하여 관심을 보이는 영아와 함께 도화지에 풀칠을 한다.
	2. 풀칠한 도화지를 와이셔츠 상자 속에 넣어 모래가 사방으로 흩어지지 않도록 한 후 영아가 색모래를 뿌려 풀칠한 모양대로 나오는 모습을 보면서 성취감을 느낄 수 있도록 격려해준다.
	- ○○야, 상자 속에 도화지를 넣고 모래를 살살 뿌려보자, 어떤 그림이 나올까?
	- (잠시 후 상자 속의 종이를 세워 모래를 털어낸다.)
	어? 풀칠한 곳만 모래가 떨어지지 않고 붙어 있네.
참 고	·색모래가 적당치 않을 때는 좁쌀이나 작은 조각 종이를 이용할 수도 있다.
	·도화지를 자동차, 비행기, 배 등의 탈것 모양으로 오려서 제공해도 좋다.

쌓기 · 대근육 · 음률영역

레고 블록으로 비행기 만들기

주요경험	· 끼우기 블록을 이용하여 비행기를 만들어본다.
활동인원	2~3명
활동시간	5~10분
준 비 물	큰 끼우기 블록류 (레고 블록, 듀플로 블록, 코코 블록, 큰 렉스 블록 등), 비행장 화보, 활주로판(레고판이나 장판지 등으로 길게 만든 것)

9월 4주

활동방법
1. 쌓기 · 대근육 · 음률 영역의 낮은 벽면에 하늘을 날고 있는 비행기 사진을 붙여두어 영아가 흥미를 보이면 교사는 영아가 레고로 비행기를 만들어보도록 유도해 본다.
   - 여기 비행기 사진이 있네, 우리도 레고로 비행기를 한번 만들어볼까?
   - 레고를 꼭 눌러 끼워서 빠지지 않게 해보자,
   - ○○ 비행기는 날개가 아주 길고 멋지구나,

2. 영아가 만든 레고 비행기를 날리는 흉내를 내며 놀고 있을 때 활주로판을 첨가해주어 비행기가 뜨고 내리는 놀이를 할 수 있도록 놀이를 확장시켜준다.
   - 선생님이 비행기가 뜨고 내릴 수 있는 활주로판을 가지고 왔는데 여기에서 비행기를 날려볼까?
   - ○○비행기 출발, 날아가 주십시오,
   - △△비행기, 내려올 준비를 하십시오,
     됐습니다, 천천히 내려오십시오,

참 고
· 비행장 놀이는 영아가 경험해 보지 못하였다면 조금 어려운 활동이 될 수 있으므로 영아의 흥미에 따라 이루어지도록 하며 교사가 지나친 개입이나 유도는 하지 않도록 한다.

주제

음식

실시기간 : 10월 1주 ~ 10월 5주

▶▶▶ 전개방법

「음식」은 영아가 보고, 듣고, 냄새 맡고, 맛보고, 만져보면서 오감을 통해 다양한 감각적 경험을 할 수 있는 흥미로운 주제이다. 또한 영아기는 음식에 대한 선호도, 식사 예절, 위생적인 습관 등 식사 행동의 기초가 형성되는 시기이기 때문에 음식과 관련된 교육활동을 통해서 영아가 바른 식생활 습관을 가질 수 있도록 지도하는 기회로 활용하고자 하였다.

다양한 음식의 종류를 요리 화보 등을 통하여 접해 보고 밀가루 반죽, 음식 모형을 이용한 요리사 놀이 등 극화놀이를 하며 음식에 대한 영아의 흥미를 불러 일으키고 간단한 요리활동을 직접 해보면서 음식의 맛과 색깔, 모양, 냄새 등을 충분히 탐색하도록 하고 스스로 만든 것을 즐겁게 먹어보는 경험을 하도록 한다. 영아가 쉽게 접할 수 있는 과일과 야채, 열매 등에도 관심을 갖도록 언어·미술·탐색 활동들을 계획하여 음식이 건강을 유지하고 몸을 성장하게 한다는 점을 알게 한다. 또 음식의 고마움을 알고 음식을 만들어 주신 분께 감사하는 마음을 갖도록 전개한다.

바른 식생활 습관은 가정의 협조 없이는 어려우므로 가정과 협력하여 음식 골고루 먹기, 바른 태도로 식사하기, 식사 후 감사 인사하기 등을 몸에 익히도록 지속적으로 지도한다. 또한 '추석'이라는 민족 고유의 명절을 맞이하여 영아들이 우리의 한복, 먹거리, 악기 등을 다루고 경험해 보도록 돕는다.

▶▶ 환경구성

	그리기 · 만들기영역	소꿉영역	책보기영역	탐색 · 조작영역	쌓기 · 대근육 · 음률영역

실내	· 창호지
	· 사인펜
	· 종이끈
	· 은박지
	· 유성펜
	· 요플레통
	· 음식 사진
	· 과일모양 종이
	· 크레파스
	· 케첩통
	· 색풀
	· 흰 크레파스로
	  과일 그림을 그린
	  흰 도화지
	· 야채 도장
	· 롤러 도장
	· 스탬프
	· 색종이
	· 마분지
	· 나뭇잎 말린 것
	· 신문지
	· 물감
	· 고무 호스
		· 흰 밀가루
		  반죽
		· 나뭇잎
		· 한복
		· 작은 절구
		· 방망이
		· 과자틀
		· 모형 과일
		· 인형
		· 쇼핑카트
		· 모형 케이크
		· 신문지 국수
		· 과일색
		  밀가루 반죽
			· 그림책
			「맛있는 음식」
			「맛있게 먹어요」
			「내가 먹을래요」
			「잘 먹겠습니다」
			「냠냠 쩝쩝 맛있게」
			「사탕 줄게」
			「싱싱한 과일」
			「냠냠 짭짭」
			「과일 나라 채소 나라」
			「주세요 주세요」
			「어디 숨었지」
			「야채는 맛있어요」
			「호호 매워」
			· 요리 화보책
			· 과일그림카드
			· 동시
			「바사삭 바사삭」
			· 수수께끼: 과일그림
			· 과일막대, 인형극틀
			· 융판동화
			「배고픈 애벌레」
				· 여러 가지 색
				  고무신
				· 촉감 고무신
				· 공끼우기
				  놀잇감(1~ 5)
				· 맛보기용 음식물
				· 볼록거울
				· 마카로니대와
				  음식 모형
				· 과일꼭지 퍼즐
				· 소리상자 퍼즐
				· 과일나무와
				  부직포 과일
				· 야채 모양 부직포
				· 과일 퍼즐(3조각)
				· 소리 구별병
				· 숟가락, 대추, 밤
				· 색나무 막대
				· 음식그림카드와
				  빨랫집게
					· 소고
					· 한삼
					· 벽돌 블록
					· 나무 실로폰
					· 깡통 블록
					· 색깔카드
					· 와플 블록
					· 과일막대
					· 작은 북
					· 콩
					· 과일 볼링 핀과
					  공

실외	· 동화책 · 매달린 공 · 깔대기 · 스크래치 작업도구(크레파스, 종이, 책상 등)	· 나뭇잎 · 바구니 · 농구대와 농구공	· 열매 · 팥주머니 · 길게 찢은 신문지	· 막대와 공 · 훌라후프	· 주방기구 · 색분필

주간보육계획안

소주제 : **즐거운 추석이에요.**　　　　　　　　실시 기간 : **10월 1주**

다루어질 내용 : 고유의 명절과 연결시켜 우리의 옷과 먹을 것 등을 경험해본다.

구분		주 간 활 동
등원 및 맞이하기		· 추석을 어떻게 지냈는지 이야기하기
실내자유놀이	그리기 · 만들기 영역	· 창호지에 사인펜으로 그리고 물칠하기 · 종이끈 가위로 자르기 1) · 은박지에 유성펜으로 그리기
	소꿉영역	· 밀가루 반죽으로 송편 만들기 2) ◎ 낙엽떡 놀이 · 한복 입어보기
	책보기영역	· 그림책 :「맛있는 음식」「맛있게 먹어요」「내가 먹을래요」 · 추석에 먹은 음식 이야기해보기
	탐색 · 조작 영역	· 색깔 다른 고무신 짝맞추기 · 촉감 고무신 신어보기 3) · 공룡알 놀이 4) · 막대에 길이만큼 공 끼우기(1~5)
	쌓기 · 대근육 · 음률영역	· 노래: 달, 강강수월래 ◎ 소고 치기 ◎ 한삼 끼고 흔들어 보기
전이활동		· 추석 지낸 이야기해보기 · 국악 들어보기(강강수월래)
실외자유놀이		· 젖은 모래 뭉쳐서 떡 만들기 · 가을바람 느끼며 그늘에서 동화듣기 · 강강수월래 (손 잡고 돌아보기) · 잠자리 관찰하기
점심 및 낮잠		· 꼭꼭 씹어먹기 · 음식의 양을 적당히 먹기
기본생활습관		· 놀잇감 던지지 않기 · 어린이집에서 만나는 어른들께 인사하기

교육활동참고

1) 종이끈 가위로 자르기
   · 색종이나 도화지를 2cm 폭으로 길게 잘라 준다.
   · 영아들이 종이끈을 한 손에 들고 가위로 잘라 한 번에 끊어보게 한다.

2) 밀가루 반죽으로 송편만들기
   · 추석에 대해 이야기하면서 밀가루 반죽으로 송편을 만들어본다.
   · 밀가루 반죽을 넓게 펴고 다른 밀가루 반죽을 조그맣게 떼어내 속으로 넣고 동그랗게 빚
     어보도록 한다.
   · 냄비에 담아 찌고 식히는 흉내놀이를 해본다.

3) 촉감 고무신 신어보기
   · 고무신 바닥에 촉감을 느낄 수 잇는 재료(콩, 쌀, 사포, 공기비닐, 헝겊 등)를 붙여주어
     내준다.
   · 영아가 고무신을 신으며 느끼는 촉감에 대해 이야기해본다.

4) 공룡 알 놀이
   · 반으로 나뉘는 알 모양의 놀잇감 안에 영아들이 흔히 볼 수 있는 물건의 그림을 집어넣는다.
   · 영아가 반으로 쪼개어 보고 어떤 물건이 있는지 말해본다.

주간보육계획안

소주제 : 내가 좋아하는 음식이 있어요

실시 기간 : 10월 2주

다루어질 내용 : 다양한 음식을 탐색해보고, 바른 식생활 습관을 가진다.

구분		주 간 활 동
등원 및 맞이하기		· 아침에 먹고 온 음식 이야기해보기
실내자유놀이	그리기 · 만들기 영역	· 잡지 속의 요리 사진 요플레통에 붙이기 [1] · 과일모양 종이에 크레파스로 그림 그리기 ◎ 케첩통으로 풀그림 그리기
	소꿉영역	· 요플레통에 붙은 요리사진으로 상차리기 [2] · 요리사 놀이 · 작은 절구에 밀가루 떡 방아 찧기 · 빵, 과자 만들기 (밀가루 반죽 과자틀로 찍기)
	책보기영역	· 그림책 「잘 먹겠습니다」 「냠냠 쩝쩝 맛있게」 「사탕 줄게」 · 요리 화보로 만든 책 보기
	탐색 · 조작 영역	· 냄새를 맡아요 (음식 알아맞히기) · 볼록 거울에 얼굴 비춰보기 [3] · 과일꼭지 퍼즐 맞추기 ◎ 마카로니 속에 있는 모형 음식 찾기
	쌓기 · 대근육 · 음률영역	· 노래: 냠냠 ◎ 깡통 블록 놀이 ◎ 색깔다리 건너기
전이활동		· 손유희 「잼먹고 잼먹고」 [4] · 율동 「손을 잡고 흔드세요」
실외자유놀이		· 나뭇잎, 열매 소꿉놀이 · 막대로 공굴리기 · 주방기구 소리 탐색하기(두드려 보기) [5]
점심 및 낮잠		· 간식판 두 손으로 가져가기 · 낮잠 자고 나서 조용히 나오기
기본생활습관		· 등 · 하원시 아빠엄마께 인사드리기 · 혼자서 멜빵 올리고 내리기

교육활동참고

1) 잡지 속의 요리 사진 요플레통에 붙이기
   · 요리 사진을 오려 요플레통과 함께 내준다.
   · 영아들이 요리 사진을 요플레통 밑면에 붙여본다.

2) 요플레통에 붙은 요리사진으로 상 차리기
   · 만들기 한 요플레통 요리 사진을 접시에 담아 상을 차려본다.
   · 영아와 교사가 함께 맛있게 먹어보는 흉내를 내본다.

3) 볼록거울에 얼굴 비춰보기
   · 볼록거울 앞에서 앞으로 다가가거나 뒤로 물러날 때 자기 몸이 어떻게 보이는지 이야기
   해 본다.

4) 손유희 「잼 먹고 잼 먹고」

잼 먹고 잼 먹고

잼 먹고잼 먹고   잼 잼 먹고먹고   너 먹고 나 먹고   이집주고저집주고

후라이   잼 잼 후라이   잼 잼   모두같이손잡 고   가위바위보

* 손동작
잼: 손뼉을 친다.
먹고: 상대와 박수를 친다.
너 먹고: 상대를 손 바닥을 펴서 가리킨다.
나 먹고: 엄지로 자신을 가리킨다.
이집 주고: 엄지로 우측을 가리킨다.
저집 주고: 왼손 엄지로 좌측을 가리킨다.
프라이: 양 손을 실 감듯이 돌린다.
모두같이 손잡고: 상대와 왼손을 마주 잡는다.

5) 주방기구 소리 탐색하기(두드려 보기)
 • 실외놀이 울타리에 여러 가지 주방기구(국자, 냄비, 채, 숟가락, 프라이팬, 빨래판 등)를
  달아놓고 막대로 두드려보며 소리를 탐색한다.

주간보육계획안

소주제 : 여러 가지 과일과 열매가 있어요 Ⅰ　　　　　　　　**실시 기간 : 10월 3주**

다루어질 내용 : 다양한 과일과 열매에 관심을 갖고 탐색해본다.

구분		주 간 활 동
등원 및 맞이하기		· 날씨에 대하여 이야기 나누기
실내자유놀이	그리기 · 만들기 영역	· 과일 비밀그림 그리기 1) · 야채 도장 찍기 2) · 롤러 도장 찍기(스탬프 이용)
	소꿉영역	· 모형과일로 흉내내기(씻기, 껍질 까기) ◎ 과일가게 놀이 · 인형에게 밥 먹이기
	책보기영역	· 그림책:「싱싱한 과일」「냠냠 쩝쩝」「꿀꺽 사과나무」 · 과일 그림카드 보기 · 동시「바사삭 바사삭」3)
	탐색 · 조작 영역	◎ 소리 퍼즐 상자 · 과일 나무에 부직포 과일 붙이기 4) · 야채모양 부직포 바느질
	쌓기 · 대근육 · 음률영역	· 노래「도토리」5) · 종이벽돌블록으로 과일가게 만들기 · 나무 실로폰 두드려보기
전이활동		· 손유희「앵두」6) · 전래동요「참외밭의 삽살개」듣고 느낌 이야기해보기 ◎ 과일 이름 박자 치기
실외자유놀이		◎ 실외놀이에서 찾은 것 모으기 · 높이 뛰어 매달린 종 치기 · 나뭇잎 스크래치 7) · 바구니에 팥주머니 던지기
점심 및 낮잠		· 밥 남기지 않고 다 먹기 · 친구 깰 동안 조용히 놀이하며 기다리기
기본생활습관		· 음식 먹기 전에 '잘 먹겠습니다' 인사하기 · 스스로 코 닦아 휴지통에 버리기

교육활동참고

1) 과일 비밀 그림 그리기
   - 교사가 흰 도화지에 흰 크레파스로 과일 그림을 그려서 내준다.
   - 영아가 물감을 칠해서 어떤 과일 그림이 나타나는지 이야기해본다.

2) 야채 도장 찍기
   - 영아가 손에 쥘 수 있을 만한 크기의 피망과 연근, 당근 등을 준비한다. 피망과 연근은 단면 그대로 이용하고 당근은 세모나 네모 등으로 조각해서 내준다.
   - 스탬프를 2개 제공하거나 부직포에 물감을 푼 물감 접시를 2개 정도로 나누어 놓는다.

3) 동시 「바사삭 바사삭」
   〈동시 활동을 위한 큰 동시책 「가을」편, 한국어린이육영회. 참조〉

   ```
   바사삭 바사삭

   "누가 오나 보지요?"
   "아뇨, 낙엽 사이로
   가을 바람이 지나갔어요."


   바사삭 바사삭
   "누가 오나 보지요?"
   "아뇨, 낙엽 사이로
   다람쥐가 지나갔어요."
   ```

   - 내용에 맞는 그림(하드보드지)을 준비하고 나뭇잎을 낚싯줄로 움직이면서 동시를 읽어준다.
   - 동시의 내용에 따라 영아가 나뭇잎을 조작하게 할 수 있다.

4) 과일나무에 부직포 과일 붙이기
   - 융판 게시판에 과일나무를 붙여두고 영아가 부직포로 만든 과일을 떼었다 붙였다 하며 과일나무를 만들어본다.

5) 노래 「도토리」

6) 손유희 「앵두」

7) 나뭇잎 스크래치
· 실외놀이장의 한쪽에 책상을 두고, 전지 뒷면에 나뭇잎을 테이프로 붙여 준 후 책상에
  고정시켜 작업을 준비한다.
· 크레파스를 눕히고 문질러서 숨어 있는 나뭇잎 그림을 찾아본다.

주간보육계획안

소주제 : **여러 가지 과일과 열매가 있어요Ⅱ**　　　　　　　실시 기간 : **10월 4주**

다루어질 내용 : **다양한 과일과 열매에 관심을 갖고 탐색해본다.**

구분		주 간 활 동
등원 및 맞이하기		· 자기 옷장에 옷 넣기
실내자유놀이	그리기 · 만들기 영역	· 과일 모양종이에 색종이 찢어 붙이기(모자이크) · 나뭇잎 왕관 만들기 1) · 신문지 구겨 물감 찍기
	소꿉영역	· 밀가루 반죽으로 과일 만들기 · 과일 쇼핑카트에 담아 나르기 ◎ 케이크를 예쁘게 꾸며요
	책보기영역	· 그림책 「과일나라.채소나라」「주세요 주세요」「어디 숨었지」 ◎ 과일 수수께끼 · 과일막대 인형극 놀이 2)
	탐색 · 조작 영역	· 과일 퍼즐 맞추기(3조각) · 같은 색깔 과일 모으기 · 과일 냄새 맡기 · 과일씨 관찰하기 ◎ 과일 샐러드 만들기
	쌓기 · 대근육 · 음률영역	· 노래 「잉잉잉」 · 과일 볼링 놀이 · 와플 블록으로 과일가게 꾸미기 · 과일막대 들고 「색깔놀이」하기
전이활동		· 손유희 「멋쟁이 토마토」 3) · 동작 보고 알아맞히기 4)
실외자유놀이		· 마당에 있는 열매(과일)따기 ◎ 몸으로 나뭇잎 표현하기 · 색분필로 땅바닥에 그림 그리기
점심 및 낮잠		· 음료수 쏟지 않게 두 손으로 들고 먹기 · 늦게 깨는 친구 기분 좋게 깨워주기
기본생활습관		· 음식 먹은 후에 '잘 먹었습니다' 인사하기 · 바지 혼자 입어보기

교육활동참고

1) 나뭇잎 왕관 만들기
   - 왕관 모양의 마분지 띠에 양면 테이프를 붙여둔 후 책갈피 속에 넣고 말린 나뭇잎을 내
   어주어 영아가 나뭇잎을 붙여 왕관을 만들어본다.
   - 영아의 머리에 맞게 왕관의 양쪽 끝에 고무줄을 매어준다.

2) 과일막대 인형극 놀이
   - 과일의 사진이나 그림을 오려 코팅한 후 막대를 뒤에 붙여 과일 막대를 완성한다.
   - 작은 인형극틀을 놓아두고 과일인형극 놀이를 해본다.

3) 손유희 「멋쟁이 토마토」 (김영광)

> 멋쟁이 토마토
>
> 울퉁불퉁 멋진 몸매에
> 빨간 옷을 입고
>
> 새콤달콤 향내 풍기는
> 멋쟁이 토마토
>
> 나는야 케첩될거야 (주욱주욱)
>
> 나는야 주스될거야 (꿀꺽)
>
> 나는야 춤을 출거야 (헤이)
>
> 멋쟁이 토마토 (토마토)

* 손동작

울퉁불퉁 멋진 몸매에 : 두 검지 손가락을 들어 곡선 모양으로 위에서 아래로 내려준다.

빨간 옷을 입고 : 두 손으로 몸을 위에서 아래로 쓸어내린다.

새콤달콤 향내 풍기는 : 손바락을 코에 대며 냄새 맡은 흉내를 낸다.

멋쟁이 토마토 : 양 손은 교대로 머리카락을 튕겨준다.

나는야 : 두 엄지 손가락을 자신을 향하여 두고 팔을 앞·뒤로 흔들어 준다.

케첩될거야(주욱주욱) : 주먹 쥔 두 손을 수직으로 겹쳐놓고 주무르는 흉내를 낸다.

주스될거야(꿀꺽) : 양 손으로 컵 모양을 만들어 마시는 흉내를 낸다.

춤을 출거야(헤이) : 디스코를 추듯이 손가락과 몸을 움직인다.

멋쟁이 토마토(토마토) : 양 손은 교대로 머리카락을 튕겨준다.

4) 동작보고 알아맞히기
   · 기본생활습관에 관해 교사가 손짓으로 흉내를 내면 영아들이 맞힌다.
   (예: 이 닦기, 세수하기, 머리 빗기, 옷 입기, 신발 신기 등)

주간보육계획안

소주제 : **골고루 먹어요**   실시 기간 : **10월 5주**

다루어질 내용 : **음식의 고마움을 알고, 골고루 음식을 먹도록 한다.**

구분		주 간 활 동
등원 및 맞이하기		· 옷차림과 날씨 변화에 대해서 이야기 나누기
실내자유놀이	그리기 · 만들기 영역	· 색종이 말아서 실에 끼워 목걸이 만들기 1) · 호스로 곡식 마라카스 만들기 2) · 신문지 길게 찢어 연결해보기
	소꿉영역	· 과일 · 야채 모형 씻기 놀이 · 밀가루 반죽과 빨대, 수수깡 이용하여 내가 좋아하는 음식 만들기 · 찢은 신문지로 국수 만들기
	책보기영역	· 그림책 「야채는 맛있어요」 「냠냠 짭짭」 「호호 매워」 · 융판동화:「배고픈 애벌레」
	탐색 · 조작 영역	· 소리 구별병 탐색하기 3) · 숟가락으로 대추, 밤 옮기기 ◎ 색나무 막대 쏟아보기 · 아침에 먹고 온 음식카드 달기 4)
	쌓기 · 대근육 · 음률영역	· 율동 「손을 잡고 흔드세요」 · 종이 블록으로 음식점 만들기 ◎ 북 위에서 춤추는 콩
전이활동		· 손유희 「허수아비 아저씨」 5) · 노래: 맛있는 ○○ 이 있어요.
실외자유놀이		· 음식점 놀이 · 깔대기로 모래 쏟아보기 · 꼬마 농구놀이 · 신문지비 내리기 6)
점심 및 낮잠		◎ 바른 태도로 식사하기 · 자기 자리에 조용히 눕기
기본생활습관		· 제자리에서 간식 먹기 · 주방 아주머니께 감사 인사 드리기 · 옷걸이에 옷 걸어보기

교육활동참고

1) 색종이 말아서 실에 끼워 목걸이 끼우기
   - 1. 5cm 너비로 길게 자른 색종이를 준비해주고, 영아가 색종이에 풀을 붙여서 색고리를 만들도록 해준다.
   - 색고리를 엇갈리게 이어서 목걸이를 만드는 것이 영아에게는 어려우므로 50cm 정도의 실을 나무젓가락에 묶어준 후 영아가 색고리에 실을 끼우면 교사가 매듭을 묶어서 목걸이를 완성한다.

2) 호스로 곡식 마라카스 만들기
   - 호스나 투명한 튜브를 이용하여 한쪽 구멍을 동그란 종이로 막고, 여러 가지 물체(쌀, 콩, 모래, 방울 등)를 넣은 후 나머지 구멍도 막아준다.
   - 스티커나 시트지 등으로 예쁘게 꾸며 마라카스를 만든다.

3) 소리 구별병 탐색하기
   - 플라스틱 음료수병 속에 방울, 콩, 쌀, 모래 등 여러 가지 소리를 내는 재료들을 넣어 2개씩 준비하여 영아가 흔들어서 같은 소리가 나는 통을 찾아낸다.

4) 아침에 먹고 온 음식카드 달기
   - 빵, 밥, 국, 우유 등의 음식사진 카드를 고리에 달 수 있도록 구멍을 뚫는다.
   - 먹고 온 음식에 대해 교사와 이야기를 나누며 고정된 판에 달아본다.

5) 손유희 「허수아비 아저씨」
   〈출처: 삼성어린이집 유아프로그램. 서울: 교육과학사 p.284.〉
   - 노래 허수아비 아저씨에 맞춰 영아들과 함께 손유희를 한다.

허수아비 아저씨

김규환 요/곡

하 루 종 일 우 뚝 서 있 는　　성 난 허 수 아 비 아 저 씨
하 루 종 일 참 고 서 있 는　　착 한 허 수 아 비 아 저 씨

짹 짹 짹 짹 짹　　아 이 무 서 워　　새 들 이 달 아 납 니 다
하 하 하 하 하　　조 심 하 세 요　　모 자 가 벗 겨 지 겠 네

하 루 종 일 우 뚝 서 있 는　　성 난 허 수 아 비 아 저 씨
하 루 종 일 참 고 서 있 는　　착 한 허 수 아 비 아 저 씨

6) 신문지 비 내리기
　• 신문지를 길게 찢은 것을 바구니에 모아둔 후 실외놀이장에 가지고 나와 높은 곳에서 뿌려보며 비내리는 놀이를 한다.

도서목록

월	주	주제	제목	글	그림	출판사	기타관련주제
10	1	즐거운 추석이에요	맛있는 음식			삼성출판사	음식
			맛있게 먹어요			삼성출판사	음식
			내가 먹을래요		백은희	한국프뢰벨	음식
	2	내가 좋아하는 음식이 있어요	냠냠 쩝쩝 맛있게		이진아	웅진출판	음식
			잘 먹겠습니다		조진석	한국어린이육영회	음식
			사탕줄게	손정원	한국몬테소리 미술부	한국몬테소리	음식
	3	여러 가지 과일과 열매가 있어요 I	꿀꺽 사과나무	박종한		한국삐아제	음식
			냠냠 짭짭	차광주		보리	음식
			싱싱한 과일			삼성출판	음식
	4	여러 가지 과일과 열매가 있어요 II	과일 나라, 채소 나라	박종한		한국삐아제	음식
			주세요, 주세요	차광주		보리	음식
			어디 숨었지	차광주		보리	음식
	5	골고루 먹어요	야채는 맛있어요			한국프뢰벨	음식
			호호 매워	차광주		보리	음식
			냠냠 짭짭	손정원	한국몬테소리 미술부	한국몬테소리	음식
		관련 도서	수박을 맛있게 먹으려면			웅진출판	음식
			〈아가교실〉과일과 채소	박은영		한국파스칼	음식
			어떤 맛일까?			한국프뢰벨	음식
			맛있는 그림책	주경호	주경호	보림	음식
			사과가 쿵!	다다히로시	다다히로시	보림	음식

소꿉영역

낙엽떡 놀이

주요경험	· 낙엽을 여러 가지 방법으로 탐색해본다. · 밀가루 반죽에 낙엽을 첨가하여 새롭고 다양한 음식을 만들어본다.
활동인원	1~5명
활동시간	5~10분
준 비 물	밀가루 반죽, 점토틀, 낙엽, 접시

활동방법	1. 영아들과 함께 실외놀이터에서 주워둔 낙엽을 바구니에 담아서 소꿉 영역에 놓아두고 영아들이 자유롭게 탐색해보도록 한다.
	    - (낙엽의 냄새를 맡으며) 낙엽에서 좋은 향기가 나네, ○○도 한번 냄새를 맡아볼래?
	    - △△가 가지고 있는 낙엽은 부채처럼 생겼구나,
	
	 2. 탐색이 충분히 이루어지면 영아들에게 밀가루 반죽을 내어주며 바구니에 담긴 낙엽을 함께 이용하여 놀이해보자고 제안한다. 영아가 머뭇거리면 교사가 자연스럽게 밀가루 반죽과 나뭇잎을 이용하여 떡을 만드는 모습을 보여주며 격려해준다.
	    - (반죽을 손바닥이나 책상 위에 올려놓고 굴려보며) 선생님은 밀가루 반죽을 낙엽으로 싸서 낙엽떡을 만들어봐야지,
	    - (밀가루 반죽 위에 낙엽을 올려놓고 누를 때) ○○가 낙엽을 밀가루 반죽 위에 놓고 누르니까 나뭇잎 모양이 찍혔네,
	    - (낙엽을 밀가루 반죽 속에 넣고 주무를 때) ○○가 낙엽을 밀가루 반죽 속에 넣고 동그랗게 만드니까 꿀떡 같구나,
	    - △△는 반죽을 납작하게 눌러 낙엽을 올려놨구나, 참 맛있어 보이는데,
	
	 3. 만든 떡은 접시에 담아 영아의 흥미에 따라 떡집 놀이나 생일축하 놀이 등으로 확장시켜본다.
	    - 떡 사세요, 떡 사세요, 맛있는 낙엽떡, 꿀떡이 있어요,
	    - 맛있게 드세요, 고맙습니다,

10월 1주

쌓기 · 대근육 · 음률영역

소고 치기

주요경험	·여러 가지 방법으로 소고의 소리를 탐색한다. ·노래를 부르며 리듬감 있게 소고 소리를 표현해본다.
활동인원	2~5명
활동시간	3~5분
준 비 물	소고, 소고채

10월 1주

활동방법

1. 영아들이 소고에 관심을 보이며 자유롭게 두드리고 있을 때 교사도 함께 참여하여 탐색한다.
   - ○○가 손바닥으로 치니까 소리가 나네.
   - 이번에는 손끝으로 쳐볼까?

2. 소고채를 사용해서 다양한 방법으로 소고를 쳐보도록 제안하고, 소리의 차이를 말로 표현해 보게 격려한다.
   - 소고채로 소고를 치니까 큰 소리가 나는구나.
     살살 치면 어떤 소리가 날까?
   - 이번에는 세게 쳐볼까?
   - (소고채로 소고의 북면과 모서리면을 치면서) 어? 다른 소리가 나네.

3. 영아가 좋아하는 노래를 부르거나 음악 테이프의 음악을 들으며 리듬과 박자에 맞춰 영아의 느낌대로 소고를 쳐보게 한다.
   - ○○야, 노래를 부르면서 소고를 쳐볼까?

참   고

·영아들이 소고채로 친구를 때리거나 던지지 않도록 지켜야 할 약속에 대하여 이야기를 해본다.

쌓기 · 대근육 · 음률영역

한삼 끼고 흔들어보기

주요경험	· 한삼을 손에 끼고 자유롭게 표현해본다. · 전통 가락을 들어보는 경험을 갖는다.
활동인원	1~7명
활동시간	5 ~10분
준 비 물	한삼, 녹음 테이프(전래동요, 민요), 녹음기

〈만드는 방법〉
(재료: 흰 천, 고무줄)
① 하얗고 얇은 천으로 길이 50cm, 폭 20cm 정도의 원기둥형으로 만든다.
② 한쪽 끝에 고무줄을 넣어 조이게 만든다.

활동방법

1. 한삼춤에 대한 사진이나 비디오를 본 후 연결 활동으로 계획해본다.

2. 제시한 한삼을 가지고 영아가 흔들거나 손목에 끼고 마음대로 움직이고 있을 때 교사
   도 함께 참여하여 활동을 격려한다.
   - ○○가 한삼을 가지고 놀고 있구나, 선생님도 한삼을 손목에 끼고 흔들어 봐야겠네,

3. 영아와 함께 한삼을 자유롭게 움직여보고, 영아의 다양하고 독창적인 동작 표현을 언
   어로 표현해준다.
   - 위로 흔드니까 빨래가 바람에 흔들리는 것 같네,
   - (빙빙 돌면서 한삼을 흔들면) 한삼이 동그라미 춤을 추는 것같이 멋지구나!

4. 흥겨운 가락의 전통음악이나 민요를 들으며 영아와 함께 한삼춤을 추면서 흥을 돋워
   준다.
   - 이 음악을 들으니까 기분이 어떠니?
   - ○○가 한삼을 위에서도 잘 흔드는구나,
   - 얼쑤~ (추임새를 넣어 흥을 돋운다.) 얼쑤~!

그리기·만들기영역

케첩통으로 풀그림 그리기

주요경험	·케첩 용기를 눌러보면서 소근육을 사용하여 본다. ·색풀을 자유롭게 탐색하며 긴장감을 해소한다.
활동인원	3~5명
활동시간	5~15분
준 비 물	색풀, 빈 케첩통 3개, 전지 크기의 켄트지나 소포지, 미술용 비닐 가운

10월 2주

〈만드는 방법〉

① 밀가루풀을 덩어리가 없도록 잘 저으면서 영아가 통의 풀을 짜기좋을 정도로 너무 되지 않게 쑨다.

② 밀가루풀을 3등분하여 각각 색소를 섞어 색풀을 만든다.

③ 깨끗이 씻어둔 케첩 용기에 색깔별로 풀을 담고 색깔표시를 해준다.

활동방법

1. 그리기·만들기영역의 책상 위에 큰 전지와 색풀이 담긴 케첩통을 제시하고 관심을 보이는 영아들에게 비닐 가운을 입힌 후 활동을 시작한다.
   - 오늘은 커다란 종이에 친구들과 함께 풀그림을 그릴 거야.
   - 케첩통에 든 풀을 손으로 꼭 눌러서 짜볼까?

2. 영아들이 큰 종이에 색풀을 짜서 문질러 보는 등 색풀의 촉감을 느끼며 탐색하도록 격려하며 색풀을 이용하여 자유롭게 표현해보도록 유도한다.
   - 색풀을 만져 볼까? 손으로 만져보니 느낌이 어떠니?
   - (종이가 잘 안 떨어지면) 손바닥에 종이가 붙어 따라오네.
   - (손바닥끼리 대어 보며) 손이 끈적끈적하구나.
   - ○○가 손바닥으로 찍은 건 꼭 오리 모양 같구나.
   - 손가락으로 문지르니 빙글빙글 돌아가는 달팽이집 모양이 되었네.

참 고	· 8절 도화지 크기의 종이를 제공하여 영아가 각각 개인의 종이에 활동하게 할 수 있으며 반으로 접어보는 데칼코마니 활동으로 응용할 수 있다.
	· 머리빗이나 붓 등의 도구를 첨가하여 다양하게 나오는 흔적과 모양을 경험하도록 놀이를 확장 시켜 줄 수 있다.
	· 물풀에 물감을 섞어서 내주면 손에 풀을 묻히지 않고도 자연스럽게 풀칠을 하면서 풀 그림을 그릴 수 있다.

탐색 · 조작영역

마카로니 속에 있는 모형 음식 찾기

주요경험 ·숨어 있는 물건을 호기심을 가지고 찾아본다.
·사물의 특성을 손으로 느껴본다.

활동인원 2~3명

활동시간 5~10분

준 비 물 마카로니가 15cm정도 깊이로 담겨 있는 그릇,
여러 가지 모형 음식(플라스틱이나 헝겊으로 만든 것)

10월 2주

활동방법 1. 쏟고 담기 등의 다양한 감각활동을 할 수 있도록 마카로니를 담은 용기와 그릇들을
탐색 · 조작 영역에 두고 탐색활동을 충분히 하게 한 후 연결활동으로 계획한다.

2. 마카로니가 담긴 그릇에 미리 모형 음식을 숨겨 둔 후, 영아에게 모형 음식을 찾아보
자고 제안한다.
– ○○야, 이 마카로니 안에 맛있는 음식이 아주 많이 들어 있대,
어떤 음식들이 들어 있는지 손을 넣어서 한번 찾아보겠니?
– 와! ○○가 둥근 사과를 찾았구나, △△는 길쭉한 오이도 찾았네.

3. 찾아낸 모형 음식을 영아가 직접 마카로니 속에 숨기고 다른 친구가 다시 찾아보도록
한다.
– 이번엔 △△가 찾은 음식들을 마카로니 속에 숨겨볼까?

참 고 ·모형 음식뿐만 아니라 주제에 맞게 동물 모형이나 조개 껍데기 등을 마카로니나 모래
속에 숨겨놓고 찾아보는 활동으로 전개할 수 있다.
·영아가 콧속이나 귀나 입 등에 마카로니를 넣지 않도록 주의시킨다.

쌓기·대근육·음률영역

깡통 블록 놀이

주요경험	·깡통 블록 속에서 나는 소리와 촉감을 느껴본다. ·자석의 성질을 이용하여 다양한 모양을 구성해본다.
활동인원	2~3명
활동시간	5~10분
준 비 물	깡통 블록

10월 2주

〈만드는 방법〉
(재료: 다양한 크기(분유통, 음료수 캔, 참치캔 등)의 깡통과 뚜껑, 공업용 자석,
　　　여러 가지 질감의 천, 바늘, 실, 방울, 여러 가지 곡식)
① 깡통 밑면에 자석을 붙인다.
② 깡통 속에 여러 가지 곡식이나, 방울을 넣고 뚜껑을 닫는다.
③ 깡통 크기에 맞게 여러 가지 질감의 천을 재단한다.
④ 글루건을 사용하여 천을 고정시켜 촉감 깡통 블록을 완성한다.

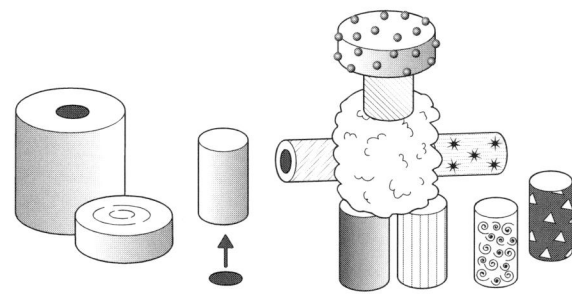

활동방법
1. 쌓기영역에 깡통 블록을 바구니에 담아두어 영아가 자유롭게 가지고 놀면서 깡통 블록을 흔들거나 만져보며 소리와 촉감을 느껴보도록 영아의 탐색 활동에 관심을 보여준다.
　- 떼굴떼굴 깡통 블록이 굴러가고 있네, 무슨 소리가 들리는 걸?
　- ○○가 깡통 블록을 흔드니까 '찰찰찰' 소리가 나네.
　- 이 깡통 블록은 다른 소리가 나는데? △△깡통 블록은 무슨 소리가 나니?
　- (교사가 깡통을 만지면서) ○○야, 블록을 한번 만져봐, 선생님이 만져보니까 참 부드러운 걸!

2. 영아들이 자석의 성질을 이용하여 깡통 블록을 위로 쌓거나 옆으로 붙여서 모양을 구
   성하도록 격려해준다.
   - ○○가 깡통 블록을 높이 쌓았네,
   - (깡통 블록 양 옆으로 깡통 블록을 붙이면) 와! 깡통 블록이 옆으로도 붙는구나,
     ○○가 만든 깡통 블록은 꼭 로봇이 팔을 벌리고 있는 것 같네,

참   고   · 큰 깡통 블록을 옆으로 길게 놓아 징검다리 건너가기 활동을 하는 데 이용할 수 있다.

쌓기 · 대근육 · 음률영역

색깔다리 건너기

주요경험	· 대근육을 이용하여 다양한 동작을 경험해본다. · 기본 색의 이름을 익힌다.
활동인원	3~5명
활동시간	5~10분
준 비 물	B4크기의 코팅된 색상지(빨강, 노랑, 파랑 각 3장씩)
활동방법	1. 코팅된 색상지를 15cm 간격으로 붙여주어 영아가 색을 탐색하며 자유롭게 놀이할 수 있도록 충분한 시간을 준다. - 여기 색깔 다리가 있네, 무슨 색깔이 있나 볼까? - 이건 ○○가 좋아하는 노란색 다리구나. 2. 영아가 여러 가지 동작으로 다리를 건너보도록 다양한 방법을 제안해주고 교사도 활동에 함께 참여한다. - 한 발씩 색깔 다리를 밟으며 건너보겠니? (교사도 두 팔을 벌려 균형을 잡으며 한 발자국씩 색깔 다리를 밟으며 건너본다.) - 두 발로 깡충 뛰어볼까? 3. 영아가 색의 명칭에도 관심을 갖도록 색깔의 이름을 이야기해주고 다리를 건너는 동작을 언어로 표현하면서 격려해준다. - ○○가 좋아하는 노란 다리로 깡충 뛰어 볼까? - 이번엔 빨간 다리로 살금살금 넘어갔구나. 4. 활동을 반복하며 영아가 스스로 놀이할 수 있을 때 교사는 놀이에서 자연스럽게 빠진다.
참 고	· 많은 영아가 몰려 혼잡해지지 않도록 차례대로 속도를 조절하여 다리를 건너도록 교사가 적절히 개입한다. · 코팅 된 색상지를 이용하여 색깔 찾기 활동으로 진행할 수도 있다.

10월 2주

소꿉영역

과일가게 놀이

10월 3주

주요경험	·과일의 이름과 모양에 대해 언어로 표현해본다. ·과일을 사고파는 상상놀이를 해본다.
활동인원	3~4명
활동시간	5~10분
준 비 물	과일 모형, 과일을 담을 수 있는 바구니

활동방법	1. 영아들이 바구니에 담겨 있는 여러 과일 모형을 탐색하며 관심을 보이면 교사는 다가가 영아의 놀이에 참여하여 과일의 이름과 모양에 관심을 갖도록 언어로 표현해준다.
	  - 과일들이 바구니에 담겨져 있구나.
	  - 길쭉한 바나나도 있고, 둥근 사과도 많이 있네.
	
	2. 영아가 주인이나 손님이 되어 과일을 사고 파는 흉내를 내어보도록 상호작용해 준다.
	  - 여기는 과일가게입니다. 손님, 어떤 과일을 드릴까요?
	  - (영아가 손으로 사과를 가리키거나 말하면) 달콤하고 맛있는 사과가 여기 있습니다.
	  - 안녕히 가세요. 다음에 또 오세요.

참 고	·영아들은 카트에 물건을 싣고 내리는 놀이를 무척 즐기므로 여러 가지 과일 모형을 쇼핑 카트에 담아 배달해주는 놀이로 확장시켜 줄 수 있으며, 영아가 너무 오래 기다리지 않도록 카트를 여러 개 준비해준다.

탐색 · 조작영역

소리 퍼즐 상자

주요경험	·소리와 모양에 관심을 갖고 탐색해본다. ·같은 것끼리 짝지어본다.
활동인원	2 ~3명
활동시간	5~10분
준 비 물	소리 퍼즐 상자 3~5쌍

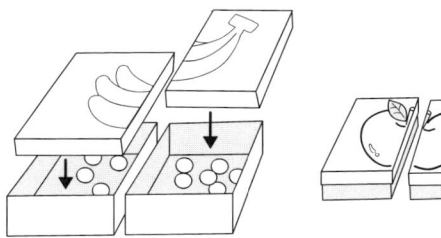

10월 3주

〈만드는 방법〉
(재료: 하드보드지, 과일 그림, 투명 시트지, 방울, 콩, 모래 등)
① 하드보드지를 잘라 직육면체를(가로 10cm×세로 15cm×높이 2cm) 만든 후 각각 1쌍씩 똑같은 재료(방울, 콩, 모래 등)를 넣어 준다. 이때 못쓰는 카세트 테이프 상자를 이용해도 좋다.
② 과일 그림을 반으로 잘라 ①의 상자에 각각 붙여 준다.
③ 상자를 투명 시트지로 싼 후 2조각 퍼즐 소리상자를 완성한다.

활동방법

1. 영아가 퍼즐 상자를 흔들면서 소리를 들어보거나 그림을 보는 등 충분히 탐색할 수 있는 시간을 갖게 한다.
 - 상자를 흔들어 보니 소리가 나는구나.
 - 상자 위에 그림이 있네.

2. 그림을 보고 각각의 짝을 찾은 후 소리를 들어보거나 퍼즐 상자를 흔들어보면서 같은 소리의 짝을 찾아보도록 유도한다.
 - 무슨 그림일까? 사과 모양이네. 사과 반쪽은 어디 있을까?
 - 상자 두 개를 맞추어 보니까 사과 모양이 만들어졌구나.
 - 상자에서 무슨 소리가 나니? 이쪽 상자도 흔들어볼까?
 - 사과 퍼즐 상자에서는 둘 다 똑같이 딸랑딸랑 소리가 나네?
   그럼 다른 과일 퍼즐상자에서는 무슨 소리가 날지 들어보자.

참   고   ·익숙해지면 그림을 보지 않고 소리로만 구별하여 짝을 맞추는 활동으로 진행할 수 있다.

전이활동

과일 이름 박자 치기

주요경험	· 사물의 이름을 한 음절씩 끊어서 소리내본다. · 음절 수만큼 손뼉을 쳐 본다.
활동인원	5~7명
활동시간	3~7분
준 비 물	과일그림카드 (배, 사과, 바나나, 파인애플 등)

10월 3주

활동방법

1. 실내자유놀이를 마치고 화장실에 다녀 올 때, 교사가 과일그림카드를 등 뒤로 감추어 영아들이 호기심을 보이며 함께 모이면, 카드를 한 장씩 보여주며 과일 이름을 말해보게 한다.
   - 선생님 등 뒤에 너희들이 좋아하는 과일 그림을 감추고 있어.
     어떤 과일이 나올지 한 번 볼까?
   - (카드를 한장 보여주며) 이게 뭘까? 그래, '배' 가 나왔네.
   - (카드를 또 한 장 보여주며) 와! 이번엔 ○○가 좋아하는 '사과' 가 나왔구나.

2. 과일그림카드를 보며 과일의 이름을 영아와 함께 정확히 한 음절씩 끊어 말해본 후 과일 이름의 음절수만큼 손뼉치기를 해본다.
   - 선생님 따라 과일 이름을 말하면서 손뼉을 쳐볼까?
   - (손뼉을 한 번 치면서) 배!
   - 이번에는 바-나-나를 말하면서 손뼉을 쳐볼 텐데, 몇 번 치면 될까?

3. 영아가 좋아하는 과일을 말하면서 음절 수 만큼 손뼉을 쳐보도록 격려해준다.
   - ○○는 어떤 과일을 좋아하니?
     (영아가 사과그림카드를 가리키거나 사과라고 말하면) ○○는 사과를 좋아하는구나.
   - 그럼 사-과를 말하면서 손뼉을 쳐볼까?

실외놀이에서 찾은 것 모으기

주요경험	·주변의 물체에 대해 관심과 호기심을 갖는다. ·찾은 물체들을 주의깊게 살펴보고, 탐색한다.
활동인원	1~7명
활동시간	5~10분
준 비 물	영아용 바구니 여러 개, 숟가락이나 작은 삽, 교사용 큰 바구니

10월 3주

활동방법

1. 영아가 자유롭게 나뭇잎과 열매를 탐색하고 호기심을 보이면 교사도 함께 관심을 보여 준다.
   - ○○가 예쁜 은행잎을 주웠네, 병아리처럼 노랗구나.
     이 나뭇잎 좀 봐, 어디에 또 은행잎이 있나? 선생님도 찾았다.

2. 준비한 바구니와 숟가락을 영아들에게 내주어 실외놀이 공간과 모래놀이터에서 찾은 것들을 모을 수 있도록 한다.
   - ○○는 무얼 파고 있니? 납작하고 조그만 돌멩이구나, 만져보니까 어떤 느낌이니?
   - 선생님이 오늘 바구니를 들고 나왔는데, 여기에다 너희들이 찾은 것들을 모아볼까?

3. 영아가 관심 있어 하는 것을 여러 면에서 탐색, 관찰 하도록 한 후 영아들의 바구니에 담은 것들을 커다란 바구니에 모아서 친구들과 함께 탐색한다.
   - 우리 친구들이 모은 것 좀 봐! 굉장히 많다.
     솔방울도 있고, 조개껍데기도 있고, ○○가 딴 작은 열매도 있네.

참 고

·실외놀이장에서 모은 것들을 깨끗하게 씻고 말려서 예쁘게 꾸민 상자에 넣어두고 영아들이 자유롭게 탐색할 수 있도록 하며 고추, 나뭇잎, 열매, 꽃씨 등은 따로 접시에 담아두어 관찰할 수 있도록 한다.
·모은 것들을 이용하여 그리기·만들기 영역에서 활용하거나, 분류활동이나 수세기 놀이로 사용할 수도 있다.

소꿉영역

케이크를 예쁘게 꾸며요

주요경험	・지점토 과일을 이용하여 케이크를 장식해 본다. ・케이크를 이용하여 생일을 축하하는 상상놀이를 한다.
활동인원	1~ 3명
활동시간	5분~10분
준 비 물	3단 케이크, 과일 모양 지점토

〈만드는 방법〉
(재료: 다양한 천, 레이스, 지점토, 클립, 하드보드지, 고리(후크), 니스, 물감)
① 하드보드지를 이용해 3단 케이크를 만든다.
② 겉은 천과 레이스로 예쁘게 꾸미고 케이크 둘레에 고리를 빙 둘러 고정시킨다.
③ 지점토를 이용해 다양한 과일을 만들어 클립을 끼운 후 니스를 칠한다.

활동방법

1. 소꿉영역에 케이크와 지점토로 만든 과일을 내주고 관심을 보이는 영아들과 케이크를 장식해 본다.
   - 커다란 3단 케이크가 있네.
   - 응, 이 고리엔 무엇을 거는 걸까? 이 과일을 케이크에 한 번 걸어볼까?
     케이크를 과일로 꾸며 주면 정말 맛있어 보이겠는걸.
   - 이번엔 딸기를 찾아서 걸어보자.

2. 케이크가 완성되면 생일축하 놀이로 연결해서 상상놀이를 해본다.
   - 와! 맛있는 과일 케이크가 다 만들어졌네. 그런데 오늘은 누구의 생일이라고 할까?
   - ○○한테 생일 축하 노래를 불러주자.

10월 4주

과일 수수께끼

주요경험	·사물의 특징을 말로 표현해본다. ·사물의 특징을 듣고 추리해본다.
활동인원	2~3명
활동시간	5~7분
준 비 물	과일 그림카드 (5장)

〈만드는 방법〉
(재료:하드보드지 5장(15×10cm) , 색상지, 여러 가지 과일 그림, 시트지)
① 사과, 바나나, 딸기 등의 과일 그림을 오려 색상지에 붙인 후 코팅한다.
② 하드보드지(15×10cm)를 시트지로 싼다.
③ ①을 ②에 붙여 과일그림카드를 완성한다.

10월 4주

활동방법

1. 과일그림카드를 책보기 영역에 제시하고 영아들이 그림에 관심을 보일 때 교사는 다가가서 과일에 대하여 이야기를 나눈다.
   - 여기에 어떤 과일들이 있니?(사과, 배, 감, 바나나 등)
   - ○○가 먹어본 과일도 있니?
   - △△는 어떤 과일을 좋아하니?

2. 책상 위에 그림카드를 늘어놓고 교사의 질문에 맞는 그림카드를 영아가 지적해보게 한다.
   - 선생님이 설명하는 과일을 한번 맞혀 볼래? 나는 노랗고 기다란 과일이에요, 무엇일까요?
   - ○○가 바나나 그림을 가리켰네, 바나나는 정말 노랗고 기다랗게 생겼구나,

3. 영아들이 직접 수수께끼를 내 볼 수 있도록 격려해준다.
   - 이번에는 '내가 설명해볼래요' 하는 친구 있니? 선생님이랑 친구들이 알아맞혀볼게,

참 고

·실제 과일을 이용하여 활동할 수도 있다.
·전이시간을 이용하여 교사가 과일카드를 보여 준 후 등 뒤로 감춰 한 가지 카드를 뺀 다음 없어진 과일이 무엇인지 알아맞혀보는 기억하기 게임으로 전개할 수도 있다.

탐색 · 조작영역

과일 샐러드 만들기

주요경험	· 요리하는 즐거움을 경험한다. · 여러 가지 과일의 맛을 느껴본다.
활동인원	2~ 4명
활동시간	10분~15분
준 비 물	여러 가지 과일(바나나, 사과, 감 등), 플라스틱 칼, 도마, 큰 그릇, 마요네즈, 숟가락, 앞치마, 요리 순서표

10월 4주

〈만드는 방법〉
① 과일을 씻고 껍질을 벗긴 후 씨를 베어내어 영아들이 자르기 쉽게 준비한다.
② 도마 위에 사과, 감, 바나나 조각을 놓고 작게 썰어 본다.
③ 다 썬 과일을 큰 그릇에 담는다.
④ 마요네즈를 조금 짜 넣는다.
⑤ 숟가락으로 섞는다.

활동방법

1. 영아들이 과일과 요리 준비물에 관심을 보이면 과일 샐러드를 만들 것임을 알려주고 손을 깨끗이 닦은 다음 앞치마를 입도록 도와준다.
   - 여기에 사과, 배, 바나나가 있지? 과일을 썰어서 마요네즈를 넣고 섞어 과일샐러드를 만들어 보자.
   - 과일 샐러드를 만들고 싶은 친구는 손을 닦고 앞치마를 입고 모일까?

2. 영아들 앞에서 과일의 껍질을 벗기고, 씨를 빼내면서 자연스럽게 과일의 겉과 속을 탐색할 수 있도록 한 후, 영아들에게 과일을 나누어주고 플라스틱 칼로 썰어보게 한다.
   - 사과를 반으로 자르면 어떤 모양일까?
   - 바나나 껍질을 벗기고 속을 만져보니 미끈거리네.
   - 감은 딱딱한데 플라스틱 칼로 작게 잘라볼 수 있겠니?

3. 큰 그릇에 과일을 담고 마요네즈를 넣어 영아들이 숟가락으로 섞어보도록 격려한 후, 영아들이 만든 과일 샐러드를 개인 접시에 덜어 간식으로 먹게 한다.

참 고 · 과일 맛보기, 냄새 맡고 알아맞히기, 만져보고 과일 이름 맞히기, 과일의 속과 겉 관찰하기 등 다양한 탐색 활동이 먼저 이루어진 후 실시한다.

실외자유놀이

몸으로 나뭇잎 표현하기

10월 4주

주요경험	· 바람에 흔들리는 나뭇잎의 움직임을 관찰해본다. · 나뭇잎의 움직임을 관찰보고 자유롭게 몸으로 표현해본다.
활동인원	5~7명
활동시간	5~10분
활동방법	1. 영아들과 함께 마당에 떨어진 낙엽을 모아 낙엽 위로 뿌리기, 낙엽 밟아 보기, 낙엽 위에서 구르기, 낙엽 쥐고 비비기 등의 다양한 탐색을 충분히 한 다음 연결 활동을 계획해본다. 2. 바람이 불어 나뭇잎이 흔들리면 나뭇잎의 움직임을 관찰해보게 하고 영아도 나뭇잎처럼 몸을 움직여보도록 격려해준다. 　- 바람이 부니까 나뭇잎이 흔들리네. 　- 우리도 나뭇잎이 흔들리는 것처럼 움직여볼까? 3. 영아들과 떨어진 나뭇잎을 주워 바람에 날려보며 나뭇잎의 움직임을 따라 표현해 보도록 격려하고 교사도 함께 표현해본다. 　- 나뭇잎이 '슝' 날아가네. 우리도 '슝' 날아가보자. 　- (나뭇잎이 빙글빙글 돌면서 떨어지면) 선생님 나뭇잎도 빙글빙글 돌아간다. 　- 떼굴떼굴 굴러가는 나뭇잎도 있구나. ○○나뭇잎도 굴러가 볼까? 　- 이젠 나뭇잎이 떨어져버렸네. △△ 나뭇잎도 땅에 살며시 떨어졌구나.

탐색 · 조작영역

색나무 막대 쏟아보기

주요경험	• 막대의 움직임을 이용하여 다양한 형태가 만들어짐을 경험한다. • 새로운 자료에 호기심을 갖고 탐색해본다.
활동인원	1~3명
활동시간	5~7분
준 비 물	색나무 막대 30개(같은색 나무막대 각 10개씩), 색막대를 담을 통(또는 바구니) 3개

10월 5주

〈만드는 방법〉
① 아이스크림 막대나 나무젓가락 30개를 준비한다.
② 나무막대를 각 10개씩 3가지 색의 칼라 테이프로 싸거나 색을 칠한다.

활동방법

1. 영아가 통에 든 막대를 쏟아보거나 흔들어보는 등 자유롭게 탐색하고 있을 때 교사는 영아의 행동에 반응을 보여준다.
   - ○○가 통에 든 막대를 모두 쏟았구나, 통 속에 다시 담아 볼까?
   - 통을 흔드니까 소리가 나네, 무슨 소리 같니?

2. 영아들이 막대들을 바구니에서 쏟아낼 때마다 서로 다른 형태가 만들어지는 것에 호기심을 갖고 주의깊게 볼 수 있도록 유도하면서 만들어진 형태를 언어로 표현해준다.
   - 막대가 쏟아진 모양 좀 봐, 나무막대들이 계단처럼 되었네,
   - 이번엔 막대가 쏟아진 모양이 거미줄처럼 서로 엉켜 있네,
   - 쏟을 때마다 나무막대들이 다른 모습을 만드는구나!

참 고

• 영아가 막대로 친구를 찌르거나, 던지는 등의 행동을 하지 않도록 주의시킨다.
• 막대를 하나씩 놓으며 형태를 만들어 가는 구성놀이로 확장시켜 볼 수 있다. 이때 교사는 일정한 형태가 되도록 유도하지 말고 영아가 놓는 형태를 인정하여 준다.

쌓기 · 대근육 · 음률영역

북 위에서 춤추는 콩

주요경험	· 북의 울림에 따라 움직이는 콩을 관찰해본다. · 튀어 오르는 동작을 자유롭게 표현해본다.
활동인원	2~5명
활동시간	5~10분
준 비 물	큰 북, 북채, 콩

활동방법	1. 영아들이 북을 손으로 두드리거나 북채로 쳐보며 탐색하고 있을 때 한줌 정도의 콩을 북 위에 얹어보며 콩의 움직임을 관찰해보도록 제안한다.
	   – ○○이가 신나게 북을 치고 있네, 북을 한번 만져볼까? 손이 간질간질하네, 북이 조금씩 떨리는 것 같은 걸,
	   – 선생님이 오늘 콩을 가져왔는데 이 콩을 북 위에 올려볼게, 콩이 어떤지 살펴보자,
	
	2. 영아들이 콩의 움직임을 민감하게 느껴보도록 격려한 후, 북소리를 들으며 몸을 자유롭게 움직이도록 한다.
	   – 우리도 콩처럼 움직여 볼까? ○○는 콩처럼 높이 튀어 오르는 구나, △△는 튀어 오르지 않은 콩이구나,
	
	3. 북을 세게, 약하게, 빠르게, 느리게 치며 영아들이 북소리에 맞춰 자유롭게 표현하도록 유도한다.
	   – 북을 세게 쳐 보자, 콩이 어떻게 움직일까? 그래, 아주 높이 튀어 오르네,
	   – 콩이 조금씩 움직이게 하려면 북을 어떻게 쳐야 될까? ○○도 아주 조금씩 움직이는구나,
	   – (영아가 바닥에 웅크리고 누워 있으면) △△는 북 밖으로 떨어진 콩이네,

참 고	· 교실 바닥에 지름 2m의 동그라미를 색 테이프로 붙여놓아 영아들이 그 안에서 움직이도록 제한을 두어 다른 놀이를 하는 영아와 부딪히지 않도록 주의를 기울인다. · 영아들이 콩을 먹거나, 바닥에 떨어졌을 경우 미끄러질 위험이 있으므로 북 위에서 콩의 움직임을 탐색한 후 바로 치우는 것이 좋다.

10월 5주

점심 및 낮잠

바른 태도로 식사하기

주요경험	・바르게 앉아 식사하는 습관을 갖는다. ・숟가락을 사용하여 음식을 먹는다.
활동인원	1~3명
준 비 물	3~5분
활동방법	1. 점심식사 시간했을 영아가 식사를 하다가 돌아다니거나, 음식을 흘리고 장난을 치는 상황이 발생할 때는 상황에 맞게 올바른 식사 태도를 지도한다. 　- (영아가 점심을 먹다가 돌아다니면) ○○야, △△좀 봐, 　　똑바로 앉아 밥을 먹으니까 정말 의젓하지? 　　○○가 돌아다니면 친구들이 밥 먹을 때 방해가 된단다. 　　○○도 다 먹을 때까지 앉아서 밥을 먹을 수 있겠니? 　- (흘린 음식을 만지며 장난을 치고 있으면) ○○야, 음식을 많이 흘렸구나, 　　○○가 먹어야 할 것을 다 흘렸으니 어떡하지? 　　주방 아주머니께서 맛있게 만들어 주신 음식을 다 흘리고 장난만 치고 있으니 　　아주머니께서 속상하실 것 같구나, 흘린 음식을 다 주워담아 정리하고, 　　흘리지 않고 먹을 수 있지? 　- (음식을 손으로 집어먹으면) ○○야, 여기 숟가락이랑 포크가 있네, 　　손으로 음식을 먹으면 음식 때문에 손이 지저분해질 것 같은 걸, 　　밥은 숟가락으로 떠서 먹고, 반찬을 포크로 찍어서 먹을 수 있겠니?

10월 5주

주제 친구

실시기간 : 11월 1주 ~ 11월 4주

▶▶ 전개방법

이 시기(25~36개월)의 영아들은 주로 혼자놀이를 즐기지만 친구 옆에서 나란히 놀며 서로 다른 놀이를 하는 병행놀이의 형태도 나타나기 시작한다. 또한 1세에서 2세로 넘어가면서 비슷한 발달 수준의 또래에 관심이 모아지지만 이 시기에는 자기의 감정을 표현하는 방법이 미숙하기 때문에 친구와 함께 노는 것을 힘들어하기도 한다.

「친구」주제를 전개하는 동안 교사는 노래부르기나 게임 등에 영아의 이름을 자주 넣어 활동하면서 다른 친구에게 관심을 가져보도록 하고 친구의 사진을 보고 친구의 미술 작품을 감상해 보면서 친구와 자신의 다른 점을 느껴보게 한다. 또 친구에게 줄 그림 선물을 준비하고 친구의 생일잔치나 집에 초대하기 등의 극화놀이를 하며 친구와 자연스럽게 어울리면서 함께 하는 즐거움을 느끼도록 한다. 그리고 친구들에게 일상적인 일을 도와주면서 타인을 배려하는 경험을 갖도록 계획해 볼 수 있고, 교사는 친구와 함께 나누고 도와주는 행동에 대해 구체적으로 칭찬해주며 격려함으로써 영아가 친구와 함께 지내는 방법을 습득할 수 있도록 돕는다.

가정에서도 어린이집의 생활에 관심을 갖고 영아가 친구의 이름을 말해보게 하는 등 영아가 자신 이외의 다른 사람에게도 관심을 확장하도록 돕는다.

▶▶ **환경구성**

	그리기 · 만들기영역	소꿉영역	책보기영역	탐색 · 조작영역	쌓기 · 대근육 · 음률영역
실 내	· 가는 붓 · 물감 · 여러 가지 깡통과 씌울 재료 · ○모양 도화지 · 빨대 · 색종이 · 검은 도화지 · 분필 · 작은 상자 · 전지 · 다양한 질감의 물체 · 비닐 · 유성펜 · 콜라주 재료 · 실그림 도구	· 2가지색 밀가루 반죽 · 쟁반 · 시장 바구니 · 모형 전화기 · 영아의 몸집만한 인형 · 연장도구 상자 · 모형 화장품	· 그림책 「찾았다 찾았다」 「길 잃은 아기벌레」 「고양이의 보자기」 「하나 둘 셋 찰칵!」 「옆집에 이사 온 친구」 「약간 세지 뭐」 「둘이서 반반」 「나가 놀자」 「곰돌이의 생일」 「소꿉놀이」 「뚱보 아저씨의 밀짚모자」 「스팟이 친구집에서 잤어요」 · 친구사진카드 · 친구얼굴 막대인형 · 이럴 때는 어떻게 할까요(상황그림) · 친구 사진책 (영아 때, 현재 모습) · 동시「숨바꼭질」 · 막대인형 「나하고 노올자」 · 손인형동화 「여우와 두루미」	· 거울 까꿍판 · 집게와 뿅뿅이 · 여러 가지 단추 · 조각 우드락 · 돋보기 · 모루 · 표정판 (눈, 코, 입) · 너트와 볼트 · 같은 모양의 물건 · 공기비닐 · 소근육 조작 헝겊책 (단추, 후크, 지퍼) · 친구 사진 부분 그림판	· 띠블록 · 깡통북 · 벽돌 블록 · 리듬막대 · 단위 블록 · 골프채와 공 · 움직이는 인형
실 외	· 공	· 천 터널	· 발자국 찍기(물감)	· 풍선	· 장애물

주간보육계획안

소주제 : **내 친구가 좋아요**　　　　　　　　　　실시 기간 : **11월 1주**

다루어질 내용 : 친구와 어울리는 즐거움을 느낀다.

구분		주 간 활 동
등원 및 맞이하기		· 「반갑다」 노래 부르며 친구 맞이하기
실내자유놀이	그리기 · 만들기 영역	· 가는 붓으로 물감 그림 그리기 1) ◎ 깡통북 꾸미기 · 친구 얼굴 막대인형 꾸미기 2)
	소꿉영역	· 2가지색 밀가루 반죽 놀이 · 쟁반으로 음식 나르기 · 친구 손 잡고 시장가기
	책보기영역	· 그림책 「찾았다 찾았다」 「길 잃은 아기벌레」 「고양이의 보자기」 · 친구 얼굴 막대인형놀이 (친구와 인사해요)
	탐색 · 조작 영역	◎ 친구의 이름을 알아맞혀봐요 · 소근육 조작 헝겊책 (단추, 후크, 지퍼) · 큰 소리 작은 소리 · 조각 우드락 부러뜨리기
	쌓기 · 대근육 · 음률영역	· 노래 「반갑다」 · 율동 「친구하고 마주보고」 3) ◎ 깡통북 연주하기
전이활동		· 손유희 「누구일까요?」 (친구이름 알아맞추기) 4) · 카드 보고 이름 부르면 대답하기
실외자유놀이		· 친구와 공 주고받기 · 모래놀이터에서 멀리뛰기 · 꼬불꼬불 뛰기
점심 및 낮잠		· 음식 먹을 때 흘리지 않고 먹어보기 · 자고 있는 친구 건드리지 않기
기본생활습관		· 계단 오르내릴 때 친구 밀지 않고 기다려주기 · 손 씻은 후 수건에 깨끗이 닦기 · 집에 갈 때 선생님께 인사하기

교육활동참고

1) 가는 붓으로 물감그림 그리기
 · 가는 붓으로 그림 그리기할 때는 물감의 농도를 짙게 타서 준비해준다.

2) 친구 얼굴 막대인형 꾸미기
 · 얼굴 모양의 둥근 도화지에 영아들이 눈, 코, 입을 그리거나 끄적거려서 표현하도록 해주
   고, 빨대나 나무막대를 붙여 인형을 만들어 인형극 틀에서 놀이한다.
   (얼굴의 눈, 코, 입 형태가 나오지 않더라도 그대로 인정해 준다.)

3) 율동「친구하고 마주보고」
 · 영아들이 서로 마주보고 노래「친구하고 마주보고」에 맞춰 춤을 춘다.
   "친구하고 마주보고 흔들 흔들 춤춰요(2회)
   친구하고 마주보고 손뼉치며 춤춰요, 신나게 춤춰요(2회)"
 · '친구하고 마주보고 악수해요, 안아줘요, 인사해요' 등으로 가사를 바꾸어 반복한다.

4) 손유희「누구일까요?」
 · 노래 가사에 친구 모습 묘사를 해주고 영아들이 누구인지 알아맞혀보게 한다.

누구일까요

주간보육계획안

소주제 : 친구와 나는 다른 점이 있어요　　　　　　　**실시 기간 : 11월 2주**

다루어질 내용 : 친구와 나의 같은 점과 다른 점에 관심을 갖는다.

구분		주 간 활 동
등원 및 맞이하기		· 엄마에게 친구 이름 가르쳐주기
실내자유놀이	**그리기 · 만들기 영역**	· 색종이 두 번 접어 오려보기 · 검은 도화지에 색분필로 그리기 ◎ 친구의 미술작품 함께 보기
	소꿉영역	· 친구랑 팔씨름 해보기 1) · 장난감 사진기로 친구사진 찍어주기
	책보기영역	· 그림책 「하나, 둘, 셋 찰칵!」 「옆집에 이사 온 친구」 「약간 세지 뭐」 · 상황그림보고 이야기해보기 · 친구 사진책보기(친구가 변해요) 2)
	탐색 · 조작 영역	· 돋보기로 친구 얼굴 보기 · 손바닥 발바닥 서로 대보기 · 친구 표정이 달라요 (눈, 코, 입 붙이기) · 친구 목소리 듣고 맞히기 3)
	쌓기 · 대근육 · 음률영역	· 노래 「꼭꼭 약속해」 ◎ 꼬마야 꼬마야 · 블록 도미노 게임 · 음악 듣고 느낌대로 움직이기(막대춤) 4)
전이활동		· 손유희 「뚱뚱이 뛰어와, 홀쭉이 뛰어와」 5) · 이름 부르면 대답해 보기
실외자유놀이		· 친구 그림자 밟기 · 꼬마야 꼬마야 · 천터널 통과하기 · 물감으로 발자국 찍기
점심 및 낮잠		· 옷에 흘린 음식물 떼어내기 · 친구 이불 밟지 않기
기본생활습관		◎ 친구와 사이좋게 지내기(손인형과 함께 이야기 해보기) · 놀잇감 제자리에 치우기

교육활동참고

1) 친구랑 팔씨름 해보기
   · 친구와 둘이 마주 보고 팔씨름을 해본다. 교사는 영아가 승부에 연연해하지 않고 흉내놀이 정도로 즐겁게 놀이하도록 중재한다.

2) 친구 사진책 보기
   · 영아의 아기 때의 사진과 현재의 사진을 함께 붙여 책을 만들어 책보기 영역에 놓아두고 친구의 변한 모습에 관심을 갖도록 한다.

3) 친구 목소리 듣고 맞히기
   · 영아의 목소리(노래소리, 이야기 소리 등)를 미리 녹음하여 두고 누구의 목소리인지 함께 맞혀본다.

4) 음악 듣고 느낌대로 움직이기(막대 춤)
   · 영아 수만큼 리듬막대를 충분히 준비하여 두고, 원하는 영아에게 막대를 나누어준다.
   · 빠른 음악과 느린 음악을 번갈아 들으며 손의 움직임을 조절한다.
   · 거울을 준비하여 두고 영아가 자신의 움직임을 볼 수 있도록 해준다.

5) 손유희 「뚱뚱이 뛰어와, 홀쭉이 뛰어와」

뚱뚱이 뛰어와 홀쭉이 뛰어와	길모퉁이에서 부딪혔대요,
너 때문이야 너 때문이야	둘이는 화가 나서 푹푹푹
미안 미안해 미안 미안해	둘이는 사이좋게 하하하

* 손동작
1절 뚱뚱이 뛰어와 : 등 뒤에서 왼손 엄지를 앞쪽으로 가져온다.
   홀쭉이 뛰어와 : 등 뒤에서 오른손 새끼 손가락을 앞쪽으로 가져온다.
   길모퉁이에서 : 두 검지 손가락으로 네모를 그리며 모퉁이를 표현한다.
   부딪혔대요 : 엄지와 새끼손가락을 부딪친다.
   너 때문이야 : 엄지가 새끼손가락을 꾸짖듯이 쳐준다.
   너 때문이야 : 새끼손가락이 엄지를 꾸짖듯이 쳐준다.
   둘이는 화가 나서 : 엄지와 새끼손가락을 양 옆으로 흔든다.
   푹푹푹 : 두 주먹으로 양 볼을 쳐준다.

2절 미안 미안해 : 엄지가 새끼손가락을 쓰다듬는다.

　　　미안 미안해 : 새끼손가락이 엄지를 쓰다듬는다.

　　　둘이는 사이좋게: 새끼 손가락끼리 맞대고 살래살래 흔든다.

　　　하하하 : 양 손을 두 볼에 대고 크게 웃는다.

주간보육계획안

소주제 : 친구와 함께 해봐요   실시 기간 : **11월 3주**

다루어질 내용 : 친구와 어울리면서 함께 하는 즐거움을 느낀다.

구분		주 간 활 동
등원 및 맞이하기		· 친구와 악수하며 인사 나누기
실내자유놀이	그리기·만들기 영역	· 큰 종이에 함께 그리기 · 친구에게 줄 그림 선물 만들기 1)
	소꿉영역	· 친구 집에 전화하기(초대) · 친구에게 줄 선물 포장하기 ◎ 큰 인형에게 옷입히기
	책보기영역	· 그림책 「둘이서 반반」 「나가 놀자」 「곰돌이의 생일」 · 동시 「숨바꼭질」 2)
	탐색·조작 영역	· 거울까꿍놀이 3) · 너트와 볼트 · 같은 모양 단추분류하기 4) ◎ 색깔 모루 놀이 · 끈 끼우기
	쌓기·대근육· 음률영역	· 노래: 나처럼 해봐요 요렇게 · 같은 모양 유니트블록 쌓기 · 율동: 손뼉을 치고 5)
전이활동		◎ 손유희 「방향노래」 (친구 찾아보기-이름 넣어부르기)
실외자유놀이		· 던지는 공 받아보기 · 숨바꼭질하기 · 친구와 함께 타는 끈 기차 · 풍선치기 놀이
점심 및 낮잠		· 입에 음식 넣은 채로 말하지 않기 · 친구에게 '잘자' 인사하고 잠들기
기본생활습관		· 집에 갈 때 친구에게 '잘가' 인사하기 · 자기 물건 챙겨 가져가기

교육활동참고

1) 친구에게 줄 그림 선물 만들기
- 여러 가지 모양으로 자른 도화지와 사인펜을 내어주고 마음대로 그림을 그리도록 한 후, 어느 친구에게 선물을 할지 물어보아 이름을 써주고 친구에게 선물하도록 한다.

2) 동시 「숨바꼭질」
〈동시 활동 활용을 위한 큰 동시책 「여름」편. 한국 어린이 육영회. 참조〉

3) 거울 까꿍놀이
- 손잡이 달린 거울에 머리를 꾸며주고, 영아가 거울을 보면서 표정카드의 표정을 흉내내 본다.

4) 같은 모양 단추 분류하기
- 모양의 차이가 분명한 단추 3~5종류를 모아두고 각 바구니에 모양대로 분류하여 담아보 도록 한다.

5) 율동「손뼉을 치고」

손뼉을 치고

주간보육계획안

소주제 : **친구와 사이좋게 지내요**　　　　　　　　　　실시 기간 : **11월 4주**

다루어질 내용 : **친구를 돕고 사이좋게 지내는 경험을 한다.**

구분		주　간　활　동
등원 및 맞이하기		· 집에서 어떤 친구가 보고 싶었는지 물어보기
실내자유놀이	**그리기 · 만들기 영역**	· 비닐에 유성펜으로 그리기 · 친구 얼굴 꾸미기 (콜라주) 1)
	소꿉영역	· 장난감가게 놀이 · 장난감 고치는 흉내놀이 · 친구에게 로션 발라주기
	책보기영역	· 그림책「소꿉 놀이」「뚱보 아저씨의 밀짚모자」「스팟이 친구 집에서 잤어요」 · 친구에게 책 읽어주기 · 손인형 동화「여우와 두루미」 · 친구와 사이좋게 지내려면 어떻게 할까 이야기해보기 2)
	탐색 · 조작 영역	· 집게로 뿅뿅이 집기 ◎ 식빵 위에 친구 얼굴 꾸미기 · 공기 비닐 터뜨리기 3)
	쌓기 · 대근육 · 음률영역	· 노래:커다란 꿀밤 · 띠블록으로 왕관 만들기 · 친구와 함께 걸어요
전이활동		· 손유희「참새 세마리」4) · 율동:둘이서 둘이서 ◎ 누구의 것일까?
실외자유놀이		· 장애물 넘기 · 달리기 시합 · 큰 걸음 작은 걸음 5) · 친구따라 움직이기
점심 및 낮잠		· 점심먹기 전에 손 깨끗이 씻기 · 낮잠 자기 전에 화장실 가기
기본생활습관		· 떨어진 쓰레기 줍기 · 우는 것, 화내는 것 조절하기

교육활동참고

1) 친구 얼굴 꾸미기(콜라주)
   · 동그라미, 세모, 네모 모양의 도화지를 내어주고 영아가 원하는 모양의 도화지로 얼굴을 꾸며 본다.
   · 헝겊, 단추, 수수깡 자른 것, 빨대 등 다양한 재료를 내어주고 자유롭게 꾸며보도록 한다.

2) 친구와 사이좋게 지내려면 어떻게 할까 이야기해보기

그림 1   그림 2   그림 3

그림 1 : 친구와 함께 물건을 나르는 모습
           어려움이 있을 때 친구와 함께 도울 수 있도록 이야기 나누어 본다
           (나 좀 도와줄래?)
그림 2 : 친구를 밀거나 괴롭히는 장면
           그림을 보며 다른 친구의 감정과 사과하는 말을 생각해 본다(미안해, 괜찮아)
그림 3 : 친구와 함께 놀잇감을 사용하는 모습
           물건을 나누어 사용하여 양보하는 마음을 가질 수 있도록 이야기해본다
           (나좀 빌려줄래? 고마워)

3) 공기비닐 터뜨리기
   · 선물을 포장했던 공기비닐을 모아 두었다가 A4 크기로 잘라 바구니에 담아주고 영아가 공기 방울을 터뜨리며 소근육을 이용하여 놀이하도록 한다.

4) 손유희 「참새 세 마리」

참새 세마리

외국 곡

참 새 세 마 리   참 새 세 마 리

참   새 세 마 리 가   가 지 에 있   네

5) 큰 걸음 작은 걸음

· 발자국 모양의 시트지를 잘라 보폭을 다르게 하여 유희실 바닥에 붙여주고 영아가 발자
  국을 따라 큰 걸음 작은 걸음으로 걸어보게 한다.

도서목록

월	주	주제	제목	글	그림	출판사	기타관련주제
11	1	내 친구가 좋아요	찾았다 찾았다	손정원	한국몬테소리 미술부	한국몬테소리	친구
			길 잃은 아기벌레	박종한		한국삐아제	. 친구
			고양이의 보자기			한국삐아제	친구
	2	친구와 나는 다른 점이 있어요	하나, 둘, 셋 찰칵!	신지윤 신혜은	김복태	웅진출판	친구
			약간 세지 뭐	남미영	오명훈	세상모든책	친구
			옆집에 이사 온 친구	남미영	오명훈	세상모든책	친구
	3	친구와 함께 해봐요	둘이서 반반	정인철		한국프뢰벨	친구
			나가 놀자	손정원	한국몬테소리 미술부	한국몬테소리	친구
			곰돌이의 생일	남미영	오명훈	세상모든책	친구
	4	친구와 사이좋게 지내요	뚱보아저씨의 밀짚모자	박종한		한국삐아제	친구
			소꿉놀이	정인철		한국프뢰벨	친구
			스팟이 친구 집에서 잤어요	에릭힐	에릭힐	한국프뢰벨	친구
		관 련 도 서	나가 놀자	정인철		한국프뢰벨	친구
			아기다람쥐의 생일	조양욱		한국프뢰벨	친구
			아기팬더는 장난꾸러기	한국프뢰벨 유아연구소	윤미숙	한국프뢰벨	친구
			짠~ 까꿍놀이	기무라유이치	기무라유이치	웅진닷컴	친구

그리기 · 만들기영역

깡통북 꾸미기

주요경험	· 색종이를 찢어 풀로 붙여본다. · 자신이 만든 악기의 소리를 들어본다.
활동인원	3~5명
활동시간	5~10분
준 비 물	도화지로 싼 분유통이나 여러 가지 깡통, 색종이, 풀

활동방법	1. 영아들이 도화지로 싼 여러 가지 깡통을 만져보거나, 두드리며 관심을 보일 때 교 사는 예쁘게 꾸미며 악기를 만들어보자고 제안한다.
	  - 깡통을 두드리니까 어떤 소리가 나니?
	  - 예쁘게 꾸미면서 소리가 나는 악기를 만들어볼까?
	
	2. 영아에게 마음에 드는 깡통을 하나씩 갖게 한 후 색종이와 풀을 주어 자유롭게 찢어 붙이도록 한다.
	  - 색종이를 쭉 찢어보자, 깡통에 잘 붙도록 뒷면에 풀을 고루 칠해볼까?
	  - ○○ 깡통이 점점 멋지게 변하고 있는 걸
	
	3. 깡통북이 완성되면 나무젓가락을 첨가해주어 깡통의 윗부분을 두드리며 소리를 내보도록 격려한다.
	  - ○○가 만든 북에서 '퉁퉁퉁' 소리가 나네,
	  - △△가 세게 치니까 큰 소리가 나네, 작은 소리가 나게 두드려볼 수 있겠니?

참 고	· 2세아들은 반복하기를 즐기므로 풀칠을 하면 몇 겹씩 겹쳐서 계속 붙이는 경향이 있다. 영아가 흥미가 지속되면 조용히 혼자서 몰두할 수 있도록 배려해준다. · 깡통북이 완성되면 북채를 첨가해주어 소리를 내보고 자유롭게 탐색놀이를 즐기도록 한다.

11월 1주

친구의 이름을 알아맞혀 봐요

주요경험	· 부분을 보고 전체를 알아본다. · 친구에 대하여 관심을 갖는다.
활동인원	2~3명
활동시간	5~10분
준 비 물	4군데로 열리는 창문이 달린 버섯집 5개, 영아 사진

〈만드는 방법〉
(재료: 색상지, 손잡이 만들 솜공이나 부직포, 영아 사진)
① 색상지로 버섯 모양의 집을 만들고, 4군데로 열리는 창문을 만든다.
② 창문 안쪽에 코팅지를 이용하여 사진을 넣었다 뺄 수 있는 비닐 주머니를 만들고 영아의 사진을 넣어준다.
③ 솜공, 할핀, 부직포 등을 이용하여 창문 손잡이를 만들어 열고 닫을 수 있도록 한다.

활동방법

1. 탐색 · 조작 영역의 낮은 벽면이나 영역 가림판 등에 버섯집을 붙여두고 영아가 창문을 열었다 닫았다 하며 관심을 보이면 교사가 다가간다.
   - 여기 버섯 모양의 예쁜 집이 있구나, 창문 속에 무엇이 있을까?

2. 4군데로 열리는 창문 중 1개만 열어 영아 사진의 부분만 보고 창문 속에 있는 친구의 이름을 알아맞혀보도록 격려하고, 영아가 어려워하면 창문을 하나씩 더 열어보게 한다.
   - (창문을 한 개만 열어 보면서) 여기에 우리 반 친구가 있네, 누구일까?
   - 이 사진 속의 친구가 누구인지 알겠니? 잘 모르겠으면 창문을 하나만 더 열어보자,
     (영아가 이름을 알아맞히면) 맞았다, ○○이구나,
   - 이쪽 버섯집 창문 안에는 또 어떤 친구가 있을까? 같이 열어 보자,

참   고

· 창문 뒤의 비닐 주머니에 있는 영아의 사진을 교대로 교체해주어 영아들이 자신의 사진을 찾아볼 수 있도록 한다.
· 친숙한 동물, 탈것 등의 그림을 주제에 맞게 비닐 주머니에 넣어 사용할 수 있다.

쌓기 · 대근육 · 음률영역

깡통북 연주하기

주요경험	· 두드려 소리나는 것에 관심을 갖고 소리의 차이를 느껴본다.
	· 깡통북을 자유롭게 연주하며 노래를 불러본다.
활동인원	1~3명
활동시간	5~10분
준 비 물	깡통 북 5개, 북채(소고채나 탁구공채)

〈만드는 방법〉

(재료: 깡통 5개, 재질이 다른 5종류의 재료(고무풍선, 코팅지, 플라스틱 뚜껑, 은박접시, 두꺼운 천), 탁구공, 나무막대)

① 깡통북 : 각 깡통의 윗면에 고무 풍선, 코팅지, 플라스틱 뚜껑, 은박접시, 두꺼운 천을 씌운 다음 옆면을 시트지로 감싼다.

② 탁구공채 : 탁구공에 구멍을 내어 연필이나 막대를 끼우고 부직포 등을 감싸 완성한다.

활동방법

1. 깡통북을 음률영역에 놓아두어 영아들이 손으로 두드리며 탐색해볼 때 교사는 소리의 차이를 민감하게 느껴보도록 함께 탐색하고 상호작용해준다.
   - ○○가 깡통북을 손으로 두드리니까 퉁퉁 소리가 나는구나.
   - 이번에는 옆에도 한번 두드려 볼까?
   - (천을 씌운 북을 두드리며) 이 깡통에선 아주 작은 소리가 나는구나.

2. 다양한 탐색이 이루어지면 소고채나 탁구공채를 제시하여 주고 두드려보게 한다.
   - 나무채로 두드리면 어떤 소리가 날까?
   - 여기 탁구공으로 만든 채도 있네. ○○가 한번 쳐볼래?
   - (은박접시를 싼 깡통을 두드리면) 어떤 소리가 나니?
   - (고무풍선을 싼 깡통을 두드리면) 와, 이 깡통북 소리는 정말 크구나.

3. 교사와 함께 아는 노래에 맞추어 연주 해 보도록 유도한다.
   - 우리가 좋아하는 ○○노래를 부르면서 신나게 연주해보자.

참   고   · 크기와 높이가 다른 깡통에 같은 재질의 북면으로 깡통북을 만들어, 깡통의 크기나 모양에 따른 소리의 차이를 느껴보도록 활동을 확장시켜 줄 수 있다. 이 때 소리의 울림이 큰 고무풍선을 북면의 재질로 사용하는 것이 좋다.

그리기 · 만들기영역

친구의 미술작품 함께 보기

주요경험	· 친구의 그림에 관심을 갖는다. · 그림을 보고 느낌을 이야기해본다.
활동인원	2~3명
활동시간	3~7분
준 비 물	영아들의 미술 작품(끄적거리기, 콜라주, 풀그림, 물감 그림 등)
활동방법	1. 영아들의 작품을 교실 벽면에 낮게 전시하여 영아들이 만져보거나 흥미를 가지고 감상해보도록 유도한다. – 여기에 우리 친구들이 만든 멋진 그림들이 많이 있네, 무엇을 그린 걸까? 2. 그림을 자세히 살펴 보며 영아들과 함께 그림에 대하여 이야기해본다. – 이 그림은 무엇으로 그린 걸까? – 이 그림은 손가락으로 풀을 문질러서 무늬가 생겼네, – ○○야, 그림을 한번 만져볼래? 어떤 느낌이니? 이건 거친 느낌이 드네, – 이 그림을 보니까 무엇이 생각나니?
참 고	· 영아가 친구의 그림을 소중히 다룰 수 있도록 지도하고, 그림을 바꿔가며 전시해준다. · 영아들의 작품뿐 아니라 밝고 선명한 느낌의 미술 작품도 전시해주어 다양한 작품 감상의 기회를 제공해준다.

11월 2주

쌓기 · 대근육 · 음률영역

꼬마야 꼬마야

주요경험	· 전래 동요를 들으며, 전통 음률을 느껴본다. · 지시어에 따라 몸을 움직이며 표현한다.
활동인원	3~5명
활동시간	5~10분
준 비 물	「꼬마야 꼬마야」〈그림책과 전래동요 테이프. 한국어린이육영회. 참조〉

활동방법	1. 사전 활동으로 영아들에게 테이프를 이용해 전래동요를 들려주고, 「꼬마야 꼬마야」 전래동요 그림책을 보여주면서 노래말에 익숙해질 수 있게 한다.
	
	2. 「꼬마야 꼬마야」 전래동요 테이프를 틀어놓았을 때 영아들이 노래말을 따라 부르며 흥미를 보이면 노래말에 따라 움직여보는 동작 활동으로 유도한다.
	   – '꼬마야 꼬마야' 땅을 짚어라, 우리도 땅을 짚어볼까?
	   – '꼬마야 꼬마야' 뒤로 돌아라, ○○도 뒤로 돌았네.
	
	3. '꼬마야' 부분의 노래말에 영아의 이름을 대신 넣고, 동작의 노래말을 바꾸어 영아들이 몸을 움직이면서 즐겁게 표현할 수 있도록 한다.
	   – '○○야 ○○야' 엉덩이를 흔들어라,
	   – '△△야 △△야' 깡충 뛰어라,
	   – '□□야 □□야' 빙글빙글 돌아라,

참 고	· 실외에서 놀이할 때는 줄, 훌라후프, 공 등 다양한 신체 활동 자료를 사용하며 지시대로 동작을 표현하도록 계획 할 수 있다(○○야 ○○야!, 줄을 넘어라, 공을 던져라 등).

11월 2주

기본생활습관

친구와 사이좋게 지내기
(손인형과 함께 이야기해보기)

주요경험	· 상황에 맞게 자신의 감정이나 요구를 언어로 표현해본다. · 또래와 긍정적 상호작용을 한다.
활동인원	1~2명
활동시간	3~5분
준 비 물	곰돌이 손인형
활동방법	1. 하루일과 중 친구와의 신체적인 다툼이나 여러 가지 갈등 상황이 일어날 때 교사는 적절히 개입하여 상황에 맞게 영아가 자신의 감정이나 요구를 표현하도록 손인형을 이용하여 지도해본다. – (친구가 가지고 있는 놀잇감을 빼앗으면 장난감을 빼앗긴 영아에게 먼저 관심을 보여준 후) 　○○야, 장난감을 가지고 놀고 있다가 빼앗기니까 △△가 아주 속상해 하지. 　○○도 △△의 장난감이 가지고 놀고 싶었니? 그럴 때는 어떻게하면 좋을지 　곰돌이 인형에게 물어보자. – (교사가 손에 곰돌이 인형을 끼고 목소리를 흉내내며) ○○야, 안녕? 오늘 △△의 장난감을 가지고 놀고 싶었니? 다음에는 그냥 장난감을 빼앗지 말고 '△△야, 나도 가지고 놀고 싶은데 한 번만 빌려줄래?' 라고 말하는 거야. 할 수 있지? 곰돌이랑 약속! – (영아가 친구를 밀거나 다치게 했을 때, 다친 친구에게 먼저 관심을 보여주고 때린 친구에게 이유를 듣고 영아의 감정을 인정하여준 후) – 곰돌이 인형이 하고 싶은 말이 있대. 한 번 들어보자. 　'○○야, 안녕! 오늘 ○○가 △△를 때리는것을 보았어. △△가 많이 아프고 속상했을것 같아. 　○○가 △△에게 미안해 라고 사과할 수 있겠니? 그래, 한번 말 해 보자. '

11월 2주

소꿉영역

큰 인형에게 옷 입히기

주요경험	• 스스로 옷을 입고 벗는 경험을 한다. • 인형을 이용하여 여러 가지 상황을 상상하여 표현해본다.
활동인원	1~2명
활동시간	5~10분
준 비 물	영아의 몸집만한 커다란 인형, 바구니에 담아둔 여벌의 옷, 영아의 실제 겉옷

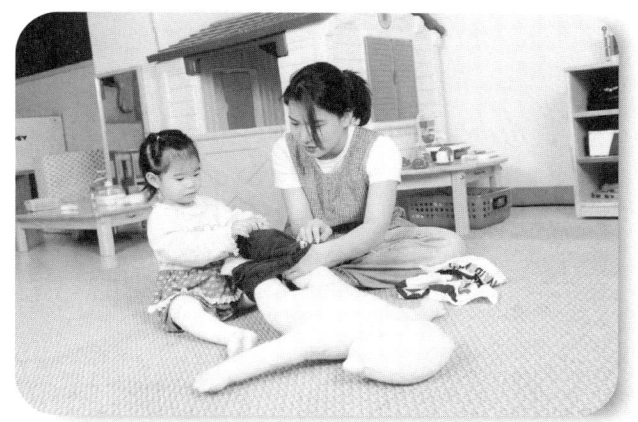

11월 3주

활동방법	1. 영아가 소꿉영역에 제시된 커다란 인형을 가지고 놀고 있을 때, 교사는 그 인형에게 옷을 입혀보자고 제안한다. 　- 여기에 커다란 인형이 있네. 　　아휴, 너무 추울 것 같아, 어떻게 하지? 　- 그래, 여기 바구니에 담긴 옷을 한번 입혀보자.

2. 영아가 인형에게 속옷과 티셔츠, 바지 등을 직접 입혀보도록 격려해주고 영아가 어려
   워하면 도움을 준다.
   - 먼저 팬티를 입히고 내의를 입혀야겠네.
   - 바지의 지퍼를 올리고 단추를 잠가야지.
   - ○○야, ○○의 잠바를 가지고 와서 따뜻하게 입혀줄까?
     (영아가 자신의 잠바를 가지고 와서 인형에게 입히면) 이젠 춥지 않겠네.

3. 영아가 인형에게 자신의 옷을 입히고 자랑스러워하면 인형을 친구로 가상하여 이름을
   지어주고 함께 놀이하도록 유도한다.
   - (인형을 가리키며) ○○야, 이 친구의 이름은 무어라 할까?
   - (영아가 만든 인형 친구의 이름을 말하며) △△와 함께 사이좋게 놀이하자.

탐색 · 조작영역

색깔 모루 놀이

주요경험	· 모루의 특성을 탐색하고 경험한다. · 모루를 이용하여 다양한 형태를 만들어본다.
활동인원	1~3명
활동시간	5~7분
준 비 물	여러 가지 색깔의 모루 20개 〈만드는 방법〉 ① 여러 가지 색깔의 모루를 25cm정도로 자른다. ② 양쪽 끝부분의 철사에 영아가 찔리지 않도록 동그랗게 한 번 묶는다.
활동방법	1. 영아들이 바구니 안에 놓여 있는 모루에 관심을 보이면 교사는 영아들이 자유롭게 탐색할 수 있도록 충분한 시간을 주며 놀이 모습을 언어로 표현해준다. - ○○가 모루를 가지고 놀고 있구나, 만져보니 어떤 느낌이 드니? (교사도 모루를 만져보며) 정말 보들보들 하구나, - (영아가 모루를 길게 놓아보면) 모루를 옆으로 계속 놓으니까 기찻길처럼 길어졌네, 2. 영아들이 모루의 구부러지는 성질을 이용하여 원하는 형태를 만들어보도록 격려해준다. - 모루를 잡고 힘을 주니까 마음대로 구부러지네, - ○○가 만든 모루는 구불구불 하늘에 있는 구름 같네, - ○○는 네모를 만들었네, 정말 잘 만들었구나,
참 고	· 영아들이 놀이한 뒤 다음 친구를 위해 구부러진 모루를 펴보는 놀이로 유도할 수 있다. · 모양카드(○, △, ㅁ, ♡)를 함께 내주어 모양 만들기로 확장할 수 있다.

11월 3주

전이활동

방향노래

주요경험	· 친구의 이름에 관심을 갖는다. · 지시어에 따라 방향을 가리켜본다.
활동인원	5~7명
활동시간	5~7분
준 비 물	악보 〈이 영(1990). 유아를 위한 창의적 동작 교육. 서울: 교문사. 참조〉
활동방법	1. 교사는 자유놀이를 마친 후에나 다음 활동을 하기 전에 영아들의 관심을 집중시키기 위한 활동으로 계획한다. 2. 영아들이 모여 앉으면 노랫말을 한 마디씩 부르면서 노래말에 나오는 방향(앞, 뒤, 옆, 반대편)을 영아로 하여금 두 팔을 뻗으며 가리켜보게 한다. 　- (노래를 부르며) 손을 앞으로~ 우리, 두 손을 앞으로 뻗어보자, 　- 손을 뒤~로~ 뒤는 어디일까? 　- 손을 옆으로~ (두 팔을 오른쪽으로 뻗으면서) 옆을 가리켜보자, 　- 반대편을 가리켜 봐요~ 반대편이 어디인 줄 아니? (두 팔을 왼쪽으로 뻗는다.) 3. 교사가 노래말에 영아의 이름을 넣어 부르면 그 친구가 어디에 있는지 손으로 가리켜보도록 유도한다. 　- ○○는 어디 있을까~? (영아를 가리키며) ○○가 저기 있네,
참　　고	· 영아들은 자신의 이름이 불려지는 것에 민감하므로, 골고루 이름이 불려지도록 교사는 세심하게 주의를 기울인다. · 친구의 이름을 듣고 찾는데 익숙해지면 영아의 이름을 부르지 않고 영아의 옷차림이나 특징만을 설명해 준 뒤 친구 이름을 알아맞히는 활동으로 진행해볼 수 있다. · 노래말에 영아의 이름 대신, 놀잇감 등을 넣어 불러볼 수 있다.

11월 3주

탐색 · 조작영역

식빵 위에 친구 얼굴 꾸미기

주요경험	· 친구와 함께 요리하는 즐거움을 경험한다. · 재료를 이용하여 모양을 구성해본다.
활동인원	3~5명
활동시간	5~10분
준 비 물	식빵, 땅콩 버터, 오이, 당근, 건포도, 맛살, 숟가락, 접시, 요리순서표

11월 4주

〈만드는 방법〉
① 오이는 둥글게, 당근은 반달 모양, 맛살은 2cm정도로 잘라서 준비한다.
② 접시 위에 식빵을 놓는다.
③ 숟가락으로 땅콩 버터를 떠서 식빵 위에 골고루 펴바른다.
④ 땅콩 버터를 바른 식빵 위에 오이, 당근, 건포도, 맛살을 이용하여 친구의 얼굴을 꾸며본다.

활동방법

1. 책상 위에 요리재료를 준비해두고 요리활동을 할 것임을 알려주어 관심 있는 영아는 손을 닦고 모이도록 한다.
   - 식빵하고, 땅콩 버터, 둥글게 자른 오이랑 당근, 말랑말랑한 건포도 그리고 맛살이 있구나, 여기 있는 재료로 무엇을 만들 수 있을까?
   - 식빵에다 땅콩 버터를 바르고 그 위에다 여기 있는 재료로 친구 얼굴을 꾸며 보자.

2. 영아들과 요리순서표를 보며 함께 이야기를 나눈 후 재료를 탐색하면서 친구 얼굴을 다양하게 꾸며보도록 격려해준다.
   - ○○야, 땅콩 버터를 숟가락으로 눌러 보고 고루 펴발라보자.
     땅콩 버터가 말랑말랑하니까 잘 발라지는구나.
     (코를 흥흥거리며) 음, 고소한 냄새가 나는 걸.
   - ○○는 식빵 얼굴에 맛살 머리, 건포도 눈을 붙였네.

3. 영아가 꼭 얼굴의 형태를 만들지 않더라도 재료를 놓아보며 즐거워할 수 있도록 도와 주고 다 만들어진 것을 간식접시에 담아 먹을 수 있도록 자리를 마련해준다.

전이 활동

누구의 것일까?

주요경험	·소유를 나타내는 문장을 표현해본다. ·소지품과 소지품의 주인을 짝지어본다.
활동인원	1~7명
활동시간	5~10분
준 비 물	영아의 소지품이나 겉옷

〈만드는 방법〉
① 모든 영아의 물건을 1개씩 바구니에 모아둔다.
② 바구니에 보자기를 덮는다.

11월 4주

활동방법	1. 장소를 이동하거나 다른 놀이를 시작하기 전, 정리를 마치고 영아들과 함께 둘러앉아 바구니 속에 어떤 물건이 있을지 생각해본 후, 물건을 꺼내어 주인을 찾아 보고 물건의 특징과 형태 등에 대하여 이야기를 한다. 　– 이 안에 무엇이 들어 있을까? 한번 꺼내볼까? 　– 이건 누구의 잠바일까? 　　맞아, 이 잠바는 바로 ○○의 것이구나, ○○잠바에는 귀여운 곰돌이 그림이 있네, 2. 바구니에서 다른 물건이나 옷을 꺼내보며 누구의 것인지 물어본다. 　– 여기 있는 빨강 가방은 누구의 것일까?
참　　고	·영아들이 평소에 잘 가지고 다니는 물건, 베개, 이불 등을 사진으로 찍어서 책을 만든 후 누구의 물건인지 알아맞히기 놀이로 진행할 수 있다.

주제 추워요

실시기간 : 12월 1주 ~ 12월 4주

▶▶▶ 전개방법

「추워요」는 추운 날씨로 인해 변화되는 영아들의 옷차림과 겨울철에 즐길 수 있는 여러 가지 놀이를 통해 계절적인 특징을 알고 영아들의 건강한 생활을 돕기 위해 선정한 주제이다.

추운 날씨로 인해 변화되는 옷차림과 겨울에 사용하는 겨울용품들을 이용한 활동은 일상생활 속에서 영아가 감각기관을 통해 탐색하고 경험한 것을 바탕으로 표현할 수 있도록 돕는다.

겨울철의 주된 날씨 변화인 눈, 차가운 바람 등을 산책활동을 통해 느껴보고 얼음 콜라주와 같이 직접 만져보고 느껴볼 수 있는 활동을 준비해 주어 영아들이 직접 경험할 수 있도록 한다. 산타 할아버지는 겨울철에 영아들의 흥미를 자극할 수 있는 소주제로써 크리스마스와 관련된 활동을 경험해보고 직접 산타가 되어 보는 상상놀이를 통해 재미와 즐거움을 느끼게 한다.

또한 '눈'에 대한 다양한 경험과 겨울철 놀이를 즐길 수 있도록 배려하여 영아들에게 날씨 변화를 경험할 기회를 제공하고 겨울에 즐길 수 있는 놀이들을 실외놀이 활동으로 유도하여 영아들이 부족한 운동량을 늘여주고 추위로부터 자신의 신체를 보호하도록 도우며 건강한 신체를 발달시킬 수 있도록 돕는다.

계획된 다양한 활동들을 영아들이 흥미를 갖고 접근할 수 있도록 부모님들에게 등원, 귀가시 계절변화에 대하여 영아와 이야기 나누어 보며, 산타 할아버지에 대한 경험들을 가정에서도 제공하여 영아의 상상을 자극할 수 있도록 하며 또한 실내 · 외 기온차가 크므로 적절한 옷차림에 대해 알려 감기를 미리 예방할 수 있도록 가정통신문을 통하여 협조를 요청하여 가정과의 연계를 갖는다.

▶▶ 환경구성

	그리기·만들기영역	소꿉영역	책보기영역	탐색·조작영역	쌓기·대근육·음률영역
실 내	·여러 가지 옷 　그림 ·잡지책 ·여러 재질의 　천 조각 ·신문지 ·장갑 모양종이 ·솜방망이 ·작은 빈 상자 ·리본 테이프 ·요플레통, 젤리통 ·탈지면 ·두꺼운 종이 ·시트지 조각 ·색종이 ·스팽글 ·산타 할아버지 모양종이 ·까만 도화지 ·눈사람 모양 종이	·인형옷 ·털모자 ·마스크 ·장갑 ·목도리 ·밀가루 반죽 ·손 장갑 인형 ·인형 기저귀 ·우유병 ·만든 수염 ·선물상자 ·산타 할아버지 모자 ·찍기틀 ·눈사람 인형 ·흰 밀가루 반죽 ·케이크 모형 ·고깔모자 ·만든 초 ·음식 모형	·그림책 「장갑」, 「날씨와 옷」 「루루의 양말」 「바람 부는 날」 「바람이 불어요」 「겨울이 왔어요」 「콩이네의 겨울나기」 「산타 할아버지 오시네」 「곰돌이와 크리스마스」 「메리크리스마스 스팟」 「헤럴드와 크리스마스」 「눈사람은 어디에 갔을까?」 「눈사람을 만들어요」 「곰돌이 날아가네」 ·옷 그림책 ·촉감 이야기 그림책 ·동시 「겨울밤」 ·겨울풍경 사진(화보) ·산타 할아버지 그림 ·녹음기 ·녹음 테이프 ·겨울철놀이 화보	·비밀상자 ·겨울 용품 ·촉감 장갑 ·의생활 훈련틀 ·교구: 주머니에 손수건 넣기 부분 보고 알아맞히기 ·눈 송이 블록 ·눈/ 얼음 ·부직포 바느질 (장갑, 양말, 털모자, 부츠) ·촉감놀이 장난감 ·컵 ·퍼즐 -산타, 트리, 겨울풍경, 겨울놀이	·노래 「무슨 옷 입었니?」 「겨울 바람」 악보 ·율동테이프 「꼬마 눈사람」 「루돌프 사슴코」 ·여러 모양의 우레탄 블록 ·유니바 ·신문지 공 ·공 ·흰 종이로 싼 종이벽돌 블록 ·선물 상자 ·산타 모자 ·종이벽돌 블록 ·여러 가지 모양의 딸랑이 ·단위 블록 ·겨울놀이 그림자료 ·만든 눈사람 ·볼링 핀

주간보육계획안

소주제 : 옷차림이 달라요　　　　　　　　　　　　　**실시 기간 : 12월 1주**
다루어질 내용 : 추운 날씨에 적절한 옷차림에 대하여 관심을 갖는다.

구분		주 간 활 동
등원 및 맞이하기		· 입고 온 옷에 대해서 이야기 나누기
실내자유놀이	그리기 · 만들기 영역	· 장갑 꾸미기 · 여러 가지 옷 그림 붙이기 1) · 겨울옷 꾸미기(천콜라주)
	소꿉영역	· 인형 옷 입히고 벗기기 · 겨울 옷차림하기(털모자, 마스크, 장갑, 목도리 제시)
	책보기영역	· 그림책「장갑」「날씨와 옷」「루루의 양말」 ·「무슨 옷을 입을까?」이야기해보기 2) ◎ 촉감 이야기 그림책
	탐색 · 조작 영역	◎ 비밀상자에서 겨울용품 꺼내기 ◎ 장갑으로 촉감 느껴보기 · 짝짓기「주머니에 손수건 넣기」3)
	쌓기 · 대근육 · 음률영역	· 노래「무슨 옷 입었니?」(옷차림, 색깔) 4) · 여러 모양의 우레탄 블록 한 줄로 늘어놓기 · 유니바 두 발 모아 뛰어넘기
전이활동		· 조용한 음악 들으면서 ○ □ 따라 걷기 ◎ 옷을 입을때 수를 세요
실외자유놀이		· 입김 불어보기 · 겨울나무 관찰하기 · 신문지 찢어 날리기
점심 및 낮잠		· 옷 젖지 않게 손 씻기
기본생활습관		◎ 외투 혼자서 걸어보기 · 어른께 두 손으로 받고 드리기 · 바깥놀이 할 때 겉옷 입기

교육활동참고

1) 여러 가지 옷 그림 붙이기
   - 잡지에서 여러 가지 옷그림을 오려내어 주고 영아가 원하는 옷그림을 이용하여 구성해보도록 한다.

2) 「무슨 옷을 입을까?」이야기해보기
   - 잡지 등에서 외투, 털모자, 장갑, 스웨터, 잠옷, 수영복, 반팔옷 등을 모아 책을 만들어 책보기 영역에 비치한다.
   - 영아들과 책을 보면서 각 옷을 입어본 경험이 있는지 옷에 대해 이야기를 나눈다.

3) 짝짓기 「주머니에 손수건 넣기」
   - 영아 웃옷, 바지에 여러 개의 색깔과 무늬가 다른 주머니를 달고 각 주머니와 똑같은 손수건을 넣는다.
   - 손수건과 같은 색깔, 무늬의 주머니에 찾아 넣어본다.

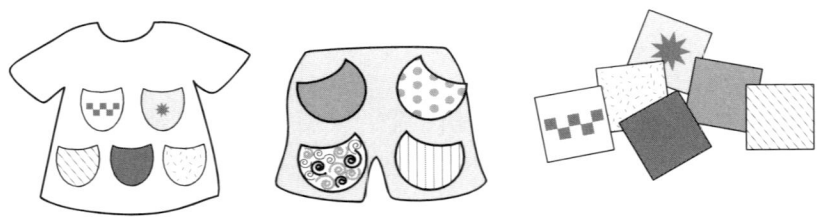

   *참고 : 손수건은 천조각을 이용하여 제작 가능하다

4) 노래 : 「무슨 옷 입었니?」(옷차림, 색깔)
   - '무슨 옷을 입었니? 무슨 옷을 입었니? 오늘은 무슨 옷을 입었니?' 까지만 부른 뒤 옷차림, 옷색깔을 넣어 노래 부른다.
   - 책보기 영역의 여러 가지 옷 책보기를 제안할 수도 있다.

무슨 옷 입었니?

무슨옷입-었니 무슨옷입-었니 오늘은무-슨옷입 - 었니

무슨옷입- 었니 무슨옷입- 었니 오늘은무-슨옷입 - 었니 바지

입은사람 - 일어나 바지 입은사람 - 일어나 루루

루- - - - - - - - - - - - - - - - 치마

입은사람 - 일어나 치마 입은사람 - 일어나 루루

루- - - - - - - - - - - - - - - 긴팔

입은사람 - 일어나 긴팔 입은사람 - 일어나 루루

루- - - - - - - - - - - - - - - -

주간보육계획안

소주제 : **추워요**   실시 기간 : **12월 2주**

다루어질 내용 : 날씨변화에 관심을 갖는다.

구분		주 간 활 동
등원 및 맞이하기		· 오늘 날씨가 어떤지 이야기해보기
실내자유놀이	**그리기 · 만들기 영역**	· 신문지로 공 만들기 1) · 자기 스케치북에 한 방향으로 끄적거리기 ◎ 솜방망이로 흰 눈 찍기
	소꿉영역	· 손장갑 인형놀이 2) · 아기인형 기저기 채우기/우유 먹이기
	책보기영역	· 그림책 「바람 부는 날」 「바람이 불어요」 「겨울이 왔어요」 「콩이네의 겨울 나기」 · 「차갑다, 춥다」 따라 말하기 ◎ 동시 「겨울 밤」 · 겨울풍경 사진(화보)보며 이야기해보기
	탐색 · 조작 영역	· 눈 송이 블록 끼우기 · 부직포 바느질(장갑, 양말, 털모자, 부츠 그림자료 제시) 3) · 겨울풍경 퍼즐 맞추기(4조각) 4)
	쌓기 · 대근육 · 음률영역	· 노래 「겨울바람」 5) ◎ 얼음집 만들기 · 신문지 공 돌리기
전이활동		· 손유희 「엄지 어디 있소」 6) 「아침 바람 찬바람에」 7)
실외자유놀이		· 날씨에 대해 이야기하며 산책하기 · 겨울바람 느끼며 달리기 ◎ 얼음 콜라주
점심 및 낮잠		· 혼자서 숟가락질 하기 · 이불 꼭 덮고 자기
기본생활습관		· 콧물 나올 때 휴지로 닦기 · 기침할 때 입 가리기

교육활동참고

1) 신문지로 공 만들기
   · 신문지 3, 4장을 꽁꽁 뭉쳐보도록 한다.
   · 색테이프를 붙이거나 끈으로 묶어서 신문지공을 만든다.
   · 실외놀이에서 '신문지 공 돌리기' 활동과 연결한다.

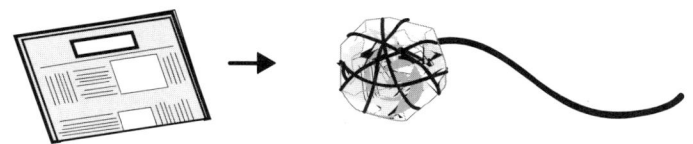

2) 손장갑 인형놀이
   · 영아 손가락 장갑이나 벙어리 장갑 중 작거나 구멍이 나서 사용하지 않는 것을 수집해 오리고 솜을 넣고 마무리 바느질을 해 눈, 코, 입 등을 붙여 막대를 꽂아 손장갑 인형을 만들어준다.
   · 영아 극놀이 자료로 이용할 수 있다.

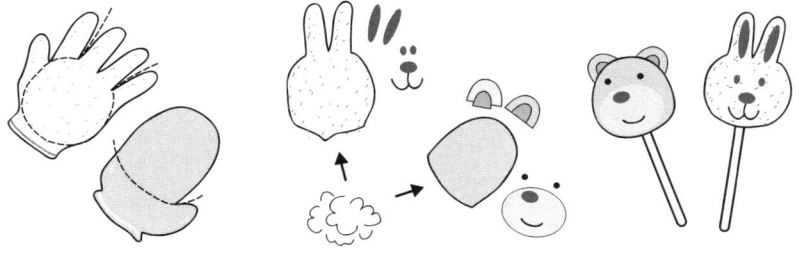

3) 부직포 바느질
   · 장갑, 양말, 털모자, 부츠 모양을 부직포로 잘라 펀치로 구멍을 낸다.
   · 실을 이용하여 구멍사이로 연결하며 끼워본다.

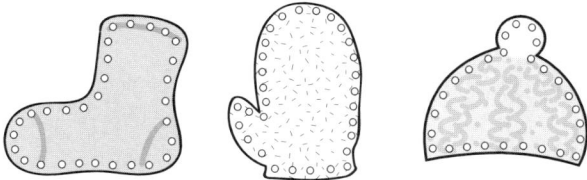

4) 겨울 풍경 퍼즐 맞추기(4조각)
   · 풍경 사진을 스캐너로 뜬다.
   · 4조각으로 잘라 맞출 수 있는 퍼즐 교구를 만들어준다.

5) 노래 「겨울바람」

겨울바람

6) 손유희 「엄지 어디있소」

〈임미혜 편저(1995). 주의집중을 위한 손유희. 창지사. p.55 참조〉

7) 손유희 「아침 바람 찬바람에」

아침 바람 찬바람에

전래 동요

주간보육계획안

소주제 : 산타 할아버지가 오신대요　　　　　　　　　**실시 기간 : 12월 3주**

다루어질 내용 : 산타 할아버지를 상상해 보고 재미와 즐거움을 느낀다.

구분		주 간 활 동
등원 및 맞이하기		· 캐롤 음악(이번 주 부르게 될 노래) 들려주기
실내자유놀이	그리기 · 만들기 영역	· 크리스마스 트리 만들기(선물 꾸미기, 종 만들기, 양말 꾸미기 등으로 트리 장식하기) 1) · 산타 할아버지 수염 만들기 2)
	소꿉영역	· 산타 할아버지 되어 선물 나눠주기(산타 모자, 만든 수염, 선물상자 제시) · 밀가루 반죽으로 여러 모양 크리스마스 과자 만들기(찍기틀 제시)
	책보기영역	· 그림책「산타 할아버지 오시네」「곰돌이와 크리스마스」 　　　　「메리 크리스마스 스팟」「헤럴드와 크리스마스」 ◎ 산타 할아버지에게 하고 싶은 이야기 녹음하여 들어보기
	탐색 · 조작 영역	· 눈(얼음) 만져보기/눈(얼음) 녹은 것 관찰하기 3) · 산타 · 트리퍼즐 맞추기(4조각) 4) · 의생활 훈련틀(단추, 지퍼, 후크)
	쌓기 · 대근육 · 음률영역	· 게임 : 산타 할아버지 되어 선물 가져오기 5) · 율동 :「울면 안 돼 」,「루돌프 사슴코」 · 벽돌 블록으로 산타 썰매 만들기 ◎ 딸랑이 흔들며 캐럴 부르기
전이활동		· 손유희「문 좀 열어주세요」
실외자유놀이		· 산타 썰매(끌차) 끌어보기 · 벽 짚고 돌아오기
점심 및 낮잠		· 양치질하기 · 자고 일어난 후 이불 개어보기
기본생활습관		· 밖에 나갈 때 문 닫기 · 친구가 싫어하는 것 하지 않기

교육활동참고

1) 크리스마스 트리 만들기
   · 기존의 플라스틱 크리스마스 나무나 작은 화분에 크리스마스 장식 용품으로 꾸며주고,
   영아가 만든 선물과 은종, 양말 꾸민 것 등으로 함께 꾸며보도록 한다.
   * 은종 만들기 : 작은 스티로폼 공 위에 호일을 감싸고 낚싯줄을 단다.
   * 선물 꾸미기 : 작은 상자에 그림을 그리거나 스티커를 붙여 꾸며 주고 리본을 단다.
   * 양말 꾸미기 : 두꺼운 종이 또는 마분지를 양말 모양으로 잘라두고 영아가 여러 가지
                   재료(시트지 조각, 색종이, 스팽글등)로 꾸며준다.

2) 산타 할아버지 수염 만들기
   · 입 모양의 구멍을 뚫어 고무줄을 연결해준다.

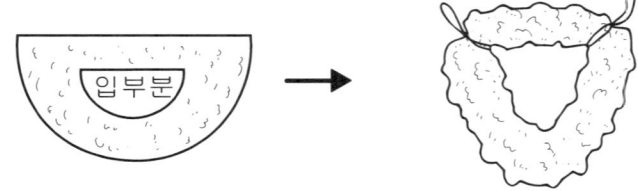

3) 눈(얼음) 만져보기/ 눈(얼음)녹은 것 관찰하기
   · 실외에서 가져온 눈을 컵에 담아 영아가 만져보고 눈이 녹는 것을 관찰해본다.
   (눈이 없을 경우 얼음을 이용한다.)

4) 산타, 트리퍼즐 맞추기(4조각)
   · 산타 할아버지와 크리스마스 트리를 그린 후 4조각을 잘라내준다.

5) 게임 : 산타 할아버지되어 선물 가져오기

· 활동전, 영아가 산타 할아버지가 쓰고 오시는 모자와 양말, 선물상자를 제시해주고 영아 들이 마음껏 써보고 신어보며 산타 할아버지처럼 흉내내어 보는 경험을 갖는다.

· 게임방법

① 2명의 영아가 출발선에서 산타 모자를 쓰고 선물 가방을 들고 있다.

②신호음과 동시에 목표지점까지 뛰어가 바구니속에 있는 선물1개를 선택한다.

③ 영아가 선택한 선물을 선물가방속에 넣어 출발선으로 돌아온다.

* 교사는 두 팀으로 앉은 영아들이 함께 나가서 산타 할아버지가 되어 돌아오기 놀이로 처음에는 목표지점에 교사가 앉아서 도와주고 익숙해지면 영아들 혼자서 해보도록 한다.

주간보육계획안

소주제 : 추울 때 하는 놀이가 있어요　　　　　　　　　　　　　　　**실시 기간 : 12월 4주**

다루어질 내용 : 눈을 이용한 겨울놀이를 경험해본다.

구분		주　간　활　동
등원 및 맞이하기		등원시 영아의 차가워진 얼굴, 손 만져주며 '차갑다' 이야기하기
실내자유놀이	그리기 · 만들기 영역	· 까만 종이에 흰 크레파스로 눈 그리기 · 눈사람 꾸미기 [1] ◎ 솜방망이로 판화 찍기
	소꿉영역	· 눈사람 인형 옷 입히기 [2] · 밀가루 반죽으로 눈사람 만들기 · 친구 생일상 차리기
	책보기영역	· 그림책「눈사람은 어디에 갔을까?」「눈사람을 만들어요」「곰돌이 날아가네」 · 겨울에 하는 놀이 사진(화보)보면서 이야기 해 보기 [3]
	탐색 · 조작 영역	◎ 부분보고 알아 맞히기 · 촉감맞추기 [4] · 겨울놀이 퍼즐 맞추기 (4조각)
	쌓기 · 대근육 · 음률영역	· 겨울놀이 흉내내기 · 블록으로 스키 만들어 스키 타기 ◎ 눈사람 볼링놀이
전이활동		· 손유희「통통통통」 · 노래「꼬마 눈사람」
실외자유놀이		· 눈사람 만들기 · 눈 위에 발자국 찍기 ◎ 눈 위에 색물감 뿌리기 · 눈 뭉치기/눈 던지기
점심 및 낮잠		· 꼭꼭 씹어 먹기 · 동화 들으며 잠들기
기본생활습관		· 신발에 묻은 눈, 모래 털어내기 · 교실에서 뛰지 않고 걸어다니기

교육활동참고

1) 눈사람 꾸미기
   · 크기가 다른 동그라미 모양 종이를 이용하여 눈사람을 만들고 색연필로 그리고 조각종이, 모자, 장갑 모양종이, 빨대 등의 꾸미기 재료를 이용해 꾸며서 눈사람을 완성한다.

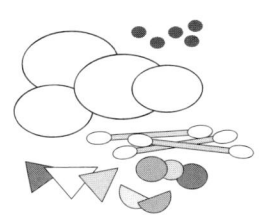

2) 눈사람 인형 옷 입히기
   · 눈사람 모양의 인형이 의생활 훈련을 할 수 있는 옷을 부착시켜 눈사람 인형 옷을 입혀준다.
   * 참고: 자크, 단추, 똑딱 단추 달린 옷으로 교체 가능함.

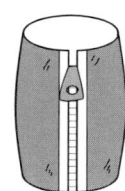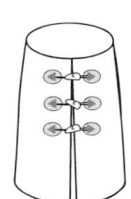

3) 겨울에 하는 놀이 사진(화보)보면서 이야기해보기
   · 영아들이 겨울에 즐길 수 있는 놀이의 그림자료 (사진이나 화보)를 준비하여 벽면에 붙여두고 자유롭게 이야기해본다.
   · 그림자료를 참고하여 겨울놀이 흉내내기 활동과 연결하여 진행한다.
   〈홍용희 외(1998). 유아를 위한 동작교육의 이론과 실제. p.207 참조〉

4) 촉감맞추기

　·직사각형 나무 위(원모양 안)에 있는 서로 다른 재질을 촉감으로 느껴본다.

　(*상품화된 촉각 교구 이용)

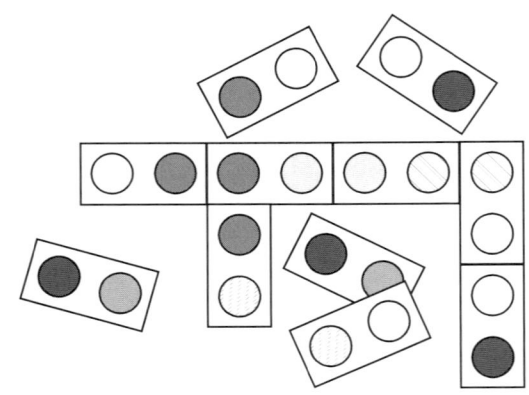

도서목록

월	주	주제	제 목	글	그림	출 판 사	기타관련주제
12	1	옷차림이 달라요	장갑	에우게니 M라초프		다살기획	겨울
			날씨와 옷			한국피아제	
			루루의 양말	세나케이코	세나케이코	비룡소	기본생활습관
	2	추워요	바람부는 날	정순희		비룡소	날씨
			바람이 불어요	모니크펠릭스		예림당	
			겨울이 왔어요	보리	김영미	웅진출판	겨울
			콩이네의 겨울나기	소학사푸른교실		소학사	겨울
	3	산타 할아버지가 오신대요	산타 할아버지 오시네	남미영	오명훈	웅진출판	크리스마스
			곰돌이의 크리스마스	남미영	오명훈	웅진출판	
			메리 크리스마스 스팟	에릭힐		한국프뢰벨	크리스마스
			헤럴드와 크리스마스	크로켓존슨		비룡소	성탄절
	4	추울 때 하는 놀이가 있어요	눈사람은 어디에 갔을까?	남미영	오명훈	웅진출판	눈사람 만들기
			눈사람을 만들어요	남미영	오명훈	웅진출판	
			곰돌이 날아가네	남미영	오명훈	웅진출판	연날리기
		관 련 도 서	눈 오는 날	에즈라잭키츠		비룡소	
			추워요 더워요	박종환 (펴낸이)		한국삐아제	반대말(언어)
			잘자요 달님	마거릿와이즈 브라운	클레먼트허트	시공사	

책보기영역

촉감 이야기 그림책

주요경험	・촉감이 다른 재료를 만져보고 느낌을 언어로 표현해본다. ・겨울에 사용하는 물건들의 이름을 익힌다.
활동인원	1~3명
활동시간	5~10분
준 비 물	촉감 그림책

〈만드는 방법〉

(재료: 하드보드지(가로27×세로19㎝) 7장, 채색 도구, 그림책의 내용이 그려져 있는
색지(가로26×세로18㎝) 7장, 본드, 고리, 여러 가지 촉감 재료, 투명 시트지, 펀치)

① 짧은 그림책 내용이 적힌 그림자료를 색칠한 뒤 준비된 하드보드지 위에 놓고 투명
시트지로 싼다.

② 그림자료(웃옷, 양말, 모자, 장갑, 마스크, 눈사람, 눈) 위에 각각 다른 촉감재료(찍찍
이, 부직포, 모루, 털실, 솜, 골판지 등)를 붙인다.

③ 펀치로 구멍을 뚫어 고리로 연결하여 책으로 완성한다.

1쪽 : 눈이 오는 모습   2쪽 : 웃옷을 입는 모습   3쪽 : 양말을 신는 모습

4쪽 : 모자를 쓰는 모습   5쪽 : 장갑끼는 모습   6쪽 : 마스크하는 모습   7쪽 : 눈사람 만드는 모습

〈촉감그림책 내용〉

제목 : 따뜻하게 옷을 입어요

1쪽 : 야, 눈이다 눈사람 만들러 가자(바깥 풍경에 눈이 오는 그림)

2쪽 : 먼저 옷을 입자(영아가 웃옷을 입으려고 하는 모습)

3쪽 : 아이, 발 시려 양말도 신자(양말을 신는 모습)

4쪽 : 머리에 털모자도 쓰고(털모자 쓰는 모습)

5쪽 : 눈사람을 만들려면 손에는 장갑도 끼어야지요(장갑 끼는 모습)

6쪽 : 콜록콜록 감기에 안 걸리려면 마스크도 해야 해요(마스크한 모습)

7쪽 : 눈을 굴려서 눈을 굴려서 눈사람을 만들자

　　　(겨울옷을 갖추어 입고 바깥에서 눈사람 만드는 모습)

활동방법

1. 제작한 책을 책꽂이에 비치해주고 영아가 책을 꺼내 펼쳐보고 관심을 가지면 교사가 참여하여 영아가 하고 있는 모습을 언어로 표현해주고 그림책의 내용과 관련된 경험을 이야기 나눈다.
   - ○○이가 책을 보고 있구나.
   - 어떤 그림이 있니? 친구가 장갑을 끼고 있네.
   - 한 장을 넘겨보자. 무엇이 있을까?

2. 책의 그림을 살펴본 후 교사가 간단한 그림책 내용을 들려주면서 영아가 촉감 재료에 관심을 갖게 하며 그림에 부착된 재료들을 손으로 탐색하고 느낌을 말로 표현할 수 있도록 격려한다.
   - ○○아, 친구가 털모자를 쓰고 있네. 털모자를 만져볼까. 보드랍구나.
   - ○○이도 한번 만져볼까?

3. 영아가 스스로 이야기를 꾸며볼 수 있도록 제안한다.
   - ○○아, 이 친구는 지금 뭐하고 있니? 그래, 양말을 신고 있구나.

탐색 · 조작영역

비밀상자에서 겨울 용품 꺼내기

주요경험	· 여러 가지 겨울용품의 이름을 말해본다. · 손으로 만져서 무슨 물건인지 추측해본다.
활동인원	1~2명
활동시간	3~5분
준 비 물	비밀상자, 영아가 사용하는 겨울용품(목도리, 장갑, 모자, 마스크, 귀마개 등)

12월 1주

〈만드는 방법〉

(재료 : 하드보드지, 부직포나 부드러운 천, 본드)

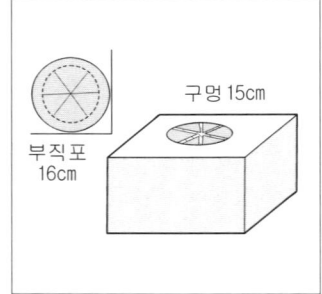

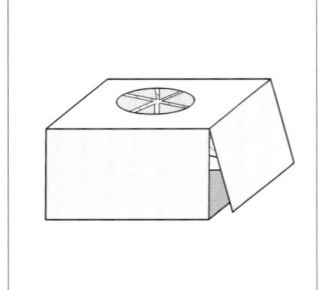

① 하드보드지를 크기
(가로40×세로30×
높이25cm)대로 잘라
비밀상자를 만든다.

② 비밀상자 중앙
(지름15cm정도)에
타원형 모양의 구멍을
낸다.

③ 비밀상자의 한 면에
물건을 넣을 수 있는 문을
만들고 부직포나 부드러운
천으로 마무리한다.

- 비밀상자 속에 물건을 쉽게 넣고 뺄 수 있는 충분한 공간을 만들어주고 상자 속의 물
  건이 보이지 않도록 유의한다.

활동방법 1. 비밀상자를 영아에게 제시하여 영아가 관심을 보이면 영아의 행동을 격려하면서 영아
와 함께 탐색을 한다.

- ○○가 상자를 보고 있구나.

- 뭐가 들어 있을까? 한번 흔들어볼까?

- 어? 가운데에 구멍이 있네. 이 속에 무엇이 숨어 있나 보자.

2. 영아가 상자 속의 물건을 손으로 탐색하는 것을 격려하고, 영아가 느끼는 촉감을 언어로 표현해준다.
   - ○○가 상자 속에 무엇이 있는지 맞혀볼래?
   - 손으로 만져 볼래? 만져 보니 느낌이 어떠니?
   - 폭신폭신하니? ○○아, 하나만 꺼내보자.
   - 이게 뭐니? 어, ○○이가 신고 있는 것과 같은 양말이네.

참　고
   - 영아가 꺼낸 물건의 이름을 말할 수 있게 시간적 여유를 준다.
   - 영아에게 교실에 있는 물건들을 선택하게 하여 비밀상자에 넣은 후 찾아보는 활동으로 연결해볼 수 있다.

탐색 · 조작영역

장갑으로 촉감 느껴보기

주요경험	·여러 가지 느낌이 나는 재료들의 촉감을 경험한다. ·촉감의 느낌을 말로 표현해 본다.
활동인원	1~2명
활동시간	3~5분
준 비 물	촉감 장갑

〈만드는 방법〉

(재료 : 영아용 벙어리 장갑 두 켤레, 촉감 재료, 실과 바늘)

·영아용 벙어리 장갑의 중간 손바닥 부분에 촉감 재료가 떨어지지 않도록 바느질하여 부착한다. 이때 촉감재료는 영아가 얼굴에 대고 비볐을 때 상처날 우려가 없는 것으로 선택한다.

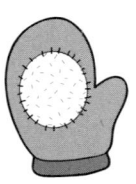 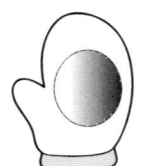 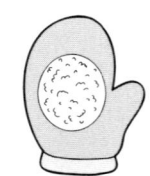 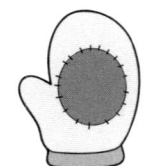

타월지　　　　아세테이트지　　　올돌몰독한 비닐류　　　부직포

활동방법

1. 촉감 장갑을 교사의 손에 끼고 등 뒤로 숨겼다가 영아에게 '까꿍' 하며 손을 내밀고 영아가 관심을 보이면 언어로 반응한다.
   - ○○아, 선생님이 재미있는 장갑을 꺼냈네. ○○이가 한번 만져볼까?
   - 어때? 참 보들보들하지? 이쪽은 어때?
   - ○○이도 장갑을 껴 볼래?

2. 영아가 장갑을 끼고 자신이나 선생님(친구)의 몸에 비벼보고 몸에 대어보면서 촉감을 말로 표현할 수 있도록 교사는 적절한 도움을 준다.
   - ○○이가 낀 장갑을 얼굴에 대어볼까?
   - ○○아, 선생님(친구) 얼굴에 한번 대어 봐.
   - ○○이는 장갑을 다리에다 문지르고 있네.
   - 느낌이 어떠니?

전이 활동

옷을 입을 때 수를 세요

주요경험	·스스로 옷을 입고 벗어본다. ·수를 세는 경험을 해본다.
활동인원	1~2명
활동시간	3~5분
준 비 물	여러 종류의 상의(단추, 지퍼가 있는 옷), 여러 종류의 하의(스커트, 바지), 장갑, 양말, 모자 등
활동방법	1. 활동 중 영아가 자신이 입은 옷에 관심을 보이며 교사에게 접근할 때 교사는 영아의 관심을 언어로 표현해준다. 　- ○○이 티셔츠에는 곰돌이 그림이 세개네. 　- 그래, 아빠곰돌이, 엄마곰돌이, 아기곰돌이가 웃고 있구나. 　- ○○이 티셔츠에는 단추도 있네. 　- ○○이는 바지에 주머니가 두개 있네. 　- 선생님이 주머니 속에 손을 넣어볼까? 2. 교사는 영아가 계속 옷에 관심을 가지고 스스로 옷을 입고 벗는 활동에 참여하면서 자연스럽게 수세기 활동과 연결될 수 있도록 격려하며 도와준다. 　- ○○이가 입고있는 잠바에는 단추가 있네. 　　하나, 둘,…다섯 다섯 개 있네. 　- ○○이가 단추를 잠궈볼 수 있겠니? 　　그래, 하나, 둘, 셋 …나머지 하나는 선생님이 도와줄게. 　- ○○이의 바지에는 주머니가 몇 개 있니?하나, 둘…(영아와 함께 세어본다.) 　- ○○이의 티셔츠에 물고기가 다섯 마리 있네. 　　어디 선생님하고 같이 세어볼까? 한 마리, 두 마리…

12월 1주

3. 영아가 즐거운 마음으로 스스로 옷을 입고 벗을 수 있는 기회를 제공하여 주며, 단추나 지퍼를 올릴 때는 지퍼의 첫 부분 채우는 것을 도와주고 올릴 때는 영아가 스스로 올릴 수 있도록 한다.

– 이제 지퍼를 ○○이가 혼자서 올려볼까?

참 고

· 영아의 개별적인 발달수준을 고려하여 수를 세어 보는 활동으로 전개할 수 있으며, 영아가 스스로 옷을 입고 벗는 즐거움을 갖도록 하는데 최대한 배려한다.

· 하루일과의 생활 중에서 수를 셀 수 있는 활동으로 연결하여 진행할 수 있다.

기본생활습관

외투 혼자서 걸어보기

주요경험	·혼자서 옷을 정리해보는 경험을 가진다. ·정리정돈하는 경험을 통해 성취감을 느낀다.
활동인원	1~2명
활동시간	3~5분
준 비 물	영아의 키 높이에 맞는 옷걸이대, 개인용 옷걸이,
활동방법	1. 등원시 또는 바깥놀이 후 실내로 들어올 때 영아가 스스로 외투를 벗어서 옷걸이에 정리할 수 있도록 도와주고 필요하면 교사가 시범을 보여준다. 　- ○○이가 노란색 외투를 입고 왔구나, ○○이가 외투를 벗어볼 수 있겠니? 　- ○○아, (옷걸이를 보여 주며) 이건 옷걸이야, 여기에 네가 입고 온 외투를 걸어서 옷걸이대에 걸어두는 거야, 　- 먼저 선생님이 하는 걸 잘 봐, ○○이가 벗은 외투를 바닥에 펴 놓은 다음에 옷걸이에 양쪽 팔 소매를 끼우고 윗 단추를 잠그고 이렇게 옷걸이 대에 걸어두면 돼, 2. 영아가 직접 외투를 옷걸이에 정리해보도록 격려해준다. 　- 이번에는 ○○이가 한번 해볼래? 　- 그래, 잘 끼웠구나, 단추도 잠그고, 그럼 이제 옷걸이대에 걸어볼까? 　- ○○이가 옷걸이에 웃옷을 바르게 정리하였구나,
참　　고	·영아가 반복된 행동을 통해 익숙해질 때까지 교사는 영아 개개인에게 세심한 관심과 배려로 도움을 주어야 한다. ·소꿉영역의 상상놀이에 필요한 의상이나 기타 소품을 이용하여 놀이가 끝난 뒤 영아가 옷을 정리하여 걸어보도록 하여 활동을 지속시킬 수 있다.

12월 1주

그리기 · 만들기영역

솜방망이로 흰 눈 찍기

12월 2주

주요경험	·물감을 이용하여 자유롭게 찍어본다. ·눈을 창의적으로 표현해본다.
활동인원	2~5명
활동시간	5~10분
준 비 물	집 모양으로 자른 검정색 종이, 2~3가지 색상의 물감(사전활동 제시용), 신문지, 흰색 물감, 솜방망이 2~5개
활동방법	1. 사전활동으로 그리기 · 만들기 영역에 2~3가지 색상의 물감, 솜방망이와 신문지를 제시해 주고 관심을 보이는 영아들과 재료를 탐색한다. － 여기에 물감이 있네, 이것으로 무엇을 할 수 있을까? － (솜방망이를 가리키며) 이것은 뭐지? 손으로 만져볼래? 만지니까 말랑 말랑하네, － 말랑말랑한 솜방망이로 물감을 묻혀 신문지에 찍어보자, 2. 영아가 재료에 대한 탐색으로 호기심을 갖고 있을 때 집 모양의 검정 종이와 흰색 물감을 제시해주고 솜방망이로 자유롭게 꾸밀 수 있도록 유도한다. － 집 모양의 검정색 종이가 있네, － ○○아, 집에 눈이 오게 해볼까? － 지붕 위에 하얀 눈이 많이 많이 쌓였네, 3. 영아들이 자유롭게 표현할 수 있도록 영아의 행동을 수용하고 격려해주며, 완성한 작품은 작품걸이대에 게시해 주어서 서로의 작품을 감상할 수 있게 해준다. － ○○이 집에 하얀 눈이 많이 왔네, ○○이네 집은 하얀 집이 되었네,
참 고	·영아에게 눈을 표현한다는 의미를 강조하기보다는 물감으로 자유롭게 찍어 보는 것에서 즐거움을 갖도록 도와준다. ·영아의 흥미가 지속되면 다양한 재료(솜과 풀)로 눈을 표현해보는 경험을 제공할 수 있다.

동시 「겨울밤」

주요경험	·동시를 감상한다.
	·의성어, 의태어들을 통해 말의 재미를 느껴본다.
활동인원	1~3명
활동시간	5~7분
준 비 물	동시 내용의 그림 융판자료(창문이 열리는 집 그림, 부엌, 바람 모형, 생쥐, 시계), 융판

〈만드는 방법〉

·동시 내용의 그림자료를 코팅하고 본드로 뒷면에 부직포를 덧댄 후 찍찍이를 붙인다.

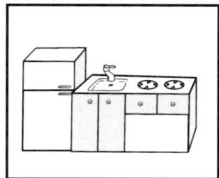  

 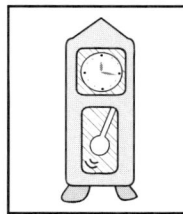

12월 2주

활동방법 1. 융판에 부착해준 동시자료에 영아가 관심을 가지면 영아와 함께 탐색하면서 언어로
자유롭게 표현해볼 수 있도록 격려해준다.

    - ○○야, 어떤 그림이니? 그래, 집이구나.

    - 창문을 열 수 있게 되어 있네, ○○이가 한번 열어볼까? 시계도 있네.

2. 동시 그림자료에 대한 충분한 탐색이 이루진 후 그림자료를 융판에 붙이며 동시를 들려 준다.

겨울밤

덜컹덜컹 창문이?

바람인가 봐,

딸깍딸깍 부엌에?

생쥐인가 봐

덜컹덜컹 딸깍딸깍 땡! 땡!

시계도 무섭나 봐

· 출처 : 한국어린이육영회 편, 큰 동시책 「겨울밤」

3. 몇 번 반복하여 들려준 뒤 동시의 내용에 익숙해지면 교사가 들려주는 동시의 내용에 따라 영아가 그림을 찾아 융판에 붙여 보도록 격려한다.
   - ○○아, 이번에는 선생님이 동시를 들려 주면, ○○이가 그림을 붙여보자,

참　고 · 영아가 동시 내용과 관련 없는 그림을 붙이더라도 영아의 행동을 수용해주고 격려해 주는 태도가 필요하다.

쌓기 · 대근육 · 음률영역

얼음집 만들기

주요경험	· 블록으로 집 모양을 만들어본다. · 친구와 함께 구성해 보는 경험을 갖는다.
활동인원	3~5명
활동시간	5~10분
준 비 물	종이벽돌 블록, 흰 종이로 싼 종이벽돌 블록

활동방법	1. 영아가 블록을 쌓거나 늘어놓으면서 놀고 있을 때 교사도 함께 쌓기를 하면서 얼음집 만들기로 연결해본다.
	  - ○○이는 블록을 아주 높게 쌓았네.
	  - 아이 추워, 그런데 바람이 너무 많이 불어서 추워요. 어떻게 하면 좋을까?
	  - ○○이가 집을 좀 만들어 주세요.
	
	2. 영아와 얼음집을 만들고 있을 때 옆에서 관심을 보이는 영아가 있으면 참여할 수 있도록 유도한다.
	  - 선생님은 얼음으로 집을 만들고 있는데, ○○이도 도와줄래?
	  - ○○야, 밖을 볼 수가 없네. 창문도 만들어볼까?
	  - 얼음집에 앉아 있으니까 기분이 어떠니?

참 고	· 사전활동으로 얼음집에 대한 그림이나 사진, 화보, 비디오 자료 등을 제시하여 영아의 이해를 돕는다. · 영아들의 상상놀이를 촉진하기 위해 종이벽돌 블록을 흰 종이로 싸서 제공해준다. · 가족인형을 소품으로 제시해주어 영아들이 엄마와 아빠의 역할을 상상하여 흉내내볼 수 있도록 해준다.

12월 2주

실외자유놀이

얼음 콜라주

12월 2주

주요경험	·물이 얼음으로 변화되는 것을 관찰해본다.
활동인원	1~7명
활동시간	10~15분
준 비 물	폭이 넓고 깊이 깊지 않은 그릇, 주변에서 찾을 수 있는 천연재료(솔잎, 솔방울, 작은 나뭇가지), 물, 털실, 헝겊조각, 그림물감, 영아 이름표
활동방법	1. 사전활동으로 교사는 영아와 함께 그릇에 물을 담아 실외 공간에 하루 정도 두고 얼음이 되어 있는 것을 탐색해본다. 　- 그릇의 물이 꽁꽁 얼어서 얼음이 되었네. 　- 손으로 만져보면은 느낌이 어떨까? 차갑구나. 　- 손으로 만지니까 매끈매끈하네. 2. 얼음을 충분히 탐색한 후에 얼음 콜라주 만들기로 연결해본다. 교사는 이때 어린이집 실외에서 쉽게 찾을 수 있는 것들을 영아와 함께 수집하고, 교사가 준비한 재료들도 제시해준다. 　- ○○아, 그릇에다 물을 붓고 얼음을 만들어볼까? 　- ○○가 찾았던 솔방울도 넣고 털실도 넣어보자. 　- ○○이도 넣어볼래? 3. 준비한 실을 고리 모양으로 만들어 물 속에 담궈 나중에 손잡이로 사용하고, 참여 영아들의 이름표를 꼬리에 붙이고 얼음을 얼릴 수 있는 실외 장소에 둔다. 　- ○○이의 이름을 꼬리에 붙여 바깥에 놔두자. 얼면 어떤 모양이 나올까?

4. 완성된 얼음 콜라주를 나무에 걸어두고 변화하는 것을 영아들이 관찰하면서 이야기
   나눈다.
   - 나무에 얼음을 달아 놓으니까 얼음 나무가 되었네.
   - ○○이가 만든 얼음에는 나뭇잎이 들어 있구나.
   - ○○야, 얼음에서 물이 떨어지네, 왜 그럴까?

참 고
·어린이집의 입구에 있는 나무에 걸어서 크리스마스 트리 꾸미는 장식용으로 이용할
  수 있다.
·색깔 있는 얼음을 원할 경우에는 그림물감을 넣어서 할 수 있다.
·따뜻한 물을 조금 부어서 얼음을 떼면 잘 떼어진다.

책보기영역

산타 할아버지에게 하고 싶은 이야기 녹음하여 들어보기

주요경험	• 영아 스스로 생각하여 이야기해보는 경험을 가진다. • 자신이 이야기한 것을 주의깊게 들어본다.
활동인원	3~4명
활동시간	5~10분
준 비 물	녹음기, 공테이프
활동방법	1. 책보기 영역에서 크리스마스 또는 산타 할아버지와 관련된 그림책을 보고 나서 영아들이 관심과 흥미를 보이면 영아에게 산타 할아버지에게 하고 싶은 이야기를 해보도록 격려하고 영아가 하는 이야기를 녹음해준다. – ○○아, 산타 할아버지에게 인사 한번 해보자! (이때 교사는 이름과 나이를 말하도록 한다.) – ○○이가 좋아하는 것을 산타 할아버지께 말해볼래? (교사는 영아가 말하는 것을 문장으로 완성 시켜 말해준다.) – 산타 할아버지, ○○이는 블록놀이를 좋아한대요. 2. 녹음된 내용을 영아와 함께 들어보고 이야기 나눈다. – ○○아, 누구의 목소리인지 들어보자. – 그래, ○○이가 뭐라고 말하지? – 다시 한 번 들어볼까? 3. 교사는 영아가 말하는 것을 다시 한 번 반복하여 들려준다.
참 고	• 영아가 자신의 목소리를 녹음하여 들어보고 즐거움을 느끼는 데 만족감을 갖도록 격려한다. • 사전활동으로 교사의 녹음된 목소리를 들려주어 영아의 관심을 유도하며 영아가 자신의 목소리를 녹음하고 들어보도록 함으로써 충분한 탐색이 되도록 한다.

12월 3주

쌓기 · 대근육 · 음률영역

딸랑이 흔들며 캐럴 부르기

주요경험	· 딸랑이 소리를 탐색한다. · 캐럴에 맞추어 딸랑이를 흔들어본다.
활동인원	2~5명
활동시간	5~10분
준 비 물	여러 가지의 딸랑이, 캐럴송이 담긴 음악 테이프

〈만드는 방법〉

(재료: 방울 여러 개, 손가락 장갑, 헌 양말, 페트병, 요구르트병, 바늘, 낚싯줄, 색테이프, 펀치)

① 손장갑 딸랑이: 영아들의 손가락 장갑을
   이용해 손가락 끝에 방울을 달아준다.

12월 3주

② 양말 목을 이용한 딸랑이: 양말 목 부분만 잘라
   올이 풀리지 않게 마무리를 하고 테두리에
   돌아가면서 방울을 달아준다.

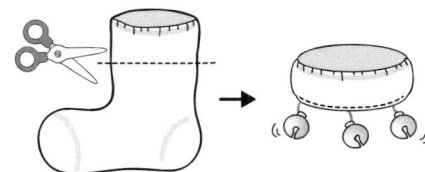

③ 페트병을 이용한 딸랑이: 페트병 손잡이
   부분부터 10㎝정도 잘라 끝부분을
   테이프로 마무리하고 펀치로 구멍을 내어
   낚싯 줄이나 실로 방울을 매달아준다.

④ 요구르트병을 이용한 딸랑이: 요구르트병의 입구 부분을
   잘라낸 뒤 끝부분을 테이프로 마무리하고 펀치로 구멍을
   내어 낚싯줄이나 실로 방울을 달아준다.

활동방법

1. 준비한 여러 가지 모양의 딸랑이들을 영아들이 자유롭게 탐색할 수 있도록 충분한 시간을 주고, 교사는 영아들의 행동과 딸랑이 소리에 관심을 가져준다.

   – ○○이는 손가락 모양의 딸랑이를 가졌구나.

   – 손에 끼워서 흔들어볼래?

   – 딸랑 딸랑 소리가 나네.

2. 영아들이 딸랑이 흔드는 것에 흥미를 보이면 영아에게 익숙한 캐럴을 불러주거나 노래 테이프를 들려주면서 노래에 맞춰 딸랑이를 흔들어 보도록 영아들을 격려한다.

   – ○○이는 선생님이랑 똑같은 딸랑이를 찾았네!

   – 우리 같이 딸랑이를 흔들면서 노래해볼까?

   – ○○가 노래를 부르는구나. 우리도 같이 ○○이처럼 노래 부르면서 딸랑이를 흔들어 보자.

   – 이번에는 누가 불러볼까?

그리기 · 만들기영역

솜방망이로 판화 찍기

주요경험	· 솜방망이를 이용한 물감 찍기를 경험해 본다. · 물감을 찍은 후에 나타나는 모양에 관심을 가진다.
활동인원	2~3명
활동시간	5~10분
준 비 물	스케치북, 집과 눈사람 모양의 판화본, 솜방망이 3~5개, 물감, 물감접시

〈만드는 방법〉

(재료 : 0.5㎝ 두께의 우드락, 솜, 천, 고무줄, 뾰쪽한 나무젓가락이나 칼)

① 판화본 만들기

ㄱ. 우드락 중간에 눈사람, 집 모양 그리기

ㄴ. 그림 모양대로 오려내기

ㄷ. 판화본 완성

 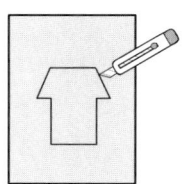

12월 4주

② 솜방망이 만들기 : 나무젓가락에 솜을 대고 천을 씌워 고무줄로 고정시킨다.

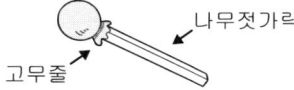

나무젓가락

고무줄

활동방법

1. 그리기 · 만들기 영역에 준비한 자료들을 제시해주고 교사는 영아들의 탐색과정을 도와주며, 언어로 격려해준다.

- ○○아, 재미있는 것이 많이 있네.

- 물감도 있고, (판화본을 가리키며) 이것은 무슨 모양이지?

- (솜방망이를 가리키며) 이것은 무엇일까? 손으로 만져볼까?

2. 준비된 자료에 대해서 충분히 탐색하고 난 후 판화본를 이용한 찍기활동으로 연결한다.
   - ○○이가 스케치북에다 솜방망이로 물감을 묻혀 찍어볼래?
   - ○○아, 이번에는 눈사람 모양을 스케치북 위에 올려놓고 찍어보자.
   - 선생님이 눈사람 모양을 치워볼게, 어떤 모양이 생겼니?

3. 영아가 스케치북에 나타나는 모양에 관심을 많이 보이면 교사는 나타나는 모양을 말로 표현해주고 다양한 방법으로 표현할 수 있도록 격려한다.
   - ○○이가 눈사람 모양을 스케치북 위에 놓고 솜방망이로 찍었더니 똑같은 눈사람이 생겼네.
   - ○○아, 눈사람 옆에 노란색 솜방망이로 찍어볼래? 집 옆에도 찍어보자.
   - 예쁜 꽃이 되었네.

참 고
· 판화판을 이용하여 찍기 활동을 할 때 판이 움직이지 않도록 도와준다.
· 활동 중에 영아의 손에 물감이 묻었을 경우 놀이로 연결하여 지문이나 손바닥 찍기 활동으로 연결해 볼 수 있다.
· 스펀지 롤러를 이용하여 판화찍기를 해볼 수 있다.

부분 보고 알아맞히기

주요경험	·부분 그림을 보고 전체 그림을 상상해본다. ·영아가 상자를 조작하며 맞추어보는 경험을 한다.
활동인원	1~2명
활동시간	3~5분
준 비 물	수수께끼 상자, 겨울과 관련된 그림판 3~4장

〈만드는 방법〉

(재료 : 상자(가로30×세로20×폭7㎝정도)1개, 그림자료, 코팅지 4장, 색상지)

① 준비한 상자에 4개의 여닫이 문을 만들어 열고 닫을 수 있도록 한다.

ㄱ. 상자 만들기

ㄴ. 여닫이문 만들기

(가로 13×세로8.5㎝)

ㄷ. 여닫이 문 위에 손잡이 만들기

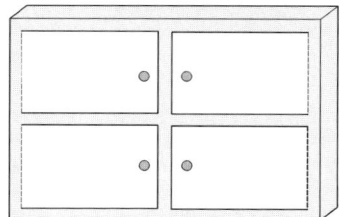

② 상자의 윗 부분은 2~3㎝정도의 폭으로 칼집을 내어 그림판이 들어 갈 수 있도록 구멍을 낸다.

③ 가로28×세로20㎝ 크기의 그림자료를 색상지에 붙이고 코팅을 한다. 이때 그림자료는 실제와 같은 그림이나 사진 촬영한 것으로 준비한다.

활동방법

1. 자료를 제시해주고 영아가 관심을 보이면 자료를 함께 탐색하면서 흥미를 유발시킨다.
   - ○○이가 네모 상자를 들고 있구나, 상자 문을 열 수도 있네,
   - 눈사람 그림도 있네,
   - 이것은 머리에 쓰는 털 모자그림이구나,

2. 제시한 자료에 대한 충분한 탐색이 이루어진 뒤 알아맞히기 활동으로 연결시킨다.
   - ○○아, 선생님이 보여주는 그림이 무슨 그림인지 알아맞혀볼래?
   - (교사는 그림판을 상자 속에 넣고 상자 문 하나를 열면서) ○○아, 이 그림이 무슨 그림이니?
   - 선생님이 조금 더 보여줄까?(상자 문 하나를 더 연다.)
   - 그래, 맞아 추울 때 손에 끼는 장갑이야,
   - 이번에는 무슨 그림일까?

3. 영아들이 활동에 익숙해지면 영아가 해볼 수 있도록 유도하며 영아의 행동을 격려해주고 활동을 수행할 수 있도록 도와준다.
   - 이번에는 ○○이가 한번 해볼래? ○○이가 상자 문 하나를 열어보자,

참　고

· 활동 중 영아가 맞히지 못하더라도 교사는 영아의 생각을 인정해주고 재시도할 수 있도록 격려한다.

쌓기 · 대근육 · 음률영역

눈사람 볼링놀이

주요경험	· 목표물을 향해 공을 굴려본다. · 볼링놀이를 통해 성취감과 즐거움을 경험한다.
활동인원	2~3명
활동시간	5~10분
준 비 물	볼링공, 볼링핀 6개, 볼링핀 세움 표지판

〈만드는 방법〉

(재료 : 플라스틱 우유병(500㎖)이나 종이 우유곽(1000㎖), 신문지, 시트지)

① 눈사람 모양을 꾸며서 코팅하거나   ② 플라스틱 우유병에
　 투명 시트지로 싸준다.　　　　　　　　 눈사람을 붙인다.

- 종이 우유곽을 사용할 경우 신문지로 속을 채워 시트지로 싼다.
- 플라스틱 우유병(500㎖) 1개를 사용해서 높이가 낮을 경우 2개를 연결해서 사용한다.

활동방법　1. 볼링핀 만드는 과정에 영아들을 참여시켜서 자신들이 꾸민 눈사람 모형을 볼링핀에
　　　　　　 붙여 주어서 볼링놀이에 관심을 유도한다.
　　　　　　 - ○○이가 만든 눈사람이 서있네?
　　　　　　 - 여기 있는 공을 굴려서 눈사람이 맞으면 어떻게 될까?

12월 4주

2. 1m정도의 적당한 거리만큼 떨어진 곳에서 공을 굴려 볼링핀을 쓰러뜨리게 한다.
   - ○○아, 여기에 서서 공을 굴리는 거야.
   - ○○아, 공을 굴려서 눈사람을 쓰러뜨릴 수 있겠니?
   - 어떻게 굴리면 눈사람을 쓰러뜨릴 수가 있을까?

3. 교사는 쓰러진 볼링핀을 다시 세워주고 영아가 반복해서 놀이할 수 있도록 격려해준다.
   - ○○이가 눈사람 하나를 쓰러뜨렸네. 우와! 잘한다.
   - 자! 다시 한번 해 보자.

참　고 ・영아의 발달수준과 능력을 고려해서 볼링핀과 시작점까지의 거리를 조절해준다.

실외자유놀이

눈 위에 색물감 뿌리기

주요경험	· 여러 가지 눈놀이를 하며 즐거움을 느낀다. · 색소를 이용한 색깔의 변화를 경험한다.
활동인원	1~7명
활동시간	5~10분
준 비 물	식용색소, 구멍이 뚫린 뚜껑 있는 통(예: 마요네즈 용기) 또는 스프레이통, 물

활동방법	1. 눈이 온 날 영아들과 함께 실외놀이터로 나가 영아들과 함께 눈을 밟고 뛰어다니며 손으로 만져보고, 뭉쳐보고, 뿌려보는 등 여러 가지 방법으로 놀이해본다.
	   – 눈 위로 걸어볼래?
	   – 눈 위에 ○○이 발자국이 찍혔네!
	   – 눈 위로 걸어가니까 소리가 나네.
	   – 눈을 동그랗게 뭉쳐볼까?
	   – 손으로 눈을 만지니까 어떠니?
	   – ○○아! 눈을 위로 높이 던져볼래?
	
	2. 영아들이 눈의 변화에 관심을 많이 보이면 색소가 들어 있는 물감통을 제시해주어 물감을 눈 위에 뿌려보는 활동으로 연결하고, 눈 위에 뿌린 후 그 변화를 관찰하게 한다.
	   – 이 통 안에는 물감이 들어 있어. ○○아 무슨 색깔이니?
	   – 선생님이 물감을 눈 위에 뿌려볼거야.
	   – 눈 위에 뿌리면 어떤 색깔이 될까?
	   – 와! ○○이가 파란 물감을 뿌리니까 눈이 파란색이 되었네!
	   – ○○이가 빨간색 물감을 뿌리면 어떻게 될까?

참 고	· 물총을 식용색소 뿌리는 도구로 이용하여도 새로운 경험이 될 수 있다.

12월 4주

주제 **우리 동네**

실시기간 : 1월 1주 ~ 1월 5주

▶▶▶ 전개방법

2세에서 3세로 성장하는 이 시기의 영아는 자기중심적 성향에서 약간 벗어나 주변 사람들에 대한 관심이 점차 생기기 시작한다. 따라서 「우리 동네」는 나와 우리 집, 가족에 대한 사회적 경험을 확대하여 어린이집의 이웃반 선생님이나 식당 아주머니, 친구 부모님 등 어린이집 주변 생활과 연결하고 가까운 동네 사람들이나 어린이집 주변의 여러 종류의 기관과 하는 일에 대하여 영아들이 관심을 갖고 접근할 수 있는 기회를 제공하기 위해 선정된 주제이다.

친근한 그림자료를 통하여 영아의 흥미를 자극하고 어린이집 주변에 있는 여러 기관이나 상점 둘러보기 등 다양한 활동을 통해 우리 주변에는 어떤 사람들이 있고, 어떤 일을 하는지 등에 관해 자연스럽게 접근할 수 있는 내용들을 다루고 소주제 '새해가 되었어요'에서는 웃어른들께 인사하는 방법과 인사말을 말로 표현하는 과정에서 어른들에 대한 기본예절을 경험하고 주변 사람들에게 할 수 있는 적절한 인사말을 익히게 한다.

교사는 영아들의 다양한 경험을 상상놀이를 통해 영아 자신들의 경험을 자유롭게 재연해볼 수 있는 환경을 구성해주어서 주변 사람들에 대한 관심과 긍정적인 인식을 갖도록 도와주며 이러한 경험은 청소부, 경찰관, 운전기사, 미용사, 음식점놀이, 병원놀이 등 영아들이 익숙한 놀이 소재를 제공함으로써 다양한 역할에 대해 관심을 갖고 흉내내보는 즐거움을 느끼게 한다. 그리고 상상놀이에 필요한 여러 가지 소품들을 가정과의 협조를 통해 지원받음으로써 영아들이 자신과 좀더 친숙한 물건을 사용하면서 안정감을 갖고 지속적으로 놀이에 참여하도록 도와준다.

▶▶ 환경구성

	그리기·만들기영역	소꿉영역	책보기영역	탐색·조작영역	쌓기·대근육·음률영역
실 내	·비닐봉지 ·모양 스티커 ·색연필 ·크레파스 ·큰 종이 ·사인펜 ·붓 ·종이컵 ·솜방망이 ·색종이 ·종이상자 ·빈 우유곽 ·요구르트병 ·왕구슬 ·신문지, 잡지 ·가위	·한복 ·밀가루 반죽 ·전화기 ·장난감 사진기 ·거울 ·아기인형 ·병원놀이 세트 ·드라이기, 빗 ·역할옷 ·요리사 모자 ·여러 가지 장신구 　(머리핀, 목걸이, 　팔찌, 귀걸이, 　머리띠 등)	·전래동화 「꼭꼭 숨어라 머리카락 보인다」 「열두 띠 동물 까꿍놀이」 ·동시「즐거운 설날」 ·그림책 「고마운 분들」 「알아맞혀봐」 「스팟이 파티에 갔어요」 「해럴드와 서커스」 「아기캥거루의 시장구경」 「시장에 갔어요」 「무슨 표시일까」 「누가 살고 있을까요」 「나는 요리사」 「나도 요리할 수 있어요」 「배가 아파요」 「기린 아저씨의 머리깍기」 「감기 조심하세요」 「예방주사 무섭지 않아」 「에취에취 재채기가 나와요」 ·사진책 「무엇을 하는 사람일까요?」 「어린이집 가족사진」 ·병원 종류의 그림자료	·그림인형 ·여러 크기의 　상자 ·그림 모형판 ·집게 ·젓가락 ·주방기구 ·모양 퍼즐 ·드라이기 ·모양자석 ·풍선 ·역할 소품 　연결하기 ·가게그림 퍼즐 ·요리 : 코코아가루, 우유, 숟가락, 유리컵 ·그림자에 맞추어 놓기 (여러 직업의 사람들, 숟가락, 포크, 청진기, 빗자루 등)	·우레탄 공간 　블록 ·종이벽돌 블록 ·큰 사각 와플 　블록 ·끌차 ·공 ·스티로폼 공 ·장난감 자동차 ·펭귄 모형 상자 ·율동 테이프, 녹음기 ·건물 소품들 ·눈사람 마라카스 ·왕구슬
실 외	·소리나는 제기 ·홀라후프	·타이어 ·놀이기구	·비닐봉지 연 ·공		

월간보육계획안

소주제 : 우리를 도와주는 사람이 있어요/ 흉내내기는 재미있어요　　**실시 기간** : 1월 1주 ~ 1월 5주

다루어질 내용 : 영아의 주변 사람들에 대해 관심을 갖는다.
다양한 역할(요리사, 의사, 간호사)에 대해 관심을 갖고 흉내내보는 즐거움을 느낀다.

		1 주	2 주	3 주	4 주	5 주
등원 및 맞이하기		·주위 어른에게 '안녕하세요' 인사하기		·아침에 먹고 온 음식에 대해 이야기 나누기		
실내자유놀이	**그리기 · 만들기 영역**	◎ 큰 종이에 그림 그리기 · 비닐봉지 연 만들기1)	· 선 따라 오리기 자른 것 붙이기 ◎ 모양 스펀지로 찍어보기	· 왕구슬 꾸미기 · 색종이 반접어 지갑 만들어 꾸미기	· 요리사 모자 꾸미기9) · 시장 바구니 꾸미기	· 마음대로 그려 이름 붙이기 · 마라카스 만들기 11)
	소꿉영역	· 한복 입고 세배하기 · 한복 입은 모습 거울에 비춰보기	· 밀가루 반죽으로 음식 만들기/ 손님 초대하기	· 전화놀이 (음식, 물건 배달하기)	◎ 음식점 놀이 (요리사 흉내내기)	· 병원놀이 (의사, 간호사 흉내내기)
	책보기 영역	· 전래동화 「열두띠 동물 까꿍놀이」 · 동시 「즐거운 설날」 2)	· 그림책 「고마운 분들」 「안녕 예쁘게 인사해요」	◎ 사진책 「무엇을 하는 사람일까요?」 ◎ 그림책을 읽어주세요	· 그림책 「나는 요리사」 「나도 요리할 수 있어요」	· 그림책 「배가 아파요」 · 말하기:병원에 가본 경험 이야기하기
	탐색 · 조작영역	· 그림인형에 한복 입히기 3) · 어떤 상자에 맞을까요? 4)	◎ 코코아 우유 만들기 · 집게로 장난감 옮겨 담기 5)	· 여러 가지 건물 실 꿰기 7) ◎ 누가 이 모자를 쓰나요?	· 주방기구 뚜껑 찾아 덮기 10) ◎ 머리카락이 움직여요	· 같은 것끼리 연결하기 12) ◎ 다양한 소리 탐색하기
	쌓기 · 대근육 · 음률영역	· 노래 「까치까치 설날은」 ◎ 신체표현:한 살, 두 살, 세 살	· 우레탄 공간 블록으로 집짓기 6) ◎ 펭귄 뱃 속에 공 굴려 넣기	· 끌차에 물건 배달하기 · 영아체조8)	· 블록으로 의자, 식탁 만들기 ◎ 왕구슬치기	· 눈사람 마라카스 흔들며 노래 부르기 13)
전이활동		· 율동 「우리 모두 다 같이」		· 손유희 「뱅글뱅글」 14)		· 북소리에 맞춰 걷기
실외자유놀이		◎ 소리나는 제기차기 · 구르는 공 따라 잡기 · 비닐봉지 연 날리기 · 술래잡기 놀이		· 지시따라 움직이기(걷기, 달리기, 멈추기 등) · 훌라후프 뛰어넘기 · 타이어 징검다리 건너기		
점심 및 낮잠		· 조용한 음악 들으며 잠자기		· 잠자기 전 화장실 다녀오기		
점심 및 낮잠		· 알맞은 크기의 목소리로 이야기하기 · 식사, 간식 바르게 앉아 먹기		· 손 씻은 후 수건에 닦기		

교육활동참고

1) 비닐봉지 연 만들기
   · 비닐봉지에 유성매직으로 눈, 코, 입 등 얼굴을 그리고 교사가 손잡이에 실을 달아준다.
   · 실외자유놀이시 준비된 연을 영아들과 함께 날려본다.

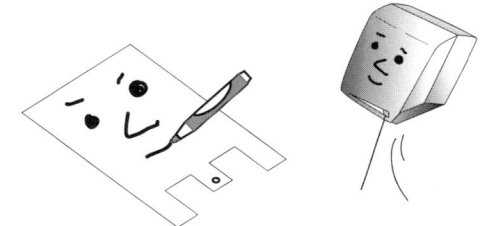

2) 동시 「즐거운 설날」

> 즐거운 설날
>
> 똑똑똑 떡 써는 소리
> 지글지글 전 부치는 소리
> 하하오오 즐거운 웃음 소리
> 내일은 기다리던 설날이지요

3) 그림인형에 한복 입히기
   · 그림인형을 모양대로 잘라 인형 그림판을 만든다.
   · 코팅한 한복 그림을 영아가 그림판에 붙여본다.

4) 어떤 상자에 맞을까요?
   · 크기가 다른 여러 개의 상자와 여러 크기의 물건(장난감)을 함께 꺼내놓고 크기에 맞게 상자 속에 물건을 넣어본다.

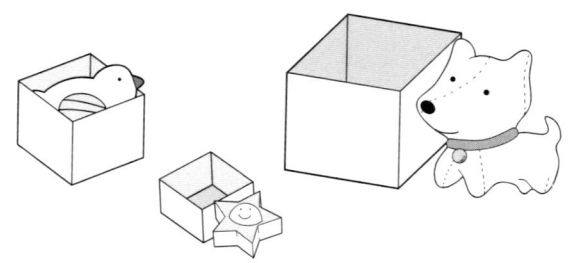

5) 집게로 장난감 옮겨 담기
   · 여러 가지 크기가 다른 장난감을 바구니 속에 담아둔다.
   · 영아가 놀잇감을 선택하여 집게로 옮겨본다.

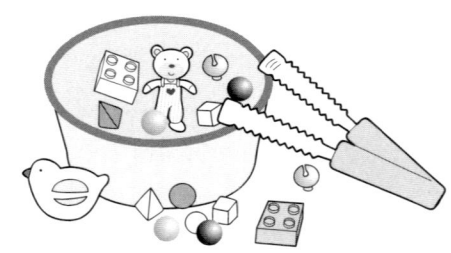

6) 우레탄 공간 블록으로 집짓기
   · 여러 가지 집 모양이 그려진 그림자료를 준비한 후 영아와 함께 그림에 대해 이야기 나누고, 내가 살고 있는 집에 대해 이야기해본다.
   · 이야기를 나눈 후 우레탄 공간 블록을 이용하여 집을 만들어보고 다른 영아가 만든 블록집과 비교해본다.

7) 여러 가지 건물 실꿰기
   · 경찰서, 소방서, 병원, 우체국 등 여러 건물의 그림자료를 코팅해서 펀치로 구멍을 뚫는다.
   · 영아가 구멍으로 연결해서 실꿰기를 해본다.

8) 영아체조
 · 동작교육과 관련된 음률 테이프를 통해 체조를 해본다.
   〈홍용희 외(1998), 유아를 위한 동작교육의 이론과 실제, 다음세대, p.240 참조〉

9) 요리사 모자 꾸미기
 · 요리사 모자본을 준비하여 그 위에 여러 가지 그리기, 꾸미기 재료를 이용하여 꾸며본다.

10) 주방기구 뚜껑 찾아 덮기
 · 작은 주전자나 냄비, 그릇 종류의 주방기구를 준비하여 각각의 뚜껑을 맞춰본다.
 · 소꿉그릇을 이용하거나 실제 주방용품을 이용할 수 있다.

11) 마라카스 만들기
 · 필름통, 약통, 우유곽, 요구르트병 등을 준비하여 여러 가지 소리나는 재료를 넣어 입구를
   막고 마라카스를 만든다.

12) 같은 것끼리 연결하기
 · 2조각 퍼즐을 이용하여 각각의 퍼즐 조각 위에 그림을 제시해주어 모양을 맞추었을 때 2
   개의 같은 그림이 연결될 수 있도록 한다.

13) 눈사람 마라카스 흔들며 노래 부르기
 · 영아가 작업한 눈사람 마라카스를 이용하여 다양한 소리를 내어보고 노래 「병원놀이」에
   맞추어 흔들어본다.

14) 손유희「뱅글뱅글」

뱅글뱅글

올 라 간 머 리　　　내 려 온 머 리

뱅 글뱅 글 돌 -려서　도 깨 비 뿔　　예 쁜 손

2. 올라간 눈 내려온 눈 뱅글뱅글 돌려서 여우눈
3. 올라간 코 내려온 코 뱅글뱅글 돌려서 돼지코
4. 올라간 입 내려온 입 뱅글뱅글 돌려서 붕어입
5. 올라간 손 내려온 손 뱅글뱅글 돌려서 예쁜손

노랫말	손유희
·올라간 머리 내려온 머리 ·뱅글뱅글 돌려서 도깨비 뿔 ·올라간 코 내려온 코 뱅글뱅글 돌려서 돼지코 ·올라간 입 내려온 입 뱅글뱅글 돌려서 붕어입	·두 손으로 머리카락을 잡아 올렸다 내렸다 한다. ·뱅글뱅글돌려 올린다. ·코를 치켜 올렸다 내렸다 한 뒤 위로 올린다. ·두 손으로 입을 올렸다 내렸다 한 뒤 뱅글뱅글 　돌려 올린다.

도서목록

월	주	주 제	제 목	글	그 림	출 판 사	기타관련주제
1	1	새해가 되었어요	열두띠 동물 까꿍놀이	최숙희		보림	까꿍놀이, 동물
	2	우리를 도와주는 사람이 있어요	고마운 분들	편집부		어깨동무	
			안녕, 예쁘게 인사해요	기무라유이치	이소미유키	지경사	
	3	우리 동네에는 무엇이 있을까?	아기캥거루의 시장구경	조양욱	강영수	한국프뢰벨	지역사회
			시장에 갔어요	강철원		한국파스칼	지역사회
			누가 살고 있을까요?	편집부		세종문고	
	4	흉내내기는 재미있어요	나는 요리사			한국파스칼	음식(김치)
			나도 요리할 수 있어요	신윤지		한국뻬아제	
	5	병원에 가 보았어요	에취에취 재채기가 나와요	박종한		웅진출판	
			배가 아파요			한국뻬아제	
			예방주사 무섭지 않아	후카이하루오		한림	
		관 련 도 서	꼭꼭 숨어라 머리카락 보인다	기무라유이치	이소마유키	지경사	까꿍놀이
			알아맞혀봐	편집부		예림당	
			스팟이 파티에 갔어요	에릭힐		한국프뢰벨	
			헤럴드와 서커스	크로켓존슨		비룡소	지역사회
			맛있는 그림책	주경호	주경호	보림	
			냠냠 쩝쩝 맛있게	이창호	이진아	웅진출판	음식
			고양이네 집단장	유아치와티라베		한국프뢰벨	

그리기 · 만들기영역

큰 종이에 그림 그리기

주요경험	· 큰 종이에 자유롭게 그림을 그려본다. · 친구와 함께 그려보는 경험을 한다.
활동인원	2~3명
활동시간	5~10분
준 비 물	큰 전지 또는 소포 포장지, 크레파스

활동방법

1. 교실 바닥에 큰 종이를 붙여주고 영아가 관심을 보이면 교사도 함께 탐색한다.
   - 우와~ 바닥에 큰 종이가 붙어 있네. 여기에 무엇을 할 수 있을까?

2. 영아에게 크레파스를 주어 마음대로 그려볼 수 있도록 한 교사는 영아가 그리는 모양을 언어로 표현해주며 영아들과 함께 다양한 형태를 표현해본다.
   - 이 커다란 종이 위에 크레파스로 그려볼까?
   - ○○이는 큰 동그라미를 그렸구나? 선생님도 따라 해야지.
   - ○○이는 빨간색으로 색칠을 하네. 선생님도 빨간색으로 색칠해봐야지.
   - 어때, 선생님도 잘 그렸니?
   - 선생님은 동그라미 모양으로 꽃을 그려볼 거야.
   - ○○이는 기차처럼 긴 줄을 그렸네.

3. 영아가 종이 위에서 몸을 자유롭게 움직이면서 그려보도록 격려한다.
   - ○○야, 종이 가운데서 그림을 그리는구나, 재미있겠다.
   - 이쪽 구석에서도 작은 그림을 그려볼래?

참 고

· 영아들이 그림을 그리다가 교사의 반응을 살피거나 자기를 인정해주기를 기대하는 표정을 지을 때 적절히 격려해 준다.
· 크레파스로 그리기가 어느 정도 익숙해지면 사인펜이나 색연필 등을 제시해주어 다양한 자료에 대한 경험을 제공해 줄 수 있다.

1월 1주

쌓기 · 대근육 · 음률영역

한 살, 두 살, 세 살

주요경험	· 몸을 이용하여 여러 가지 방법으로 움직여본다. · 리듬에 맞추어 몸을 움직여본다. · 빠르거나 느린 소리를 듣고 구별해본다.
활동인원	3~7명
활동시간	5~10분
준 비 물	그림카드나 사진자료(아이가 기어 다니는 그림, 걸어가는 그림, 높이 뛰는 그림), 경쾌한 음악을 녹음한 노래 테이프, 큰북

기기    걷기    뛰기

1월 1주

활동방법

1. 자유놀이시간에 경쾌한 음악을 틀어주고 음악소리에 흥미를 갖고 모여든 영아들과 함께 자유롭게 걸어본다.

2. 벽면에 제시된 그림자료를 보면서 영아와 함께 이야기 나누고 그림자료처럼 흉내내보도록 격려하고 영아가 표현하는 행동을 언어로 표현해준다.
   - 여기에 친구들의 그림이 있네, 친구들이 뭘 하고 있는 거니?
   - 이 친구처럼 흉내내 볼까?
   - ○○이는 아기처럼 기어 가네
   - ○○이는 일어나서 두 발로 걷고 있네.
   - ○○이는 폴짝 높이 뛸 수 있구나,

3. 교사가 쳐주는 다양한 북소리의 리듬에 맞추어 몸으로 움직여보게 한다.
  - (북을 천천히 두드리며) 이런 북소리에 맞추어 아기처럼 기어보자.
  - (걷고 있는 그림자료를 보여 주며 북을 점점 빨리 친다.) 이번에는 이 친구처럼
    흉내 내는데 북소리가 빨라지면 어떻게 움직일 수 있겠니? 자, 움직여 보자.

참 고
  · 영아들의 어릴적 모습이 담긴 사진자료를 제시하여 활동해보도록 한다.
  · 영아들이 활동하는 모습을 사진기나 디지털 카메라에 담아 영아와 함께 보면서 영아
    가 자신이 움직이는 모습을 말로 표현해보게 할 수 있다.

그리기 · 만들기영역

모양 스펀지로 찍어보기

주요경험	· 스펀지의 질감을 느껴본다. · 스펀지 찍기를 통해 나타나는 여러 가지 모양을 즐긴다.
활동인원	3~4명
활동시간	5~10분
준 비 물	여러 가지 모양의 스펀지(ㅁ, △, ○, ☆, ♡), 2~3가지 색의 물감 , 도화지

〈만드는 방법〉

(재료 : 스펀지, 3~5㎝두께의 단단한 스티로폼, 시트지, 본드, 두꺼운 고무밴드)

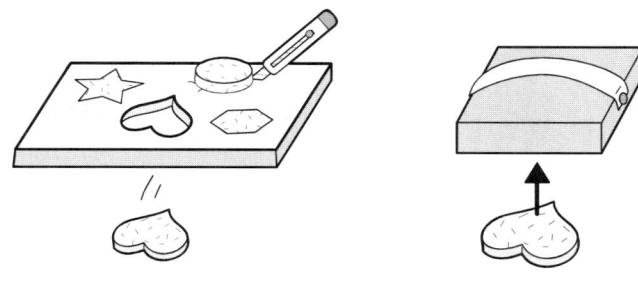

① 스펀지에 모양을 그리고 모양대로 자른다.

② 스티로폼을 8×8㎝ 크기로 잘라 시트지로 싼다.

③ 스티로폼의 한쪽 면에는 모양 스펀지를 붙이고 한쪽 면은 고무밴드를 붙여 영아의 손을 낄 수 있는 손잡이를 만든다.

활동방법

1. 그리기 · 만들기 영역에 준비해둔 스펀지에 영아들이 관심을 보이면 스펀지의 촉감을 느껴보고 물감으로 찍어보는 활동으로 연결한다.

   – 스펀지를 손가락으로 눌러보자.

   – 스펀지가 어떻게 되었니?

   – 손으로도 만져볼래?

   – 스펀지를 얼굴에 대어보자, 느낌이 어떠니?

   – ○○아, 스펀지에 물감을 묻혀서 여러 가지 모양을 만들어볼래?

1월 2주

2. 영아들이 모양 스펀지를 여러 가지 방법으로 찍어볼 수 있도록 격려하고 나타나는 모양을 언어로 표현해준다.
   - ○○이가 별 모양 스펀지로 찍으니까 별 모양이 생겼네,
   - 이건 무슨 모양일까?
   - 세모 모양 스펀지를 옆으로 두개 찍으니까 나비 모양이 되었네,

참　고 ・영아가 활동을 끝내면 작품에다 영아의 이름을 쓰고 영아들이 잘 볼 수 있는 곳에 전시해주어 서로의 작품을 볼수 있는 기회를 제공한다.

탐색 · 조작영역

코코아 우유 만들기

주요경험
· 물질의 변화과정을 관찰한다.
· 요리하는 즐거움을 경험한다.

활동인원　4~5명

활동시간　5~10분

준 비 물　코코아 가루, 흰 우유, 투명한 컵, 숟가락

〈만드는 방법〉

① 코코아 가루 2스푼 넣기

② 흰 우유 2/3컵 만큼 붓기

③ 숟가락으로 젓기

④ 코코아 우유 완성

1월 2주

활동방법
1. 요리만들기에 필요한 재료를 준비해두고 영아가 관심을 보이면 충분한 재료 탐색의 기회를 갖는다.
   - 여기에 있는 검은색 가루는 무엇일까?
   - ○○이가 냄새를 맡고 있구나, 어떤 냄새가 나니?
   - 투명한 컵과 숟가락은 어디에 사용할까?

2. 재료 탐색이 끝난 후 교사는 코코아 우유 만드는 방법을 영아에게 보여주며 함께 요리활동에 참여시킨다.
   - 투명한 유리컵에 코코아가루를 두스푼 넣은 후 흰색의 우유를 부어보자.
   - 그리고 숟가락으로 저어볼게, 코코아가루와 흰 우유가 섞이는 모양을 잘 보렴.
   - 그래, 흰 우유가 초콜릿 색깔로 변하고 있구나.
   - 이번에는 ○○이가 한 번해 볼래?

- ○○아, 코코아 가루와 흰 우유가 어떻게 되었니?
- 그래, ○○이가 숟가락으로 저으니까, 코코아 가루하고 흰 우유가 섞이면서
  동그란 모양이 되고 있구나,
- ○○아, 계속 저어볼래? ○○아, 동그란 모양이 점점 없어지고 있어,
- ○○이도 선생님처럼 초콜릿 색이 되어 버렸네,

3. 영아들이 요리의 경험을 소꿉 영역에서 상상놀이를 통해 재경험해보는 기회를 제공해 준다.

참 고
· 요리활동을 오전간식시간과 맞추어 실시하여 '코코아 우유 맛보기' 활동으로 연결할 수 있다.
· 차가운 우유보다 따뜻한 우유를 사용하면 코코아 가루가 잘 풀어진다.

쌓기 · 대근육 · 음률영역

펭귄 뱃속에 공 굴려넣기

주요경험	· 공을 여러 가지 방법으로 굴려 본다. · 목표물에 공을 넣어본다.
활동인원	2~5명
활동시간	5~10분
준 비 물	펭귄 그림이 부착된 상자, 공

〈만드는 방법〉
(재료 : 빈 상자, 시트지, 부직포, 본드, 가위)

① 부직포를 이용하여 펭귄 모양을 만든다.

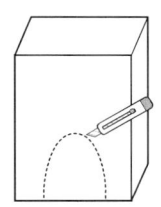

② 빈 상자에 시트지로 싸고 펭귄 모양을 부착한다.

③ 펭귄의 배 부분에 구멍을 낸다.

활동방법

1. 먼저 영아에게 공을 제시해주고 영아가 원하는 방법으로 탐색하게 하면서 영아가 공을 굴리거나, 발로 차거나, 던지거나 할 때 공의 움직임을 언어로 표현해준다.
   - ○○이 공이 떼굴떼굴 굴러가네.
   - ○○아, 선생님한테 굴려 볼래?

2. 영아가 공으로 놀이하는 것을 즐기면 교사가 제작해놓은 펭귄상자를 제시하여 목표물에 공을 굴려보는 활동으로 놀이를 연결한다.
   - 추운 나라에 사는 펭귄이 ○○이랑 함께 놀고 싶어서 어린이집을 찾아왔네.
   - ○○아, 펭귄에게도 공을 굴려볼래? 그런데 펭귄 배 안으로 공을 굴려야 되거든.
     자! ○○아, 공을 굴려봐?

1월 2주

3. 영아가 공을 굴릴 때 영아의 행동에 관심을 갖고 구체적인 언어로 표현해준다.
  - 우와! ○○이가 굴린 공이 펭귄 뱃속으로 들어갔네.
  - 이번에는 옆으로 갔네, 다시 한 번 굴려보자!

참 고   · 영아들은 자신이 공을 소유하는 것을 즐기므로 충분한 수의 공을 준비해주어 탐색하게 하고, 영아가 활동에 대하여 시행착오를 범하더라도 자신이 하는 활동 자체를 즐길 수 있도록 배려 한다.

· 영아가 공을 굴리는데 익숙해지고 재미있어하면 간단한 규칙을 정하여(출발지점 정하기 등) 놀이를 진행한다.

사진책「무엇을 하는 사람일까요?」

주요경험	· 주변에서 일하는 사람에게 관심을 갖는다. · 사진책을 보면서 일하는 사람들의 모습을 말로 표현해본다.
활동인원	1~ 2명
활동시간	3~5분
준 비 물	사진책

〈만드는 방법〉

(재료 : 의사·간호사·미용사·운전사·요리사·소방관의 일하는 모습 사진이나 그림
　　　　자료, 하드보드지, 색지, 코팅지, 풀 ,칼, 가위, 펀치, 고리, 본드)

1월 3주

① 하드보드지를 크기대로 자른다.

② 색지를 크기대로 잘라 그림자료를 붙이고 코팅한다.

③ 코팅한 그림자료를 하드보드지에 본드로 붙이고 구멍을 뚫는다.

④ 고리로 연결하여 그림책을 완성한다.

활동방법

1. 책보기영역에 비치되어 있는 사진책을 보는 영아에게 다가가서 함께 책을 보며 이야기 나눈다.
   - ○○이가 책을 보고 있구나, 선생님하고 같이 볼까?

2. 교사는 영아와 함께 사진책에 제시되어 있는 여러 가지 직업과 관련하여 일하는 모습이 그려진 그림자료를 보면서 이야기 나눈다.
   - 이 사람이 무엇을 하고 있니?
   - 의사 선생님이 어디가 아픈지 청진기로 진찰하고 계시네,
   - 간호사 선생님은 친구에게 주사를 놓고 있네,
   - 그래, 요리사 아저씨가 맛있는 요리를 만들고 있구나,

참고

- 어린이집 가까이에 있는 가게(책방, 세차장 등)와 어린이집에 근무하는 사람들의 일하는 모습을 사진기나 디지털 카메라로 촬영하여 영아들의 경험을 이야기해 볼 수 있다.
- 어린이집 가까이에 있는 가게들은 직접 견학할 수도 있다.
- 소꿉영역에서 직업과 관련 있는 소품들을 제시하여 상상놀이와 연결되도록 유도한다.

그림책을 읽어주세요

주요경험	·책을 읽어주는 즐거움을 느낀다. ·그림을 보고 나름대로 상상하여 이야기를 해본다
활동인원	1~2명
활동시간	3~5분
준 비 물	영아가 좋아하는 익숙한 그림책
활동방법	1. 그림책을 보고 있는 영아에게 교사가 다가가 관심을 보이며 그림책을 읽어달라고 제안한다. - ○○이가 그림책을 보고 있구나? 무슨 책이니? - ○○이가 이 책을 선생님에게 읽어줄 수 있겠니? - (한 장씩 넘기면서) 이거 누구야? 무엇을 하고 있는 거지? 무슨 이야기를 하는 거지? 2. 영아가 이야기를 기억하거나 꾸며서 말하면 적극적으로 반응하며 격려해준다. - 그래, 정말 재미있다. - 그 다음은 무슨 얘기가 나오는데?
참 고	·교사는 인형에게도 그림책을 읽어주도록 영아에게 제안해본다. ·영아가 그림책을 읽어주면서 내용이 틀리더라도 수정하거나 방해하지 말고 영아가 창의적으로 꾸며서 이야기해 볼 수 있도록 한다.

1월 3주

탐색 · 조작영역

누가 이 모자를 쓰나요?

주요경험	· 직업과 관련 있는 물건을 연결시켜본다.
활동인원	1~3명
활동시간	5~10분
준 비 물	경찰관, 간호사, 요리사, 소방관 그림판과 관련된 모자 그림판, 사진책

〈만드는 방법〉
(재료 : 하드보드지(25×17cm)2장, 찍찍이, 그림자료, 코팅지, 색상지, 펀치, 고리)

① 하드보드지와 색지를 각각 2장씩 크기대로 자른다.
② 한 면에 그림자료를 부착하고 다른 한 면에 찍찍이를 이용하여 모자를 부착한다.
③ 고리를 연결하여 사진책을 완성한다.

활동방법 1. 영아가 제시되어 있는 그림판에 관심을 보이고 영아 스스로 탐색할 수 있도록 기다렸다가 교사가 함께 참여하여 이야기 나눈다.
  - (그림판을 보면서) ○○야, 이 사람은 누구일까? 무엇을 하는 사람일까?
  - 경찰관 아저씨는 어떤 옷을 입고 있는지 ○○이가 이야기해줄 수 있겠니?

1월 3주

2. 영아가 자신의 경험을 살려 그림판에서 해당되는 모자와 사람을 찾아서 붙여보도록 격려한다.
   - (모자 그림을 보면서) 여기 4개의 모자가 있네, 누가 쓰는 모자일까?
   - ○○이는 경찰관 아저씨를 본 적 있니? 어떤 모자를 쓰고 있었을까?
   - ○○이가 요리사 아저씨 모자를 찾아 줄 수 있겠니?
   - 요리사 아저씨가 모자를 쓰니까 기분이 좋아서 웃고 있네.

참　　고
· 소꿉영역에 역할별 모자 소품을 제시해주어 준비된 소품을 가지고 상상놀이를 할 수 있다.
· 직업과 관련하여 성별 · 인종 등의 편견이 나타나지 않도록 주의한다.

소꿉영역

음식점 놀이(요리사 흉내내기)

주요경험   · 밀가루 반죽을 이용해 다양한 형태의 음식모양을 만들어본다.
· 음식점에서의 경험을 상상하여 흉내내본다.

활동인원   1~3명

활동시간   5~10분

준 비 물   요리사 모자, 앞치마, 모형 음식들, 밀가루 반죽, 모양찍기틀,
그림자료(요리사가 요리하는 모습, 여러 가지 음식, 식당에서 음식 먹는 모습)

1월 4주

활동방법   1. 소꿉영역에 제시되어 있는 그림자료에 영아가 관심을 보이면 함께 그림을 보면서 언
어로 자극한다.
   – 요리사 아저씨가 무얼 만들고 있을까?
   – ○○는 이 음식을 먹어본 적 있니?
   – ○○ 음식은 어떻게 만들면 될까?

2. 영아에게 준비된 재료들을 제시하고 음식을 만들어 보도록 격려하고, 영아가 나타내는 행동과 밀가루 반죽으로 만드는 모양을 언어로 표현해준다.
 - ○○이는 동그란 모양으로 만들었구나, 무슨 음식이니?
 - ○○이가 좋아하는 음식을 만들어 보자!
 - ○○이는 납작하게 밀어주는구나,

3. 영아가 음식을 만들고 있을 때 요리사 모자나 앞치마 등의 소품을 제시하여 음식점 놀이로 유도하고 영아의 가작화 행동을 격려해 준다. 놀이 진행을 위해 필요하면 교사도 놀이에 참여하여 역할을 모델링해 준다.
 - 요리사처럼 모자와 앞치마를 해볼까?
 - ○○이는 멋진 요리사가 되었네,
 - 선생님이 음식을 먹으러 온 손님을 할까?
 - 어떤 음식부터 먹어볼까? 음! 정말 맛있다,

참   고 ㆍ실외놀이시 모래를 이용하여 음식을 만들고 자전거로 배달하는 놀이로 연결하여 활동할 수 있다.

탐색 · 조작영역

머리카락이 움직여요

주요경험	·새로운 자료에 호기심을 가지고 탐색하여본다. ·풍선을 문질러서 일어나는 변화를 경험해본다.
활동인원	2~3명
활동시간	3~5분
준 비 물	풍선, 주변의 여러 가지 물건(블록, 셀로판지, 종이, 빗, 연필 등)
활동방법	1. 준비해둔 풍선에 영아가 관심을 보이면 교사는 영아가 풍선을 탐색할 수 있는 시간을 주고 풍선에 바람을 불어 넣었다 빼면서 풍선의 변화를 영아와 함께 탐색한다. – ○○아, 풍선을 한번 만져보자, 당겨 볼래? 풍선이 길게 늘어나네, – 풍선에 바람을 넣어 볼게? – 풍선에 바람을 넣으니까 풍선이 동그랗게 되었네, – 이번에는 풍선에 바람을 빼보자, – 이야, 풍선이 움직이면서 춤을 추네, 2. 바람이 든 풍선을 영아의 머리카락에 대어보아 영아가 머리카락의 움직임을 관찰하고 생각해볼 수 있도록 유도하고 변화과정을 언어로 표현해준다. – ○○아, 선생님이 풍선을 머리카락에 대어볼게, 어떻게 되는지 보자, – 어, ○○이의 머리카락이 풍선에 달라붙었네, – 풍선을 들었더니 ○○이의 머리가 도깨비 불처럼 되었네, – 풍선을 움직이니까 ○○이의 머리카락도 같이 움직이는구나, 3. 풍선을 옷이나 머리에 문질렀다가 머리카락에 갖다대어도 같은 현상이 일어남을 보여주고 영아들이 직접 경험해 볼 수 있도록 한다. – ○○이가 풍선을 옷에 문질러볼까? – 풍선을 옷에 문질렀다가 머리에 대니 머리카락이 더 많이 붙었네, – ○○이는 머리에 문질렀다가 머리카락에 대어보자, – ○○이랑 ○○이의 머리모양이 다르네,

참   고
・풍선을 문질러 셀로판지나 블록, 종이 조각 등에 대었을 때 어떤 결과가 나타나는지
영아와 함께 경험해보고 영아들이 선택한 물건에 대해 충분한 반응을 보여준다.

쌓기 · 대근육 · 음률영역

왕구슬 치기

주요경험	· 목표물 맞히기를 통한 신체조절 경험을 갖는다. · 다양한 소리를 경험한다.
활동인원	1~7명
활동시간	5분~10분
준 비 물	제작한 왕구슬, 바닥천이나 그림

〈만드는 방법〉

(재료 : 왕구슬, 여러 가지 소리 나는 재료(콩, 쌀, 방울, 구슬 등), 한지나 신문지, 본드, 색테이프)

① 크기가 다른 뽑기 구슬 속에 여러 가지 소리가 나는 재료(콩, 쌀, 방울, 구슬 등)를 넣는다.

② 한지나 신문지를 잘라 타원형의 구슬이 동그란 모양이 될 수 있도록 여러 겹 붙인다.
   - 영아가 공 안의 내용을 탐색해볼 수 있도록 표면을 다른 재료로 싸지 않고 그대로 제시해 줄 수 있다.

③ 목표물을 놓는 부분이 표시된 바닥 천을 만들거나 바닥에 색 테이프로 표시한다.

활동방법	1. 영아들이 왕구슬을 흔들거나 굴려보면서 탐색하고 있을 때 교사는 영아의 탐색행동을 말로 표현해준다.
	  - 무슨 소리가 나네? 딸랑 딸랑 방울소리인가?
	  - ○○야, 이건 무슨 소리일까? 와! 잘 굴러가네.
	
	2. 구슬 굴리기에 익숙해지면 바닥에 과녁이 될 수 있도록 표시를 해놓고 과녁에 놓여진 구슬 맞추기 활동으로 연결해본다.
	  - 데굴데굴, 잘 굴러가네.
	  - ○○야, 저기 보이는 구슬을 맞혀볼까?

참　　고
　•왕구슬을 만드는 과정 중 구슬 안에 곡식이나 소리나는 재료들을 넣을 때 영아들을 참
　　여시켜서 재료들을 탐색해보게 한다.
　•실외에서 구슬을 자유롭게 굴려보거나 목표물 맞히기 활동으로 확장해볼 수 있다.

탐색 · 조작영역

다양한 소리 탐색하기

주요경험	·두드려서 나는 소리에 관심을 갖고 다양한 방법으로 시도해본다.
활동인원	2~3명
활동시간	5~10분
준 비 물	15㎝정도의 막대 2~3개 정도
활동방법	1. 영아가 제시되어 있는 막대를 가지고 놀고 있을 때 교사가 막대를 하나 들고 여러 가지 물건을 두드려서 다양한 소리를 영아가 탐색하게 한다. – 어! 소리가 나네? – (다른 것을 두드리면서) ○○아, 이건 어떤 소리가 날까? – ○○이도 해볼래? 2. 영아에게 막대를 주고 여러 가지 물건을 두드려보게 제안한다. – ○○이는 어떤 것을 두드려 볼래? 어떤 소리가 날까? – 선생님도 따라서 두드려야지.
참 고	·실외에 나가서 두드려서 소리나는 여러 가지 물건들을 찾아 보는 놀이로 연결할 수 있다. ·다양한 소리를 내는 물건들을 실외놀이 영역에 준비해주어 놀이를 확장해 줄 수 있다. ·영아들이 소리 탐색에 흥미로워하면 익숙한 노래를 들려주고 노랫소리에 맞추어 리듬감있게 두드려보게 제안하여 음률활동으로 연결시킬 수 있다.

1월 5주

소리나는 제기 차기

주요경험	· 다양한 소리를 경험한다. · 몸을 이용하여 여러 가지 방법으로 제기를 차본다.
활동인원	2~5명
활동시간	5~10분
준 비 물	제기틀, 페트병으로 만든 제기 4~5개 정도

〈만드는 방법〉

(재료: 페트병(500㎖), 비닐 노끈(제기의 술 만드는 것), 가는 밧줄, 소리가 날 수 있는각
　　　종 물체, 스티로폼 본드, 글루건)

① 페트병을 윗부분은 홈이 들어간 부분을 자르고 밑부분은 1㎝ 정도를 남기고 자른다.

② 자른 페트병 윗부분에 소리 나는 재료를 넣고 페트병 밑부분에 본드를 칠하고 위 ·
　아래부분을 연결한다.

③ 페트병 뚜껑에 색 노끈이 들어갈 정도의 구멍을 뚫는다.

④ 색 노끈을 5㎝길이로 자른 후 구멍 난 뚜껑 사이에 끼우고 글루건으로 고정시킨다.

⑤ 페트병 뚜껑 겉면에 밧줄을 묶어 제기틀의 높낮이를 달리하여 달아준다.

1월
1주~5주

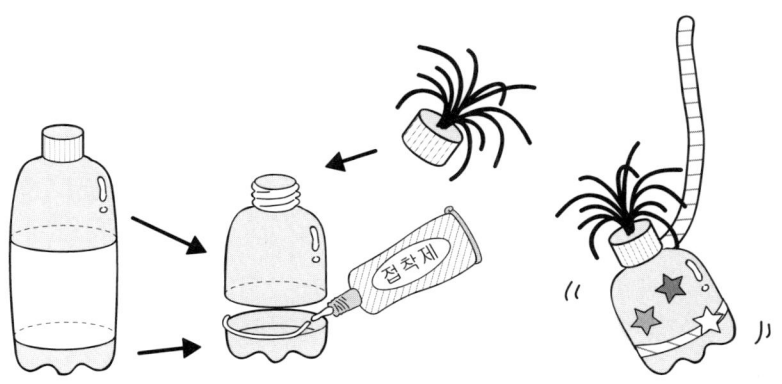

활동방법

1. 사전활동으로 소리나는 제기를 영아들이 자유롭게 탐색할 수 있도록 충분한 시간을 주고 교사는 영아의 행동과 제기에 관심을 보여준다. 제기를 빗줄에 달아놓은 것과 달지 않은 것을 실외에 준비해두어 탐색하게 한다.

   - ○○이 가지고 있는 것이 무엇이니?

   - 안에 구슬도 들어 있네, 한번 흔들어볼까? 소리가 나네.

   - 줄을 잡고 움직여볼까? 이리저리 움직이면서 소리가 나네.

2. 영아들이 제기의 소리와 움직임을 재미있어 하면 제기틀을 제시하여 봉에다 제기를 메달아 고정시켜주고 몸을 이용하여 제기를 움직여보도록 유도하고 영아가 하는 행동과 제기가 움직이는 모습을 언어로 표현해준다.

   - ○○이가 제기를 발로 차니까, 소리가 나네.

   - 발로 차니까 제기가 그네처럼 왔다갔다 하면서 움직이네.

3. 영아들이 놀이에 익숙해지면 봉의 높이를 조절하여 다양한 방법으로 제기를 움직여볼 수 있도록 격려한다.

참고

• 제기틀 대신에 옷걸이대를 이용할 수 있으며 끈을 이용하여 제기의 높이를 조절해준다.

<table>
<tr><td>주제</td></tr>
</table>

형·언니가 되어요

실시기간 : 2월 1주 ~ 2월 4주

▶▶ 전개방법

2세에서 3세로 넘어가는 이 시기의 영아는 무엇이든지 자신이 하려는 욕구가 강하므로 그 욕구를 충족시킬 수 있는 활동들을 제공하고, 놀이를 통해 만족감을 경험하게 하여 자율성과 독립심을 갖도록 돕는다. 이와함께 영아가 신체를 이용한 활동이나 키재기 그래프 등 영아들이 함께 한 활동 사진들을 통해 학기초와 달라진 자신의 모습들을 발견하게 하고 지난 1년을 기억하면서 형, 언니가 되었음을 알수 있도록 「형·언니가 되어요」 주제를 선정하였다.

또 그림책을 보면서 내가 스스로 할 수 있는 일에 대해 생각하며 이야기하거나 아기 돌보기, 친구와 음식 나누어 먹기, 친구 생일 초대하기, 선생님 심부름하기, 청소놀이 등 친구와 함께 서로 도울 수 있는 다양한 활동들을 제공해준다.

이 시기는 새로운 환경에 대한 준비기간으로 형, 언니가 되어서 갈 반을 미리 견학해보고 선생님과 인사를 나누어 봄으로써 영아 스스로 변화에 대해서 준비할 수 있도록 도와준다.

1년을 마무리하는 이 시기에 가정과의 협조를 통해 가정에서도 이제는 형, 언니가 된다는 기대감을 갖도록 도와주며 윗반으로 올라가는 영아들에게 칭찬과 격려를 해주어서 새로운 반에 대한 적응을 돕는다.

▶▶▶ **환경구성**

	그리기 · 만들기영역	소꿉영역	책보기영역	탐색 · 조작영역	쌓기 · 대근육 · 음률영역
실 내	· 스케치북 · 밀가루 반죽 · 면봉 · 밀대, 빨대, 단추 · 크리넥스(상자) · 마분지 · ○△□ 모양 종이 · 사인펜 · 여러 가지 종이 　(색종이, 잡지, 　신문지) · 전통문양 · 한지종이	· 유모차 · 전화기 · 아기인형 · 생일 케이크, 　고깔 모자 · 여러 가지 　음식 모형 · 인형, 기저귀, 　포대기 · 청소도구 　(빗자루, 걸레, 　쓰레받기, 청소기) · 목욕놀이 소품들 　(목욕탕, 샤워기, 　수건, 비누, 　샴푸통, 타월 등) · 드레스, 와이셔츠, 　신발, 구두솔, 　헝겊	· 아기 때의 사진 · 동시 　「많이 컸어요」 　「다섯 살이 되었어요」 · 그림자료 　「내가 혼자 할 수 있는 　일은?」 · 녹음된 테이프 　(나에 관한 이야기를 　들어요) · 그림책 　「이젠 혼자 해요」 　「나도 할 수 있어요」 　「혼자서 입어요」 　「코보가 착한 일을 　했어요」 　「스팟에게 동생이 　생겼어요」	· 키재기 그래프 · 선물 상자 · 볼트와 너트 · 추측해보기 　(공 미로 상자) · 일상생활 퍼즐 · 모양 퍼즐 · 색팽이 · 숟가락 · 탁구공 · 목공도구 　(스티로폼 판 　플라스틱 못, 　플라스틱 망치) · PVC관 반쪽 · 주머니 속에 　물건 찾아 넣기 · 생일 케이크, 초	· 우레탄 블록 · 종이벽돌 블록 · 레고 블록 · 색 테이프 · 줄에 달린 파이프 · 리듬 막대
실 외	· 옷 · 훌라후프	· 얼음 · 고무줄	· 신발 · 줄	· 공	

주간보육계획안

소주제 : **많이 자랐어요**　　　　　　　　　　　실시 기간 : **2월 1주**

다루어질 내용 : 신체의 변화를 통하여 자신이 많이 자랐음을 느낀다.

구분		주 간 활 동
등원 및 맞이하기		· 친구의 변화 이야기하기
실내자유놀이	그리기·만들기 영역	· 내가 좋아하는 색깔로 그림 그리기 · 면봉 그림(선긋기, 점찍기) ◎ 종이 찢어 상자에 붙이기
	소꿉영역	· 아빠엄마 신발 닦는 흉내내기(구두, 구두솔, 헝겊 제시) · 음식으로 상 차려 대접하기 · 멋진 어른이 되었어요 (엄마·아빠·언니·오빠 옷 입어보기)
	책보기영역	· 동시 「많이 컸어요」 1) · 나의 아기 때 모습 보며 이야기 나누기 ◎ 나에 관한 이야기를 들어요
	탐색·조작 영역	· 키재기 그래프 ◎ 선물 포장 풀기 · 볼트와 너트 조작하기 · 경사로에서 자동차 굴려보기 2)
	쌓기·대근육· 음률영역	◎ 몸을 뒹굴어봐요 · 율동 「옆에 옆에」 3) · 내 키만큼 블록 쌓고 넘어뜨리기 ◎ 모양 따라 블록 늘어놓기
전이활동		◎ 손유희 「빤짝 빤짝 별님」
실외자유놀이		· 윷 던져보기 · 신발 멀리 던지기 · 고무줄 놀이
점심 및 낮잠		· 반찬·간식 이름 말해 보기 · 조용한 음악 듣고 잠들기
기본생활습관		· 겉옷 혼자 입기 · 물건 제자리에 정리하기

교육활동참고

1) 동시 「많이 컸어요」

> 많이 컸어요
>
> 새해가 되었어요
> 친구들은 몇 살이지요?
> 맞아요, 보세요
> 하나, 둘, 셋
> 세 살이 될 거예요.

2) 경사로에서 자동차 굴려보기
   · 반원으로 자른 PVC관(긴 직사각형의 우레탄 블록이나 원통형 종이 블록이나 공간 블록을 이용할 수도 있다.)을 비스듬히 놓고 영아들이 다양한 방법으로 자동차를 굴려보는 경험을 갖게 한다.
   · 교사는 블록으로 PVC관 높이를 조절해주거나 움직이지 않도록 도와준다.

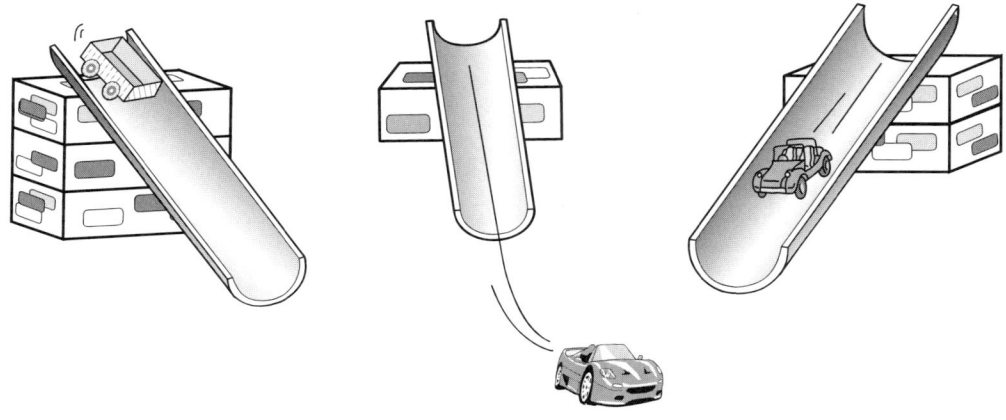

3) 율동 「옆에 옆에」

· 영아가 교사와 함께 음악에 맞추어 몸을 움직여 본다.

· 처음에는 교사가 함께 참여하지만, 활동에 익숙해지면 영아들이 스스로 활동에 참여하게
  한다.

주간보육계획안

소주제 : **혼자서도 잘해요**　　　　　　　　　　실시 기간 : **2월 2주**

다루어질 내용 : 스스로 할 수 있는 일을 경험해 본다.

구분		주 간 활 동
등원 및 맞이하기		· 겉옷 옷걸이에 걸어 정리해보기
실내자유놀이	그리기 · 만들기 영역	· 전통문양 도장 찍기 · 여러 모양 종이에 그리기 ◎ 움직이는 인형 꾸미기
	소꿉영역	· 유모차 끌어보기 · 아기인형 돌봐주기(목 마를 때, 더러울 때, 추울 때) · 우는 아기 달래주기(업어 주기, 안아 주기, 달래주기) · 인형 목욕시키기(세수, 머리 감기기, 샤워)
	책보기영역	· 「내가 혼자 할 수 있는 일은?」 이야기해보기 1) · 동시 「벌써 나 혼자 했어요」 2) · 그림책 「이젠 혼자해요」 「나도 할 수 있어요」 「혼자서 입어요」
	탐색 · 조작영역	· 일상생활 퍼즐맞추기(4조각) · 추측해 보기: 공이 어디로 나올까? 3)
	쌓기 · 대근육 · 음률영역	· 줄 따라 걷다가 친구 만나기 ◎ 친구 따라 블록 쌓기 · 아기곰아 아기곰아 4) ◎ 줄에 달린 파이프 치기
전이활동		· 율동 「달팽이집」 · 손유희 「가위바위보로 만들어 봅니다」 5)
실외자유놀이		· 얼음 언 곳 찾아보기 · 다리 밑으로 하늘 보기 · 숨긴 물건찾기
점심 및 낮잠		· 흘리지 않고 먹기 · 잠자고 난 후 이불 개어보기
기본생활습관		· 혼자서 양치질하기 · 자기 신발장에 스스로 신발 넣기

교육활동참고

1) 「내가 혼자할 수 있는 일은?」 이야기해 보기
   - 양치하는 모습, 세수하는 모습, 손 씻는 모습, 옷 입는 모습, 변기에 앉아 있는 모습의 그림자료를 준비하여 이야기해 본다.

2) 동시 「벌써 나 혼자 했어요」
   〈큰 동시책 「나 혼자 하게 해주세요」편. 보육사. 참조〉

3) 추측해 보기 : 공이 어디로 나올까?
   - 구두상자에 구멍을 뚫고 휴지속대(또는 호일막대)를 통과시켜 연결한다.
   - 작은 공을 한쪽 구멍에 넣었을 때 어느 구멍으로 나올지 추측해 보게 하고, 반복 실험해 볼 수 있도록 실제 넣어보게 한다.

4) 아기곰아, 아기곰아
   - 교사의 지시에 따라 움직여본다.
     아기 곰아~ 아기 곰아~
     (예: 아기 곰아, 아기 곰아, 앉아보아라/ 아기 곰아, 아기곰아 누워보아라~ 등)

5) 손유희 「가위바위보로 만들어 봅니다」

순서	내 용	동 작	설 명
1	가위 가위 모아서 가위 만들고		가위: 검지. 장지 손가락으로 만든 가위손을 내보이면서 싹뚝싹뚝 가위질한다.
2	가위 바위 모아서 달팽이 만들고		달팽이: 가위 손 위에 바위 손을 올려 놓고 가위 손가락을 까닥거린다.
3	보자기보자기 모아서 나비만들죠		나비: 손바닥 바깥쪽 양손 엄지손가락만 고리걸고 나머지 손가락을 흔든다.
4	가위 가위 모아서 토끼 만들고		토끼: 가위 손을 팔목에서 교차시켜 토끼 귀를 만들어 까닥거린다.
5	바위 바위 모아서 눈사람 만들고		눈사람: 주먹 위에 주먹 올려 놓는다.
6	보자기보자기 모아서 펭귄 만들죠		펭귄: 보자기 손 위에 보자기 손을 올려 놓고 엄지손가락을 까닥거린다.

주간보육계획안

소주제 : **도와줄 수 있어요**

실시 기간 : **2월 3주**

다루어질 내용 : 친구와 함께 서로 도울 수 있는 활동을 경험해본다.

구분		주 간 활 동
등원 및 맞이하기		· 친구가 겉옷 거는 것 도와주기
실내자유놀이	그리기·만들기 영역	· 손으로 물감 문지르기 [1] · 신문지, 색종이 찢어 마음대로 붙여 보기 · 밀가루 동그랗게 빚어 선생님 얼굴 꾸며 보기(밀대, 빨대, 단추제시) [2]
	소꿉영역	◎ 청소놀이 · 친구하고 공원에 놀러 가기 · 친구에게 전화 걸어 생일 파티에 초대하기 　(생일케이크, 파티 모자 등 제시)
	책보기영역	· 「무엇을 도와줄 수 있는지?」 이야기 해 보기 [3] · 그림책 「코보가 착한 일을 했어요」 ◎ 그림책 보면서 이야기 꾸미기
	탐색·조작 영역	◎ 주머니에 물건 찾아 넣기 · 스티로폼판에 플라스틱 못박기 · 생일 초 세어보기
	쌓기·대근육· 음률영역	· 친구 따라 움직여 보기 · 노래 「착한 아이」 [4] ◎ 신체표현 「너랑 나랑」
전이활동		· 손유희 「굴 속의 곰」 [5]
실외자유놀이		· 훌라후프 기차놀이 · 짝과 함께 손 잡고 달리기 · 줄 따라 걷기
점심 및 낮잠		· 낮잠 준비 돕기(베게, 매트 깔기) · 흘린 음식 휴지로 닦기
기본생활습관		· 장난감 나누어 쓰기 · 무거운 장난감 친구와 같이 들어주기

교육활동참고

1) 손으로 물감 문지르기
   · 그림 물감을 접시에 적당한 분량만큼 나누어 둔다.
   · 화지에 물감을 1~2스푼 덜어 두 손으로 천천히 문지른다.

2) 밀가루를 동그랗게 빚어 선생님 얼굴 꾸며보기(밀대, 빨대, 단추제시)
   · 영아가 밀가루 반죽을 두 손으로 비벼보는 경험을 한다.
   · 시간이 경과하면 밀가루 반죽을 밀대로 동그랗게 만들어 빨대와 단추로 선생님 얼굴을 꾸며보게 한다.

3) 「무엇을 도와줄 수 있는지?」 이야기해 보기
   · 영아에게 만들기 할 때, 간식 먹을 때, 친구가 넘어졌을 때 등의 다양한 그림자료를 제시해준다.
   · 교사는 영아와 함께 그림자료의 구체적인 상황을 이야기해보고 「무엇을 도와 줄 수 있는지」 이야기해본다.

4) 노래 「착한 아이」
   · 「착한 아이」 노래 가사에 놀이시간에 친구들을 많이 도와준 영아의 이름을 넣어 불러본다.

착한 아이

5) 손유희 「굴 속의 곰」

굴 속의 곰

노랫말	손유희
· 커다란 곰 한마리 · 커다란 곰 한마리 · 굴 속에서 · 잠자고 있어요 쿨쿨 · 잠꼬대도 하네요 중얼중얼 · 잠을 깨서 일어나 · 커다란 입 벌리고 모두 잡아먹는다(어흥어흥)	· 오른손을 위로 올려 큰 원을 그린다. · 왼손을 위로 올료 큰 원을 그린다. · 고개를 끄덕거린다. · 오른쪽 왼쪽에서 손바닥을 맞붙이고 턱을 괴어 자는 모양을 한다. · 두 손을 입에 대고 중얼중얼한다. · 기지개를 한다. · 두 손으로 큰 입모양을 만들어 잡는 시늉을 한다.

주간보육계획안

소주제 : **형 · 언니가 되었어요**　　　　　　　　　　실시 기간 : **2월 4주**

다루어질 내용 : 형 · 언니반이 되어 새로운 변화에 적응한다.

구분		주 간 활 동
등원 및 맞이하기		· 진급하는 반이름은 알려 주고 친구들과 헤어진다는 것 이야기해주기
실내자유놀이	그리기 · 만들기 영역	· 색팽이 꾸미기 1) · 종이 접어 선 따라 오리기 · 젖은 한지종이에 사인펜으로 점찍기
	소꿉영역	· 선생님 흉내내기 ◎ 선생님 심부름하기 · 친구와 음식 나눠먹기
	책보기영역	· 활동사진이나 공동작품 보면서 이야기해보기 · 형님 반에 가면 무슨 반일까? 말해보기 · 그림책 「스팟에게 동생이 생겼어요」 ◎ 누가누가 있을까?
	탐색 · 조작영역	· 모양퍼즐 맞추기 · 색팽이 돌리기
	쌓기 · 대근육 · 음률영역	· 우레탄 블록 크고 작은 것으로 모양탑 쌓기 · 레고 블록으로 자동차 만들기 · 노래 「삐쭉이 빼쭉이」 2)
전이활동		· 손유희 「큰 공 작은 공」 3) · 형 · 언니반 구경가기
실외자유놀이		· 선생님 발등 밟고 걸어보기 · 공 발로 차기
점심 및 낮잠		· 점심, 간식 먹은 후 뒷정리해보기
기본생활습관		· 친구가 모르는 것 도와주기

교육활동참고

1) 색팽이 꾸미기

　　마분지로 동그라미를 만들어주고 크레파스, 색연필 등으로 꾸며본다.

　　마분지 중앙에 구멍을 뚫어 성냥을 꽂은 다음 팽이를 돌려보도록 한다.

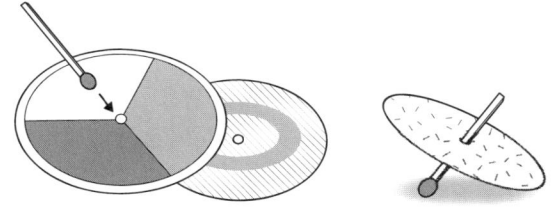

2) 노래 「삐쭉이 빼쭉이」

　　〈김성균 유아동요집. 유아음악교육연구회. p.88 참조〉

3) 손유희 「큰 공 작은 공」

큰 공 작은 공

큰 공 튕기면　탕 탕 탕 탕　작은공 튕기면　통 통 통 통

큰 공 굴리면　떼구르르떼구르르　작은공 튕기면　또구르르 또구르르

도서목록

월	주	주제	제 목	글	그림	출 판 사	기타관련주제
2	2	혼자서도 잘해요	이젠 혼자해요	이정환	이행숙	한국어린이육영회	기본생활습관
			나도 할 수 있어요	강철원		한국파스칼	나
			혼자서 입어요	한국프뢰벨 유아교육 연구소		한국프뢰벨	
	3	도와줄 수 있어요	코보가 착한 일을 했어요	데라무라데루오		웅진출판	
	4	형, 언니가 되었어요	스팟에게 동생이 생겼어요	에릭힐		한국프뢰벨	
		관 련 도 서	싹싹싹	하야시아키코	하야시아키코	한림	
			짠, 까꿍놀이	기무라유이치	기무라유이치	웅진닷컴	기본생활습관
			제자리에 척척	박종한 (펴낸이)		한국삐아제	기본생활습관
			누가 아기토끼랑 놀아줄까요	조양욱	강영수	한국프뢰벨	가족
			누구에게 딱 맞을까?	나춘호	이현욱	예림당	동물
			장난꾸러기 도깨비	보리	정승각	웅진출판	
			아이쿠 아야야	보리	박경진	웅진출판	
			나도 동생이 생겼어요	오노요코	이모토요코	지경사	
			무엇이 무엇이 똑같을까?	이미애	한병호	보림	
			나는 혼자 할래요	박명희	이상남	지경사	기본생활습관
			혼자서도 잘해요	박명희	오기철	지경사	

그리기·만들기영역

종이 찢어 상자에 붙이기

주요경험	·종이를 찢는 즐거움을 느낀다. ·다양한 종류의 종이를 찢어본다. ·여러 가지 종이로 상자를 꾸며본다.
활동인원	2~3명
활동시간	5~10분
준 비 물	다양한 종이(색종이, 신문지, 잡지책, 광고 전단지, 스티커), 큰 상자, 풀
활동방법	1. 그리기·만들기영역에 미리 준비해둔 다양한 종류의 종이를 영아가 마음대로 찢어 보게 하며 영아가 하는 행동을 언어로 표현해준다. - ○○야, 여기에 있는 종이를 같이 찢어볼래? - ○○이는 신문지를 찢고 있네. - ○○이는 빨간색 색종이를 찢고 있네. 2. 영아가 찢은 종이들이 많이 모아지면 교사가 준비한 큰 상자를 제시하여 찢어진 종이를 풀로 붙여보는 활동으로 연결한다. - ○○아, 여기 큰 상자에다 찢어진 종이를 붙여볼래? - 야! 잡지에 있는 그림들이 조각이 나 있구나. 상자 위에 풀로 붙여보자. - ○○이는 파란색 종이와 스티커를 붙이고 있네. 3. 영아의 흥미에 따라 상자에 종이 붙이는 활동을 며칠 동안 자유롭게 진행하다가 어느 정도 붙이는 것이 완성되면 소꿉 영역에서 상상놀이 소품으로 활용하도록 유도한다.
참 고	·영아가 종이를 찢거나 자유롭게 붙여 보는 과정에서 만족감을 느낄 수 있도록 격려한다.

2월 1주

책보기영역

나에 관한 이야기를 들어요

주요경험	·나에 관한 이야기를 들으면서 심리적인 안정감을 갖는다. ·다른 사람이 하는 이야기를 주의깊게 듣는다.
활동인원	1~2명
활동시간	3~5분
준 비 물	부모나 교사가 영아에 대해 얘기한 것을 녹음한 테이프
활동방법	1. 책보기 영역에서 책을 보고 있는 영아에게 다가가 관심을 보이면서 영아의 행동을 격려해주고 미리 준비한 녹음 테이프를 들려준다. – ○○이 무슨 책 보고 있는 거니? – 그래, 재미있겠구나. – 재미있는 이야기 들려줄게, 어떤 이야기나 나오는지 들어보자.

2월 1주

2. 영아가 테이프를 듣고 난 후 관심있어 하면 반복하여 들려준다.

〈교사가 녹음한 테이프 내용의 예〉

옛날에 ○○어린이집 △△반에 예쁜 친구들이 살고 있었어요.

△△반 친구들은 매일 매일 어린이집에 와서 친구들이랑 소꿉놀이도 하고,

블록놀이도 하고, 자동차도 타면서 재미있게 놀았어요.

△△반에 있는 예쁜 친구들은 가끔씩 친구들과 장난감을 서로 가지려고 다투기도 하고,

엄마가 보고싶다고 우는 친구도 있었지만 △△반 예쁜 친구들은 이제 다섯 살이 되어서

형아반이 되기 때문에 친구들과도 사이 좋게 지내고 밥도 잘 먹는 씩씩한 △△반 친구가 될 거예요.

△△반의 예쁜 친구들을 선생님은 많이 많이 사랑한단다. △△반 친구들아~ 사랑해!

〈부모가 녹음한 테이프 내용의 예〉

○○아, 아빠야!

지금쯤 우리 ○○이는 어린이집에서 무엇을 하고 있을까?

친구들이랑 동화책을 보고 있을까? 아니면 맛있는 점심을 먹고 있을까?

아빠는 ○○이가 어린이집에서 선생님 말씀 잘 듣고 친구들이랑

사이좋게 잘 놀고 있을거라 생각하고 회사에서 일하고 있단다.

처음에는 ○○이가 어린이집에 가기 싫다고 울면서 떼를 썼는데

이제는 "아빠 다녀오세요"하고 인사도 잘하는 우리 ○○이가 무척 자랑스럽구나.

이제 조금 있으면 △△반 형아가 되는 ○○이를 아빠는 많이 많이 사랑한단다.

○○아, 사랑해!

| 참 고 | ·영아에게 심리적인 안정감을 줄 수 있도록 개별적인 애정표현을 나타내고자 할 때나 낮잠 자기 전에 들려주어도 좋다.
·영아가 어린이집에 다니면서 1년 동안 변화된 모습을 부모가 이야기로 만들어 녹음해서 보내주면 어린이집에서 들려주도록 한다. |

탐색 · 조작영역

선물 포장 풀기

주요경험	· 선물 상자에 관심과 호기심을 갖는다. · 소근육을 이용해 선물을 풀어보는 경험을 한다.
활동인원	2~3명
활동시간	5~10분
준 비 물	과자상자, 리본끈, 포장지, 선물 상자 속에 들어갈 소품들

 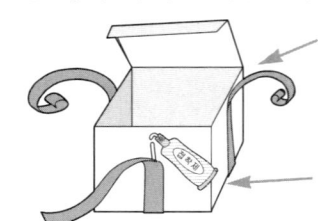

상자 속에 여러 가지
물건을 넣는다.

상자 옆면에 리본 테이프를
본드로 고정시켜 준다.

2월 1주

활동방법   1. 탐색 · 조작 영역에 준비해둔 선물 상자에 영아가 관심을 보이거나 들고 다니면 교사
는 영아가 가지고 있는 선물포장에 대해서 언어로 표현해준다.
- ○○이가 손에 들고 있는 네모난 상자는 뭐니?
- ○○이가 들고 있는 네모난 상자 위에 리본이 달려 있네.

2. 영아에게 포장된 리본을 풀어보도록 제안하고 놀이가 확장될 수 있도록 격려해준다.
- ○○아, ○○이가 갖고 있는 선물 상자를 풀어보자. ○○이가 끈을 당겨 봐.
- 상자 속에 무엇이 들어 있을까? 예쁜 토끼인형이 있네.
- ○○이는 토끼인형 선물을 받아서 좋겠다. "고맙습니다"하고 인사해 보자.
- ○○아, 이번에는 선생님하고 같이 선물을 포장해서 친구한테 선물 하자.
- 여기 있는 책을 넣고 예쁘게 포장하자. 선생님하고 같이 리본을 묶어볼래?

참   고   · 상자 안에 들어갈 선물들은 교실에 있는 소품들을 이용할 수 있다.
· 영아들 수에 맞게 선물 상자를 충분히 준비하고, 풀어보는 것을 이해하지 못할 경우
강요하지 않는다.

쌓기·대근육·음률영역

몸을 뒹굴어봐요

주요경험	·영아 스스로 몸의 움직임을 시도해본다. ·몸을 뒹굴어 보는 것을 반복하여 즐긴다.
활동인원	2~3명
활동시간	5~10분
준 비 물	운동용 매트

활동방법	1. 넓은 공간에 매트를 깔아주어 영아가 매트 위에서 자유롭게 뛰거나 누워서 놀고 있을 때 영아의 행동에 관심을 보이고 언어로 표현해준다.
	   - ○○이는 매트 위에서 뛰고 있네, 재미있나요?
	   - ○○이는 누워 있네, 매트에 누우니까 기분이 좋아?
	   - 선생님이랑 재미있는 놀이 할까? (교사는 영아를 불러 매트 한쪽 끝에 눕게 한다.)
	
	2. 영아에게 옆으로 굴러보자고 제안하고 교사가 시범을 보인 후 영아가 잘 구를 수 있도록 매트의 모퉁이를 들어서 도와준다.
	   - ○○이는 옆으로 굴러서 저기 끝까지 갈 수 있겠니?
	   - 자! 선생님이 매트를 살짝 들어줄게, 옆으로 굴러보자,
	   - 와! ○○이가 떼굴떼굴 굴러가네,
	   - 이번에는 혼자서 선생님에게 굴러와볼래?
	   - 선생님 무릎까지 굴려왔네, 참 잘하는구나,
	   - 빨리 빨리 굴러가볼래?
	   - 이제는 천천히 굴러볼까?

2월 1주

참　고
- 영아들이 다른 친구 몸 위로 구르지 않도록 충분한 공간을 두고 구르게 한다. 이때 교사는 영아에게 다치지 않으려면 기다려야 한다는 규칙과 질서를 이야기 해 줄 수 있다.
- 날씨가 따뜻한 날에는 부드러운 잔디밭에 돗자리를 깔고 야외에서 놀이해 볼 수 있다.

쌓기·대근육·음률영역

모양 따라 블록 늘어놓기

주요경험	·모양 따라 블록을 늘어놓아본다. ·늘어놓은 블록 모양에 관심을 가진다.
활동인원	2~4명
활동시간	5~10분
준 비 물	크고 작은 우레탄 블록, 색테이프

활동방법	1. 영아가 여러 가지 우레탄 블록을 가지고 놀이하고 있을 때 다가가서 놀이하고 있는 모습을 언어로 표현해주면서 함께 참여한다.
	  - ○○이가 블록을 높이 쌓았구나.
	  - ○○이는 블록을 길게 늘어놓았네.
	
	2. 영아와 함께 블록놀이를 하면서 집, 세모, 네모 등의 모양을 색테이프로 바닥 위에 붙여주고 그려진 모양대로 블록을 늘어 놓아보는 활동을 제안한다.
	  - ○○아, 이번에는 집이 그려진 선을 따라서 블록을 놓아볼래?
	  - ○○아, 여러 가지 블록으로 놓아보자.
	  - 모양대로 다 놓으니까 집 모양이 되었네.
	  - (네모 모양을 가리키며)○○아, 이번에는 블록으로 네모 모양을 만들어볼래?
	  - 긴 블록 한 개, 작은 블록 한 개를 놓았네.

2월 1주

참　　고 ㆍ영아들이 블록을 마음대로 늘어놓고 쌓아볼 수 있도록 충분한 수의 블록을 준비한다.

ㆍ영아들이 형태를 만들기보다는 모양만큼 늘어놓아보는 것에 즐거움을 느낄 수 있도록 영아의 행동을 인정해준다.

반짝반짝 별님

주요경험 ·노래 가사를 듣고 손으로 동작을 표현해본다.

활동인원 1~7명

활동시간 5~10분

활동방법 1. 하나의 활동을 마친 후 또는 다음 활동을 준비하는 동안 영아들의 관심을 집중시키기
위한 활동으로 계획한다.

2. 교사는 양 손을 움직이면서 가사의 내용을 들려주고 영아가 가사의 내용에 맞춰 손동
작을 따라 해보게 한다.

반짝반짝 별님

연못을 뺑 돌아서 뚜벅뚜벅 산을 지나 동산에
올라와 하늘을 보면 반짝반짝 별님이 보여요,
별님이 별님이 윙크한대요, 윙크!

2월 1주

1. 연못을 뺑 돌아서

검지손가락과 중지를 움직이면서
입 주위를 한 바퀴 돈다.

2. 뚜벅뚜벅 산을 지나

손가락을 계속 움직이면서 코를
지난다.

3. 동산에 올라와 하늘을 보면

두 손을 머리에 올려놓고 두드린
후 하늘을 쳐다본다.

4. 반짝반짝 별님이 보여요

두 손을 머리 위로 올려 반짝거린다.

5. 별님이 별님이 윙크한대요.

눈을 가리킨 후 한쪽 눈을 감고 윙크한다.

참 고 ・영아가 노래말을 따라 손동작으로 표현해 볼 수 있도록 격려하면서 반복적인 경험을 제공한다.

그리기·만들기영역

움직이는 인형 꾸미기

주요경험	·자유로운 꾸미기 활동을 통해 즐거움을 느낀다.
활동인원	3~5명
활동시간	5~10분
준 비 물	휴지 속대, 끝부분을 +자 모양으로 자른 빨대, 투명 테이프, 여러 가지 모양의 스티커 (○, △, ㅁ, ☆, ♡), 털실

〈만드는 방법〉
① 휴지 속대를 모양 스티커로 꾸며준다.
② 점선 위치에 칼자국을 낸 후 휴지 속대의 뒷부분을 빨대로 고정시킨다.
③ 눈, 코, 입을 붙이고 인형을 완성한다.

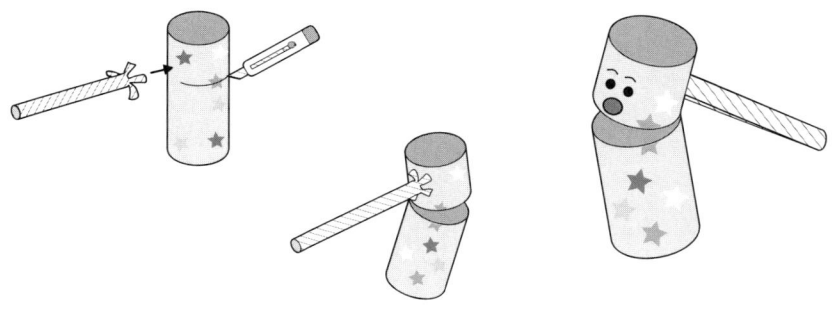

2월 2주

활동방법	1. 그리기·만들기영역에 준비된 자료를 이용하여 영아가 휴지 속대을 자유롭게 꾸며보도록 격려한다. 　- 여기, 휴지 속대과 여러 가지 모양의 스티커가 있네. 　- ○○이가 동그라미 스티커를 떼어볼 수 있겠니? 　- 휴지 속대에다 스티커를 붙여보자.

2. 영아가 휴지 속대 꾸미기 활동이 끝나면 휴지 속대의 가운데 부분을 2/3만큼 자른 뒤 십자
   모양(+)으로 자른 빨대를 휴지 속대 뒷부분에 붙여서 다시 제시하며 움직이는 인형을 만들
   어보자고 제안한다.
   - ○○이가 동그라미 스티커를 붙이니까 눈이 되었네,
   - ○○이는 입에 털실을 붙였구나, 아빠 수염처럼 되었네,
   - ○○이는 머리에 털실을 붙였구나, 삐죽삐죽 머리가 되었네,
   - ○○이는 별모양의 스티커를 눈에 붙였네, 와~ 눈이 반짝거리는구나,

참　　고　　·완성된 움직이는 인형을 가지고 영아와 상상놀이를 한다.

쌓기·대근육·음률영역

친구 따라 블록 쌓기

주요경험	·블록을 이용하여 여러 가지 모양을 구성해본다. ·친구와 함께 놀이하면서 즐거움을 느낀다.
활동인원	1~2명
활동시간	5~10분
준 비 물	여러 모양의 우레탄 블록

활동방법	1. 영아들이 블록놀이를 하고 있을 때 친구와 함께 놀이하자고 제안하면서 같은 모양의 블록을 나누어 갖도록 유도한다.
	  - ○○아! 친구하고 블록 쌓기 놀이를 해보자.
	  - 그러면 친구와 똑같은 블록을 나누어 가져볼까?
	  - ○○이 세모 하나, ◇◇이도 세모 하나.
	  - ○○가 네모를 가져갔네. 두 개, ◇◇이 네모 두 개.
	
	2. 블록을 나누어가진 후 서로 마주보고 앉아서 친구가 쌓는 모양대로 똑같이 쌓아보도록 격려하고 순서를 바꿔서도 쌓아보도록 제안한다.
	  - ○○이를 따라서 똑같이 쌓아볼까?
	  - (영아가 블록으로 쌓은 모양을 보면서) 무엇을 놓았니?
	  - 아! 네모를 세 개 놓고, 그 위에 긴 것을 놓았네. ◇◇이도 똑같이 할 수 있겠니?
	  - ○○아! ◇◇가 쌓은 모양을 한번 보겠니? 어때, ○○이와 똑같은 모양이 되었지?
	  - 이번에는 ◇◇를 따라 해 볼까?

2월 2주

참　고 · 놀이를 하는 동안 영아가 자신이 구성한 것에 대해 자신감을 갖고 즐거움을 느끼도록 교사는 언어적인 격려를 충분히 해준다.

· 영아끼리 서로 활동이 연결되지 않으면 교사와 함께 해 보며 익숙해진 뒤에 활동을 진행한다.

쌓기·대근육·음률영역

줄에 달린 파이프 치기

주요경험	· 도구를 이용하여 파이프 치기를 시도해본다. · 파이프에서 나는 다양한 소리를 탐색해본다.
활동인원	3~5명
활동시간	5~10분
준 비 물	스테인리스 파이프가 달린 고정대, 리듬막대

〈만드는 방법〉
(재료 : 길이가 25㎝ 20㎝, 15㎝, 10㎝, 5㎝인 둥근 스테인리스 파이프, 고정대(옷걸이),
　　　　낚싯줄)
① 길이가 다른 파이프에 구멍을 내고 낚시줄을 단다.
② 줄이 연결된 파이프를 일정한 간격을 두고 옷걸이대나 고정대에 연결하여 고정시킨다.

활동방법

1. 서로 다른 길이의 파이프를 제시해주고 영아들이 파이프 소리에 관심을 보이면 준비된 막대나 손으로 파이프를 쳐보도록 격려하며, 나타나는 반응을 언어로 표현해준다.
   - ○○아, 매달린 파이프를 손으로 쳐볼래.
   - 서로 부딪치니까 소리가 나네, 어떤 소리가 나니?
   - ○○이는 어떤 소리가 나는지 막대로 한번 쳐볼까?
   - 파이프가 왔다 갔다 움직이면서 소리가 나네.
   - 막대로 살짝 쳐볼래? 이번에는 세게 쳐보자!

2. 영아들이 파이프 치기를 재미있어하고 즐거워하면 여러 가지 방법으로 파이프 치기를 시도할 수 있도록 활동을 확장해 주고 여러 가지 소리의 차이를 느껴보게 한다.
   - ○○아, 어떤 것으로 소리나게 해볼까? 이 숟가락으로 긁으면 어떤 소리가 날까?
   - 여기 있는 긴 파이프를 치니까 큰 소리가 나네.
   - ○○아, 긴 파이프 말고 짧은 파이프도 쳐보자.

2월 2주

참　고

- 영아가 편안한 자세에서 파이프 칠 수 있도록 의자를 제공하거나 앉아서 칠 수 있도록 고정대를 조절해준다.
- 영아들이 소리 탐색을 흥미로워하면 익숙한 노래를 들려주고 노랫소리에 맞춰 리듬감 있게 두드려보게 제안하여 음률활동으로 연결시킬 수 있다.

소꿉영역

청소놀이

주요경험	· 청소하는 모습을 상상하며 흉내내본다. · 청소하는 즐거움을 경험해본다.
활동인원	1~2명
활동시간	5~10분
준 비 물	앞치마, 작은 빗자루와 쓰레받이, 걸레, 청소기(장난감 청소기, 휴대용 소형 청소기) 청소하는 모습의 그림자료(청소기나 빗자루로 청소하는 모습, 걸레질하는 모습 등)

2월 3주

활동방법	1. 소꿉영역에 청소와 관련된 그림자료와 소품들을 제시해주어 영아가 소품들을 가지고 자유롭게 놀이하도록 한다. 2. 교사는 영아들의 놀이를 관찰하면서 영아들이 놀이하는 모습이나 놀이상황을 언어로 표현해 주고 벽에 있는 그림을 보며 이야기 나눈다. 　- ○○이가 책상을 닦고 있구나. 　- ○○이가 걸레질을 하니까 책상이 깨끗해졌네. 　- (그림자료를 가리키며) ○○이는 여기 있는 그림처럼 빗자루로 먼지를 쓸고 있구나.

3. 영아가 청소놀이에 많은 흥미를 보이면 교사가 놀이에 함께 참여하여 놀이가 확장될 수 있도록 한다.
   - ○○이가 여기 있는 의자도 닦아줄 수 있겠니?
   - 선생님은 장난감도 깨끗이 닦아야지!
   - ○○이는 청소기로 깨끗하게 청소해줄래?
   - ○○아, 걸레가 더러워 졌네, 선생님이랑 같이 걸레를 깨끗이 빨아오자,
   - ○○이랑 같이 청소하니까 ○○반이 깨끗해졌네,

참 고
   · 교실이나 실외놀이장의 이곳 저곳을 청소할 때 영아도 관심을 갖도록 유도하고 청소에 함께 참여시켜 자긍심을 심어줄 수 있다.
   · 영아가 청소하는 모습을 사진촬영하여 벽면에 게시해주어 자신의 경험을 이야기해보도록 할 수 있다

그림책 보면서 이야기 꾸미기

주요경험	·교사가 들려주는 이야기를 잘 듣는다. ·그림책을 보고 들은 내용을 기억하여 이야기를 꾸며본다.
활동인원	1~2명
활동시간	3~5분
준 비 물	연결된 그림자료 4장

〈만드는 방법〉

(재료: 가로19㎝×세로14㎝크기의 그림자료 4장(눈 굴리는 그림, 눈사람 만드는 그림,
　　　　햇빛 비치는 그림, 눈사람이 없어진 그림), 채색도구, 가로20×세로15㎝하드보드지
　　　　4장, 코팅지, 본드, 고리, 펀치)

① 그림자료 4장을 색칠한 뒤 코팅을 한다.
② 하드보드지에 코팅한 그림자료를 본드로 붙인다.
③ 고리로 연결하여 책으로 만든다.

2월 3주

장면1

장면2

장면3

장면4

활동방법

1. 책보기영역에 글자가 없는 그림책을 제시해주고 관심을 가지고 책을 보는 영아가 있으면 다가가서 영아와 함께 그림책을 보면서 이야기 나눈다.
   - ○○아, 그림책을 보고 있구나, 선생님하고 같이 볼까?
   - ○○아, 친구가 무엇을 하고 있니? 그래, 눈을 굴리고 있구나.
   - 또 한 장 넘겨보자, 이 그림은 뭐야? 눈사람이 서있구나.
   - 다음 그림보자, 이 그림은 뭐니? 눈사람 위에 햇빛이 쨍쨍 비치고 있네.

2. 교사는 들려준 이야기를 영아가 그림자료를 보면서 이야기로 꾸며보도록 제안한다.
   - 이번에는 ○○이가 선생님에게 이야기 들려줄 수 있겠니?
   - (그림자료를 보면서) ○○아, 친구가 뭐하고 있는지 이야기해 주세요.

참 고

· 만약 영아가 정확한 표현을 하지 못하더라도 이야기 하는 그 자체를 즐길 수 있도록 수용하고 인정해 준다. 또 교사가 조금씩 말할 수 있도록 알려주면서 돕는다.

탐색 · 조작영역

주머니에 물건 찾아 넣기

주요경험	·주머니에 같은 모양의 물건을 찾아 넣어본다. ·물건의 모양을 알고 말로 표현해본다.
활동인원	2~3명
활동시간	5~10분
준 비 물	벽걸이용 주머니판, 주머니에 넣을 물건들

〈만드는 방법〉
(재료 : 가로50×세로50cm 크기의 누비천, 바이어스 테이프, 가로18×세로12cm 크기의
아세테이트지(책 싸는 비닐) 4장, 아세테이트지에 부착할 그림자료들)

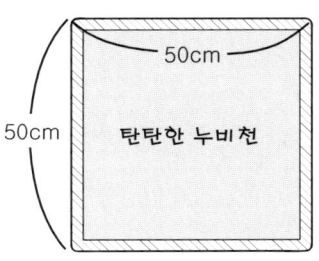

① 크기대로 자른 누비천에 바이어스
　테이프를 대고 박음질한다.

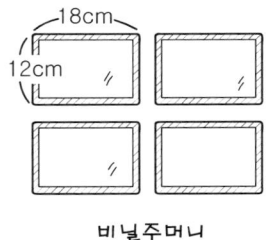

② 크기대로 자른 4장의 비닐 주머니에 각각
　바이어스 테이프를 대고 박음질한다.

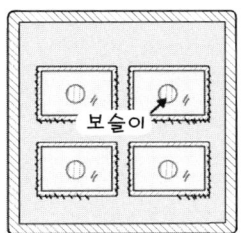

③ 비닐 주머니 4장을 누비천에 일정한
　간격을 두고 박음질한다.

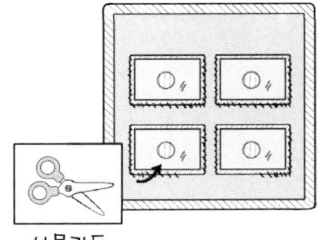

④ 비닐 주머니 중앙에 까슬이를
　부착한다.

- 그림자료들은 색칠한 후 코팅하고 뒷면에 까슬이를 부착하여 그림을 뗐다 붙였다 할
　수 있다.

2월 3주

활동방법 1. 벽면에 벽걸이용 주머니를 부착해두고 탁자에는 주머니에 집어넣을 수 있는 물건들과 여러 가지 종류의 물건을 섞어서 바구니에 담아 따로 준비해둔다. 영아가 물건들에 관심을 보이면 자유롭게 탐색할 수 있도록 언어로 격려해준다.
- 바구니에는 어떤 물건들이 있니?
- 자동차도 있고, 블록도 있고, 놀잇감이 많이 있네.

2. 영아가 준비된 놀잇감을 흥미롭게 탐색하고 있으면 제시된 벽걸이용 주머니로 관심을 유도하고 주머니에 부착된 그림과 똑같은 물건을 찾아 집어넣어보는 활동을 제안한다.
- 주머니에 여러 가지 그림이 붙여져 있네.
- ○○이가 가지고 있는 것은 무엇이니?
- 그래, 자동차구나. 어느 주머니에 넣으면 좋을까?

참고 • 주머니에 집어넣을 물건들은 영아에게 익숙한 물건으로 하는 것이 좋다.
• 비닐 주머니에 부착할 그림자료들은 교실에서 사용되고 있는 물건들을 그림(사진)을 그려서 코팅하여 사용한다.

쌓기·대근육·음률영역

너랑 나랑

주요경험	· 노래에 맞춰 자유롭게 몸을 움직여 본다. · 친구와 함께 춤을 추면서 즐거움을 느낀다.
활동인원	2~7명
활동시간	5~10분
준 비 물	음악 테이프 「너랑 나랑」 〈홍용희 외(1998). 유아를 위한 동작교육의 이론과 실제. 다음세대. 참조〉
활동방법	1. 「너랑 나랑」 노래를 들려주고 영아가 노래에 관심을 보이면 음악에 맞춰 자유롭게 몸을 움직여보게 하고 영아가 움직이는 모습을 언어로 표현해준다. - ○○이는 빙글빙글 돌고 있구나, - ○○이는 토끼처럼 깡충깡충 뛰는구나, - ○○이는 손을 움직이면서 춤을 추고 있네, 2. 영아들이 노래에 맞춰 몸을 다양한 방법으로 움직이면서 춤을 출 수 있도록 격려해주고 친구의 움직임을 따라 해 보도록 제안한다. - ○○아, ○○와 손을 잡아볼래? - ○○이와 ○○이는 손을 잡고 돌고 있네, - 우리도 ○○이와 ○○이 춤추는 대로 따라 해 볼까? - ○○이와 ○○이는 서로 안고 춤을 추는구나,

2월 3주

참　　고 ・춤추는 것을 즐기고 재미있어 하면 다양한 소품(리본 테이프, 보자기 등)을 제공하여
소품을 이용해 춤을 출 수 있도록 유도할 수 있다.

소꿉영역

선생님 심부름하기

주요경험	·선생님의 말을 주의깊게 듣고 적절히 반응한다. ·선생님을 도와드린 것에 만족감을 느낀다.
활동인원	1~2명
활동시간	3~5분

활동방법

1. 소꿉영역에서 놀이하고 있는 영아들의 놀이상황에 교사가 관심을 보이며 함께 참여한다.
   - ○○이가 맛있는 음식을 만들고 있구나
   - 앞치마를 하고 있는 ○○이의 모습이 엄마 같네.
   - ○○이는 어떤 음식을 만들고 있니?
   - 선생님은 ○○이 한테 줄 계란 프라이를 만들어야겠다.

2. 교사는 영아들의 행동을 관찰하면서 놀이상황에서 구체적인 지시를 사용하여 도움을 받고 영아의 수행행동을 격려해준다.
   - 선생님이 물을 마셔야 하는데 ○○이가 컵 하나만 갖다주겠니?
   - 선생님이 물을 쏟았네, ○○이가 물을 닦을 걸레를 갖다줄 수 있겠니?
   - (물건을 갖다 주는 영아에게) ○○야, 고마워.

3. 교사는 하루일과 중에 영아들이 선생님을 도와 심부름 할 수 있는 다양한 기회를 갖게 한다.

참 고

·영아들은 현재 상황에서 할 수 있는 한두 개 정도의 지시만을 이해하므로 한 번에 여러가지 지시를 하지 않도록 주의한다.

2월 4주

책보기영역

누가누가 있을까?

주요경험	· 친구와 선생님에게 관심을 갖는다. · 막대를 밀고 당기며 조작해본다.
활동인원	2~3명
활동시간	3~5분
준 비 물	어린이집 전경 그림판, 영아나 선생님의 얼굴 사진 막대

〈만드는 방법〉
(재료 : 하드보드지, 부직포, 본드, 아이스크림 막대, 영아 및 교사 사진, 풀, 투명 시트지)

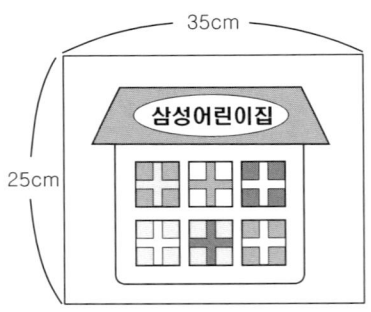

① 하드보드지를 크기대로 잘라 밑판을 만들고 어린이집 전경이 그려진 그림을 색칠한 후, 밑판에 붙여 투명 시트지로 싼다.

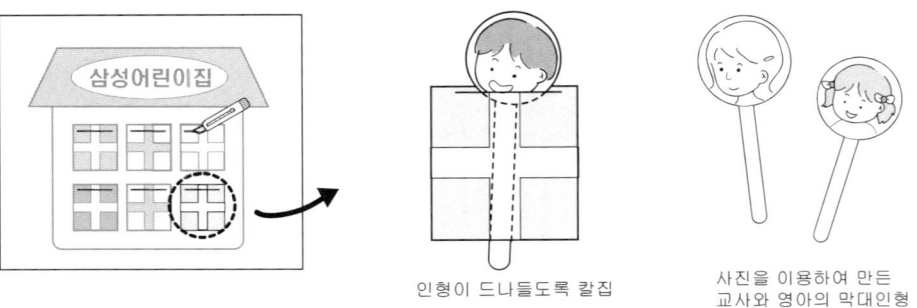

인형이 드나들도록 칼집

사진을 이용하여 만든
교사와 영아의 막대인형

② 밑판 뒷면(창문이 있는 위치)에 칼자국을 낸다.

2월 4주

- 어린이집 전경 그림 중 창문모양 밑판에 칼자국을 낼 때는 막대사진이 들어갔다 나왔 다 할 수 있는 크기로 잘라준다.
- 막대사진은 영아와 교사의 얼굴 사진을 코팅하여 아이스크림 막대에 붙여서 만든다.

활동방법

1. 책보기영역에 어린이집 전경 그림판과 막대사진을 준비해두고 영아가 관심을 보이면 교사가 다가가 영아와 자료를 탐색하면서 이야기 나눈다.
    - 여기 어린이집이 있네. 창문도 있다.
    - 친구의 사진이랑 선생님의 사진도 있구나.
    - 이 사진은 누구의 얼굴이니?

2. 교사는 사진막대를 가지고 까꿍놀이로 연결하여 활동을 유도한다.
    - 이 창문에는 누가누가 있을까?
    - 까꿍! ◇◇반 선생님이 웃고 계시네.
    - 이쪽 창문에는 누가 숨어 있을까? 까꿍! 안녕, ◇◇반 ○○ 이구나.
    - ○○이가 이 막대를 한번 밀어볼까?

3. 막대사진의 윗부분만 보고서 누군지 알아맞혀보는 활동으로 확장하여 놀이를 진행한 다.
    - 여기에 누가 있을까? 눈이 큰 친구네, 누구일까?

참　고

· 어린이집 그림 지붕에 새로 가게 될 반의 이름과 어린이집 교사들의 얼굴 사진을 붙여 주어새로 가게 될 반의 이름을 익히고 변화에 적응하는 것을 도울 수 있다.

부 록

음악감상 리스트

월	낮 잠	점 심	등원 및 맞이하기

3월	· 구노-아베마리아
	· 고다르-조슬랭의 자장가
	· 모짜르트-피아노 협주곡 21번 c장조 2악장
	· 슈베르트-피아노 5중주 중 숭어
		· 모짜르트-작은
		  소야곡 중 알레그로
			· 차이코프스키 안단테
			  칸타빌레
			  (현악4중주 1번 중 2악장)

4월	· 모짜르트-플룻 4중주
	· 브라암스-자장가
	· 드보르작-유모레스크
	· 차이코프스키-호두까기 인형 중 꽃의 왈츠
		· 인도네시아의
		  민속가요-진주조개
		· 베토벤-바이올린
		  소나타 봄
			· 이바노비치-다뉴브 강의
			  잔 물결

5월	· 마스네-타이스의 명상곡
	· 하이든-세레나데
	· 모짜르트-아이네 클라이네 나하크 뮤지크
	· 요한스트라우스-빈 숲속의 이야기
		· 인도네시아의
		  민속가요-별들의 합창
			· 그리그-페르귄트
			  제1모음곡 중 아침

6월	· 리스트-사랑의 꿈 제 3번 · 헨델-라르고 · 룸베르크-오페라 학생왕자 중 세레나데 · 샤논-아일랜드의 자장가 · 생상스-동물의 사육제 중 백조	· 차이코프스키- 백조의 호수 중 전경	· 바흐-G선상의 아리아
7월	· 슈베르트-자장가 · 아일랜드 민요-아 목동아 · 모짜르트-호프마이스터 · 솔로몬-이스라엘 자장가 · 바하-토카타 D단조	· 쇼팽-빗방울 전주곡	· 쇼팽-강아지 왈츠
8월	· 바다르체프스카-소녀의 기도 · 모짜르트-자장가 · 헨델-수상음악 2악장 '알라 혼 파이프' · 파헬벨-카논D장조	· 쇼팽-제4번 즉흥환상곡	· 롯시니-스트링소나타

월	낮 잠	점 심	등원 및 맞이하기

9월	· 모짜르트-교향곡 25번
	· 슈베르트-소야곡
	· 베토벤-월광소나타
	· 바흐-브라덴브루그협주곡 제5번 3악장
	  '알레그로'
		· 크라이슬러-
		  사랑의 기쁨
			· 요한스트라우스-
			  아름답고 푸른 도나우
			· 모짜르트-디베르티멘트

10월	· 드뷔시-달빛(월광) · 바하-브라덴브루그협주곡 제4번 1악장 · 바하-G선상의 아리아 · 모짜르트-론도 라장조	· 크라이슬러- 아름다운 로즈마린	· 바하-푸가 중 14곡

11월	· 글룩-요정의 춤 오페라
	  (오르페오와 에우리디체 제2막 중)
	· 모짜르트-플루트와 하프를 위한 협주곡
	· 비제-아를르의 여인 중 미뉴엣
	· 슈만-환상곡
		· 멘델스존-
		  가사 없는 노래
			· 포레-꿈을 따라서

12월	· 그루버/모르-고요한 밤 거룩한 밤
	· 베토벤-소나타 제8번(비창) 2악장
	  '아다지오 칸타빌레'
	· 비발디 사계 중 겨울
	· 본 윌리엄스-푸른 옷소매의 주제에 의한 환상곡
		· 브라가-
		  천사의 세레나데
			· 그리그-페르귄트 중 아침

1월	· 슈베르트-세레나데
	· 슈만-트로이 메라이
	· 알비노니-아다지오 사단조
	· 차이코프스키-호두까기 인형 중 아라비안의 춤,
	  갈대 피리의 춤
		· 보케리니-미뉴엣	· 모짜르트-교향곡
			  제41번 주피터 2악장

2월	· 라흐마니노프-피아노협주곡 제2번 2악장 · 베토벤-엘리제를 위하여 · 푸치니-나비부인 중 허밍코러스 · 모짜르트-소야곡	· 모짜르트-터키행진곡	· 헨델-피아노 협주곡 7번 B장조 알레그로

참고문헌

김명순, 조경자(1998). 유아를 위한 음악교육의 이론과 실제. 서울: 다음세대.

김성균(2000). 김성균 동요집 제1집. 서울: 국민서관.

김순희 외(1996). 유아언어교육의 이론과 실제. 양서원.

보건복지부(1999). 유치원 교육활동 지도자료. 교육부.

삼성복지재단(1997). 삼성어린이집 유아프로그램(총론). 서울: 교육과학사.

      (1997). 삼성어린이집 유아프로그램 I (2세). 서울: 교육과학사.

      (2000). 보육교사를 위한 반별 운영관리(I). 보건복지부.

      (2000). 부모용 영아프로그램(19~36개월): 엄마, 아빠 놀아주세요. 서울: 다음세대.

      (2002). 효과적인 영아보육을 위한 지침서: 제1권 영아의 발달특성 및 지도. 서울: 다음세대.

      (2002). 효과적인 영아보육을 위한 지침서: 제2권 영아반 운영의 실제. 서울: 다음세대.

연세대학교 어린이생활지도연구원(1991). 2-3세 유아를 위한 프로그램 Workshop. 연세대학교 어린이생활지도연구원.

연세대학교 어린이생활지도연구원(1995). 연세개방주의 유아교육과정. 서울: 창지사.

유아교육연구회(1996). 유치원 노래. 서울: 보육사.

이기숙(1992). 유아교육과정(개정판). 서울: 교문사.

이기숙, 이영자(1997). 2~3세를 위한 유아교육 프로그램. 서울: 창지사.

이송은(2001). 표현력과 창의성을 키우는 손유희. 동심출판사.

이영(1990). 유아를 위한 창의적 동작교육. 서울: 교문사.

이영, 김미령(1990). 발달적 접근방법에 의한 종일제 영·유아교육 프로그램. 서울: 양서원.

이영, 이미화(1993). 2세아를 위한 놀이 및 활동. 서울: 학지사.

이영, 이재선, 우현경(2000). 영아를 위한 창의적 표현 프로그램. 보건복지부.

이영 외 (1999). 영아교육 프로그램 4. 보건복지부.

이영심(2000). 손동작과 동작놀이. 서울: 창지사.

이영자, 이종숙, 신은수, 곽향림, 이정욱(2001). 1, 2세 영아프로그램의 계획과 운영 서울: 다음세대.

이원영, 이영자, 박찬옥, 조형숙(2001). 영아의 애착형성을 도와주세요. 서울: 다음세대.

이은해, 김온기, 이미화, 이재선(1995). 어린이집 영아반 운영의 실제. 서울: 교육과학사.

임미혜(2001). 주의집중을 위한 손유희. 서울: 창지사.

장영희(2000). 영아교육과정. 서울: 양서원.

지성애, 김영주, 엄정례, 조경서(1998). 영아(0~36개월)프로그램의 이론과 실제. 서울: 정민사.

홍용희, 이한영, 최혜로, 원영신(1998). 유아를 위한 동작교육의 이론과 실제. 서울: 다음세대.

Biehler, R. F.(1978). Psychology Applied to Teaching(3rd Ed.). Boston, MA: Houghton Mittlin Co.

Bredekamp, S.(1987). Developmentally Appropriate Practice in Early Childhood Programs Serving Children from Birth through Age 8. Washington, DC: NAEYC.

Catalde, C. Z.(1983). Infant and Toddler Programs: A Guide to Very Early Childhood Education. Reading, MA: Addison-Wesley.

Cole, M. & Cole, S. R.(1993). The Development of Children. New York: Scientific American Books.

Cryer, D. Harms, T. & Bourland, B.(1988). Active Learning for Twos. Menlo Park, CA: Addison-Wesley.

Marhoefer, P. E. & Vadnais, L. A.(1992). Caring for The Developing Child. New York: Delmar Publishers Inc.

찾아보기

주제	월/주	활동명	페이지
탈 것	9월 3주	스펀지로 칠하기	273
	9월 4주	여러 가지 탈것 꾸미기	274
		색모래 그림그리기	276
		레고 블록으로 비행기 만들기	277
음식	10월 1주	낙엽떡 놀이	295
		소고 치기	296
		한삼 끼고 흔들어보기	297
	10월 2주	케첩통으로 풀그림 그리기	298
		마카로니 속에 있는 모형 음식 찾기	300
		깡통 블록 놀이	301
		색깔다리 건너기	303
	10월 3주	과일가게 놀이	304
		소리 퍼즐 상자	305
		과일 이름 박자 치기	306
		실외놀이에서 찾은 것 모으기	307
	10월 4주	케이크를 예쁘게 꾸며요	308
		과일 수수께끼	309
		과일 샐러드 만들기	310
		몸으로 나뭇잎 표현하기	312
	10월 5주	색나무 막대 쏟아보기	313
		북 위에서 춤추는 콩	314
		바른 태도로 식사하기	315
친구	11월 1주	깡통북 꾸미기	330
		친구의 이름을 알아맞혀 봐요	331
		깡통북 연주하기	332
	11월 2주	친구의 미술작품 함께 보기	334
		꼬마야 꼬마야	335
		친구와 사이좋게 지내기(손인형과 함께 이야기해보기)	336
	11월 3주	큰 인형에게 옷 입히기	337

책임 연구원   유애열 (어린이개발센터 수석 연구원)

공동 연구원   장영희 (성신여자대학교 유아교육학과 교수)

집필진 팀장   조혜진 (이태원 삼성어린이집 원장)
집필진   이길동 (前 대구 삼성어린이집 원장
                        現 계명문화대 유아교육과 교수)
                박화문 (반야 삼성어린이집 원장)
                윤정현 (인천 삼성어린이집 원장)
                박정원 (前 신당 삼성어린이집 원장)

보조 연구원   김지혜 (어린이개발센터 연구원)

표지 / 삽화   장지영 (성남 중앙보육원 강사)

인지
생략

삼성어린이개발센터 새책 31

삼성 어린이집 영아 프로그램
2세

초판 10쇄 · 2013. 6. 20.

저　자 · 삼성복지재단
발행인 · 김요섭
발행처 · 다음세대

서울 동대문구 신설동 89-83　⑦130-110
전화 · 927-2121~5 (본　사)
928-3390~1 (출판부)
928-6663~5 (영업부)
팩스 · 928-0698 (출판부)
922-1391 (영업부)

http://www.boyuksa.co.kr

등록 · 2005. 6. 14.　제5-443호

ⓒ재단법인 삼성복지재단
서울시 용산구 한남동 747-2번지
전화 · 2014-6834

ISBN-89-5723-004-1 94370

값 24,000원